Woldemar Kaden

Neue Welschland - Bilder und Historien

Woldemar Kaden

Neue Welschland - Bilder und Historien

ISBN/EAN: 9783743499133

Hergestellt in Europa, USA, Kanada, Australien, Japan

Cover: Foto ©ninafisch / pixelio.de

Manufactured and distributed by brebook publishing software (www.brebook.com)

Woldemar Kaden

Neue Welschland - Bilder und Historien

Neue

Welschland=Bilder

und

Historien.

Von

Woldemar Kaden.

———◆———

Leipzig,
Verlag von B. Elischer
1886.

Studien, Essays, Abhandlungen, Aufsätze, Korrespondenzen, all' die einzelnen Artikel, wie sie der Tageswind auf dieses oder jenes Blatt, in diese oder jene Wochen= und Monatsschrift geweht, was sind sie anders auf dem reichbebauten Felde der Litteratur, zwischen den dicken Garben und Schobern der Bücher, als verlorene Ähren, verwehte Spreu und unscheinbare Feldblumen, deren Stätte man morgen nicht mehr kennt? Ich sammelte die zerstreuten, ich wollte sehen:

> „Ob aus verlornen Ähren,
> Ob aus verwehter Streu
> Nicht etwa noch mit Ehren
> Ein Strauß zu winden sei?
> Ob nicht aus Korn und Mohne
> Noch eine bunte Krone,
> Werth, daß man ihrer schone,
> Sich sammeln lasse still und treu?“

Und heute halte ich denn eine Art Strauß in der Hand, beschaue ihn und kritisiere ihn mit Freiligrath's Worten:

> „Es ist ein Strauß, wie er das Haus
> Des Wandrers könnte schmücken:
> Cyanen nur und Mohn der Flur,
> Und was man sonst mag pflücken;
> Eine Winde grün, eine Reb' im Blüh'n,
> Eine Kleeblum' aus den Gründen,
> Schlechtwildes Zeug, dem Wilden gleich,
> Der ausging, es zu finden.“

Aber Allem hat die Sonne des Südens geleuchtet.

Neapel, im Erntemonat 1885.

W. K.

Inhalt.

An den Küsten.

Laden, Welschland-Bilder.

I.

Von der ligurischen Küste.

1.

Die italienische Palmenstadt.

Hier umglänzt mich die alte blaugoldene Pracht,
Die der Jugend Leid mir versüßte.
Hier murmelt das Meer so träumerisch sacht,
Als ob Sorrento mich grüßte.

Scheffel.

Die italienische Palmenstadt, sans phrase: Bordighera,
ist einer jener zahlreichen Städteparvenus der Mittelmeerküste
zwischen Genua und Nizza. Dieser weltferne Ort in einem
Küstenwinkel der Riviera, der nicht mehr als zweitausend Ein=
wohner zählt und von dessen Existenz vor etwa dreißig, auch
noch zwanzig Jahren in Deutschland Niemand eine Ahnung
hatte, ist heute zum weltberühmten internationalen Rendezvous
der feinen Welt geworden und jeder Tourist kann uns sagen,
daß es unter 43 Grad 46 Min. 30 Sek. nördl. Breite und
5 Grad 15 Min. 40 Sek. der Länge liegt; in allen illustrierten
Zeitungen auch finden wir die empfehlenden Abbildungen seiner
Hotels und Miethvillen.

Jene zweitausend Einwohner, die jahrhundertelang ihre
Oliven, Agrumi und Palmen kultivierten und in dem Schat=

1*

die Altstadt Bordighera trägt, und soll im Jahre 428 eines seligen Todes gestorben sein, weshalb auch sein Leib, an dem die wenigen „Bordigheſen" manches Wunder erlebt, im Jahre 1248 nach Genua in die Kirche Santo Stefano übergeführt wurde, wo man ihn im Jahre 1627 in aller Form aner= kannte. Zwölfhundert Jahre! Ja, wer nur warten gelernt hat, und das sprichwörtliche „qui vivra, verra" kann auch auf die Todten bezogen werden. Über der Höhle Sant Ampeglio's ward ein Kirchlein gebaut, neben dem Kirchlein entstand ein Kloster, abhängig von dem Stammkloster des Sant Onorato auf der Inſel Lerin, das aber schon um 900 von den diese Küsten gar arg heimsuchenden Saracenen zerstört ward, bei welcher Gelegenheit die Mönche ihre Köpfe verloren, das heißt wörtlich genommen, denn man fand in der Neuzeit in den Grüften die Körper gesondert von den Köpfen, unter letzteren noch einen mit vollständigem Haupt= und Barthaar. Diese Geschichte könnte uns veranlassen, hier das Lokal zu dem Ferdinand Meyerſchen Gedichte „Das Strandkloster" zu suchen, in dem elf Mönche ohne Schädel ihr „kräftigschallend Deo gloria" ſingen und erzählen:

Es glitt vor tausend Jahren
Dem Strand ein Saracenenſegel nah,
Sobald's vorbeigefahren,
Anstimmten wir ein kräftig Gloria.

Ergötzt von unserm Singen,
Nahm der Pirat zu uns zurück den Lauf,
Zwölf Köpfe ließ er springen,
Das Blut schoß wie aus Brunnenröhren auf.

Dreihundert Jahre lang lag nun das Kap öde, nur von den Wellen des Meeres umrauscht, erst im Juni 1200 ward es lebendig auf den alten Felsen, da kam der streitfertige Ro= landino di Malempechi, der Podestà von Genua, mit seinen Rittern, ließ seine Galeeren am Kap anlegen und schlug auf

dem Kap seine Zelte auf. Um Bordighera handelte es sich
damals noch nicht, denn das mußte als Stadt erst gegründet
werden, die Waffen waren gegen das nahe Ventimiglia ge=
richtet, das seine Hand auf alles Land bis westlich vom Kap
Ampeglio gelegt hatte. Das litten die Genuesen nicht, aber
auch viele Familien Ventimiglias litten es nicht, natürlich jene,
welche nichts davon bekommen hatten, und wollten die anderen
den Besitz wahren, so mußten sie sich eine Wacht auf dem Kap
bauen, einen befestigten Thurm. Diesen Thurm zerstörten die
Genuesen im Jahre 1239; er wurde aber bald wieder aufge=
baut und diente jetzt mehr zur Vertheidigung dieser oder jener
Faktion, in welche Ventimiglia zerspalten war.

Daraus nun entstand die Idee der Gründung eines ganz
neuen und womöglich selbständigen Ortes, und das auf die
Gründung Bordigheras bezügliche Dokument ist ein notarieller
Akt des Messer Aprosio Filippo Ottobona, nach welchem
siebenundzwanzig der bedeutendsten Grundbesitzer der Nach=
barorte sich verpflichteten: „in territorio Vintimiglii loco
dicto **Bordighetta** locum unum" zu erbauen, ihn mit festen
Mauern zu umgeben u. s. w. Dieses Dokument datiert vom
29. Juni 1471, und das ist denn der eigentliche Geburtstag
der Stadt. Diejenigen aber, welche ihren Ursprung in die
Römerzeit oder noch weiter: in die Zeit der Fahrten des Her=
kules, zurückführen möchten (und wie mancher Kanonikus hat
sich daran versucht!), fabeln, wie in hundert italienischen Orten
zu Ehren der klassischen Mutter gefabelt und in der Etymo=
logie der Namen gar ergötzlich gesündigt ward.

Der Ort wurde dann richtig gebaut, und es dauerte nicht
lange, so gewann er einen ansehnlichen Einfluß auf alle kleinen
Orte der Nachbarschaft, und als er sich stark genug fühlte,
vollzog er die Trennung von Ventimiglia und erklärte sich,
auf eigenen Füßen stehend, für unabhängig.

Ein kräftiges Geschlecht, der starken Eiche des ligurischen
Volksstammes entsprossen, bevölkerte diese Mauern; mit starken

Händen griff es die Campagna an und brach die wider=
spenstige Scholle, reutete, ebnete, pflanzte, bewässerte, baute
an Stelle der gebrechlichen Fischerbarken seine Schiffe, die,
mit den Gütern des Feldes beladen, einen lebhaften Handel
längs der Küste förderten.

Der Ruf der ligustischen Thätigkeit und Rüstigkeit ist
uralt. Im Altertum von kriegerischem Geiste beseelt, war
diesem Geschlecht auch eine große Liebe zur Arbeit eigen, ein
fester Mannesmut in Überwindung von Schwierigkeiten und
Gefahren. Ihre kleinen Fahrzeuge setzten sie jedem Sturme
aus, kein Meer ging ihnen je zu hoch; bessere Seefahrer als
die Ligurer und zugleich gewiegtere Kaufleute gab es außer
den Phöniziern nicht.

Den kraftvollen Männern standen die ebenso kräftigen
Weiber zur Seite, wo es galt, aus dem Meer oder Land Ge=
winn zu ziehen. Auf dem Lande räumten sie mit den Män=
nern vereint die riesigen Felsblöcke auf die Seite, trugen die
fruchtbringende Erde in großen Körben auf dem Kopfe nach
den von Bruchsteinen längs der unbequemen Bergeshänge auf=
geführten, noch heute von jedem Fremden bewunderten Ter=
rassen und gebaren der Zukunft außerdem ein kerniges Ge=
schlecht, das in dieser reinen, vom Seesalze gewürzten Luft zu
freudigster Gesundheit heranwuchs.

Bordighera also wurde durch eigene Kraft der Hauptort
von acht kleinen Dörfern, den sogenannten „otto luoghi“, diese
heißen: Vallebona, Vallecrosia, Sasso, Borghetto, San Biagio,
Soldano und Borgo. Aber die Welt wurde ruhiger; Blankes,
durch stete Bewegung blank, fing durch Rasten an zu rosten.
Die Kraft auf dem Meere ließ nach; für Bordighera war die
Zeit herangekommen: „wo wir was Guts in Ruhe schmausen
mögen“. Die Einwohner zogen die Segel ein, hingen die
Ruder bei, die Schiffe wurden bald wieder zur Barke. Sie
vegetierten unter ihren Oliven weiter, freiten, ließen sich freien,
preßten ihr Öl, ernteten ihre Agrumi, schickten zu Ostern ihre

Palmzweige nach Rom, Frankreich und Holland. Niemand in der Welt draußen nannte den Namen Bordigheras, Niemand auch kam, eine Nacht hier zu bleiben; nicht die kleinste Lokanda war vorhanden. So ging es wenigstens noch 1787 der Madame de Genlis, sie fand kein Nachtlager, und der Wanderer mußte froh sein, wenn er seine auf der sehr miserablen Straße zusammengerüttelten Glieder auf einem Strohbündel ausruhen konnte. Vornehme Gäste fanden in dem Palaste der altadeligen Familie Piana ein Unterkommen. In diesem Palaste wohnten im Jahre 1746, als die Franzosen und Spanier die ligurische Küste besetzt hielten, Carlo Emanuele, König von Sardinien, und sein Sohn Vittorio Amadeo, auch Philipp von Spanien und später Pius VII., und 1857 die Prinzen Humbert und Amadeo mit Gefolge, da sie von ihrer letzten Nizzareise zurückkamen.

Und dieses kleine und unbedeutende Nestlein fing im Jahre 1812 einen Krieg mit Großbritannien an, der Hering einen Krieg mit dem Walfisch! Die Geschichte ist zu interessant, als daß sie unerzählt bleiben könnte. Es war die Zeit, wo die ligurische Küste nach Napoleons Pfeife tanzen mußte, und pflichtgemäß sollte auch Bordighera auf höheren Befehl alles Englische (was ihm heute so theuer ist) hassen. Am 21. Juli, siehe da trieb ein ungünstiger Wind oder sonst ein Zufall ein englisches Kriegsschiff an Bordigheras Küste. Mit Verwunderung sahen die Stadtsoldaten der Strandbatterie, auf der ein alter Achtpfünder rostete, daß dieses Schiff ruhig in der Nachbarschaft dieser Batterie beilegte, ohne aber ein feindliches Gesicht zu zeigen. Das war Verachtung, offenbare Verachtung, und darüber ärgerten sich die inzwischen herbeigekommenen Bürger. Sie drangen in den Kommandanten, Feuer zu geben; der widerstand lange, mußte aber endlich dem harten Drängen Folge leisten. Die alte Röhre wurde gerichtet, die Bürger verkrochen sich, der Schuß krachte und traf unglücklicherweise so gut, daß er einen Teil des Bug-

sprietmastes zerschmetterte. Der Krieg zwischen Bordighera
und England war also erklärt; letzteres nahm ihn jedoch nicht
auf, sondern suchte vorläufig das Weite, und die ligurischen
Helden jubelten, einen so mächtigen Feind abgeschlagen zu
haben.

Zwei Monate waren vergangen, noch immer bildete jenes
Ereignis den abendlichen Gesprächsstoff der sonst so friedlichen
Bürger, da kommt das beleidigte Schiff in Begleitung von
zwei anderen zurück, stellt sich der Batterie gegenüber auf und
giebt dem alten Mauerwerk, in merklicher Absicht, kein Menschenleben zu gefährden, eine volle Ladung; dann landen die Barken,
die Batterie wird im Sturme genommen, die alte unselige
Kanone vernagelt, die kleine Garnison in den Kasematten eingeschlossen und nun sucht man Gefangene im Ort zu machen.
Man erwischt deren nur zwei, darunter den Bürgermeister, die
anderen waren sammt und sonders in die Berge geflohen. Die
zwei werden an Bord der Fregatte geführt, wo man ihnen
trefflich zu essen und noch besser zu trinken giebt, worauf sie
in bedeutend angeheitertem Zustande, aber die Schlüssel zu
den Kasematten in der Tasche, zu ihrem heimatlichen Herd
zurückkehren dürfen. So endete der anglo-bordigheresische Krieg,
und von da an ward's ganz still an der Küste.

Die Einwohner von Bordighera sahen im Laufe der Jahre
viele tausend Fremde in allen möglichen und unmöglichen
Wagen an ihrem Orte vorüberfahren, von Genua nach Mentone und Nizza, oder umgekehrt, aber es kam ihnen nicht zu
Sinn, diese auch bei sich einzuladen, ihnen eine Bequemlichkeit
an die Straße zu bauen oder auch nur ein Glas Wein zu
verkaufen. Wer von Mentone kam, wechselte seine Pferde erst
wieder in Oneglia; er warf einen Blick auf den stillen Ort,
sah die schönen Palmen in den Gärten, aber der Wunsch, zu
bleiben, stieg in Niemand auf. Niemand auch träumte von
einer Zukunft Bordigheras. Bordighera mußte erst entdeckt
werden.

Da . . . .

„An einem schönen sonnigen Apriltage des Jahres 1840 fuhr ein eleganter Reisewagen im vollen Galopp die Straße der Cornice entlang, eine Straße, berühmt bei den feineren Touristen, die, wie männiglich bekannt, die Riviera di Ponente von Genua bis Nizza durchläuft. Nur wenige Straßen der Erde giebt es, die schöner sind als diese, und ganz gewiß keine, die gleich dieser so viele Naturschönheiten in sich vereinigt: das Mittelmeer von einer Seite, von der anderen den Apennin, darüber den reinen Himmel Italiens. Dazu hat der Fleiß der Menschen alle Anstrengungen gemacht, der Natur, wenn nicht sie zu übertreffen, so doch wenigstens nachzukommen. Eine Reihe von Städten und Dörfern, einige davon zierlich an der Küste gelagert, den Fuß von den silbernen Wellen um- spült, andere wie eine Herde weißer Lämmer über die Hänge des Gebirges verstreut oder malerisch auf den Gipfel einer stolzen Bergkette gehoben; hier und da ein Kloster, ein Kirchlein auf einem vom Meere gebadeten Felsen oder halbverloren im Waldesgrün eines Hügels; marmorne Paläste, farbige Villen, auftauchend aus sonnigen Weingeländen, lieblich blühende Gärten, Wäldchen von Orangen und Limonen: eine Menge weißer gastlicher Landhäuser mit grünen Jalousien auf den Hängen jener Hügel, die, einst unfruchtbar, jetzt mit Terrassen bedeckt sind, die sich, eine über der anderen, erheben und den wenigen Boden tragen, in dem bis zum Gipfel hinauf die silbernen Ölbäume wachsen; wohin das Auge schaue: Schöp- fungen der Menschenhand, Alles zeugt von dem Fleiße eines starken und gesitteten Volkes. Die Straße, an die Küste ge- drängt, die sich in zahllosen kapriciösen Aus- und Einbuch- tungen dahinzieht, folgt derselben in Schlangenwindungen in allen ihren Launen: hier, dicht am Meeresufer, zwischen einem Gelände von Tamarisken, Aloen und Oleandern; dann steil am Bergeshange hin, mitten durch dunkle Pinienwälder, die zu solcher Höhe hinaufsteigen, daß das Auge schwindelnd davon

sich abwendet. Hier durchkriecht sie in den Felsen gebrochene
Galerien und tritt ins Freie auf eine von Meer und Himmel
gesäumte Fläche; gleich darauf wendet sie sich scharf landein=
wärts, so daß es scheint, als wolle sie sich einen Weg durch
die Berge öffnen, doch biegt sie plötzlich bei einer neuen Wen=
dung in entgegengesetzter Richtung nach dem Meere ein, als
wollte sie kopfüber sich in dieses stürzen. Der Wechsel der Per=
spektiven, erzeugt durch die fortgesetzte Verlegung des Gesichts=
punktes, erinnert an die buntvariierenden Ansichten einer
Laterna magica. Könnten wir dieser Skizze ein wenig, nur
ein klein wenig der wirklichen Lokalfärbung geben, es müßte
ein wunderbares Gemälde entstehen! Dies aber ist zu schwer.
Nicht Worte können sie wiedergeben, diese durchsichtige Atmo=
sphäre, das feine Blau des Himmels, den dunklen Ultramarin
des Meeres, die sanften Abstufungen der Tiefen in die=
sen schön=geformten Bergen, die wie Wellen einer hinter
dem anderen emporsteigen und im Duft der Ferne ver=
schwinden . . .“

Dieses Stück ist die Übersetzung des Anfanges eines be=
rühmten Romans, des „Dottore Antonio“ von Giovanni Do=
menico Ruffini, einem Genuesen, in welchem die Entdeckung
Bordigheras ideal erzählt wird. Jener Wagen nämlich, der
an jenem Apriltage des Jahres 1840 auf der Cornice dahin=
rollt, soll einen reichen englischen Lord und dessen Tochter so
rasch wie möglich nach Nizza bringen; es bricht aber ein Rad auf
der bösen Straße, und die schöne, aber bereits etwas leidende
Tochter Lucy bricht den Fuß, so daß Vater und Tochter ge=
zwungen sind, ein Unterkommen in Bordighera zu suchen, was
ihnen der Doktor Antonio, Bezirksarzt von Bordighera, in
einer etwas außerhalb des Ortes liegenden Osteria „del Mat=
tone“ finden hilft. Der sehr englische Vater ist der Verzweif=
lung nahe, als er vernimmt, der unfreiwillige Aufenthalt werde
vier Wochen dauern, giebt aber später, von Land und Leuten
ganz gewaltig eingenommen, eine Verlängerung desselben gern

zu, um so mehr, da er sieht, wie seine Tochter in dieser Luft
und Landschaft aufblüht.

Bordighera war entdeckt!

Die Lokalfärbung in diesem reizenden Romane ist prächtig
und echt künstlerisch behandelt. „Wie wunderschön ist doch
diese Landschaft!" ruft Miß Lucy Davenne aus, als sie, Re-
konvalescentin, von der Terrasse auf das in seiner grünschim-
mernden Muschel versteckte Bordighera blickt, „welch herrliche
orientalische Färbung geben Bordighera diese Palmen! Sollte
man nicht meinen, in Kleinasien zu sein?" Und nach acht
Jahren noch, nachdem sie Lady Cleverton und unglücklich und
krank geworden, gesteht sie dem alten treuen „Dottore Antonio": „Immer und immer hat mich der angenehme Gedanke
umschmeichelt, mir eine kleine artige Villa in einem jener
zauberischen Winkelchen zu bauen und dort meine Tage zu
enden."

Was jene „orientalische Färbung" Bordigheras anbelangt,
so ist sie noch jedem aufgefallen, der sich vom Kap Nero her
oder über die Nerviabrücke, von Ventimiglia kommend, dem
Orte nähert. Unsere Phantasie braucht keine Anstrengungen
zu machen, um sich aus Europa hinweg nach dem fernen Osten
oder nach Afrika, aus Italien nach Palästina oder Syrien,
Algerien versetzt zu wähnen. Wer von der Nervia herkommt,
hat zur Rechten den sandigen, fast wüsten, nur hier und da
von einigen Gemüsebeeten durchschnittenen, mit eigenthümlichen
Cisternen, den sogenannten „Norie", besetzten Strandstreifen,
hinter dem der Blick sich in die Unendlichkeit des Meeres verliert, zur Linken einen einförmig silbergrauen Olivenwald, dahinter eine Reihe von Ölbergen; aber schon taucht hier eine
Palme auf, am Strande vom Seewind zersetzt und ein küm-
merliches Dasein fristend, im Lande drinnen, geschützt durch
Baum und Mauer, lebenssicherer und stolzer, bis wir sie in
Gruppen sich zusammenschließen sehen, zu Wäldchen sich vereinigen. Am auffälligsten erscheinen sie und am überraschendsten

wirkend, wenn man von Ospedaletti herüberwandert und durch
das gelbe schroffe Küstengebirge mit der kurzen braunen Strauch=
vegetation und den dürren Strand schon ganz afrikanisch ein=
sam gestimmt ist ... da erblickt man plötzlich unterhalb der
Straße zur Linken eine Gruppe, dicht am Meeresstrande stehen
sie, um eine verwitterte Cisterne her, wie Araber, die sich zur
Rast hier niedergelassen, zwölf an der Zahl; sie neigen ihre
Häupter im Meerwinde, der schon manches Jahrzehnt sie um=
wittert hat. Zu diesem echt biblischen Bilde fehlen die krüge=
tragenden Weiber, fehlt eine Rebekka, fehlen die sandfarbenen
Kamele, denn die zwei Eselein, die der wenn auch sandfarbene
Bauer im Staube der Straße an uns vorübertreibt, vermag
unsere Phantasie nicht in solche zu verwandeln.

Aber die Palmen mit der Cisterne haben für unsere
Scheffel=Freunde ein großes Interesse, sie sind in der Touristen=
geographie unter dem Namen der „Scheffelpalmen" bekannt,
und wer sein „Gaudeamus" auswendig kann, der weiß, daß
dort S. 135 ein Lied steht, das sich betitelt: „Dem Tode
nah!" (bei Bordighera am Mittelmeer, Riviera di Ponente)
und also anhebt:

> Zwölf Palmen ragten am Meeresstrand
> Um eine alte Cisterne; —
> Der Wagen knarrte im Ufersand,
> Die Sonne versank in der Ferne.

> Still einsam war's. Die Fluth begann
> Sich im Abendpurpur zu färben,
> Da rannte der Tod mich plötzlich an,
> Daß ich vermeinte zu sterben

Nun, wir wissen, daß es dem Tod, so sehr er einem
jugendthorheitlichen Wunsche Scheffels entgegengekommen wäre,
damals nicht gelungen ist oder vielleicht gar nicht darum zu
thun war, dem deutschen Dichter „ein Grab in italischer
Erden" zu bereiten. Aber in tausend Jahren, wenn die

Palmen längst vor Durst zu Grunde gegangen, wird des Dichters Schatten vielleicht noch um den Ort flattern und wird spätgeborenen Exkursionisten den Ort zeigen, wo die Marmorplatte verwittert, auf der einst eine dankbare Mitwelt die unsterblichen Worte geschrieben: „Unter diesen Palmen lag Josef Viktor von Scheffel im Sterben."

Die Sonne dieses „piccola Africa" hat uns fieberhaft erhitzt, wir sehnen uns nach Schatten. Palmenschatten? Natürlich, Bordighera soll mir seinen Namen als italienische Palmenstadt rechtfertigen. Kommen wir von den Scheffel= palmen her, so stoßen wir zunächst auf unseres Landsmanns Winter Garten. N. B. Man lese nicht Winter=Garten, Winter ist wirklich der Name eines Gärtners, der hier ein echt sommerliches Palmenparadies geschaffen. Wer die Palmen in ihrer wilden freudigen Ursprünglichkeit wachsen sehen will, trete hier ein. Der weise Gärtner, der so viele Tausende junger Palmen züchtet und in die Fremde schickt, hat den alten Burschen das Leben geschenkt, und dessen freuen sie sich ganz ersichtlich und dehnen sich behaglich und wollüstig nach allen Richtungen durch= und übereinander. Und unter dem sonnen= durchirrten Schatten der flirrenden Gitterzweige blühen große dunkle Veilchen in blauen Sammetteppichen, blühen die Rosen, hauchen die überall versteckten Agrumi ihre berückenden Düfte. In Reihen geordnet, wie von eines Schulmeisters Hand, oder in engende Kübel gezwängt und, zum Versenden bereit, mit Stroh umwunden, stehen die armen Palmenkinder, die da, der milden ligurischen Sonne entrückt, nach nordischen Treib= und Wohnhäusern, als Salonschmuck, zu kümmerlichem Leben ver= sendet werden sollen. Ganze Palmenwälder sind schon in die Welt hinausgewandert, aber Bordighera wird das gepriesene Palmyra bleiben; das werden wir noch mehr gewahr, wenn wir zur alten Stadt, dem Borgo, hinaufsteigen, sie in ihren finsteren unfreundlichen Gäßchen durchschreiten und auf der anderen Seite uns in einem Wirrsal von Mauerwegen be=

finden, über welche die Palmen zu Hunderten, ja Tausenden
hereinnicken. Hier fließt ein kräftiger Bach, wasserschöpfende
Frauen kommen in Menge herbei, andere knieen waschend am
Rande, plaudernd, lachend, singend, darüber das maurische
Kuppeldach uralter Palmen: ein anderes Oasenbild.

Wenn in den Gärten auch gegen fünfzig Palmenarten
kultiviert werden und, was bezeichnend genug ist, trefflich ge=
deihen, so ist es doch hier ausschließlich die aus Nordafrika
stammende Phœnix dactylifera, die Dattelpalme, welche die
Palmenwälder von Bordighera bildet. Ihre Früchte zwar
bleiben ungenießbar, obschon sie keimfähig sind, dienen aber
dem Stamme zu schönem goldenen Ornament. Nur eine
Spielart mit kernlosen Früchten läßt diese im Juli und August
reifen, so daß sie einen gewissen Grad von Schmackhaftigkeit
erreichen. Denn Italien ist noch keineswegs das Vaterland der
Palme, sie ist daselbst, auch in sonnigsten Gegenden, ein ein=
gewanderter Fremdling; heimisch ist hier nur die zum Besen=
dienst, wie im Altertum so noch jetzt verdammte Chamærops
humilis, die Zwergpalme, die man an den Küsten Süditaliens,
auf den Klippen Capris, sehr häufig aber auf Sicilien finden
kann, und wenn Virgil in der Äneide den Vers hat: „Dich
auch verlaß ich mit günstigem Wind, palmreiche Selinus"
(palmosa Selinus), so ist jedenfalls noch nicht ausgemacht, ob
dabei an die Phœnix oder Chamærops gedacht werden muß.
Sicher ist, daß Dattelpalmzweige zuerst durch tuskische oder
lateinische Schiffer von fremden Küsten nach Italien herüber=
gebracht wurden, daß man die Dattelpalme später als Garten=
zierpflanze zog. Als diese dann in den Wirren der Zeit mit
der römischen Kultur zusammen verschwunden war, brachten
sie die Saracenen, als freundliches Andenken an ihre Heimat,
nach der sicilianischen Küste, nach der ligurischen, wo sie ja
auch lange festsaßen, herüber; und wo ihr Luft und Boden
am besten, wie in Bordighera und Sanremo, zusagte, da ge=
dieh sie und breitete sich aus. Sollte sie sich aber erhalten,

so mußte sie sich nutzbar machen; der Ästhetik zu Liebe würde
sie kein Bauer durch Jahrhunderte im Boden behalten. Die
Früchte gaben nichts, so mußten die Blätter herhalten, die
Blätter im Dienste der Kirche. Sie, die einst bei den Festen
der Osiris geschwungen, die bei feierlichen Einzügen vor Königen
und Helden in Jerusalem auf den Weg gestreut wurden, die
das Symbol des Sieges dem olympischen Wettkämpfer wie
dem römischen Kaiser waren, dienten nun der jener heidnischen
und jüdischen Bildersprache treugebliebenen christlichen Kirche
am Palmsonntage, wo sie vom Haupte der Christenheit geweiht und an alle Kirchen der ewigen Stadt vertheilt werden.
Aber auch zu jüdischen Festen werden die Palmen von Bordighera versandt, und es wird berechnet, daß der Handel mit
frommen Palmzweigen dem Orte jährlich gegen 100 000 Lire
einbringt. Der Bordigherese sieht seine Palmzweige, im Dialekt
„Parmerolli" genannt, mit ganz anderen Augen an als wir,
denen sie Repräsentanten orientalischer Psalmenpoesie sind.
Die feinen zeitigen Gemüse ertragen gegen 20 000, der Verkauf
der Veilchen und Orangenblüthen, welche in die Parfümerie-
fabriken wandern, bringt 15 000, mehr als 30 000 der der
Agrumi, die Fischerei wirft in runder Summe etwa 40 000 ab,
so daß man berechnen kann, daß auf jede Familie Bordigheras
im Durchschnitt jährlich annähernd 1200 Lire entfallen, und
dies noch dazu, ohne den Gewinn aus dem jährlich sich steigernden Ölhandel zu berechnen.

Das Alles aber wächst ohne besondere Pflege, könnte aber,
wollte der heute etwas bequem gewordene Gärtner und Grundbesitzer seinen Fleiß verdoppeln und etwas rationeller wirth-
schaften, leicht verdreifacht werden. Der Boden wartet nur
darauf, er hat seine milde Hand das ganze Jahr hindurch geöffnet, und das, was man von dem fruchtprangenden Boden
Mentones erzählt, paßt ebensogut auf den Boden Bordigheras.
Dort kam eines Tages ein Wanderer, einen Freund in seinem
Hause zu besuchen; um nicht mit dem Stabe einzutreten, steckte

er diesen draußen am Wege in das Erdreich. Als er nach einigen Stunden das Haus verläßt, vergißt er des Stabes am Wege und erinnert sich seiner erst wieder nach drei Tagen. Er geht zurück, wer aber beschreibt sein Staunen, als er den dürren Stecken von Blättern bedeckt, Zweige treibend findet! Der Stock ist zum Baum geworden und wird dem Fremden noch heutiges Tags als Wunder der Vegetation Mentones gezeigt. Solche Wunder könnten auch in Bordighera genug geschehen, denn auch die Wärmeverhältnisse sind hier dieselben wie in Mentone und die Lage, mit Ausnahme des Küstenstriches, eine wohlgeschützte. Das Fremdenquartier, das sich heute etwas landeinwärts bildet, ist im Osten durch das Kap Ampeglio, im Norden durch die mit Pinien und Olivenhainen besetzten Hügel- und bis zu 300 m aufsteigenden Bergzüge, im Westen durch die Bergausläufer von Ventimiglia und Mentone gedeckt und steht nur den vom Meer herüber wehenden Südwinden offen.

Bordighera ist ein Treibhaus, und seine Luft hat den mäßig trocken-warmen Charakter, wobei die an anderen Orten wie Nizza sich so unangenehm machenden großen Temperatur-sprünge fehlen.

Einen Begriff von dem hier herrschenden Klima giebt die folgende kleine meteorologische Tabelle, zusammengestellt auf die für den Kurgast besonders in Betracht kommenden sechs bis sieben Monate der Saison.

	Okt.	Nov.	Dez.	Jan.	Febr.	März	April
Mittlere Temp.	18,0	12,1	8,9	9,7	10,3	10,2	12,6
Temp. um 1 Uhr	—	12,4	11,6	11,0	11,0	12,3	13,8
Heitere Tage	13	12	20	9	3	13	3
Theilweis heiter	15	11	8	13	19	15	21
Regentage	5	12	7	9	11	10	19
Regenmenge	19,5	44,1	72,9	35,5	84,8	149,9	208,7

Diese Tabelle ist nach Hamiltons Aufzeichnungen zu-sammengestellt, mit Ausnahme des Wärmemittels von ein Uhr Mittags, das aus Semeria's, des um Bordighera so verdienten

Arztes, Tabellen stammt. Dieser Semeria hat noch viel weniger
Regentage gefunden als Hamilton; er giebt für Bordighera
fünfundvierzig im Jahre an, während Mentone deren achtzig
zählen soll. Nebel ist unbekannt, und alle vier Jahre etwa
fällt etwas Schnee, der aber höchstens ein bis zwei Stunden
andauert. Gewitter dagegen zeigen sich im Winter öfter.

·   Wenn sich also der Gesunde hier doppelt wohl fühlen muß,
so eignet sich der Ort nach Angabe des dortigen deutschen
Kurarztes, des Dr. A. Christeller, auch für viele Leidende und
ist ganz ausdrücklich indiziert bei chronischen Laryngeal= und
Bronchialkatarrhen, chronischer Pneumonie und tuberkulöser
Infiltration der Lungen, Residuen pleuritischen Exsudats, chro=
nischem Katarrh des Verdauungstraktes, der Magen= und
Darmschleimhaut, auch bei Gicht, Alterierung der Blutmischung:
Chloro=Anämie.

Die Zeit, wo der Wanderer in Bordighera kein Unter=
kommen fand, ist natürlich längst vorbei; Hotels und zwar
solche, in denen materielle Verpflegung und Komfort ganz
trefflich sind, entstanden auch hier; von ihnen sei in erster
Linie das ausgezeichnete Grand Hotel, von dem so freundlich=
ruhig waltenden Ehepaare Angst bewirthschaftet, genannt.
Ein großer prächtiger Palmengarten, der der Sonne den
ganzen Tag offen liegt, umgiebt es; eine noch ausgezeichnetere
Lage aber, an den Olivenhängen unterhalb des alten Thurmes
Mostaccini, ist von dem rührigen Wirte für ein neues größeres
Etablissement in Aussicht genommen, und dieses neue Hotel
wird dann der Sammelpunkt der feinen Welt werden. Zu
rühmen ist auch das Hotel d'Angleterre, zu nennen außerdem
Hotel Beau Rivage, Hotel und Pension Bellevue. Damit ist
die Reihe der Unterkommen für Kranke oder Gesunde noch
lange nicht abgeschlossen: Villen sind zu vermieten, Privat=
pensionen öffnen ihre Pforten; Villen zählt man gegen zwanzig
am Orte. Die glänzendste unter diesen Villen ist die Villa
Bischoffsheim, ein Werk des Architekten Garnier, desselben, der

die neue Opera in Paris erbaute. In dieser Villa wohnte die Königin von Italien, später dann auch deren Mutter. Garnier hat sich auch selbst eine Villa hier erbaut. Die interessanteste ist jedenfalls die Villa oder besser der Palast Moreno's, eines der reichsten Grundbesitzer der Riviera, interessant durch den angrenzenden weltberühmten Garten, zu dessen Schönheit Kunst und Natur das Ihrige in Fülle beigetragen haben. In diesem Garten stehen Palmen, die gut achthundert Jahre alt sein können; sie stehen nicht einzeln, sondern in dichten Gruppen, von Schlingpflanzen jeder Art durchflochten. Was die Welt sonst noch an prangenden und seltenen Pflanzen erzeugt, findet sich in diesem Garten versammelt. Alle Chamærops, von der humilis bis zu der aus China und Japan stammenden excelsa und Biroo und der elegans, können wir hier studieren; bewundern sodann die Cocos plumosa, die gefiederte Kokospalme, die aus Bahia kommende gekrönte Kokospalme, Cocos coronata, die Cocos flexuosa von Madras; dann die verschiedenen reizenden Cycas und Encephalartos, Sabal und Zamia; ferner von prächtigen Schmucktannen die Araucaria excelsa, Araucaria Cookii, Baumfarne, Agaven, Dasylirien, Yucca, Bambusa nigra, üppig wuchernd, und tausend andere Kinder wärmerer Zonen, so die Freude und den Neid des Kenners erwecken.

Aber auch wer sich über die Kultur der Agrumi unterrichten will — ein sehr interessantes und, was die Orangen anbetrifft, auch sehr wohlschmeckendes Studium —, ist hier am Platze, hier wie in allen anderen Gärten Bordigheras, denn diese Kultur ist eine gar sehr verbreitete. „Agrumi" heißen im Dialekt alle Früchte der hesperidischen Pflanzenfamilie, die typischen Species sowohl wie die Spielarten, und „Agrumeti" nennt man die Gärten, wo solche gezogen werden. Seit der Zeit der Kreuzzüge, wo die Genuesen, Sicilianer und Provençalen die Orangen und Limonen nach Sanremo, Salerno und Hyères brachten, sind diese Früchte in Italien ganz

2*

heimisch geworden. Die Volkslegende freilich kennt die Her=
kunft derselben besser, sie erzählt: Als Adam und Eva (also
lange vor den Kreuzzügen!) das Paradies räumen mußten,
schritten sie beschämt und gesenkten Kopfes dem Ausgange zu,
ohne daran zu denken, von all den Herrlichkeiten, die sie bis
da genossen, das Geringste mit auf die Wanderung zu nehmen.
Adam wenigstens war ganz niedergeschmettert, Eva aber ließ
ihre lüsternen Blicke zur Rechten und Linken schweifen,
und nahe der Pforte, wo der Engel ihrer wartete, riß sie in
Hast von einem quer über den Weg hängenden Zweig eine
Citrone und barg sie — ja, es blieb nichts Anderes übrig —
unter dem Schurz von Feigenblättern. Sie kam undurchsucht
ins Freie und rief: „Diese Frucht schenke ich dem schönsten
Orte, den wir auf unserer Wanderung finden werden.“ Lange
irrten sie umher; endlich kamen sie nach Mentone, und kaum
erblickte Eva diese glückliche Gegend, so warf sie, übernommen
von paradiesischer Erinnerung, ohne Zögern ihre Frucht auf
eine nahe Bodenterrasse und rief: „Geh, wachse und mehre
dich, mache die Gegend zum Paradies und gieb den Sterb=
lichen, die einst hier wohnen werden, noch in den spätesten
Zeiten einen Geschmack des Glückes und paradiesischer Freuden!“

　　Dasselbe erzählt man von Sanremo, dasselbe von Bordig=
hera. Die Paradiesesfrucht vermehrte sich nicht bloß, sondern
erzeugte auch eine Menge von Varietäten. Im Jahre 1818
schon beschrieb Risso von Nizza 169 Abarten, und in den
Gärten des „Istituto Agrario“ von Castelnuovo auf Sicilien
kultiviert Professor Inzenga 81 Sorten. Linné teilt alle zu=
sammen bekanntlich in nur zwei Species ein: citrus Medica
und citrus Aurantium, und begreift unter dieser alle Orangen=,
unter jener alle Citronensorten mit Variation a und b.

　　Zur Linné'schen Variation a des citrus Medica rechnen
die Italiener dieser Küste den Cedro di Media, gewöhnlich
Cedro, cedraio, cederno, cedrangolo genannt, mit den Spiel=
arten cedro giudaico, cedro a grosso frutto oder Cedrato di

Genova, in Taggia und Sanremo häufig kultiviert, Cedrato di Salò, bekannter unter dem Namen cedrino, cedrabello, cedrato del Lago, viel in Nervi, Pegli und Finale zu Hause, dann den Cedrato di Firenze oder cedrato mostruoso mit riesiger Frucht.

Zur Linné'schen Variation b gehören die Limone mit den Spielarten Limone di Genova, die auf der ganzen Riviera bis Hyères gebaut wird, aber schon in Nizza viel Vorsicht verlangt — sie zeichnet sich durch große Versandfähigkeit ihrer Früchte aus; Limone di giardino, Limone Bergamotto mit kleinen birnförmigen Früchten, deren feine glatte Schale viele große Zellen, mit wohlriechendem flüchtigen Öl gefüllt, enthält; Limoncello di Napoli, klein, grün und sehr saftreich; Lima mela-rosa; Limone di Paradiso, Poncino di Sanremo, mit sehr großen Früchten, die von den Zuckerbäckern verwendet werden; sie findet sich auch in allen Gärten Genuas.

Nun die Orangen, die noch immer „im dunklen Laub" glühen! Da ist zunächst die herbe Orange, arancio agro, nach den Blättern und Blüthen in viele Varietäten zerfallend; dann die uns am meisten interessierende süße Orange, arancio dolce, mit ebenso vielen Spielarten wie rothsaftige Orange, Orange mit gefüllten Blüthen u. a. Besonders zu erwähnen ist der reizende Mandarino — citrus deliciosa —, der erst seit Anfang dieses Jahrhunderts in Italien bekannt ward, wo er zunächst von Malta nach Palermo kam.

Obschon die Agrumi eigentlich das ganze Jahr blühen, so fällt doch ihre Hauptblüthezeit in den Mai, wo keine Fremden mehr hier weilen und der Hochgenuß dieses süßberauschenden Duftes den einheimischen Nasen vorbehalten bleibt. Ein erfreulicher Anblick bleibt es immerdar, neben den dunkelgefärbten schwellenden Früchten die weißen Blüthensterne hervorleuchten zu sehen; dieser Anblick regte Tasso zu den Versen an:

> . . . non caduchi mai vivon gli aranci,
> Coi fiori eterni eterno il frutto dura
> E mentre spunta l'un, l'altro matura —

was in deutscher Prosa lautet:

> Vergänglich Leben ward nicht den Orangen,
> Mit ew'gen Blüthen ewig währt die Frucht,
> Und während jene sprossen, reifet diese —

Man zählt drei Haupternten der Citrone, die beiden ersten hält man im Winter und Frühling, sie heißen „Ernte der ersten und der zweiten Blüthe", die dritte, die sommerliche, heißt „verdame". Citronen und Orangen werden in riesigen Körben von den Frauen auf dem Kopfe (welch süßer Duft umschwebt diese!) in die Niederlagen getragen. Hier sitzen dann Mädchen und Frauen für eine halbe Lira — vierzig Pfennige — den ganzen Tag beschäftigt, diese Agrumi nach und nach sechs Auslesen zu unterziehen und sie dann in besonders bereitetes Papier zu verpacken. Für die Citronen dient ein in Genua aus alten Schiffstauresten gefertigtes, nach Theer riechendes Papier; es heißt „croisette" und verhindert das Ausschwitzen und Vertrocknen der Früchte, es läßt die äußere Feuchtigkeit nicht durch und zerreißt auch nicht leicht. Unbrauchbare Früchte dienen als Dünger; die im November, Dezember und Januar geernteten werden nach Nordeuropa gesandt, die grün gesammelten reifen und färben sich auf der Reise; die Februar= und Märzfrucht ist zu reif und geht nicht über fünfzig deutsche Meilen Weges.

Was die Orange Sanremos und Bordigheras anbelangt, so wird sie wohl reif und süß, erreicht aber doch nicht den hohen Grad von Schmackhaftigkeit wie auf Sicilien oder an den sonnigen Küsten Sorrentos und Amalfis.

So ausführlich wie von den Agrumi wäre in einem „Palmyra" wohl auch noch von der Palme zu sprechen, die, um zum Feste bereit und versandfähig zu werden, sich mancher Prozedur unterwerfen muß. Doch ist es interessanter, den noch erübrigenden Raum mit der Geschichte auszufüllen, wie Bordighera zu seinem römischen Palmenhandel kam. Jener

Ruffini, der unter diesen Palmen lebte, erzählt sie uns ausführlich und dramatisch genug in seinem bereits erwähnten Roman „Dottore Antonio“.

Viele von uns haben in Rom den auf dem St. Petersplatz errichteten Obelisken bewundert, man kennt ihn unter dem Namen „Obelisk des Vatikans“. 1584, also noch während der ersten Jahre des Pontifikats Sixtus’ V., lag derselbe, halb von Erde bedeckt, unfern der alten Sakristei St. Peter. Wohl hatten viele Päpste vor Sixtus schon die Absicht gehabt, den antiken Riesen ausgraben und auf dem Petersplatz aufrichten zu lassen, alle aber waren sie vor den gewaltigen Schwierigkeiten und großen Kosten zurückgeschreckt.

Der ehrgeizige und unternehmungslustige Sixtus V. nun beschloß auszuführen, was seine Vorgänger nur gewünscht hatten, und beauftragte mit dem kühnen Unternehmen den berühmten Architekten Domenico Fontana, versah ihn auch reichlich mit allen erforderlichen Mitteln. Natürlich stand die Mechanik damals nicht auf derselben Stufe, auf der sie heute steht, und es war keine kleine Aufgabe, einen so ungeheuren Monolithen aus seinem Grabe zu heben und ihn unbeschädigt nach dem Orte überzuführen, wo er aufgerichtet werden sollte. Dennoch gelangen diese beiden Operationen aufs trefflichste im Verlaufe eines Jahres. Das Schwerste aber blieb noch zu erfüllen: die Aufstellung. Die Vorbereitungen auch dazu waren endlich vollendet, und Fontana begab sich zum Papste mit der Bitte, den Tag der Erhebung zu bestimmen. Das geschah, und der Papst versprach, selbst zugegen zu sein. Selbstverständlich mußte der Zufluß der Neugierigen ein noch größerer werden.

„Das ist es, was mir Sorge macht“, sagte der Architekt; „wenn das Toben der Menge die Arbeiter stören oder verhindern sollte, daß meine Befehle klar und deutlich vernommen werden, ich könnte für nichts stehen.“

„Sei ohne Sorge“, antwortete der Papst, „das werde ich zu verhüten wissen.“ Sofort erließ er ein Edikt, worin angeordnet war, daß bei Lebensstrafe Niemand wage, während der Aufrichtung des Obelisken seine Stimme zu erheben. Mit dem gefürchteten Siegel des Papstes versehen, hing dieses Edikt bald an allen Mauern Roms.

Der große Tag erschien. Fontana beichtete und nahm das Abendmahl, empfing den päpstlichen Segen und bestieg darauf das für ihn errichtete Gerüst, von wo aus er sein großes Werk leiten sollte. Seine Befehle wurden durch Glocken und Fahnen verschiedener Farbe der Arbeitermenge vermittelt. Tiefes Schweigen herrschte auf dem Platze, der, zum Ersticken gefüllt, mit Menschenköpfen wie gepflastert war . . . Niemand bewegte sich . . . es schien ein Volk von Statuen. Auf diese lautlose Menge blickte der Papst von der Höhe seiner Tribüne herab.

Endlich das längsterwartete Zeichen: die Winden setzten sich in Bewegung, die Rollen schnurren, knisternd dehnen sich die Seile. Der Obelisk erhebt sich, er schwebt, immer höher steigt der Granitkoloß empor, immer höher . . . Fontana schwenkt seine Fahnen, der Papst verwendet keinen Blick, das Volk starrt und hält den Athem an . . . eine Minute noch und der Riese steht. Da vernimmt man ein fatales Knistern, der Obelisk stockt, eine Sekunde lang, in der zweiten sinkt er um einige Zoll zurück; die Seile wirken nicht mehr. Der Papst zuckt zusammen, seine Stirn umwölkt sich, ganz Rom erbleicht. Fontana hat die Geistesgegenwart verloren. Da: „Wasser!!" ruft eine Stimme, „Wasser auf die Taue!" (Aiga! Aiga! im Dialekt). Ein Lichtblitz, eines Engels Stimme! Fontana folgt dem Zurufe: Wasser her! und siehe, von neuem ziehen sie an, ein Augenblick noch und das Werk ist vollendet; der majestätische Obelisk steht fest auf seinem Sockel.

Der Rufer aber, der durch sein Wort dem Werk zu gutem Ende verholfen hatte, war der Kapitän eines Küstenfahrers, mit Namen Bresca, gebürtig aus dem Bordighera benachbarten Sanremo. Seine Erfahrung als Seemann hatte ihm zu dem guten Rathe verholfen. Trotz des geleisteten großen Dienstes nahmen die Schweizerwachen, die keine Tugend außer dem Gehorsam kannten und kein Verbrechen außer dem Ungehorsam gegen ihren Gebieter, den Mann fest und schleppten ihn vor den Papst. Die bekannte Strenge dieses Mannes, die sich oft in willkürliche unnütze Grausamkeit wandelte, ließ wenig Hoffnung für das Leben des Kapitäns. Zum guten Glück aber war sein Herz durch das gute Gelingen seines Werkes mild gestimmt, und diese Milde ließ er walten gegen den Mann, der zu dem Gelingen so viel beigetragen. Allem Erwarten entgegen, empfing Seine Heiligkeit den Bresca höflich und ersuchte ihn sogar, sich eine Gnade auszubitten.

Der gute Kapitän verlangte natürlich zuerst den päpstlichen Segen und dann für sich und seine Nachkommen das Privileg, jedes Jahr am Palmsonntag die Palmen in den apostolischen Palast liefern zu dürfen. Die Angelegenheit wurde sofort durch ein Breve geregelt, und weiter erhielt Bresca den Titel und Rang eines Kapitäns in der päpstlichen Armee, mit dem Rechte, die Uniform tragen und die päpstliche Flagge auf seinem Schiffe führen zu dürfen.

Dieses Breve bewahrt die Familie Bresca noch heute und auch das Privileg besteht noch immer zu Recht.

2.
Auf Monte-Carlo*).

Was wir zu einem kräftigen Trauerspiel brauchen, wir finden es hier Alles beisammen; Lokal, Personen, Requisiten.

---

*) Monaco mit Monte-Carlo, 25 Minuten von Nizza, 20 Minuten von Mentone. Die Mehrzahl der Passagiere steigt nicht bei

Lokal: ein glänzend=luxuriöser Villenpalast inmitten eines üppigen, in Pracht des Südens wuchernden Gartens, der, von sonnig=heiteren Wandelwegen durchzogen, eine Menge lauschiger sterbestiller Verstecke hinter Rosen=, Agaven= und Opuntien= kaktushecken birgt.

Personen: Charles III. Grimaldi, Fürst von Monaco und Besitzer einer Spielbank. Mr. Dupressoir, Direktor dieser Spielbank, ein hocheleganter, äußerst liebenswürdiger Mann. Cajus, Titius, Sempronius, seine Sklaven, als Croupiers ver= wendet. Baron X., Kaufmannsdiener Y., Graf Z., Unter= kellner XX., Fürst YY., Schwindler ZZ. (letzterer unter polizeilicher Aufsicht stehend), gute Freunde und getreue Nach= barn in den Sälen des Kasino. Marchesa A., weggelaufene Kammerjungfer B., Fürstin C., Signorina Silvia (unter polizeilicher Aufsicht), Baronin D., Vertreterinnen weiblicher Rollen, daher in feinster Toilette. Außerdem als Statisten und Erscheinungen: eine Anzahl magenkranker Dichwänste, ab= gelebter Schwindsüchtiger, internationaler Gimpel, Pariser Kokotten, Polizeidiener, Todtengräber.

Station Monaco aus, sondern bei Station Monte=Carlo, welche unmit= telbar unter dem weltberühmten „Kasino", zu deutsch Spielhölle, liegt, das man auf einer breiten, nach den Gärten aufsteigenden Freitreppe er= reicht. Monte=Carlo, zu dem Fürstenthum Monaco gehörig, das auf dem Südhange der Seealpen liegt, ist eine moderne, großartige und geniale Schöpfung durch seine Gärten, die in Terrassen bis zum Meer hinab= steigen. Malerische Aussichtspunkte, Promenaden unter Palmen, Ka= melien, Johannisbrotbäumen, Aloen, Rosen und vielen anderen tropi= schen Bäumen in Menge. Das Kasino ist das Stelldichein der höchsten aristokratischen Welt Europas und der tiefsten plebejischen Gauner. Die Spielhölle entfaltet hier ihre ganze unheimliche Macht: Theater, Kon= zertsäle, venezianische Gondelfeste, glänzende Bälle, auserlesenes Orchester und Solovorträge der ersten Künstler der Welt, Konversationssäle, groß= artige Lesehallen — Alles dient nur als Folie dem Spielteufel. Wer sich eingehend unterrichten will, sehe des Verfassers „Riviera", ein soeben bei Spemann in Stuttgart erschienenes, prachtvoll ausgestattetes Werk.

Requisiten: im ersten Akt viel Schminke, viel Parfüm, wattierte Glieder, Champagner; im zweiten, dritten und vierten Akt eine „Roulette" und ein paar grüne Tische für „Trente-et-Quarante", Geld, viel Geld, noch mehr Geld; im letzten Akt: ein Pistol, Revolver, Dolch und Strick, eine Todtenbahre, ein paar Schaufeln.

Man sieht, die Tragödie verspricht interessant zu werden, und es thut mir nur leid, daß es mir an Raum fehlt, sie ihrem Inhalte nach geordnet zu erzählen, aber ein paar Scenen, wie wir sie allwöchentlich zwei-, auch dreimal in nizzardischen, sanremesischen, genuesischen, Pariser und römischen Blättern finden, mögen dem Neugierigen eine Idee von den Vorgängen auf der Bühne von Monte-Carlo geben. Ich interessierte mich einstens für die Sache und sammelte, zum Zweck einer Kritik über die Hauptdarsteller, im Jahre 1883, also in der Zeit von zwölf Monaten, siebenundfünfzig solcher Scenen! Fachleute jedoch versichern mich, daß meine Sammlung durchaus inkomplet sei. Ich lese nicht alle Zeitungen und — das Meiste wird vertuscht. Ich greife auf Zufall aus meiner Sammlung Einiges heraus. Da heißt es:

„17. Januar 1883. Eine Pariser Dame, die in den Spiel-sälen von Monte-Carlo ungeheure Summen verloren hatte, reiste nach Paris um mit dem Reste ihres Vermögens, 36,000 Franken, zurückzukehren. Nachdem auch diese bis auf den letzten Centime verspielt waren, ersucht sie den Direktor der Bank um 2000 Franken zur Heimreise. Da ihr diese ver-weigert werden, zieht sie einen Revolver und erschießt sich vor den Augen des Bankpersonals."

„13. Februar. Graf Martini, der den Rest seines einst ungeheuren Vermögens dem Spielteufel auf Monte-Carlo ge-opfert hatte, und dem sodann ein Prozeß wegen Wechselfälschung bevorstand, wurde gestern auf dem Bahngleise hinter Mentone todt, in gräßlichster Weise verstümmelt, aufgefunden. Er hatte, einem hinterlassenen Briefe zufolge, seinem Leben freiwillig unter den Rädern des Nizzarder Morgenzuges ein Ende gemacht."

„15. Juni. Am verflossenen Montag erstickte sich durch Kohlendämpfe in einem Zimmer des Hotel be Londres auf Monte-Carlo ein gewisser Finzi aus Modena. Er war zwei Monate auf Monte-Carlo gewesen und hatte in dieser Zeit sein gesammtes Vermögen verloren. Am Sonntag Abend war er mit einem Sack in der Hand, der ohne Zweifel jene verhängnisvollen Kohlen enthielt, nach dem Hotel zurückgekehrt, erst nach zwei Tagen merkte man im Hotel seinen Tod. Herr Angeli, der gewandte Polizeikommissar des Fürsten Charles, wollte die Sache ohne Aufsehen abthun und war daran, die Papiere des Selbstmörders mit Beschlag zu belegen, woran er jedoch durch den italienischen Konsul verhindert ward. Aus den Papieren ergiebt sich, daß Finzi in den letzten Tagen allein mehr als 100 000 Lire empfangen und verspielt, während er in den zwei Monaten gegen 500 000 Lire verspielt hatte."

„16. Juni. Diesen Morgen fand man auf einem Gartenwege von Monte-Carlo den Leichnam eines eleganten jungen Mannes, der sich eine Kugel in das rechte Ohr geschossen hatte. Sein Name konnte bisher nicht ermittelt werden, da er keinerlei Papiere bei sich trug und die Namen aus der Wäsche entfernt waren. Man fand weder Geld noch Uhr bei ihm.

„31. Juli. San Remo. Ein Bürger unserer Stadt, Vater einer zahlreichen Familie, hatte seine Liegenschaften verkauft, um nach Amerika auszuwandern. Den Verkaufspreis in der Tasche eilt er nach Monte-Carlo, das Glück erst noch im Spiele zu versuchen. Sein Onkel, durch die plötzliche Abreise überrascht, von bangen Ahnungen gepeinigt, telegraphiert an die Direktion des Kasinos, jenem den Eintritt zu verwehren. Vergebens! Vorgestern fand man den Unglücklichen, schon halb in Verwesung übergegangen, an einem Olivenbaum oberhalb Ospidalettis erhängt. Das Geld war bis auf den letzten Soldo verloren."

Soll ich noch mehr solcher Geschichten wiederholen? Genug, mehr als genug, in ihrer ewigen Gleichförmigkeit werden sie fast langweilig, und an Ort und Stelle haben sie schon lange aufgehört, Eindruck zu machen; da schreitet, hüpft, tändelt und walzt man mit Glanzstiefelchen und Atlasschuh witzelnd und lachend über die Tausende entstellter Leichen hinweg, die blühende Gräberstraße entlang die Marmortreppen hinan in die goldprangenden Lustsäle hinein, damit die Zahl der Opfer morgen um einige vermehrt werde. Und der Protagonist, der Entrepreneur, der Fürst Charles III., und sein Helfershelfer, der Intendant, der Herr Dupressoir, was sagen diese zu dem großen Todtentanz, der sie nun seit langen Jahren umwirbelt? O, die lassen die schönste und lustigste Musik dazu aufspielen und treten dann ohne Furcht, daß ihnen die Geister der Erschlagenen ihren Schlaf stören könnten, die verschiedenen klingenden Erbschaften an. Der Fürst stammt aus der Familie der Grimaldi, von der wir noch ein paar Anekdötchen erzählen werden, nnd deren Vorfahren sich durch Straßenräuberei, Piraterei und Falschmünzerei seit Jahrhunderten auszeichneten. Seine Diener aber tanzen des Goldes wegen nach seiner Pfeife, die er von Paris aus spielt.

Und dieses Monte=Carlo an der Küste des ligurischen Meeres, an der entzückenden Riviera di Ponente, ist ein Paradies, aber auch auf ihm ruht der alte Fluch eines Dämonen, und seine holden Blüthenbäume, Citronen, Orangen, Lorbeeren und Palmen umwindet in tausend Formen und schillernden Farben die alte Schlange der Versuchung, seine Rosen hauchen Gift, denn unter ihnen birgt sich die heimtückische Viper, und wen diese Schlange gebissen, der taumelt zur wahnsinnigen Anbetung des goldenen Kalbes nach dem Tempel der Fortuna, der inmitten des Gartens steht.

Hoch über der prangenden Sirenenklippe Monacos in den Steinen der Berge liegt ein stiller, einsamer Wallfahrtsort, „Notre=Dame de Laghet"; dorthin steigen die Armen des

Volkes, die Genesungsbedürftigen, ihr Scherflein zu opfern, um gesund zu werden und getröstet heimzukehren; hier unten thront „Notre-Dame de Monaco", Madonna Fortuna, in ihrem Tempel täglich von Tausenden von Wallfahrern aus allen Weltgegenden umlagert, die da zumeist gesund kommen, ihre gesammte Habe opfern, um krank und elend zu werden und in Verzweiflung heimzukehren oder ihr Leben auf dem Platze zu lassen. Wie das heult, stammelt und flucht: „Grazia, Madonna! Grazia!" Der Ungläubigste betet. Fortuna aber lächelt und wendet ihr Antlitz, sie kennt keine Grazie, keine Gnade. Und was da schillert und schimmert, gleißt und prangt an Bildern und Statuen, Marmor, Gold und Silber, das haben die „Mönche" von Monaco aus den Opferpfennigen der fremden Wallfahrer errichtet, mit deren Blut verkittet.

„Ich habe hier Männer gesehen", — ich will einem leicht= lebigen Franzosen, St. Genest (in seinem „Bride sur le cou"), das Wort geben — „Männer in weißen Haaren, gekommen, jenes Weltwunder zu beschauen; sie betraten die Spielsäle des Kasinos mit Gleichgültigkeit, setzten ‚zum Spaß' ein paar Napoleons, nur um zu sehen, wie die Sache geht —, eine Stunde darnach machten sie Anleihen bei ihren Freunden, schickten sie Depeschen über Depeschen in alle Himmelsgegenden.

„Ich habe Damen gesehen, welche mich fragten: ‚Aber kann man wirklich hier eintreten?' — sie nahmen meinen Arm, um jene Säle mit dem Ausdrucke höchster Indignation zu durchschreiten — und am Abende fand ich sie an jene Tische gefesselt, zwischen einem fortgejagten Hoteldiener und einer Dirne, die um das Geld stritten und sich gegenseitig insultierten."

In einem Spielhause sind Alle verrückt, denn Alle glauben an das Glück. Man läßt eine Marmorkugel sprechen: „Halt da! ich muß Nummer 36 aufsuchen, denn seit Langem habe ich sie nicht gesehen!" und Alle, die stärksten Geister, Skeptiker, Schopenhauerianer und Andere, glauben es.

Wer nach der Corniche kommt, das ist (S. 10) die von Nizza über Monte=Carlo, Mentone nach San Remo und weiter laufende Küstenstraße, und Gelegenheit hat, ein wenig tiefer zu blicken, der wird sehen, wie der Ruin täglich wächst. Das ist ein Krebsgeschwür, das zu verbergen sich Niemand die Mühe giebt, mit dem man sogar in cynischer Weise kokettiert. Das verschleuderte Vermögen wäre ja schließlich nichts, wenn Einer mit Gewalt arm werden will, so thue er's, das Übel aber besteht darin, daß, nachdem man Geld und Vernunft ver= loren, man auch die Ehre darangiebt. Umsonst leugnet die hohe Direktion, in deren Sold eine Menge lobpreisender Lohn= schreiber stehen, den Schaden hinweg. Die Fäulnis ist da, aber über Fäulnis diskutiert man nicht, man deckt sie ein= fach auf.

Welche Gegensätze zwischen der entzückenden Natur, welche sich um das Kasino herbreitet, und dem Menschentreiben im Innern desselben! Hier draußen*) ist der Himmel heiter, von milden Sternen durchglüht; die Decke des Saales drinnen ist vergoldet, aber das Gold ist falsch und getrübt durch Lampen= rauch, durch den unreinen Athem der Menschen. Hier draußen weht der Duft eines ewigen Frühlings, Reseden, Magnolien, Lavendel und Rosen, eingeschlummert eine neben der anderen, träumen unter dem Kusse des Schöpfers, dem frischen Thaue der Nacht, und hauchen den leisen Athem glücklicher Pflanzen aus; drinnen eine schwere, drückende Schwüle von Eau de Cologne, von Patchouli und glimmenden Cigarren, von Gas= flammen und schwitzenden Menschenleibern. Draußen das Ge= räusch der Wellen, die mit ihrem ewigen Kusse die Klippen des fernen Ufers rühren, das Flügelwehen des Nachtwindes, der leicht und zärtlich die breiten Blätter der schlanken Pal= men liebkost und sich verliert in dem duftigen Gezweige der Geranienbüsche: das Schweigen einer Natur, die sprechen

---

*) Nach des Italieners Mantegazza Darstellung.

möchte, das traumgeflüsterte Wort einer Natur, die schlafen
will. Drinnen das lüsterne Klappern und Klirren von Gold-
und Silberstücken, und um das Gold her eine Handvoll
menschlicher Fragmente, elende Trümmer der Hunderte im
Meere des Lasters Gescheiterten, die um einen grünen Tisch
her die letzten Funken eines müden und kranken, unter der
Asche versunkenen Lebens verbrauchen!

Ja, grausamere Gegensätze vermögen die kühnsten Dichter
nicht zu erfinden: draußen das Paradies, drinnen die Hölle;
draußen Armidens Gärten, das größte Wunder Italiens, und
in diesen Gärten hat der Mensch einen Stall gebaut, um seine
schmutzigste Schande darin einzustellen; einen Stall, wo reiche
gähnende blasierte Dummköpfe ihre Langeweile vertreiben wollen
und Kokotten auf fremde Börsen spekulieren.

Kokotten und — die Herren von Monaco und Monte-
Carlo! Und daß dies für diese Herren ein Spiel ist, „bei dem
man stets gewinnt", ersieht man aus der Hinterlassenschaft des
einzigen Mr. François Blanc, des menschenfreundlichen Gründers der Spielhölle (gestorben 1878): sie bestand aus sechzig,
sage sechzig Millionen Franken! Und Millionen bezog und
bezieht der Fürst, bezieht eine vom „Blute der Erschlagenen"
sich mästende noble Domestikenschar, die man Administration
nennt. Und da wagt es Monaco, wie eine liebe Unschuld
vom Lande, das naive Sprichwort von sich in Umlauf zu
setzen:

> „Monaco bin ich auf einem Stein,
> Säe nicht, ernte auch nichts ein,
> Dennoch will gegessen sein."

Und wie es das anfing, ohne Arbeit zum Essen zu kommen, das berichtet die Geschichte des Landes. Die Herren
Grimaldi (der Name bedeutet im Italienischen auch Diebs-
haken oder Dietrich) waren Anfangs (im 13. Jahrhundert) un-
gesetzliche, dann gesetzliche Piraten, dann Falschmünzer, dann

Westentaschentyrannen, endlich Croupiers, aber Alles in Ehren und unter Frankreichs mächtiger Ägide.

Vor mir liegt eine alte Scharteke aus dem Jahre 1681; da erzählt ein gewisser Theodorus Hecht von dem Grimaldischen Piratensitz:

„In dem Meerhaffen müssen alle Schiff anländen, und die Wahren so sie führen verzollen, wenn man aber vorbeyfährt, so eylen gleich eine gute Anzahl Soldaten nach, und wenn sie das vorbey gefahrene Schiff erhaschen, so ist es mit Leib und Leben samt allem Gut verfallen."

Diese Piraterie war durch Verträge mit Frankreich geregelt. Ähnliche Verträge regelten die Falschmünzerei: die Fürsten von Monaco prägten Sousstücke, die in Frankreich Kurs hatten, aber nur die Hälfte werth waren.

Gegen jenes seeräuberische Zollrecht protestirten damals Genua, Nizza, Bentimiglia, die Herzöge von Savoyen, alle italienischen Fürsten, aber die monegaskischen Herren wußten sich sicher unter französischer Protektion, und Ludwig XIV. nannte so ein Fürstlein seinen „aimé cousin le Prince de Monaco", während dieses seine Nachkommen beschwor, „dem Allerchristlichsten Könige heilige Treue zu bewahren". Der jetzige Fürst hat sie dem kaiserlichen und dem republikanischen Frankreich bewahrt. Er verkaufte die Hälfte seiner Nußschale im Jahre 1860 um vier Millionen Franken an Frankreich, ließ sich wie ein junges Hühnlein unter die Flügel nehmen und seinen Sohn und Thronerben Albert im Jahre 1870 (vielleicht aus Seeräuber-Reminiscenzen) in die französische Marine, gegen Preußen, treten.

Die Devise des Hauses ist: „Deo juvante", das Wappen: zwei Mönche. Unter dem „Schutze Gottes" und der Grande Nation steht noch heute Thron und — Spielhölle.

Was hat man gegen letztere gesprochen, geschrieben, gekämpft. Jeden Winter führen die italienischen Journale einen mächtigen Freizug gegen Monte-Carlo, das Parlament wird

bestürmt mit Petitionen, in langen Sitzungen wird die Frage
erörtert, und was für Karthago der alte Cato mit seinem
„ceterum censeo“ war, das sind für Monte-Carlo eine Anzahl menschenfreundlicher Abgeordneter der Linken. In London
besteht ein Komité zur Unterdrückung der Spielhöllen, dessen
Vorsitzender der Menschenfreund Thompson ist, zu dessen Mitgliedern eine Menge hervorragender Deutscher (auch Bismarck)
gehören.

Hoffen wir, daß es ihnen endlich gelingen wird, ihr Ziel
zu erreichen und dem gemeingefährlichen Treiben auf Monte-
Carlo ein Ende zu bereiten. Dank dem erstarkten sittlichen
Bewußtsein der Neuzeit sind ähnliche Spielhöllen in anderen
Ländern aufgehoben worden, und es muß früher oder später
der Augenblick kommen, wo die Fürsten von Monaco, unter
dem Drucke der öffentlichen Meinung und durch das Ehrgefühl
geleitet, von den unrühmlichen Lehren ihrer Vorfahren ab-
lenken werden.

3.

Ein ligurisches Quisisana.

> Siehe die Formen voll Reiz, von Lichtern um-
> flossen und Düften,
> Die des Ligurischen Meers silberner Gürtel um-
> schließt.

Auch San Remo liegt wie Bordighera an der Riviera di
Ponente italienischerseits, nordwärts von Genua, und kann
von dieser Stadt aus in vier und einer Viertelstunde, von
Marseille aus in elf Stunden erreicht werden; ist also für einen
Deutschen, der durch den Gotthard kommt, ein gar bequem zu
erstrebendes Reiseziel.

Lohnt es sich aber, dasselbe zu erstreben? Wäre es nicht besser, in dem mit europäischem Rufe ausgestatteten Cannes, Nizza oder Mentone, die doch auch ganz in der Nähe da herumliegen, abzusteigen? Nun, San Remo scheint den genannten Orten, die noch dazu uns Deutschen ihre „französischen Sympathien" entgegenbringen, an Bedeutung nicht nachzustehen, dafür sprechen in nachdrücklichster Weise seine Fremdenregister, welche dem an ausgiebiger Gesellschaft und entsprechender Unterhaltung Zweifelnden bekunden, daß daselbst gewohnt vom Dezember 1880 bis dahin 1881: 2803 Familien mit 6475 Personen; vom Dezember 1881 bis 1882: 2865 Familien mit 6622 Personen u. s. w., daß es ferner in der Saison 1881 bis 1882, also vom 1. Oktober bis 25. April, hier 6012 fremde Familien mit 9330 Personen gab. Von der ganz bedeutenden Frequenz des Ortes erzählen, wenn jene Tausende von Menschen schweigen sollten, die Kassenbücher der Eisenbahnstation San Remo. Vom 1. Oktober bis 25. April 1882 wurden an dieser einzigen Station 93 708 Billette aller Klassen verkauft! Leere Züge wird's also selten geben, landschaftliche (und leider auch andere) leicht zu erreichende Verlockungspunkte aber gerade genug.

Wer kommt nun nach San Remo? Ja, wer kommt nach Cannes, Nizza und Mentone, diesen klimatischen Kurorten? Auch San Remo ist ein klimatischer Kurort, vor allen anderen aber bekannt und berühmt wegen seiner echt italienischen Lenzeslüfte, die da wehen, wenn unser Deutschland, vom rauhen Nord durchschnaubt, unter Schnee und Eis starrt und die kranken Menschen — die mit chronischem Katarrh der Respirationsorgane, Emphysem, chronischer und stationärer Phthise, chronischen Rheumatismen und anderem Ungemach behafteten — gezwungen sind, hinter den Scheiben, in deren Schutz ein paar verkümmerte Hyacinthen blühen, in dunstiger Ofenwärme und bei dunstigem Lampenlicht den Frühling und das erste im Freien geborene Veilchen heranzuseufzen, heranzuzweifeln.

3*

So bestehen also San Remos Gäste aus lauter Leiden=
den? Ich bin aber gesund; was fängt der Gesunde im Hospital
an? Den lebefreudigen, fröhlichen, gesunden Touristen hindert
nichts, zu kommen und seinem Lebensroß im Vollgenuß des
Frühlings die Zügel schießen zu lassen. Er findet in und um
San Remo alle Reize entfaltet und zusammengedrängt, mit
welchen die weiter drüben und weiter drunten sich breit machende
italienische Sirene schon so viele Tausende verlockt und ent=
zückt hat; Reize, die er in den verschiedenen Provinzen einzeln
zu einem Venusbilde zusammenlesen muß, bieten sich ihm hier
auf einmal dar. Er braucht aber durch sie nicht philisterhaft
sich ans Haus fesseln zu lassen, das heißt seine Freuden nur
innerhalb des Weichbildes von San Remo zu suchen; es liegt
ein langes Verzeichnis von Spaziergängen und Ausflügen vor,
so daß ihm gerade dieser Sitz, in der Mitte fast der fahrbaren
großartigen „Corniche“, am Meer und an der Eisenbahn ge=
legen, mit den komfortabelsten Gasthäusern und feinsten Hotels
ausgestattet, täglich und stündlich Gelegenheit zu Ausflügen,
Wanderungen, Fahrten, Ritten nach dem lieblich=leichtsinnigen
Nizza im Westen, dem stolzen Genua im Osten und allen da=
zwischen liegenden reizenden, eines wiederholten Besuches wohl
werthen Ortschaften, wie Monaco, Monte=Carlo, Bordighera,
Ospidaletto, Porto Maurizio, Oneglia u. a., in bunter Ab=
wechselung bietet.

Es bedarf nicht viel, sich bald in San Remo, den heime=
ligsten Ort der Riviera, zu verlieben, und zu diesem Zweck
sehen wir es uns gern etwas genauer an. Mit großstädtischem
Anstand und doch so unendlich lieblich und gastlich liegt es in
seiner sanften Bucht drin. Lockend erscheint es dem Schiffer,
der es vom Meer aus liegen sieht, lockend dem auf der Land=
straße Daherkommenden durch die freundliche Lage seiner Häuser
und Villen mitten im smaragdenen Grün, durch die stille
Pracht und den süßen Duft seiner zahlreichen Gärten, die ge=
sunde reine Luft, die sonntägliche Stille in seinen Straßen, so

daß nirgends besser als über den Thoren San Remos das jetzt so oft gemißbrauchte „Qui-si-sana" geschrieben stehen könnte.

Was wir auf den ersten Blick sehen und fassen, ist, daß der Ort sich schön und sicher nach einem vorhandenen Bedürfnis entwickelt haben muß. Davon zeugen die in der Ebene, am Fuß der Hügel, auf den Bergen liegenden, nach Hunderten zählenden reizenden Landhäuser, welche die Intelligenz der Sanremesen und lebensfroher Fremden aller Klassen im Laufe der Zeit gebaut hat. Im Innern der Stadt finden wir neue Straßen, neue Häuser, Paläste und Institute, stattliche Kaufläden mit reichbesetzten Schaufenstern wie auf einem Pariser Boulevard; dazu lebhafter Handel auf der Eisenbahn, auf der Landstraße, auf dem Meere; in allen Hotels gewaltiger Konsum. In den Werkstätten herrscht reges Gewerbleben, munterstes Treiben auf Markt und Gassen, überall Karawanen von Fremden aller Nationen zu Fuß, zu Wagen, zu Roß und Esel; ameisengleich bethätigt sich das Volk der arbeitenden Klasse. Das Alles aber, und dies ist der Vorzug San Remos vor anderen Kurorten, vollzieht sich in friedlicher, nervenberuhigender Stille und drängt sich Niemand auf. Ein wohlthuender Wohlstand ist dem Gebaren der Einwohner aufgeprägt, welche von den patriarchalischen Sitten der Väter noch nicht gelassen haben.

Und doch war San Remo schon einmal verblüht; die Blüthe, die uns jetzt erfreut, ist einem jüngsten Lenz entsprossen und verdankt ihre Fülle einem braven Gärtner, einem Landeskinde, dem Doktor Panizzi.

Die alten Sanremesen vegetierten, wie sie das von ihren Großvätern gelernt, ruhig und anspruchslos unter ihren Citronen- und Ölbäumen, die Früchte des Bodens sammelnd und auf ihren immer kleiner werdenden Barken vertreibend. Gleichgültig sahen sie dem Aufblühen der Nachbarorte Nizza und Mentone zu, die ihre klimatischen Wohlthaten zu Geld zu machen wußten; gleichgültig, wie die von Bordighera, sahen sie die mit Fremden besetzten Postwagen durch ihre Stadt fahren, in der noch kein Stiefelknecht zur Benutzung von Gästen vorhanden war. Alles wie in Bordighera.

Panizzi, der lange Jahre im Ausland gelebt und die Hotel- und Badeindustrie manches Ortes von geringerem Wert als sein Heimatsort, manche kältere Sonne kennen gelernt hatte, kehrte 1857 nach San Remo zurück. Hier fand er noch Alles unverändert beim Alten, der alte Schlendrian war Bürger= meister geblieben. Der mußte abgesetzt werden. San Remo sollte mit den anderen, eben zu Ruf gelangenden klimatischen Winterkurorten in die Schranken treten.

Das konnte es sehr gut. Die Lage und das durch diese bedingte Klima eigneten sich trefflich dazu.

Ein recht poetisch gesinnter Baumeister oder Gartenkünstler hat die Topographie San Remos mit Allem, was dazu gehört, geschaffen. Er zeichnete in seinen sanften Linien einen Meer= busen, setzte wie zwei Wachtthürme zwei in die Wellen vor= springende Kaps an dessen Endpunkte, schob in den Rücken der Landschaft gegen Norden in Kreisform einen hohen Gebirgszug, ließ von diesem sieben Hügel mit dazwischen liegenden, sanft geneigten Thälern, welche friedliche Bäche durchfließen, meer= wärts sich abdachen, umkleidete diese Hügel mit dem silbernen Baume der Minerva, mit Citronen, Orangen, Mandeln, Gra= naten, Lorbeeren, Myrten und Palmen, die höheren Berge mit Tannen, Fichten, Eichen, Lentiscus und allerhand duftigen Alpenkräutern, schmückte das ebenere Land gegen das Meer hin mit Reben und Rosen, die Wiesen mit Veilchen und Ane= monen, erfüllte die ganze amphitheatralische Höhlung mit einer milden Bergluft, und — als er ansah, was er gemacht, siehe, da war es sehr gut: der Boden von San Remo war fertig. Darüber spannte nun der Himmel sein blaues Zelt aus und ließ seine sanftesten Winde wehen.

Das Kap im Westen ist Kap Pino, das östliche Kap Verde, auf dem das berühmte Sanktuarium Nostra Donna della Gu=

arbia sich erhebt; der höchste Berg im Hintergrunde, auf dem letzten Ausläufer des Alpenarmes, der vom Saccarello aus ostwärts gegen Bentimiglia sich erstreckt, ist der Monte Big= none, 1291 m hoch. Hinter diesem Thurmwall mauern sich noch andere Bergketten auf, den kalten Nordwinden einen unüber= steiglichen Damm entgegensetzend.

Theilen wir das Gebiet San Remos durch eine vom Mittel= punkt des Golfes aus nach dem Bignone gezogene gerade Linie in zwei Theile, so erhält jeder Theil wiederum zwei kleinere Buchten: zwei zur Rechten und zwei zur Linken der Stadt. Jene Linie wird aber von der Natur selbst durch einen vom Monte Bignone herabkommenden Hügelausläufer gebildet, auf welchem die Altstadt San Remo liegt.

Rechts und links von diesem Theilungsrücken laufen ein= ander parallel die zwei „bedeutendsten", sich eben nur bei Regenwetter füllenden Wasserbetten dem Meere zu, und zwischen ihren beiden Mündungen entfaltet die Stadt das Kreuz ihrer vier Quartiere.

Man könnte also, was in Mentone so deutlich ausge= sprochen und mit starken Merkmalen markiert ist, auch hier füglich von einer West= und einer Ostbucht reden, obschon Temperaturunterschiede hier nicht so fühlbar ausgeprägt sind. Nur wenn der, eine etwa vierzehntägige kältere Periode des Winters bezeichnende Nordost weht, ist die Westseite ange= nehmer.

Sonst ist auf beiden Seiten süße Milde der Grund= charakter des sanremesischen Klimas. Winde wehen selten, und kalte Winde sind fast unbekannt wie Frost, wie Schnee und Hagel.

Das Mittel der Temperatur ist für den Winter 11 bis 14, im Frühling 16 bis 17, im Sommer 21 bis 23, im Herbst 18 bis 20 Grad Celsius. Von Regentagen zählt man im Winter 12 bis 15, im Frühling 10 bis 12, im Sommer 5 bis 6, im Herbst 15 bis 20. Der Jahresregenfall wird im Mittel mit 720 mm beziffert, und sonnenhelle Tage rechnet man gegen 255. Vergleichen wir die Zahl der Regentage in San Remo nach den Aufzeichnungen des am Orte ansässigen Arztes Doktor Dauben mit denen der anderen bekannten Küstenorte, so ergeben sich für Mentone 80, Nizza 60, Cannes 52, Bordighera (wie in San Remo) 45.

Zur Orientierung stehe hier noch die meteorologische Tabelle Brökings, ein Mittel aus den Jahren 1866 bis 1874. Auch nach dieser zeigt San Remo ein gar heiteres Gesicht:

	Okt.	Nov.	Dez.	Jan.	Feb.	März	Apr.
Mittlere Temperatur	14,7	13,3	10,9	9,4	11,2	12,1	15,0
Relative Feuchtigkeit	65,7	67,8	66,9	66,2	68,1	64,6	65,8
Heitere Tage	10,4	8,5	10,3	11	11	11,1	14
Halbheitere Tage	45,4	14,5	14,5	15	12	13	12
Trübe Tage	5	7,3	7,6	5,5	6,3	6,9	4,3
Regentage	7,2	4,8	6,4	4,8	3,5	6,4	3,5

Die Vorzüge dieses Klimas waren aber der Welt so lange unbekannt, bis eben jener Doktor Panizzi kam, der sich zum Herold dafür aufwarf. Er verband sich mit einem in San Remo ansässigen Engländer Taylor, und der versprach ihm, in die Weltposaune der „Times" zu stoßen. Er schrieb einen tönenden Artikel über den ewigen Lenz am Fuße des Bignone und hob zugleich den sanften gastfreundlichen Charakter der Sanremesen rühmlichst hervor. Nizza und Mentone fangen an, vor der Rivalin am Ligurischen Meer sich zu fürchten, entbrennen bald in Eifersucht gegen sie; die Rivalin muß um jeden Preis niedergehalten werden, sei es selbst mit den Waffen der Lüge und Verleumdung.

Aber die Welt hinter den Alpen ist inzwischen doch auf den neuen Ort aufmerksam geworden. Sollte San Remo sich wirklich so vieler Vorzüge rühmen können? Die Wahrheit wäre ja so leicht zu erforschen. Nicht Neugierde, sondern der Trieb, der Wissenschaft und mit ihr der leidenden Menschheit einen Dienst zu erweisen, veranlaßte alsbald den Wiener Professor

Doktor Sigmund, an Doktor Pröll, den Arzt der Gasteiner
Wasser, der zufällig in Nizza weilte, zu schreiben und ihn zu
bitten, der Sache einmal auf den Grund zu gehen.

Doktor Pröll geht auf diese Aufforderung hin als Kundschafter nach San Remo, und siehe! „das Land war sehr gut
und lieblich darin zu wohnen", wenn — die Väter der Stadt
die nöthigen Einrichtungen für eine Fremdenkolonie treffen wollten.
Rasch ward ein Anfang damit gemacht, und schon das nächste
Jahr sendet Doktor Sigmund zwei seiner Brustkranken, zwei
hochgestellte Personen, zur Winterluftkur nach San Remo, und
— der Erfolg ließ nichts zu wünschen übrig.

Die Zukunft San Remos war gesichert. Jetzt mußte aber
von Seiten der Stadt auch materiell für die Kranken gesorgt
werden. Platz für Hotels war genügend vorhanden, wenn sich
nur Unternehmer fänden.

Das erste Hotel, das noch mehr im Glauben als im
Schauen gebaut wurde, war das Hotel de Londres (1861).
Der Name dieses sowie der beiden demnächst entstehenden,
Hotel d'Angleterre und Victoria, zeigt an, daß man allermeist
auf englischen Besuch rechnete. Wirklich gingen auch die Deutschen noch immer fast Alle nach dem französischen Nice — Nizza
— und Mentone. Da kam der Krieg von 1870, das deutsche
Element fühlte sich unbehaglich auf französischem Boden und
ging über die nahe Grenze nach dem italienischen Bordighera
und San Remo. San Remo brachte es nun bald zu vierundzwanzig guten Hotels. Das Municipium that seine Schul-
digkeit und verschönerte die Stadt durch Neubauten, Straßen,
Promenaden, öffentliche Gärten, Beleuchtung. Die reizendsten
Landhäuser wuchsen wie Champignons aus dem Boden, ein
Theater wurde gebaut; der Aufenthalt der russischen Kaiserin
gab Veranlassung zur Schöpfung des Corso Mezzogiorno am
Meer und des öffentlichen Gartens vor dem Hotel Bellevue
und Londres.

Wer San Remo von heute mit dem vor zwanzig Jahren

vergleicht, kennt es nicht wieder. Neue Plätze, breite Straßen
mit schönen und bequemen Trottoirs sind entstanden, wasser=
reiche Fontainen verschönern die Stadt; neue Verbindungswege
besonders der nach Perinaldo, erleichtern den Verkehr; das
Hospital kam auf den Berg, der neue Friedhof wurde gebaut;
die Via Vittorio Emanuele hat eine Menge prächtiger, nach
dem neuesten Tagesgeschmack eingerichteter Magazine. Wo sonst
nichts als Citronen= oder Gemüsegärten waren und elendes
Häusergeniste stand, werden noch immer neue Gassen der Luft
und dem Licht eröffnet, sonnige oder von Bäumen umschattete
Wandelwege angelegt; sogar der Hafen ward vergrößert, wenn
auch dies als das letzte Bedürfnis der Stadt anzusehen wäre,
deren Seehandel durch die Nähe Genuas, mit dem es einst,
in guten Tagen, auf dem Meere rivalisierte, gar zu leicht
trocken gelegt wird.

Das wäre denn das sonnenfrohe, mögliche, schöne, das
San Remo der Gegenwart und Zukunft. Außer diesem giebt
es aber ein finsteres, schwarzes, unmögliches, häßliches (wenn
auch immerhin äußerst malerisches) San Remo: das San Remo
der mittelalterlichen Vergangenheit, die Altstadt, die berüch=
tigte Altstadt mit unmöglichen Straßen, unmöglichen Häusern
und noch unmöglicheren höhlenartigen, durch Rauch und Alter
geschwärzten Wohnungen.

Vom Meere aus sehen wir's an seinem Burgberge hängen,
wie ein altes verschlissenes Landsknechtwams, wie eine unheim=
liche Mönchskutte, deren Saum bis dicht an die erste Haupt=
straße der neuen Stadt streicht. Wer nach San Remo kommt,
steigt zu diesem Stadtungeheuer hinan, sei es auch nur, um
zu erkennen, „wie wir es denn so herrlich weit gebracht", im
Bauen wenigstens. Denn an mittelalterlicher Bauwunderlich=
keit übertrifft San Remos Altstadt selbst noch Alt-Nizza und
Alt-Mentone. Auch wer die geharnischte Geschichte der Stadt
nicht kennt, sieht doch sofort, daß sie so gebaut wurde, um

einen Feind, die Saracenen, abzuhalten; damit sperrte sie aber auch ihren Freund hinaus: die liebe Sonne.

Die Altstadt erscheint wie eine „verwunschene" Stadt, eine Stadt, die der große Bann getroffen. Im ewigen Schatten wandelt man durch die kaum anderthalb bis zwei Meter breiten Gäßchen, und begegnet man einem Kinde oder sonstigen Menschen, so sieht er dünn und bleich und krank aus wie ein im Keller aufgeschossener Kartoffelkeim. Glücklicherweise ist schon der größte Theil der Einwohner vom Berge herabgestiegen, ganze Straßen stehen verlassen und dienen den Spatzen und Ratten, den Eulen und Fledermäusen zur Wohnung. In diesen ausgestorbenen Straßen wandelt man wie durch Pompeji: an Stelle der freudigen Farben und Ornamente, welche das campanische schmücken, hat die „reichhinstreuende" Natur ihre grünen Rankenarabesken, ihre goldigen Moose und zierlichen Farnwedel an grauen Mauern und Dächern aufgehängt.

Der Blick verirrt sich in all den dunklen auf- und absteigenden Gängen, Hohl- und Höhlenwegen und Sackgäßchen, unter den häuserstützenden, selbst der Stütze bedürftigen Bogen und Arkaden — irrt an der jedes Baustils ermangelnden Façade eines pechschwarz geräucherten, durch Wind und Wetter schief gerückten, vom Zahn der Zeit total zernagten Hauses hin und her, nach einem Fenster suchend, und entdeckt nur ein einziges kleines Loch hoch unter dem Dache, wo eine rothe Nelke in einem Scherben, ein Basilikumstöckchen, ein paar an langer Schilfstange wie Friedensfahnen flatternde Wäschstücke das Dasein irgend eines „Dornröschens" verrathen: und da scheint denn endlich auch ein tischtuchgroßes Stück blauen Himmels, doppelt blau in der geschwärzten Umgebung, tröstlich herein.

Es folgt eine lange Flucht von zerbrochenen Dächern, Terrassen, kleinen, verwinkelten Loggetten, über welche ein seines Stuckes seit langen Jahren beraubter Glockenthurm wie ein Ausrufezeichen der Verwunderung ragt. Man überschreitet das steil abfallende, mit Urweltskehricht und prähistorischen

Topfscherben angefüllte liederliche Bett eines Bergbaches, trifft auf Stücke einer Wasserleitung, zerbrochene Kanäle, Alles mit Nesseln und wirrem Strauchwerk umkleidet; darüber eine Art Gartenmauer, von Aloe und indischen Feigen, dem bizarren Opuntienkaktus bewachsen, zwischen die ein uralter krummer Oleander seine tröstlich=rothen Blüthenflammen mischt; an eine andere Mauer lehnt sich wie lebensmüde — „ein Märchen aus alten Zeiten" — des Ostens verwaistes Kind, eine arme Palme, deren Zweige, vom Wind zerzaust, welk und gelb am Stamme herabhängen. Über das Dach zur Rechten breitet eine dunkel= grüne Cypresse ihre Arme, als ob sie eine Leichenrede halten wollte.

Weiterhin, wo sich die schwarze Häusermasse ein wenig öffnet, fällt die Sonne auf ein verblichenes Muttergottes=Bild in einer Mauernische, Monatsrosen umblühen der Himmlischen Gesicht, und der Alte, der eben mit seinem trockene Palmzweige schleppenden Esel vorüberkommt, grüßt sie so andachtsvoll, wie sein Urahn sie einst gegrüßt hat...

Dieser Altstadt steht die Geschichte noch lesbar auf dem verwitterten Gesicht geschrieben. Nicht umsonst sind diese Hunderte von Häusern und „Palästen" hier heraufgeklettert, haben sie sich mit Mauern umgürtet, mit Thürmen und Fallgattern geschützt, nicht umsonst haben sie in quetschende Enge sich zu= sammengerückt und Verbindungsgänge hoch an den Dächern unter sich hergestellt: sie hatten ihre mittelalterlichen Gründe dazu; wie die Landsknechte, die, vom Feinde bedrängt, eine letzte Zuflucht gefunden haben, mußten sie stehen und fechten, eng an einander geschlossen, Rücken gegen Rücken.

Wenn diese alten Nester reden könnten! Ja — aber Alles könnten sie uns doch nicht erzählen; von den Römern wissen sie nichts, von den Griechen erst recht nichts, und von dieser Zeit wissen selbst die ehrwürdigsten Pergamente San Remos nur blutwenig. Aber Griechen, wahrscheinlich von Massilia herübergekommen, mögen die ersten Bewohner dieser Küste

gewesen sein, denn als die Römer kamen, fanden sie die Ver=
ehrung der Göttin des Meeres, Leukothea, hier Matuta ge=
nannt, die unter dem Namen Mater Matuta einen Tempel
noch zu Rom besaß. Nach ihr wurde der Ort „Matutia"
genannt, und die Römer müssen in ihr sich ganz behaglich ein=
gerichtet haben, denn man fand noch spät Reste römischer
Gebäude, Reste eines Marsfeldes, viele römische Münzen.
1823 entdeckte man noch antike Brückenpfeiler und Strecken
der Via Aurelia Aemilia. Aufgeschrieben haben die Römer
über Matutia nichts, das thaten sie nur mit Orten, die ihnen
das Leben schwer machten; somit scheinen die alten Matutianer,
ähnlich ihren modernen Enkeln, ein recht friedfertiges Völkchen
gewesen zu sein.

Die Römer gingen dahin, das Latein verstummte und
für Urbs oder Arx kam die weniger schroffe Vokabel „Villa"
auf; so nannte Matutia bis ins achtzehnte Jahrhundert sich
Villa Matutiana. In einem Dokument vom Jahre 979 kann
man noch lesen „locus et fundus matucianus", in einem
solchen vom Jahre 1038 aber liest man bereits „locus et fundus ipsius loci Sancti Romuli".

Woher nun dieser Name?

Um das Jahr 640 etwa waren die Longobarden gekommen
und hatten Matutia vernichtet. Die wenigen übriggebliebenen
Einwohner waren auf die Berge geflohen, wo sie in Angst
und Beben lebten. Von der Zeiten Roheit aus seiner Diöcese
verdrängt, die bedrängten Schafe zu trösten, gesellte sich zu ihnen
der bereits im Geruche der Heiligkeit stehende Bischof Romulus.
Er einsiedelte mit den Versprengten in Wald und Höhle, schlief
auf der Erde, aß wie alle Einsiedler, die es ernst meinen,
Wurzeln und Kräuter und kasteite seinen Leib. Die Zeugen
seines heiligen Lebens waren schon vor Jahren durch den
Priester Ormisda, den der Bischof Felix von Genua geschickt,
bekehrt worden und fanden durch des frommen Romulus Ver=
halten jetzt neue Bestätigung jener Lehren. Immer mehr

Volkes versammelte sich um Romulus, seine Wunder zu schauen, und die Villa Matutiana ward zum Theil wieder bevölkert.

Romulus starb, und an seinem Grabe geschahen große Zeichen, deren vornehmstes war, daß die Stadt wieder wie vor Zeiten aufzublühen begann. Die Longobarden thaten ihr nichts mehr, die waren inzwischen selbst gezähmt worden. Aber ein neuer und schlimmerer Feind begann auch hier zu drohen: die Saracenen. Sardinien und Corsica hatten sie bereits verwüstet, Sicilien eingenommen, Civitavecchia und Nizza ausgeplündert, Ventimiglia niedergebrannt. Jetzt saßen sie im nahen Villafranca. Die Villa Matutiana war nur ein Frühstück für sie. Über das machten sie sich im Jahre 838 her, und als sie abzogen, blieb nichts als Asche und Leichen zurück. Wieder und immer wieder ward die unglückliche Stadt aufgebaut, und stets von Neuem kehrten die Wilden: 846, 891, 934, wenn wir nur die Hauptjahre anführen wollen; die Stadt glich zuletzt nur noch einem Trümmerhaufen. Erst 972 fing Bischof Theodulf wieder an, den Aufbau der Stadt zu betreiben, indem er verschiedenen seiner Priester den Boden in Lehen gab. Kaiser Konrad bestätigt die bischöflichen „Rechte", und in dem darüber existierenden Dokument heißt eben der Ort „locus Sancti Romuli"; der „locus" wird zum „castrum", das „castrum" zum „oppidum".

Wenn es nach dem Sprichwort unter dem Krummstab gut leben war, so machte er sich doch auch manchmal recht schwer fühlbar, und das Volk von San Romolo hegte bei wachsendem Wohlstande den Wunsch, sich nach seiner Weise zu regieren.

So schlossen sich wie anderwärts die Männer zu Schutz und Trutz in sogenannten „Compagne" (Kumpaneien) zusammen, aus denen sich die Kommune, die durch selbstgewählte Konsuln, später Sindaci, regierte Gemeinde entwickelte. Die Konsuln hatten den Gonfalone zu entfalten, die Milizen zu kommandieren, über die Gemeindegelder zu bestimmen, welche von zwei Seckelmeistern (von ihren Schlüsseln Clavarii genannt) verwaltet wurden. Die Justiz lag in den Händen des Podestà, meist eines Fremden, Genuesen.

Diesen, die Taschen der Kirche schädigenden Neuerungen widersetzten sich die Bischöfe und riefen Kaiser und Papst um Hilfe an. Dazu machte bereits Genua die kräftigsten Versuche, seine Herrschaft über die gesammte Riviera auszudehnen, und baute in San Romolo ein Zwing-Uri. Die armen Bürger hatten also, wenn sie selbständig sich nicht erhalten konnten, die Wahl zwischen einem Bischof als Herrn und Genua. Die eine Hälfte neigte zu dieser, die andere zu jenem. So war denn die erste innere Spaltung fertig.

Um 1170 war die Genueser Partei obenauf und schloß im Jahre 1199 einen Vertrag mit Genua, der sehr zu Ungunsten San Romolos ausfiel.

1216 führte die Bischofspartei das Ruder. Ein stetes Schwanken; wer obenauf kommen mußte, war unschwer vorauszusehen.

1297 verkaufte der Bischof Jacopo mit dem Beneplacito Bonifazius' VIII. das Gebiet San Remos und Cerianos um 13 000 Genueser Lire (etwa 325 000 Franken) an Oberto Doria und Giorgio de' Mari. Der aufblühende Ort hatte also zwei Herren auf einmal und zwar zwei sehr verschiedenartige: die Doria waren Ghibellinen, die de' Mari Guelfen. Was daraus entstand, bedarf keiner Erörterung. Der grimme Brand, der Deutschland und Rom entflammte, warf seine zündenden Funken auch in das kleinste Nest. Auch in unserem Städtchen am Bignone erscholl das böse „Hie Welf!“ — „Hie Waiblingen“. Genuas Eisenhand stellte aber die Ruhe bald wieder her, und 1361 wurde in der Basilika San Lorenzo der neue Pakt mit der Herrin beschworen, deren Geschicke San Remo fortan als Waffenträger zu theilen hatte.

Und nun heißt San Romolo seit Ausgang des fünfzehnten Jahrhunderts auf einmal Sanktus Remus oder San Remo. Warum? Kein Geschichtsforscher giebt einen Grund

an; alle behaupten, es sei, da dem Volke eine ersparte Silbe
mehr gilt als alte empfangene Wohlthaten oder Erinnerungen
an einen Wundermann, der Kürze wegen so genannt worden.
Abbate Grosso behauptet, daß die Gothen durch ihre Beein-
flussung des Dialektes der Riviera diese Änderung des Namens
bewirkt hätten, welche Behauptung man wohl mit einem
Fragezeichen versehen darf. Andere fabeln (denn man möchte
der Sache so gern eine Erklärung geben), daß San Romolo,
die alte Siebenhügelstadt, von einem Theil der Einwohner verlassen wurde, der da auszog, sich eine Stadt näher der Meeres-
küste zu bauen, der er, die Brüderschaft und Zusammengehörigkeit mit der Mutterstadt anzuzeigen, den Namen des Bruders
von Romulus, also Remus, gab.

Genug, wir haben es von jetzt ab mit San Remo zu
thun*).

Wenn ich mich etwas länger bei der alten Geschichte aufgehalten, so geschah es, um bei den die Stadt Besuchenden
etwas mehr Interesse für die arme Alte, die „manchen Sturm
erlebt“, zu erwecken. Menschen und Städte, deren Namen oder
Geschichte man kennt, sieht man mit anderen Augen an, mit
wohlwollenden, wenn diese Geschichte eine traurige ist, wie dies
wohl bei unserem San Remo der Fall.

Mit dem Rest derselben will ich mich kurz fassen und erzähle, mit einem Sprunge über das verworrene sechzehnte und
siebzehnte Jahrhundert hinwegsetzend, eine Episode aus der
Mitte des vorigen, die da zeigt, daß Engländer schon damals
San Remo besuchten, wenn gleich in anderer Absicht als heute
Um 1745 hatte San Remo im Interesse Genuas eine
franko-hispanische Besatzung. England wollte um diese Zeit
die mit Spanien verbündete Republik die ersten Konsequenzen

---

*) Das Stadtwappen zeigt eine Palme, von einem Löwen gepackt;
auch dieser Löwe ist neueren Ursprungs, denn früher war es ein Leopard,
wie aus einer Stelle des Statuts vom Jahre 1565 hervorgeht: „arma
dicti loci leopardus cum palma“.

dieser Verbindung schmecken lassen und bombardierte Genua, aber ohne Erfolg. Ärgerlich darüber ließ der englische Admiral die kleineren Ortschaften der Riviera beschießen, und so kam er denn am 30. September mit sieben Linien= und vier Bombardierschiffen auch nach San Remo. Die erschrockenen Sanremesen schickten eine Deputation an Bord mit Vor=stellungen ihrer Unschuld und dem Angebot von Erfrischungen und Südfrüchten. Der brutale Rowley ließ sie nur durch einen Subalternen empfangen, der den Ärmsten zu wissen that, daß sie sofort umkehren müßten, wofern sie nicht als Gefangene behandelt werden wollten. Um drei Uhr begann die Beschießung. In der Verzweiflung begann San Remo mit seinen dreizehn alten Kanonen vom Molo aus zu antworten, aber schwach und ungeschickt; auch reizte diese Kühnheit die Herren Engländer nur. Zwei Schiffe fuhren dicht ans Land und schossen in die nächsten Häuser hinein. Das dauerte bis in die Nacht; und am anderen Morgen begann dies grausame unnöthige Zerstörungswerk aufs Neue. Dreitausend Kugeln und sechshundert Bomben waren in die Stadt gefallen. Sie brannte an allen Enden. Siebzig Häuser an der Marine lagen in Trümmern, und im Inneren der Stadt waren die besten alten Paläste, der Jesuitenkonvent, verschiedene Klöster, das Hospital, die Kirche San Siro und Anderes zu Ruinen geworden. So arg hatten es nicht einmal die Saracenen ge=trieben!

Viel Jammer brachten dann noch die unerbittlichen Ge=nuesen über die Stadt, die mit ihrer bekannten Rücksichtslosig=keit fast einzig in der Geschichte dastehen.

Die modernste Zeit ist eine Zeit des Friedens gewesen. Am 29. Januar 1857 wurde Viktor Emanuel in San Remo wie ein Gott gefeiert, am 9. September desselben Jahres seine jungen Söhne Umberto und Amadeo.

Amadeo kam noch einmal nach San Remo, aber in tiefster Trauer. Am 9. November 1876 war hier in Villa Dufour

seine heißgeliebte unglückliche Gemahlin Maria Vittoria, in
deren Gesundheit die spanischen Vorgänge so gewaltsam ein-
gegriffen und die von dem heiteren Klima San Remos Hilfe
erwartet hatte, gestorben. Von San Remo aus wurde die
Leiche der Herzogin von Aosta nach der Ahnengruft in der
Superga übergeführt. Der anwesende Herzog konnte damals
fühlen, wie von Herzen die Einwohner San Remos der sa-
voyischen Dynastie, die auch der Riviera den Frieden geschenkt,
ergeben sind.

Die Stadt San Remo ist gegenwärtig Vorort des Kreises
Sanremo, der aus acht — San Remo einbegriffen — Man-
damenti oder Provinzialbezirken besteht. Die übrigen sieben
sind: das antike Marchesat Dolceacqua, Bordighera, das wir
als italienische Palmenstadt bereits kennen gelernt haben, Ceriana
auf der Höhe hinter San Remo, Taggia, aus dem drei Kardinäle hervorgingen, das alpestre Triora und das maritime
Santo Stefano, die Wiege vieler kühner Seefahrer.

Daß in der Stadt San Remo nur wenige Denkmäler
aus alten Zeiten erhalten blieben, erklärt sich aus der Geschichte der Stadt. Im Quartier Palazzo finden sich noch
ein paar alte Inschriften in Marmor mit den Jahreszahlen
M.X und M.C.C.C: dort stand das erste Thor aus der Zeit,
da San Romolo noch Kastell mit Borgo war. Außerhalb
des Thores gab es keine Häuser. Durch enge Gäßchen gelangte man zur Kirche San Pietro (jetzt San Costanzo), der
ersten, die es im Inneren des Kastells gab; und hier, auf der
Piazzetta, erhoben sich einige signorile Thürme, die zur Zeit
der Faktionen als Festungen dienten, darüber thürmte sich
das genuesische Zwing-Uri. Von der Piazza dei Dolori bis
San Brigida haben die Häuser sich ihr mittelalterliches Aussehen zum Theil bewahrt. Die Portikaten, die durch Säulchen getragenen Loggien, die gothischen Spitzbogen, viele
prächtige Ornamente an schön gearbeiteten Thürbogen und
Architraven zeugen noch von der Kunst alter sanremesischer

Baumeister. Auf dem Platze oberhalb der Fontana Santa Brigida stehen die Reste des antiken Kapitels, an dem man noch viele bizarre mittelalterliche Skulpturen: Ungeheuer, Delphine, Vögel, Putten, bewundern kann.

Ein zweites Thor hieß La bugiarda, das Lügenthor.

Die Kirchen wurden Anfangs außerhalb des Mauerringes errichtet; so San Giovanni, heute Taufkirche, die erste christliche Kirche, ein Oktogon, auf einem antiken Fanum erbaut.

Auch San Siro, die Kathedrale, lag im sechzehnten Jahrhundert noch vor der Stadt; deshalb wurde sie am meisten durch die Saracenen geschädigt. Sie stammt aus dem elsten bis zwölften Jahrhundert und war ursprünglich eine mit Holz gedeckte Basilika. Leider hat die zopfige Mode der letzten Jahrhunderte diesem ehrwürdigen Bau mehr Schaden gethan als alle Wirren des Mittelalters: die alte reine Form ist durchaus nicht mehr zu erkennen. Die Zerstörung der schönen Harmonie begann mit der barocken Umgestaltung des Chores; auch der prächtige Stil der Façade fiel diesem barocken Geschmack zum Opfer. Wie schön diese gewesen, kann man an den erhalten gebliebenen kleinen Seitenportalen ermessen. Im Inneren dann klebt überall der böse billige Stuck, alle Wappen und Skulpturen, alle Inschriften verkleisterte er mit seiner blassen prosaischen Einförmigkeit. Bis 1775 breitete um diese Kirche her sich der Friedhof aus.

Nicht besser erging es der Kirche Santo Stefano. Benediktiner=Mönche besaßen sie und bauten dicht neben ihr ihren Konvent und ein Hospital. Die Mönche kamen fort, und die Erzbischöfe benutzten das Kloster als Material zum Bau ihres Palastes. Die Kirche verfiel.

Von Mönchen und Nonnen wäre viel, gar viel zu erzählen. 1623 zogen die Jesuiten in San Remo ein und übernahmen trotz heftigster Opposition 1647 die Leitung der Unterrichts=Anstalten. Auch die antonianischen Mönche hatten in San Remo Kirche und Kloster und zwar zunächst der

4*

Marine, um isoliert zu wohnen, weil sie sich die Heilung der
am „heiligen Feuer" Erkrankten zur Aufgabe gemacht. 1688
war ihre Kirche bereits in ein Magazin verwandelt worden.

Am meisten beliebt beim Volk waren unter all den zahl=
reichen Orden die Kapuziner; zwar ihr altes Kloster hatten sie
eines sonderbaren Zeichens wegen verlassen müssen, um an
anderer Stelle sich neu anzubauen. Im Jahre 1627 war
nämlich drei Monate lang auf dem Dache des Klostergebäudes
ein helles Licht erschienen, das vertrieb die Männer in den
dunklen Kutten. 1837 aber, als die Cholera in San Remo
wüthete, erwiesen sie sich recht als Helden in der Pflege der
Kranken.

Die meisten jener alten Klöster sind jetzt dahin oder dienen
heute lichtfreundlicheren Zwecken.

Von hervorragenden Institutionen, wie solche zu dem
Apparat einer modernen Stadt gehören, sind zu nennen: das
Stadthaus, Sitz des Unterpräfekten, einst des Kommissars der
Republik Genua, ein Civiltribunal, ein Korrektions= und Han=
delsgericht, das königliche Gymnasium und Lyceum, eine Nor=
malschule, eine nautische Schule, die Stadtbibliothek und das
Bürgerhospital. Verschiedene Konsuln auswärtiger Mächte
haben in San Remo ihren Sitz, unter ihnen nenne ich mit
Vergnügen den des Deutschen Reiches, den liebenswürdigen
Herrn Schneider.

So ist denn San Remo heute eine ganz ansehnliche Stadt,
die sich eines behäbigen Wohlstandes erfreut, wenn sie auch
nie mehr die Bedeutung von vor drei Jahrhunderten erreichen
wird. Damals (der Hafen entstand um das Jahr 1555) konnte
es selbst mit Genua konkurrieren, daher kam ja dessen ver=
nichtende Eifersucht, und hatte eine bedeutende Ausfuhr an
Öl, Citronen und sonstigen Südfrüchten, Palmen, Rohleder,
Lederwaren, Ziegeln und Holz. Die Bodenkultur war eine so
vorgeschrittene, daß alle Schriftsteller jener Epoche des Preises
voll sind über diese „novella Palestina" und das Land nur

noch mit Armidens Gärten vergleichen. Es ist eine lateinische
Reisebeschreibung vorhanden, von dem Besuch eines Erzbischofs
gegen Ende des sechzehnten Jahrhunderts handelnd; da wird
Großes von den Früchten des Landes, von Öl und Wein erzählt und gesagt, wie die Sanremesen aus den Agrumi, den
Südfrüchten, allein jährlich 150 000 Goldthaler lösen. Auch
der Blumen „mitten im Winter", jetzt noch die Freude der
Fremden, wird gedacht: „Cariophylorum violarumque canistra
Archiepiscopo dono data sunt, media hyeme aprilem ma-
jumque mensam repraesentantia." Die Palmen bereitete man
zum Versand, füllte den Saft der Limonen auf Flaschen und
Fässer, destillierte köstliches Wasser, überzuckerte Früchte, gerbte
und färbte Leder, fertigte Seifen, und auf der Reede lagen unzählige Schiffe, die köstliche Ware hinauszutragen an fremde
Küsten. Das war die Blüthezeit, die echte Frühlingsblüthe
San Remos; es zählte 13 000 Einwohner (eine Zahl, die bis
zur Mitte des siebzehnten Jahrhunderts auf 20 000 stieg) und
führte den Namen „l'altra Genova", das zweite Genua.

Merkwürdigerweise hat die Bevölkerung in diesem Jahrhundert fast stetig ab- und erst in den letzten Jahren einigermaßen wieder zugenommen. 1822 zählte man 10 572 Einwohner, 1839 (nach der Cholera): 9854; 1848: 10 252; 1862:
10 012. Es steckt ein großer Auswanderungstrieb in diesen
Meeranwohnern, und das Meer mit seinen ziehenden Schiffen
und wandernden Wellen hat etwas unendlich Verlockendes.

Der Sanremese hat noch viel vom alten tüchtigen, bei
den Römern zwar berüchtigten Ligurer; er ist ein ausgezeich-
neter Seemann, ein fleißiger, unverdrossener Landbauer, ein
erfahrener Krämer. Sparsamkeit und Mäßigkeit bei anhalten-
dem Fleiß sind seine Haupteigenschaften, fleißig besonders auch
sind die oft zum Lastthier erniedrigten Frauen. Auch der
reich gewordene Mann lebt thätig und mäßig weiter inmitten
seiner ruhigen und gleichmäßig waltenden Nachbarn. Daß
unser Jahrhundert das Jahrhundert des Dramas sei, erfährt

man hier nicht. Hier herrscht das Idyll. Hier ist das Eigen-
thum noch heilig, und das Messer spielt, obschon wir uns
unter schwarzäugigen und schwarzhaarigen, heißblüthigen, echten
Italienern befinden, keine Rolle wie in Rom und Neapel. Der
Einwohner ist ein Kind seines Landes, dem milde Luft, milder
Himmel, freundliche Vegetation, erfreuliche Produkte eignen.
Die Menschen hier tragen im Ganzen das Gepräge der Milde,
der Gesittung, der Anmuth und Kraft, der Schönheit ihres
Klimas. Man sehe doch die Akten des Tribunals durch:
Diebstahl, Verleumdung, Unzucht, Mord, Brandstiftung, Betrug
und andere Hefenniederschläge des Lebens der großen Städte
da draußen sind hier fast ganz unbekannt.

Das ruhige leidenschaftslose Walten, die einfache Kost
konserviert ihnen aber das Leben, und so erreichen mehr als
zweiundzwanzig Prozent von ihnen ein Alter von über siebzig
und sechs Prozent über achtzig Jahre. Wer von Ausländern
alt hierher kommt, wird hier, wenn er halbwegs gesund ist,
sicher uralt: das Klima wirkt auf nordische Naturen regene-
rierend.

Wer nach all diesem nun Lust hat, der folge mir zu
einem Erholungsspaziergang durch die Stadt nach der weit-
schauenden Höhe der Madonna della Guardia und zuletzt auf
einige Minuten nach dem neuesten Ortsrivalen San Remos
und Bordigheras: Ospidaletti.

Wir sind mit der Eisenbahn angekommen und stehen auf
dem Stationsplatz, den eine Wagenburg feinster Hotelomnibusse
besetzt hat. Von diesem Platz aus läuft die Via Roma, der
Corso Marina, der Boulevard de l'Impératrice und die
Straße Vittorio Emanuele. Drüben grüßt uns der schöne
von prächtigen Bäumen bestandene öffentliche Garten, wo ein
gutes Musikchor zweimal in der Woche die anwesenden Fremden
versammelt. Weiterhin führt die Rampe der Via Corradi zur
Kathedrale San Siro hinauf. Die Via Gioberti, neuesten
Datums, weist zu dem Spaziergang am Meere und zum

Molo, der jedes Jahr mehr anwächst (mit ihm die Hoffnung
der Stadt) und von dessen äußerstem Punkt aus man den
schönsten Blick über die Stadt, alte wie neue, und die mit
Villen übersäete Campagna hat.

Wir kehren zurück zum Corso Garibaldi: der Wandelweg
unter seinen schönen Edelkastanien und Platanen ist gar an=
genehm, er ist bis zum Monte Olivo auf beiden Seiten mit
Hotels und Villen besetzt, welche die Ostseite der Stadt bilden.
Auf der Westseite liegt der Jardin de l'Impératrice, den die
Landstraße flankiert, welche hier den Namen Corso Mezzo=
giorno oder du midi, wenn das besser lautet, annimmt. Der
Kiosk, der in der Mitte dieses wohlgepflegten, noch sehr jungen,
aber hoffnungsvollen Gartens steht, dient dem abwechselnd in
jenem obengenannten Garten und diesem spielenden Musikchor.
In der Nähe der „Mittagsstraße" stehen die vornehmsten Hotels,
und wer hier die Wahl hat, hat sicherlich auch die Qual.

Setzen wir unsere Straße fort, so kommen wir zu der
Mündung eines Flüßchens, wo die prachtvolle Route des Be=
rigo beginnt. Weiterhin erreichen wir bei der Pietralunga
die Stadtgrenze San Remos gegen Westen.

Wer hier umkehrt, der steige hinter dem Westend=Hotel
zu der Palmen=Versuchsstation, dem sonnigschönen, sanft an
den Berg sich lehnenden Garten der „Villa Parva" des Barons
v. Hüttner hinan. Hüttner ist ein Leipziger Kind, den die
Liebe zur schlanken Palme in dieses stillgrüne Winkelchen ver=
schlagen. Hier können wir mit Muße eingehende Palmen=
studien machen und in einer Stunde weite Flüge durch Asien,
Afrika, Amerika und Australien thun. Der Eintritt zu diesem
Eden ist allerdings kein öffentlicher, aber die Liebenswürdigkeit
des Besitzers gestattet den sich Interessierenden gern die Be=
sichtigung der Anlagen in den Vormittagsstunden, und ist der=
selbe sogar erbötig, die Führung seiner Gäste und etwaige
Erläuterungen zu übernehmen.

Wer aber weiter westwärts geht, kommt nach kurzer Wan=

derung zu dem hinter dem Kap Nero an einen Hügel sich
schmiegenden, wie über Nacht zu einem klimatischen Winter=
kurort umgemodelten Ospidaletti, bislang ein kleines und nichts=
sagendes Fischerdörfchen.   Jetzt aber will es, wo an der
Riviera schon so viele Große sprechen, auch ein Wort mitreden
und hat sich zu diesem Behuf, mit Hilfe der französischen
Millionen, die hier ein zweites Monte=Carlo ins Leben rufen
wollten, den ganzen glänzenden Apparat eines vornehmen fran=
zösischen Kurortes auf den Leib geschnallt.   Die Einwohner,
die so lange ihrem Boden den bescheidenen Gewinn des Oles
und der Agrumi in saurer Arbeit abgewonnen, sahen ihn auf
einmal in Goldminen verwandelt.   Fabelhafte Summen, welche
die Société Foncière Lyonnaise flüssig machte, wurden ihnen
für den Boden bezahlt, auf den die Boulevards, Kasinos,
Hotels, Villen, Cafés, Restaurants, Taubenschießhütten und
Anderes zu stehen kommen sollten.   Ganze Olivenwälder wurden
zerstört, Palmen ausgerissen, Hügel geebnet, die kleine reizende
Landschaft wurde rasiert, frisiert, pomadisiert und gepudert;
sie steht glatt und glänzend da, und — der Ball kann be=
ginnen.   So verzeichnen die Reisehandbücher eine neue „Station“,
und die Franzosen nennen sie „un vrai bijou de luxe et
d'harmonie comme toute création produite par un capital
intelligent“.

Der Name Ospidaletti bedeutet ein kleines Hospital, und
der Ort erhielt ihn, als ein Schiff der Rhodiserritter, an dessen
Bord einige Männer am Aussatz erkrankt waren, diese Aus=
sätzigen am Strande hier aussetzte, wo diese sich Hütten bauten
und — die Gründer des Ortes wurden, auf den später, als
er größer geworden, jene Ritter ihre Hand legten.   Ospidaletti
ist eine Fraktion der Gemeinde Colla, auf dem Rücken des
Berges gelegen, der, wo er ans Meer herantritt, den Namen
des Kap Nero führt.

Dieses besteigen wir nicht.   Das Endziel unserer heutigen
Wanderung soll die „Madonna della Guardia“ auf der Höhe

des andern Kaps, des Kaps Verde, sein, von dessen weitschau=
ender Spitze der Blick in ein Meer von Schönheit tauchen kann.

Die Fremden kommen nicht des armen, von verwetterten
Cypressen umgebenen Wallfahrtskirchleins wegen. Das Pano=
rama ist es, das sie lockt, und diesem läßt sich nichts in der
weiten Umgebung San Remos vergleichen.

Welch glänzendes Gefüge von Bergen und Thälern, von
Städten und Dörfern auf der einen, von dem weiten Meere
und dem leuchtenden Himmel auf der anderen Seite! Aus
dem purpurnen Nebel der Ferne tritt in dämmernde Tages=
helle die Küste der Provence mit dem schöngeformten Kap Gros,
hinter dem Antibes sich birgt; Kap St. Hospice, hinter dem
Nizza und Villafranca liegen; die beiden Kaps San Martino
und Murtola, an welch ersteres die verführerische Sirene Mo=
naco sich schmiegt, während hinter dem anderen hervor die
Najade Mentone in die Wellen steigt; in nächster Nähe erhebt
sich der Rücken des Kap Sant Ampeglio mit der Palmenstadt
Bordighera; darüber der Monte Nero, das olivenumkleidete
Kap Nero mit dem felsengrauen Bergnest Colla. Nordwärts
steigen auf die Gipfel des Pian Carparo und des Monte
Caggio nebst anderen Vasallen des Herrschers der Gegend,
des Monte Bignone. In halber Höhe des Berges liegt das
alpenfrische sagenumrauschte San Romolo, wo vielleicht später
die Fremden in der Sommerfrische einsiedeln werden. Vom
Bignone aus zieht ein felsiger Kamm ostwärts, den Monte
Colma bildend, an dessen rauhen Hängen entlang die Straße
nach dem Gebirgsflecken Ceriana leitet. Jenseits Monte Colma
und Ceriana, nordwärts, bilden der Berg Merlo und die
Punta della Mare eine Schutzmauer, die in ihrer Fortsetzung
und zwar in den Bergen Billone, Colli und Panizza die
Scheidewand bildet zwischen Valle dell' Arma und Valle dell'
Argentina.

Jenseits von Monte Panizza erheben ihr Haupt der Lona
und der Sette Fontane. Unter dem letztgenannten liegt das

berühmte Heiligthum (diese Küste hat deren so viele) der Ma=
donna di Lampedusa ob Taggia, das von San Remo elf
Kilometer entfernt ist. Von diesem Heiligthum aus gleitet
unser Blick den Abfall des Monte Panizza herab bis zur
Torre dell' Arma, bis zur Küste und begegnet hier noch den
von Fischern und Bauern bewohnten staubgrauen Örtchen
Arma, Riva, Santo Stefano und San Lorenzo, die sich an
der Westküste hinziehen, von Hügeln überragt, vom blauen
Meer gesäumt, in dessen träumenden Tiefen unser Auge sich
verliert.

II.

Am tyrrhenischen Meer.

1.

Amalfitanische Erinnerungen.

„Sprich, was reizender ist? Nach Süden die Fläche
der Salzfluth,
Wenn sie smaragdgrün liegt um zackige Klippen und
anwogt,
Oder der plätschernde Bach nach Norden im schat=
tigen Mühlthal?
Sei mir, werde gegrüßt dreimal mir, schönes Amalfi!
Platen.

Bei Vietri verlassen wir den Zug, der uns durch das
blühende Gartenland der neapolitanischen Campagna, an dem
schweigsamen Pompeji und einer Menge weltverlorener Land=
städtchen und Dörfer vorübergetragen hat und nach kurzem
Aufenthalte weiterbraust, nach Salerno, an den Küsten der
einst so herrlichen Magna=Graccia hin, in den Süden hinein,
bis hinab nach Reggio, dem Ätna gegenüber. Unsere reise=
lustigen Gedanken folgen ihm; unser Ziel, Amalfi, das wir
in zwei Stunden schon erreicht haben werden, scheint uns ein
kleines, armes Örtchen zu sein. Rauh wie Charon, der greise,
schmutzige Fährmann der Unterwelt, empfängt uns der braune,
zerlumpte Vetturin, dessen mit schellenklingenden Pferden be=

spannten Wagen wir nach hartem Kampfe um den Obolus
erobert haben. Er schaut sich seine Leute noch einmal mit
Kennerblick an, hat sich aus ihren Zügen eines Trinkgeldes
versichert, schwingt sich lustig pfeifend auf seinen Bock, schwingt
seine mächtige Geißel in gewaltigem Bogen über die drei Rosse,
und rasselnd fliegt das Gefährt, von dem Freudengeheul der
zuschauenden, staubgrauen Straßenjugend begleitet, über die
schöne Brücke von Vietri, — um die Felsenecken herum, und
wir sind wie mit einem Zauberschlage in Amalfitanischer Land=
schaft: zur Rechten steiles, wildzerrissenes, waldbewachsenes
Gebirge, zur Linken das unbegrenzte, nach Sicilien sich hin=
überdehnende blaue, tyrrhenische Meer. Und an dieser Felsen=
küste hin, bald fern, bald näher den azurnen Wogen, windet sich die
Straße auf= und ansteigend, ein Meisterwerk menschlicher
Kühnheit, das sich getrost mit der alten Gotthardstraße
messen darf, wenn auch an überwältigender Schönheit mit
dieser nicht zu vergleichen; denn hier führt sie durch das
Sommerland Italien, dort durch die Schrecknisse einer unnah=
baren Alpenlandschaft.

Die Landschaft hier ladet zu heiterem Worte, ladet zum
Gesange ein; jene der Alpen schweigt und fordert den Wan=
derer zum Schweigen auf. Diese Landschaft, rechnet man noch
dazu die Küste von Sorrento, die nördliche Seite dieser Halb=
insel, ist das Entzückendste, was man in ganz Italien schauen
kann, ein Paradies der Dichtung, und wem es sich poetisch im
Herzen regt, der möchte, — siehe! da unten dicht an den Wellen
und von diesen den Hang heraufsteigend, zwischen Öl= und
Feigenbäumen, liegt das erste Örtchen, das wunderbare Fischer=
und Winzerdorf Cetara, — der möchte aus der Welt ver=
schwinden und in diesem märchenhaften Glücke, unter den
Reben der reichen Gärten versteckt, seine Tage nur in seligem
Schauen ausleben.

Wer aber hier statt der Leier ein Schwert sein nannte,
den verlockte die Küste zu kühner Eroberung, der warb um die

schöne Seebraut mit männlicher Kraft. Das ist der Sirenen=
zauber, vor dem die Gefährten des Odysseus, um nicht, der
Heimat vergessend, seinem Banne für immer zu verfallen,
ihre Sinne verschließen mußten, dem die kühnen Mauren im
Mittelalter verfielen, zu dem auch die reisigen Normannen
wieder und wieder mit heißer Sehnsucht gezogen wurden.

Überall hat die Geschichte ihre Merksteine hinterlassen; die
letzten, die sie sich errichtete, sind jene so malerischen Thürme
die sich von Viertelstunde zu Viertelstunde meereinsam am Ge=
stade erheben, und die, wie Feigenkaktus, Agave und Pinie,
unbedingt zur Staffage dieser Landschaft gehören. Das Volk
nennt sie Normannen= oder Saracenen=Thürme, und erbaut
wurden sie zumeist zur Zeit Karls V., zum Schutz gegen die
sich ewig erneuernden Landungen räuberischer Piraten mau=
rischen Stammes. Viele sind, fern von menschlichen Wohnungen
gelegen, schon gänzlich Ruine geworden; andere hat sich die
neuere Zeit mit Stein und Mörtel wohnlich eingerichtet, und
armes Fischervolk oder ebenso arme Küstenwächter hausen in
den öden Thurmgemächern. Aus den Schießscharten, wo sonst
die Allarm=Kanone klang, oder auf den hohen Zinnen, von
welchen die warnenden Rauchwolken aufstiegen, blühen oft
purpurne Feuernelken, gepflegt von den Töchtern oder jungen
Frauen der jetzigen Bewohner; und wo sonst bärtige Krieger=
gesichter unter verrosteter Blechhaube spähend über das Meer
gen Sicilien lugten, gucken jetzt schwarzäugige Kindergesichter
vergnügt in den hellen Tag hinein und jubeln den Wagen der
Nordlandmenschen zu, die hier vorüberziehen, Eroberer im
Reiche der Schönheit.

Die Schiffe, die da drüben in der blauen Meerfluth kreuzen,
sind keine Räuberschiffe mehr, es sind harmlose Fischerboote;
und die Prozession, die eben mit frommem Gesange von so
einem kühnen Seeadlerneste zum Meere hinabsteigt, will die
Boote, die Netze und die kühnen Jäger der See segnen. Es
ist so still; des Priesters Wort klingt von der Tiefe zu uns

herauf; das Glöcklein der Kapelle ertönt; die Fischer ziehen die Ruder ein, nehmen die rothe Mütze ab und beten in gläubiger Andacht die Worte nach. Noch in den Felsen drinnen, im goldenen Lichte zwischen Bäumen und Blumen, singt ein Hirt seine sehnsuchtsvollen Lieder.

Mag Maria, der goldene Meerstern der Seeleute, dieser Küste immer gnädig sein; denn hier stürmen die Wellen, wenn der Scirocco seine Bande in der afrikanischen Wüste da drüben zerreißt, mit brausender Wuth gegen das Land, und nur wenige Stellen bieten dem zwischen Himmel und Wasser, zwischen Wasser und Felsenklippen schwebenden Schifflein eine Zuflucht.

Heute, an dem stillen, schönen Sommertage, hebt sich kein Wellchen, und nur ein zarter, weißer, gekräuselter Streifen zieht sich wie ein Spitzenbesatz an einem königlichen Gewande die Küste entlang. Mir kamen die Verse Rückerts in den Sinn:

> „Weit sah ich lagern die Königin
> Und fuhr am Saum des Kleids ihr hin . . .
> Vorsprünge von Felsen vielgestaltig,
> Abhänge von Hügeln mannigfaltig,
> Mit Reben hier und dort mit Halmen,
> Mit Pinien hier und dort mit Palmen,
> Die Häuser zwischendurch gestreut,
> Neu=alterthümlich und alt=erneut,
> Dann Trümmer aus dem Meere ragend,
> Von untergegangener Prunkwelt sagend.“

Das ist in wenigen Worten und trefflich gezeichnet die Küste von Amalfi mit ihrer sich immer wiederholenden und doch immer anregenden Szenerie. Vom weißen Strande aus steigen die kleinen, blendendweißen Fischerhütten in die hängenden Gärten hinein; über diesen Gärten liegen lachende Häuser bizarrster Architektur; zwischen diesen springen, sich einen lustigen Weg zu den Wellen bahnend, die schäumenden oder sanft=

rieselnden Gebirgsbäche, genährt von den Wolken, in die hinein
sich manches alte Schloß aufthürmt.

Und nun fliegt das Auge über das Meer, nach der luca=
nischen Küste hinüber. Wir sind auf dem höchsten Punkte
der Straße angekommen, von wo der Blick in die endlose
Ferne schweifen kann. Uns zunächst, umzogen von einer
prächtig geschweiften Küste, dehnt sich der Busen von Salerno,
an dem sich die im Alterthume so hochberühmte, noch heute
blühende Stadt nährt. Ihm zur Rechten ziehen die stolzen
Kohorten der lucanischen und calabrischen Berge, in zartestem
Silberduft verschwimmend, in den Süden hinein; dort, in
brauner Ebene am Meer — wenn du gute Augen hast, siehst
du sie deutlich leuchten — stehen die uralten Tempelsäulen
von Pästum, wo einst die Rosen zweimal im Jahre blühten;
weiterhin liegt der Berg von Petelia, das Spartacus plünderte
und zerstörte; dort springt das Kap Licosa in die Wellen,
wo — Sage und Geschichte umflechten die gesammte Land=
schaft — die Sirene Leucosia wohnte; weiterhin schwinden
Land, Meer und Himmel in einen purpurnen Duft zusammen,
und der Blick verliert sich im offenen Meer, und der Traum
fliegt nach dem fernen Sicilien hinüber, das aber seinen Vor=
posten, die Zauberinsel Capri, bis gegen diese Küste vorge=
schoben hat. Dort liegt sie, zur äußersten Rechten, ein „blauer
Traum"; deutlich erkennt man die kühnen Strebepfeiler ihrer
„Faraglioni"; die kleinen, dunklen Schwimmer davor sind die
Sirenen=Inseln.

Und nun blicken wir wieder über die Küste hin, zu den
umbuschten Höhen hinauf, von weißen Häuschen übersät, daß
es aussieht, als weideten da droben Lämmerherden. Nun
tauchen sie auf, die reizenden Gedichte, hinter den kühnen
Felsen hervor, voll Zauber und paradiesischer Ruhe, Majori,
Minori, Tramonti und Scala mit Ravello, und Atrani, das
malerische, reizende Nest am Meer, Alle von duftenden Orangen=
und Limonen=Gärten umgeben. Majori und Minori zeichnen

sich, außer ihrer landschaftlichen Schönheit, auch durch ihre
schönen Frauen aus, die aber unter unendlich harter Arbeit
leider einen nur kurzen Blüthenlenz haben. Die Bewohner
des auf Schroffen und Klippen, wie von architektonischen
Mauerspechten errichteten Atrani sind maurischer Abstammung.
Atrani hatte mit Amalfi zur guelfischen Sache gehalten; dafür
legte Manfred tausend Mann Saracenen = Truppen in die
Stadt, wo sie, nachdem sie die Oberhand gewonnen und sich
mit den Bewohnern verschwägert hatten, auch später sitzen
blieben. Der eigenthümliche Bau der Häuser und der Dialekt
der Atranesen erinnern noch heute an den Einfluß des afrika=
nischen Volkes. An dieses erinnert auch noch die Stadt da
droben auf dem steilen Felsen über Atrani: Ravello. Gärten
und sonderbar geformtes Mauerwerk, Thürme und Burgruinen
liegen unter den Wolken: das ist Ravello, einst ein maurischer
Adlerhorst, und maurisch sind die Reste von Gebäuden, die
sich in den einsamen Gärten dort oben bergen: maurische
Thürme, maurische Säulchen und Fensterbogen mit phan=
tastischen Arabesken, deren dunkle Steine dicht umwachsen sind
von den Rosen, die da oben so herrlich blühen. Aber auch
eine vollkommene Alhambra, der wundervolle Palazzo Ruffoli,
hat sich da droben noch erhalten, und in seinen Räumen ist
es leicht, sich in jene romantische Zeit zurückzuträumen, wo
die Poesie noch mit Schwert und Laute durch die blühende
Welt wanderte.

Diese Zeit ist dahin; die rauhe Wirklichkeit ruft uns
ins Leben zurück. Unser Wagen rumpelt schwerfällig über
schlechtes Steinpflaster; jammernde Stimmen dringen auf uns
ein, und ein paar Dutzend schmutziger Hände strecken sich uns
entgegen. Die Nachkommen der stolzen, meerbeherrschenden
Republik Amalfi schicken uns zum Empfange ihre elenden,
häßlichen und zerlumpten Bettler entgegen, und die Stadt
selbst, was ist sie heute Anderes, als eine entthronte Königin
in der Asche, von deren einstigem Purpurmantel nur ein paar

elende, verblichene Fetzen übrig geblieben? Sie, die einſt teck
in die Wellen hineintrat, die dem Mittelmeer bis hinab nach
Byzanz die Geſetze, die Tabulae Amalphitanae, vorſchrieb, hat
ſich heute faſt ſcheu vom Meere zurückgezogen und ſchmiegt
ſich in Schluchten und Felſen hinein, und von den fünfzig-
tauſend Einwohnern, die in goldgeſtickten Gewändern ſtolz
durch marmorne Prachtgemächer wandelten, in denen ſich die
ſchimmernden Schätze des Orients häuften, ſind etwa fünf-
tauſend übriggeblieben, die beſcheidenen Handel treiben mit den
hier üppig gedeihenden Südfrüchten, Agrumi genannt, mit
Johannisbrot und Wein, vor Allem mit den vielbegehrten,
köſtlichen Amalfi-Maccheroni, Maccheroni della costiera.

Es war wohl ein hartes Stück Arbeit, dieſe verwinkelten
Häuſer gruppenweiſe, durch eingeſprengte Treppen, Brückchen,
Gänge, neben-, hinter- und übereinander in den harten Felſen
hineinzuzwängen, daß ſie die ganze Breite der Schlucht und
ihrer Seiten bis faſt zum Gipfel hinan füllen. Wie ſich das
auf dem Nacken ſitzt, auf die Köpfe und in die Kochtöpfe
ſchaut! Hier heißt es, gute Nachbarſchaft halten, und einen
Grenzſtreit würde der beſte Advokat Neapels nicht entwirren.
Auf den Dächern der Häuſer ſitzen die üppigſten kleinen Gärten, und bis in die Küchen und in die Schlafgemächer hinein
ſtrecken die Orangen- und Limonen-, die Johannisbrot- und
Feigenbäume ihre mit edelſten Früchten gefüllten Hände, und
ſchüttelt man dieſe, ſo fällt der köſtlichſte Nachtiſch den drei
oder vier Stock tiefer eſſenden Bewohnern des andern Hauſes
in die Maccheroni-Schüſſel. Das iſt ein Leben wie im Schla-
raffenlande! Aber nein, das Volk iſt arm und häßlich, weil
durch überſchwere Arbeit in den Mühlen des Valle de'Molini,
durch dürftige Koſt und Entbehrungen jeder Art ausgeſaugt,
und nur unter dem Fiſchervolk entdeckt man ſchöne Geſtalten
und Geſichter.

Der Urſprung der Stadt verliert ſich im Dunkel. Feſt
ſteht nur, daß das Alterthum von Amalfi nichts wußte, wenn

auch viele altrömische Antiquitäten in der Umgebung gefunden
worden sind. Angenommen wird, daß die Gründer der Stadt
von einem viel älteren Melphi herüberkamen, von jenem Melphi,
das am Flusse Melphes drüben beim Kap Palinuro lag, dessen
Reste noch heute vom Volke „Amalfi la vecchia" genannt
werden. Sie sollen sich auf dem Berge über der Stadt niedergelassen und befestigt haben; von ihnen spricht noch das
Städtchen Scala oberhalb Amalfi's. Dort waren sie zunächst
sicher vor den Räubern des Meeres. Aber die Marine lockte,
es lockte der Seehandel, und als sie sich stark genug fühlten,
stiegen sie von den Felsen herab, bauten schützende Mauern
und Thürme und gründeten die neue Stadt. Bald entstanden
Nachbarstädte längs der Küste: andere zahlreiche Familien,
die dem Feuer und Schwert der Völkerwanderung entgehen
wollten, waren an diese Küste gekommen, um hier, während
draußen das Völkermeer brandete, in Sicherheit und Ruhe,
einsam und weltfern ihre Tage zu leben. Das Christenthum
pflanzte sein Kreuz längs der Küste. Wann kam es? Im
Jahre 596 wird in Amalfi eines Bischofs Erwähnung gethan.
— war es der erste? Wann kam der Ort sodann unter die
morgenländischen Kaiser? Kein Dokument giebt darüber Kunde.
Genug, Amalfi gehörte zu ihrem Reiche, nebst Neapel, Sorrent
und anderen Städten, aber schon Ende des neunten Jahrhunderts war es dieses Joches ledig.

Die Geschichte Amalfi's ist unendlich reich und interessant:
aber hier ist nicht der Ort, sie zu entwickeln. Der leichtlebige
Tourist liebt das moderne Volk, den Wein, die Blumen und
Lieder; der Staub der Archive würde seinen Blick trüben.
Genug, Amalfi blühte zu einer mächtigen und angesehenen Re-
publik empor; es hatte seine Dogen, wie Genua, wie Venedig,
und seine reichen Kolonien auf Asien's und Afrika's fernem Boden.
Und daheim gehörte ihm, in den ersten Zeiten der Republik
und als Haupt des Herzogthums, fast die ganze Halbinsel.
Sein „Reich" begann an dem Flüßchen von Cetara; seine

Grenzen liefen über die Gebiete von Vietri, Nocera, Cava,
Vico Equense bis nach Positano und Capri. Alle Thäler
längs der Küste waren sein: das von Cetara, von Erchia,
Salecerchia, Majori, Minori, Atrani, Vettica minore, Furore,
Prajano, Positano. Die heutigen Grenzen seines Stadtge-
bietes bilden im Osten Atrani, gegen Süden das Meer, im
Westen fünf Dörfer oder Flecken, hier Borgate genannt: Pogerola, Pastina, Lone, Vettica-minore und Tovere, im Norden
der Fels von Scala.

Damals war die Schiffsflagge Amalfi's an allen Küsten
geachtet, und gefürchtet sein Schwert; dieses aber zerbrachen
endlich die eifersüchtigen Pisaner, jene rissen die Genuesen herab; und als Amalfi verarmt und gedemüthigt im Staube lag,
brach am 25. November 1343 das Meer mit einem Scirocco-
Sturme ins Land hinein und riß Mauern und Thürme und
den prächtigsten Theil der Stadt in seine Tiefen. Fährt man
bei ruhigem Meere mit der Barke hinaus, so sieht man die
Trümmer noch im Grunde zwischen Seegras und Tang schimmern.
Wer aber weiß heute in Amalfi noch etwas von dem Palaste
eines Protontino, des Vice-Admirals, von dem Adelspalaste
und dem Volkstribunal? wo stand der Dogenpalast, die Münze,
der Palast des Bajulo oder Strategen? Die Zeit, grausamer
als der Krieg und stetiger, hat das Andere vernichtet: Mauern
und Festungswerke im Innern sind dahin, das Kastell von
Pogerola dort oben, einst das wichtigste Schutzwerk der Stadt,
ist Ruine; von den fünf wichtigen Thoren ist keines stehen
geblieben.

Und was die Zeit übrig ließ, verdarben Pfuscherhände.
Wir stehen auf dem reichbelebten Marktplatze und blicken hinauf zu dem „Märchen aus alten Zeiten", dem ragenden Dome;
er ist das einzige Monument, das aus den Tagen der Macht
stammt, und er redet eine gewaltige Sprache, so sehr man diese
auch hat modernisieren wollen. Er predigt neun Jahrhunderte
Geschichte, und das ist schon etwas. Im Anbeginn war er

5*

nur zweischiffig und der heiligen Assunta geweiht. Der Doge Mansone III. war es, der ihn zur Episkopal-Kirche weihte und ein drittes Schiff hinzufügte, im Jahre 987. Zweihundert Jahre später, 1203, erneuerte ihn der Kardinal Capuano vollständig, ließ das Atrium im Spitzbogenstil errichten und verschönerte ihn durch reichen Marmor- und Mosaikschmuck. Das Atrium, eingedrückt durch die auf ihm lastende Attika, wurde in neuerer Zeit restauriert, aber wie!

Dem Dome zur Seite steht der prächtige Kampanile, der Glockenthurm, im byzantinischen Stil angefangen 1180 und vollendet hundert Jahre später. Von seiner ursprünglichen Schönheit hat auch ihm die Zeit, haben ihm barbarisch pfuschende Menschenhände viel geraubt. Wenn Steine sprechen könnten, würde er Manches zu erzählen haben, z. B. aus der Zeit der saracenischen, pisanischen und genuesischen Einfälle, wo er den Bürgern Amalfi's als Zuflucht und Festung diente und oft der Feuerbrand an ihn gelegt wurde.

An der linken Domseite liegt der antike Camposanto, im Mittelalter „il Paradiso" genannt. Er ist ein Meisterwerk des dreizehnten Jahrhunderts und ward im gothischen Stil errichtet für hervorragende und wohlverdiente Familien der Stadt. Begräbnißstätte blieb er bis ins sechzehnte Jahrhundert; da kam es einem Bischof, dessen Fenster darauf stießen, in den Sinn, daß der Ort für einen Camposanto schlecht gewählt sei und die Todten den Lebenden schaden könnten; er säkularisierte den Platz; die Grabmäler, für die jetzt Niemand mehr Sorge trug, verfielen, und heute ist die Stätte ganz vernachlässigt und vergessen; nichts blieb, als der allerdings auch halb zerbrochene, reizende Säulengang mit Spitzbogen, getragen von doppelten Säulen zierlichster Art. Hier soll Flavio Gioja begraben worden sein, aber wo? Keine Inschrift giebt Kunde, und seltsam, von dem Manne, der die Stadt durch Erfindung des Kompasses groß machte, spricht kein Blatt der amalfitaner Chronik; man weiß nur, daß er ein Sohn Amalfi's war, wo die Familie

„de Joyo" noch gegen Ende des fünfzehnten Jahrhunderts existierte. Mit Recht aber führt Amalfi noch heutigen Tages in seinem Wappen neben der Herzogskrone und der Büste des heiligen Andreas den Kompaß des Flavio Gioja.

Im vorigen Jahrhundert wurde der Dom ganz umgebaut, d. h. dem ehrwürdigen Gothengreise wurde ein französischer Haarbeutel und Mantel angehängt. Die mittelalterliche, historische Farbe und Schönheit verschwand unter der neuzeitlichen Tünche, und die unerfahrene Hand verübte an Kapellen, Säulen, Statuen, Grabmonumenten, Mosaiken und Gemälden schlimmere Schandthaten, als die Zerstörungslust der Barbaren. Wie viel antike Marmorsäulen, Grabmäler, Sarkophage und Ornamente wurden damals zerhackt und zersägt und zu neuen Ornamenten verarbeitet und vermauert: alle alten PatrizierKapellen wurden dabei zerstört und dreizehn neue errichtet.

Aber ganz todt konnten sie den Alten nicht machen; es lebt in der Form noch von seinem alten Geiste, und dann ließen sie ihm die beiden Bronzethüren, welche an die Blüthezeit Amalfi's erinnern, da es noch durch Kunst, Industrie und Handel glänzte. Diese schönen Thüren ließ Pantaleone, Sohn des Mauro Comite, „zur Erlösung seiner Seele" in Konstantinopel, wo er das Haupt einer amalfitanischen Kolonie war, durch den Meister Simeone di Siria anfertigen. Sie dienten später (1066) der Kirche von Monte Cassino zum Modell, waren aber die ersten, die überhaupt nach Italien kamen. Werthvoll sind auch die beiden ägyptischen Granitsäulen und die prächtige Porphyrvase, jetzt Taufbecken, in der, wie die Sage geht, der Kaiser Konstantin durch Bischof S. Silvester getauft wurde, die aber wahrscheinlich von einem Griechentempel Pästums stammt, woher auch die beiden Sarkophage, der eine mit dem Raub der Proserpina, der andere mit der Hochzeit des Peleus und der Thetis, kamen. Unter dem Hauptaltare wurde gegen Ende des vierzehnten Jahrhunderts die sogenannte Konfessions oder unterirdische Kirche errichtet; sie ist mit Marmor aus

gekleidet und von einer Menge verschiedenartigst geformter
Säulen gestützt; in ihrem Centrum steht der Altar des S. An=
drea mit den Gebeinen des berühmten Thaumaturgen.

Der Heilige im Dome thut noch jedes Jahr sein Wunder:
eine silberne Vase füllt sich vor den Augen der Gläubigen mit
„Himmelsmanna“ an, dem alle wunderbaren Kräfte zuge=
schrieben werden. Dieses Manna wurde früher — ich weiß
nicht, ob noch jetzt — nach Rom an den Papst gesandt, der
es in kleinen Quantitäten an seine Lieblinge vertheilte. Weiter
erzählt man von der Kraft des Heiligen, daß er, als einst eine
große Saracenen=Flotte zu Raub und Brand sich der Küste
Amalfi's näherte, sich mitten unter das verzagte Volk begeben
habe zu Trost und Hilfe. Er stieg an das Meeresufer hinab,
warf seinen Stab in die Wellen, und siehe! ein Sturm erhob
sich, das Meer im tiefsten Grunde aufwühlend, und die ganze
Flotte der Ungläubigen ging zu Grunde, mit ihr die Bemannung,
von der nur Einer entkam, um die Kunde von der Macht des
Wunderthäters nach Hause zu bringen.

Vieles mag noch für den Geschichts= und Alterthums=
forscher in Häusern und Kirchen verborgen sein; wer aber ein
Maler ist oder ein Freund landschaftlicher Schönheiten, der
wandert lieber ein Stück in das nahe Mühlenthal, Vallata
Chiarito, hinein, das in zwei Theile zerfällt, den leicht zu=
gänglichen Chiarito di basso, und den beschwerlich zu ersteigen=
den Chiarito di sopra. Das Flüßchen kommt aus den Felsen
hoch droben und hat drei Quellen: Ceraso, Frascale und
Gorgone; nur in seinem oberen Laufe ist es rein; in seinem
unteren beschmutzen es die übelriechenden Abgänge der zahl=
reichen Papiermühlen, und darum ist es gut, die Nase hier
etwas hoch zu tragen, um des süßen Duftes der hoch über
den Uferrändern hinlaufenden Orangengärten theilhaftig zu
werden. Zur Saison sitzt hier auf jedem Steine eine zeichnende
Dame, und doch finden auch Künstler noch eine reiche Aus=
beute in dem so unendlich malerischen Thale.

Folgen wir dem Laufe des Waſſers ſtromabwärts, ſo kommen wir zu dem Hotel „Cappuccini". Hier ergießt der Fluß ſich ins Meer; der Name des alten, vortrefflichen Hauſes aber erinnert uns an das Kapuziner-Kloſter am Bergeshange broben, jetzt eine Dépendance des Hotels am Meere. Amalfi war immer eine ſehr gläubige Stadt, und ungezählte Klöſter, Kirchen und Kapellen wurden hier errichtet; kein Kloſter aber hat ſo großen, ja europäiſchen Ruf, als das Kloſter S. Fran-cesco, und zwar nicht durch ſeine exemplariſche Frömmigkeit, durch die Gelehrſamkeit ſeiner Brüder, ſondern einzig und allein durch ſeine über Alles reizende Lage mit dem bezaubernden Blicke auf die Stadt, die Küſte und das Meer. Die Dar-ſtellungen dieſes Kloſters, beſonders ſeiner weinumrankten Pergola, ſind unzählige, und die Erinnerungen an dieſe ent-heben uns jeder Schilderung. Jetzt luſtwandelt hier die deutſche, engliſche, ruſſiſche Dame, und im Reſektorium ſchwingen die Kellner ihre Servietten.

Die Sonne ſinkt . . . die Sonne ſank . . . es kommt eine Erinnerung über mich. Das war vor Jahren; mein Freund Tommaſo, der braune, ſchöne Südlandsſohn, der wie kein Anderer zu rudern und zu ſegeln wußte, hatte mich nach Sonnenuntergang hinausgefahren, oder beſſer, ich wollte ihn auf einem Beſuche, den er ſeinem Liebchen in Poſitano zu machen gedachte, begleiten. Wir ſprachen von Maſaniello, deſſen Wiege in Amalfi geſtanden haben ſoll, deſſen Sarg die Kar-meliterkirche in Neapel barg, deſſen Volk ſich noch heute „Figli di Masaniello" nennt, von Maſaniello, dem redegewandten Fiſcher, der einſt ſein rauhes Wollenvließ mit ſeidenen Ge-wändern, ſeine Fiſchermütze mit einem herzoglichen Barett ver-tauſchte, und grollende Unzufriedenheit klang aus den kargen Worten meines Freundes.

Die Fluth aber athmete ſo ſanft, ſo in tiefſtem Frieden, und drängte leiſe nach der Küſte hinüber, nach der Stadt, deren Häuſer, unter Oliven- und Orangenhainen gelagert, von

Glück und süßer Ruhe umschwebt schienen. Aber wir fuhren
weit hinaus, und über Pästum's Küste ging der Mond auf.
Wie das Meer in silberner Pracht aufleuchtete, verschwand das
Land im ungewissen Dämmerscheine, und unsere Barke schwamm
lautlos, wie auf Himmelswolken, dahin, und die Sterne, die
am Himmel glänzten, spiegelten die ruhigen Wasser wieder.
Wie Geisterschiffe lagen, vom Nebel halb verhüllt, die Inseln
der Sirenen auf der Fluth.

Der Schiffer nahm seine kurze Schilfpfeife aus dem
Munde, blickte nach den Sternen und sprach, auf das Stern=
bild der Krone deutend: „Seht Ihr sie? Das ist die Krone.
Sie steht jetzt am Himmel; aber einst barg sie der Schoß des
Meeres. Der letzte Seekönig von Amalfi hatte sie da hinab=
gesenkt, mit einem schrecklichen Fluche für den, der sie einst
zu holen wagen würde. Fragt nur die Fischer von Salerno
bis nach Capri hinüber: jeder, dem sie etwa noch ins Netz
gerathen sollte, würde lieber das theure Netz im Stiche lassen,
als die Krone ans Licht fördern. Fragt nur! Wer sie hebt,
den hetzen die da drunten zur Verzweiflung oder in den Tod.“

Er bekreuzte sich und rückte an der Mütze, dann fuhr er
fort: „Die Madonna sei uns gnädig! Einer hob sie, Einer,
und ihm ward das Reich des Seekönigs auf zehn Tage, auf
zehn kurze Tage; dann erfüllte sich der Fluch, und das Ver=
derben kam über ihn. Ihr kennt diese Geschichte besser als
ich, — ich spreche vom Masaniello.“

Ich fragte noch Einiges; er aber schwieg und warf sich
ruhig rauchend auf seine Ruder. Wie lebend schienen im
Scheine des Mondes die Inselchen auf uns loszuschwimmen.
Er schlug von Neuem das Kreuz und murmelte, den Geister=
spuk zu bannen, ein leises Credo. Dann stiegen wir ans Land;
er ging zu seinem Liebchen, und ich verbrachte die stille, schöne
Nacht unter einer Rebenlaube, halb träumend, halb wachend,
aber im Vollgenusse des Daseins. Dann sandte der Morgen
über die Berge hinter Pästum's Tempeln her seine ersten

bleichen Schimmer, und auf den Höhen erblühte es in lichter
Safranfarbe. Das Meer athmete im Traum, als wir unsere
Barke wieder bestiegen. Ein leichter Nebelschleier deckte die
verschlafen zum Ufer gleitenden Wellen, aber schon blitzte es
wie Gold durch dieses Duftgewebe, schon krönte es die leichten
Wellenhäupter wie mit Flittern, mit Flittern, die aus jenem
reichen, goldenen Traume geblieben . . . .

Tommaso war munter und aufgeräumt und hub an, die
Sage von Masaniello zu erzählen, wie sie noch heute im
Munde der Fischer lebt.

„Der Masaniello, Herr, war ein störrischer Junge,
und sein Vater soll seine liebe Noth mit ihm gehabt haben.
Wenn die Winde schliefen, wo dem Fischer eine große Beute
winkt, schlief auch er und war unlustig zur Arbeit. Gab es aber
Scirocco, oder peitschte die Tramontana oder ein scharfer Li-
beccio die Wellen, dann erwachte der Junge, dann war er mit
Leib und Seele bei der Arbeit, dann war er ein Mann, dann
soll er hunderttausend Teufel — die Madonna schütze uns!
— im Leibe gehabt haben. Beleidigungen oder Spott ver-
trug er nicht; dem Stärksten ging er mit seinem Messer zu
Leibe, und im Messerspiel war er der Gewandtesten einer.
Ihr könnt's in Euren Büchern lesen, Herr, daß unterm spanischen Regimente kein Gesetz dem freien Manne verbot, in
Waffen zu gehen, gleich dem goldgespornten Adel. Jetzt ist
das freilich anders; die Carabinieri des neuen Königs fahnden
schon auf Messerchen, mit denen man kaum eine Taube ab-
schlachten kann.“

Eine mit sechs Fischern bemannte Barke, lauter prächtige
braune Gesellen, glitt an uns vorüber . . . Gruß und Gegen-
gruß . . . Dann waren wir wieder allein.

„Der Junge kannte natürlich die Geschichte von der Krone;
wie oft war sie erzählt worden zu der Stunde, wo die Leute
am Strande ums Feuer her sitzen oder daheim beim Herdfeuer; aber jedesmal, wenn die Rede auf die Krone im Meeres-

grunde kam, hatte er geschworen, sie sich heraufholen zu wollen.
Die Alten hatten ihn ausgelacht, die Guten gewarnt; er achtete
nicht der Einen, nicht der Andern, sondern warf sein Netz
heimlich nach der Krone aus, und weil Einige behaupteten,
sie liege in der Nähe der verfluchten Hexeninseln da drüben,
so trieb er sich, wann er konnte, um diese herum, spähend,
fischend.

„In der Nacht von St. Johannis hatte er einen Traum
gehabt: deutlich war ihm die Stätte erschienen, wo die Krone
lag. Und wie die Andern zur Messe in den Dom gingen,
fuhr er hinaus nach den Inseln und senkte sein Netz in festem
Glauben in die Fluth. Er zieht es herauf, es wird schwerer
und schwerer, er starrt hinab: golden schimmert es durch die
Wasser herauf ... Es ist die Krone! Mit angstvoll krampfen=
den Händen faßt er danach, mit beiden Händen, das Netz ent=
gleitet ihm, ein Schlag ins Wasser, dieses spritzt hoch auf,
und — der goldene Schatz saust wieder in die dunkle Tiefe
hinab. Mit einem wilden Schrei stürzt er ihm nach, taucht
und taucht, taucht sich athemlos manche Stunde lang; — die
Krone halten die alten Geisterhände fest, die sie sich für einen
Augenblick hatten rauben lassen.

„Am Abend jenes Tages fanden Fischer von Atrani weit
draußen auf hohem Meer die ruderlose Barke, und in der
Barke lag der ihnen wohlbekannte Junge mit blutender Stirn
just wie todt. Sie brachten ihn zu seinem Vater; der blickte
kaum in die leidenschaftlichen Augen seines geliebten Sohnes,
als er das düstere Geheimnis erkannte. Der Sohn stand
trotzig keine Rede, aber der Alte führte ihn vor das Bild der
Madonna, die alle Schmerzen heilt, er gelobte ihr Perlenschmuck
und Opferkerzen, wenn sie die Seele des Jungen, die nur noch
bei der falschen Krone in der Tiefe weilte, wieder zur Ver=
nunft brächte: es war Alles eitel. Vergeblich auch war der
Zuspruch des frommen Priesters, seines Beichtvaters; — der
Junge war verloren. Er verkehrte mit Niemand mehr, sprach

nur noch mit sich selbst, ward wild und herrschsüchtig, und als
sein Vater, dem der Gram das Herz abgefressen hatte, ge=
storben war, ging er nach Neapel ...... Wir sind am Lande,
— den Schluß könnt Ihr in den Büchern lesen. Masaniello
hat die Krone getragen und den Purpur, aber er fand auch
den Tod."

Bei diesen Worten trieb Tommaso die Barke in den Kies
des Ufers und fügte noch hinzu: „Entschuldigt, Herr, wenn
ich Euch mit meinen Dummheiten belästigt habe."

Es war vollständig Tag geworden, und am Strande von
Amalfi regte sich's. Auch in den Gassen war es schon lebendig,
mit ameisengleichem Fleiße, als gälte es, goldene Gaben der
asiatischen und afrikanischen Kolonien, Purpur und Elfenbein
oder griechischen Marmor zu bergen, und doch ist diese Zeit
unwiderruflich dahin. Was heute hier aus= und eingeschifft
wird, ist die goldene Frucht der Ceres, sind die an Südlands
Sonne gereiften, goldenen hesperischen Äpfel; die aber stillen
nicht den Hunger Aller. Eine Bettlerschar drängt flehend sich
an den landenden Fremdling, und mein Schiffer zur Seite
stößt mich leise an und sagt: „Ecco, i figli di Masaniello!"

2.

Die Hochschule der Zoologie.

„O Meer, dein dunkler Schoß verbirgt ein
Labyrinth
Von Wundern; ist nicht auch die Perl',
Meer, dein Kind?
Gebarst du nicht selbst Aphroditen?
Ja, du bist reich! Ich sah bis auf den Grund
dich, Meer!"

„Ich wende mich mit meiner Erzählung nochmals ans Meer; dort habe ich heute die Wirthschaft der Seeschnecken, Patellen und Taschenkrebse gesehen und mich herzlich gefreut. Was ist doch ein Lebendiges für ein köstliches, herrliches Ding! Wie abgemessen zu seinem Zustande, wie wahr, wie seiend! Wie viel nützt mir nicht mein bißchen Studium der Natur, und wie freue ich mich, es fortzusetzen." ·

So schreibt Goethe, als einer der ersten Biologen, bei Gelegenheit seines Aufenthaltes in Venedig.

Hundert Jahre sind seitdem vergangen und das „bißchen Studium der Natur" von damals ist zur Naturwissenschaft, zur weltbeherrschenden Naturwissenschaft geworden; die wenig versprechenden Embryonen ihrer verschiedenen Disziplinen sind zu hohen, selbständigen Lebewesen, zu Giganten, zu Titanen herangewachsen, welche die alten, sicheren Burgen akademisch-olympischer Götter erstürmt und gestürzt haben. Ein gewaltiger Streit ist entbrannt, und der Koryphäe, der Vorkämpfer und mächtigste Rufer in diesem Streit ist die Zoologie.

Was auf ihrem Gebiet in den letzten fünfundzwanzig Jahren geschehen, ist so groß, so gewaltig und dabei so neu, daß alles Vorhergehende, jede Leistung, sei sie ihrerzeit noch so sehr angestaunt und bewundert worden, klein, arm, veraltet erscheinen muß: Rumpelkammern, Trümmergebäude, Ruinen!

Gleichzeitig hat das Gebiet sich so unendlich erweitert,

daß ein armes Menschenleben, und sei es das längste, eine
arme Menschenkraft, und sei sie die genialste, nicht mehr aus=
reicht, es in all seiner Breite und Tiefe zu durchmessen.
Mühelos, ohne die Schultern des Atlas zu besitzen, hatte
Linné († 1778) das gesammte Thier=, Pflanzen= und Stein=
reich auf sich genommen und stand auf der vornehmsten Höhe
seiner Zeit. Wer heute die Naturwissenschaften ähnlich betreiben
wollte, würde ausgelacht werden; ja, wer nur mit der Absicht
hervorträte, er wolle die Gesammtheit der Schmetterlinge, der
Käfer oder der Würmer studieren, oder sich an die „Meerthiere"
machen, dem müßte der moderne Forscher von der striften
Observanz mit einem mitleidsvollen Achselzucken begegnen.

Arbeitstheilung, strenge, tiefgehende Arbeitstheilung heißt's
auch hier, und wie weit diese gehen mag, ist noch gar nicht
abzusehen. In wie viele Sektionen schon zerspalten die Herren
sich, welche um die bloße Artenkenntnis arbeiten! Zwanzig
sind es deren allein in dem „bischen" Entomologie, der In=
sektenkunde. Und unter den Mitgliedern dieser Sektionen
finden sich nur ganz ausnahmsweise einmal einige, welche
auch die Gattungen kennen und mit der Anatomie oder nun
gar der Entwicklungsgeschichte beiläufig nur einer Gruppe ver=
traut wären.

Diese veraltete Systematik gleicht dem alten Pelze Faust's,
den Mephistopheles schüttelt, „so daß Cikaden, Käfer und Far=
farellen herausfahren", er

> „Erinnert mich an jene Schnaken,
> Wie ich den Knaben einst belehrt."

Ein moderner Schneider muß dieses Oberkleid auf den
neuen großen Leib der modernen Zoologie, nach der Angabe
des Bestellers, erst noch zuschneiden, und dann muß die Zu=
kunft zeigen, ob es paßt. Die arme „beschreibende Natur=
wissenschaft", wie sie uns noch vor dreißig Jahren eingetrichtert
ward, ist ein überwundener Standpunkt, heute handelt es sich

um die Entwicklungsgeschichte; die Geschichte jeder Thierart
ist die bedeutende Aufgabe der Gegenwart, deren goldene Früchte
die Zukunft genießen wird, Früchte freilich, die dem Manne,
der diesen uralten „Baum der Erkenntnis" kultiviert, nicht
mühelos in die Hand fallen, sondern welche die ganze Kraft
eines ganzen Mannes, eines Ringers, erheischen, die aber
dennoch voraussichtlich (die schöne reiche Blüthe der Gegenwart
ist so verheißungsvoll) zur Reife kommen werden; denn den
modernen Naturforscher schreckt nicht mehr das Faust'sche:

„Geheimnisvoll am lichten Tag
Läßt sich Natur des Schleiers nicht berauben,
Und was sie dir nicht offenbaren mag,
Das zwingst du ihr nicht ab mit Hebeln und mit Schrauben."

Gerade das Verschleierte, Geheimnisvolle, das in der Tiefe
Liegende, der Mikrokosmos, reizt den Forscher; hier galt es,
den modernen Hebel anzusetzen: das Mikroskop mit dem Mi-
krotom. Wie so ganz anders hat durch diese die Forschungs-
methode der Neuzeit sich gestaltet. Auch die Chemie ist eine
mächtige Helferin bei der Arbeit geworden, eine geradezu un-
entbehrliche.

Das Material zu diesem lebendigen Forschen nach dem
Leben kann aber der Zoolog nicht mehr den todten, trocken-
staubigen, starren Sammlungen und Museen entnehmen:
ausgestopfte Thiere, Vogelbälge, milbenzernagte Schmetter-
lings- und Käferleichen an Nadeln, Eierschalen, in Alkohol
zusammengeschnurrte Embryonen und eingemachte „Frutti di
mare", leerstehende Konchylien und Todtengebein sind unmögliches Material geworden, das nur noch Schulkindern und
Laien genügt.

„Was ist doch ein Lebendiges für ein köstliches, herrliches
Ding!" Ja wohl, dem frischen Leben muß das Auge des
Zoologen sich zuwenden, dem Leben von seinen keimenden Ur-
anfängen an; frisches Material muß herbeigeschafft und ver-

arbeitet, Züchtungen von Thieren aus Eiern veranstaltet werden, und darum wendet die moderne Naturwissenschaft der „Mutter alles Lebens", dem Meer, sich zu; dem Meer als der Heimat der niedern Thierwelt, deren Formen vor Allen dem Zoologen von heute interessant und wichtig sind, da die neue Wissenschaft auf keinem andern Gebiet so mächtig gefördert werden kann, als auf diesem. Und wer hier an den Quellen schöpfen kann, das heißt direkt am Strande der See, der ist wohl glücklich zu preisen.

Hier aber ist des sonst so pedantischen Wagner Klage nur zu sehr am Platze:

> „Wie schwer sind nicht die Mittel zu erreichen,
> Durch die man zu den Quellen steigt."

Mit einem Apparat zum Fangen und Aufbewahren von In= sekten, zum Einsammeln und Trocknen der Pflanzen auf dem Rücken läßt es sich wohl leicht durchs Land schweifen, und mit Büchse und Vogelflinte zieht der Ornitholog auf Beute aus. Der Erforscher des niedern Thierlebens im Meer aber müßte, um mit Nutzen arbeiten zu können, ein ganzes Arsenal mit sich schleppen: einen praktischen Arbeitstisch, ein Dutzend Flaschen mit Reagentien, ein Zeichenbrett mit Zeichenrequisiten, eine Unmasse von Glasgegenständen, wie Objektträger, Deck= gläser, Glasröhren, Becher= und Stöpfelgläser, Glasplatten, Maßcylinder, Alkoholgefäße, dann Messer, Scheren, ein Mi= krotom (jenes feine Instrument, durch das die Objekte in feine Scheibchen, von denen über hundert auf ein Millimeter gehen, zerschnitten werden), eine Luftpumpe*) und, last not least: das kostbare Mikroskop und die umfangreiche Bibliothek.

So ein Necessär für einen nach der Küste wandernden Zoologen würde eine Kamellast ausmachen, vorausgesetzt, daß er, der von seiner Besoldung lebende Doktor oder Professor,

---

*) Alles Gegenstände, welche den Studierenden die zoologische Station in Neapel liefert, mit Ausnahme des Mikroskops.

ein solches sich aus seinen wohl mit Weisheit vollgestopften, aber im übrigen leeren Taschen beschaffen könnte. Man frage die früher auf ihre Privatkosten reisenden Gelehrten, welch unendlichen Verlust an Kraft, Zeit und Geld sie bei ihren Streifereien an lästrygonischen Küsten zu verzeichnen hatten.

Hier gebe ich gerne dem Manne, der das Alles an sich erfahren, der es also am besten wissen muß, dem nachherigen Gründer der weltberühmten zoologischen Station zu Neapel, das Wort. Professor Anton Dohrn schrieb im Jahre 1872, zur Zeit, als sein kühner Traum verwirklicht werden sollte: „Das Alles wird doppelt und dreifach schwierig, sobald man im fremden Lande weilt, in dem Alles anders, Alles neu und fremdartig ist, in dem Natur und Menschen erst eine Acclimatisation und Umformung der Gewohnheiten fordern, ehe auch nur die alltägliche Arbeitskraft und Objektivität zu gewinnen ist, in dem besonders die eigentlichen Aufgaben des Reisenden nicht eher zu bewältigen sind, als bis Wochen vergangen, die ihn propädeutisch vorgebildet haben und nach vielem Suchen und Mühen endlich die gewünschte Gelegenheit bieten, seine Untersuchungen mit Erfolg aufzunehmen. Das Wohnungssuchen, die nöthige Bedienung, Essen, Trinken und Schlafen vernünftig einzurichten — Alles selbstverständliche Dinge zu Hause — werden im fremden Lande, vor Allem in Städten wie Messina und Neapel, wichtige und schwierige Angelegenheiten, die oft zur Unbehaglichkeit, nicht selten zur wesentlichen Beeinträchtigung der gehofften Arbeitsresultate führen. Und wer nun nicht das Glück hat, sofort das gewünschte Arbeitsobjekt zu erhalten, wer vielleicht versäumt hat, sich bei Zeiten über sein Vorkommen und die Art, seiner habhaft zu werden, zu unterrichten — der wird fühlen, wie übel es ist, im fremden Lande auf sich selbst angewiesen, mit Unmuth und Widerwärtigkeiten zu kämpfen zu haben.“

Weiter scheitert der reisende Forscher an der Fülle der thierischen Formen, von der er, wie Dohrn sagt, an den Küsten

des Mittelmeers förmlich „überfallen" wird; der Sammeltrieb
bemächtigt sich seiner und zehrt an den Kräften, die der Lösung
specieller Probleme vorbehalten waren. Einen wissenschaftlichen
Fortschritt machen die Resultate dieses zigeunernden Studiums
nicht aus.

Wie oft wurde die Klage laut: „Warum giebt es denn
keine einzige Anstalt an der Küste des Mittelmeers, in der die
Hilfsmittel vorbereitet, in der Laboratorium und Bibliothek
zu Aller Gebrauch offen ständen, in welcher die so kostbare
Arbeitskraft des Gelehrten vor Zersplitterung und nutzloser
Verschwendung gewahrt und auch dem Unbemittelten die Möglichkeit eröffnet würde, seine Arbeit der Bewältigung von Pro-
blemen zu weihen, die doch einmal gelöst werden müssen, soll
unsere Wissenschaft nicht immer und immer wieder daran erinnert werden, daß sie noch ein Stiefkind ist, der man die von
ihren bevorzugteren Geschwistern übrig gelassenen Brocken zu-
wirft und noch obendrein einen unterthänigen Dank dafür von
ihr erwartet?!"

Die Zoologie, dieses arme, irrende Stiefkind, mußte eine
Heimat haben, aber kein Waisenhaus, kein Armenhaus, sondern
ein ihrer königlichen Abstammung würdiges Schloß am Meer.
Himmlische Wunder geschehen aber heute nicht mehr, so ist es
ein Wunder des Willens, das wir jetzt an dem schönen Golfe
Neapels in dem vornehmen Gebäude der zoologischen Station
anstaunen, und dieser Wille beseelte im Jahre 1870 den jungen
Privatdocenten, nachherigen Professor Anton Dohrn. Nur
weil dieser für seine Wissenschaft hochbegeisterte Mann wollte
und ganz genau wußte, was er wollte, den Gesammtplan seiner
zu bewirkenden Schöpfung in vollster Klarheit beständig vor
dem Geiste hatte und unentwegt auf das große Ziel, durch
sein Werk die gesammte Biologie zu fördern, losging, konnte
er erreichen, was die ganze Zähigkeit und Thatkraft des
Mannes erforderte, konnte er unmöglich Scheinendes möglich
machen und im Jahre 1872, nach zweijährigem harten Kampfe

mit Personen und Verhältnissen, in der steten Gefahr, seine
ganze Zukunft zu opfern, den Grund legen zu einem Institut,
das als ein Pharos der Wissenschaft über die ganze civilisirte
Welt hinleuchtet.

Das war deutsche Arbeit, fast ausschließlich durch deutschen
Fleiß und deutsche Beharrlichkeit endlich zu Stande gebracht;
nur ein Staat reichte in großherziger Erkenntnis dieser vornehmen deutschen Bestrebungen, die ja der gesammten Wissenschaft der Welt zu Gute kommen sollten, die fördernde Bruder-
hand in kräftiger und neidloser Weise: Italien. So hat Italien
seinen Antheil an dem Ruhm dieser im edelsten Sinne internationalen Schöpfung und „der stolze Bau in der ‚Villa
nazionale‘ ist gleichzeitig ein leuchtendes Denkmal des neidlos
gemeinsamen Strebens zweier Kulturvölker geworden“.

Vom Municipium der Stadt Neapel erhielt Professor
Dohrn ein Territorium von 7000 Quadratfuß, dessen Eigen-
thumsrecht ihm anfänglich auf dreißig, später auf neunzig
Jahre gesichert ward. Auf diesem Grundstück hatte Dohrn,
laut Kontrakt vom Juni 1872, auf seine Kosten das Gebäude
der zoologischen Station zu errichten. Mit eigenen Mitteln
und unter Zuschüssen der deutschen Reichsregierung kam dieser
Bau zu Stande. Die nöthigen Betriebskosten wurden aufge-
bracht durch regelmäßige Subventionierungen der verschiedenen
Regierungen, wofür dieselben das Recht erhielten, die Hilfsmittel des Instituts durch ihrer Nationalität angehörige Forscher benutzen zu lassen. Heute stehen diesen bereits zweiundzwanzig Arbeitstische zur Verfügung. Für diese zweiundzwanzig Tische aber das nöthige lebende Material tagtäglich
und jahraus und jahrein zu beschaffen dazu bedarf es eines
wissenschaftlich und eines praktisch gebildeten Personals, dazu
reichten auch die gewöhnlichen Fischerboote nicht aus, sondern
es mußte an die Beschaffung eines Dampfers, wenn auch anfänglich eines nur kleinen, gedacht werden. Dieser, „Johannes
Müller“, wurde zu Zwecken der Meeresforschung eigens in

England erbaut und seitens der Berliner Akademie der Wissen=
schaften, auf des unermüdlichen Du Bois=Reymond Betrieb,
der Station zum Geschenk gemacht. Dieser Dampfer, auf dem
Golf unter dem Namen „Il vaporetto" bekannt, befuhr nun
zunächst die Küsten um Neapel her bis Sorrento und Capri
hinüber, wurde dann kecker und kecker und wagte sich bis nach
Gaeta und nach den Ponzainseln, überall die Jagdgründe
des Meeres mit Schleppnetz und Taucherapparat erforschend
und ausbeutend, und welche Schätze wurden gefunden! Später
bekam die Tauchereinrichtung ein besonderes Boot, und weil der
„Johannes Müller" im strengen Dienst bald alt und gebrechlich
geworden war, so gab man ihm in der Nußschale „Balfour",
einem zweiten Liliputdampferchen, eine Art Gehilfen zur
Seite. Diesem liegt die Oberflächenfischerei ob; denn wie die
Jagd im grünen Wald sich theilt in das, was „fleucht und
kreucht", so auch die Meerjagd in das, was oben schwimmt und
unten hockt.

Aber weder konnte man mit dem „Johannes Müller" in
die tiefsten Gründe eindringen (der kleine Alte hätte die Last
der größeren Schleppnetze und die Massen der Taue ja nim=
mer bewältigt), noch mit dem „Balfour", dessen kleiner Kohlen=
vorrath offen auf Deck mitgeführt werden mußte, die weiteren
Weiten durchschweifen.

Die vorhandenen Fahrzeuge also genügen den Anforde=
rungen der Station, die mit ihren großen Zwecken beständig
gewachsen ist, nicht mehr; auch ihre sonstige Einrichtung muß
Weiterungen erfahren, die dem ursprünglichen Plan des Be=
gründers und dem jährlich sich steigernden Andrang der Forscher
aller Länder entsprechen.

Im Plan des Begründers nämlich lag es, in der Station
außer der eigentlichen Zoologie noch die gesammte Physiologie
und Biologie der Meeresfauna heimisch zu machen. Im alten
Gebäude hockt Alles aufeinander, da ist nichts mehr unterzu=
bringen, ein neues muß gebaut werden. Und wieder war es

6*

das Municipium von Neapel, das bereitwilligst 300 Quadrat-
meter Bodenfläche neben dem alten Gebäude hergab, und die
italienische Regierung, welche ihre Unterstützung zusagte.

Dreihundert Forscher, wovon die Hälfte Deutsche, haben
bis heute an dem Institut studiert, und mit welchem Nutzen
für die Wissenschaft, davon zeugen die Hunderte trefflicher
Werke, die von diesen in allen Sprachen der Welt geschaffen
wurden, davon zeugt die von der Station auf eigene Kosten
publizierte, im großartigen Stil angelegte „Fauna und Flora
des Golfes von Neapel", Monographien von Pflanzen und
Thieren mit prachtvollen Buntdrucktafeln, von denen alljährlich einige herausgegeben werden. Der Station gehören ferner
an die in zwanglosen Heften erscheinenden „Mittheilungen aus
der zoologischen Station von Neapel" und der „Zoologische
Jahresbericht".

Karl Vogt, dem wir wohl volles Verständnis für diese
Dinge zuschreiben dürfen, schreibt über die Leistungen der
Station: „Die Station ist einerseits ein Brennpunkt geworden,
in welchem die Lichtstrahlen der Wissenschaft aus den verschiedenen Ländern sich sammeln, andererseits gewissermaßen
ein Leuchtthurm, von welchem aus sie nach allen Seiten sich
verbreiten." Und was Professor Leuckart in Leipzig mit
prophetischem Geist geweissagt, die zoologische Station zu
einer „Hochschule für Zoologie" heranwachsen zu sehen, wird
sich erfüllen.

Aber die Mittel, die Mittel!

Es wird Einem angst und bange, wenn man die Rechen-
bücher der Verwaltung (an deren Spitze zugleich als Ersatzmann des Direktors der treffliche, als Mensch wie als Gelehrter gleich ausgezeichnete Dr. Eisig steht) einsieht. Die
Kontorubriken sind: Gehälter, Laboratorium, Aquarium, Bibliothek, Fischereiutensilien, Stationsflotte, Thierankauf, Export-
sammlung, Lokalsammlung, Maschinen und Pumpen, Unter-

halt des Gebäudes, Spedition und Post, Zinsen, Steuern und Repräsentationskonto, Konto für Neuanschaffungen u. s. w.

So beziffern sich denn die Ausgaben der Station im Jahre 1883 auf rund 120,000 Mark, denen als Einnahmen 116,000 Mark gegenüberstehen. Das bestehende Defizit des Betriebskapitals hat sich bis heute, anstatt geringer zu werden, vergrößert. Diese Last wird für die Schultern eines Mannes, der seine Verdienste nie an die große Glocke gehangen, der auch in der Öffentlichkeit nie von seinen den Eingeweihten wie der Reichsregierung recht wohl bekannten enormen persönlichen Opfern gesprochen, nun zu schwer. Die Aufgaben der Station sind erweitert, also ein größerer Dampfer muß beschafft werden, er ist zum bringenden Bedürfnis geworden, ein ebensolches ist der Neubau für die physiologische Sektion und dabei muß der Bestand an wissenschaftlich gebildetem Personal abermals erhöht werden.

Also die Mittel, die Mittel!

Nun, die Beschaffung derselben müßte Nationalsache werden, und — sie soll es werden. Eine Anzahl von Männern, Staatsbeamte, Mitglieder des Reichstages, Männer der Wissenschaft, der Finanzen, des Handels, welche der deutsche Kronprinz selbst durch ein an Professor Dohrn gerichtetes, in hohem Grade anerkennendes Schreiben in ihrem schönen Vorhaben ermunterte, trat zusammen, um im gesammten deutschen Reich zunächst zum Bau jenes Dampfers zu sammeln, dann aber auch für die weiteren Zwecke der Station zu wirken.

Aus der begeisterten, warmen Rede, die Staatsminister v. Goßler bei dieser Gelegenheit hielt, sei der Schluß, der eben jeden Deutschen angeht, noch einmal hervorgehoben. „Mehr als Alles", sprach Herr v. Goßler, „bewegt mich der nationale Gedanke, von dem das Unternehmen getragen ist. Die Deutschen sind es gewohnt, daß ihre Regierungen — und hier handelt es sich um alle Regierungen, welche Universitäten haben und an der Fortbildung jugendlicher Forscher arbeiten

— sich die Hand reichen, die Mittel zur Unterhaltung wissen=
schaftlicher Institute zu gewähren. Wir sind immer gewohnt
gewesen, die Impulse von den Regierungen zu erwarten und
ihnen die Finanzierung von wissenschaftlichen Unternehmungen
aufzubürden, und ich kann wohl sagen: Gott sei Dank! hat es
keine Zeit gegeben, wo die Regierungen nicht Verständnis für
ihre Aufgabe gehabt hätten. Aber es ist bei solchen Unter=
nehmungen wirklich Zeit, daß man einmal aus diesen Bahnen
heraustritt und sich klar macht: wie steht die gebildete deutsche
Welt solchen Aufgaben der Wissenschaft gegenüber, wie stehen
diejenigen Männer dazu, die nicht bloß für die tägliche Noth=
durft zu sorgen haben, sondern durch ihr Verdienst oder das
ihrer Vorfahren in die Lage versetzt sind, Opfer zu bringen?
Wenn man an die letzten zehn Jahre zurückdenkt, kann man
sich wohl der Hoffnung hingeben, daß auch der Appell, der,
wie ich hoffe, aus unserer Mitte an das deutsche Volk er=
gehen wird, nicht ungehört an den Ohren unserer Mitbürger
vorübergehen wird."

Das Ergebnis dieser Vorversammlung war die Bildung
eines Ausschusses, dem die Herren Staatsminister v. Goßler,
Präsident des Reichstages v. Levetzow, hanseatischer Minister=
resident Dr. Krüger, Geheimrath v. Bleichröder, Oberbürger=
meister v. Forckenbeck, Präsident der Seehandlung Rötger, die
Professoren Du Bois=Reymond, Leyden und Waldeyer, Kom=
merzienrath und Reichstagsabgeordneter Schlütow und an=
dere bedeutende Männer angehören. In allen Städten des
deutschen Reiches haben sich unter Beitritt der vorzüglichsten
Männer Komités gebildet und — die Arbeit hat begonnen.

Und was sollen wir thun? Wir sollen der Welt zeigen,
daß wir in unserer als materialistisch verschrieenen Zeit nicht
verlernt haben, den hohen Werth der Errungenschaften unserer
deutschen Wissenschaft anzuerkennen, und daß wir zu deren wei=
terer Förderung noch ein pflichtschuldiges Scherflein übrig haben;
zur Förderung der Wissenschaft, zu Ehren des Vaterlands!

3.

Scylla.

„Rechts wohnt Scylla und links die unversöhnte
Charybdis."

Virgil.

Zwei Meere, das tyrrhenische und das ionische, umgürten
das schroffe, trotzigwilde calabrische Gebirgsland; Hunderte
von rauhen Thälern, Schluchten und Schlünden, welche Wasser
und Erdbeben in das Gestein hineinwuschen und sprengten,
durchsetzen es, und wie kühne Küstenhochwachten treten zahl=
reiche felsige Vorgebirge, von den Schiffern gefürchtet, in die
brandenden Wogen hinein. Die Küsten sind nur schmal; die
Flüsse haben keine Zeit, zur Ruhe zu kommen, und heftigen
Laufes stürzen im Winter und Lenze die Wasser des Crati,
Amato, Corace, Nieto, Lao und Metramo durch felsblockerfüllte,
im Sommer trockene Rinnsale herab, um im nahen Meere
ihren ungestümen Lauf zu enden.

An diesen Küsten blühte in der mächtigen schönen und
viel umworbenen Magna Graecia (Insel Sicilien und südliches
Italien) eine herrliche Kultur, begünstigt von einem freund=
lichen Himmel und einem dem Verkehr der Völker dienenden
Meere. Dieser Himmel lacht ermunternd noch immer über
dem Lande; noch bietet das Meer seinen Rücken; noch wie
einst, da sie dem Apoll und der Venus geweiht waren, grünt
und blüht hier Lorbeer und Myrte an sonnigen Hängen, und
Wein und Öl, im Verein mit vielen andern Gaben einer
„reichhinstreuenden" Natur, vermöchten, wie einst, dem Lande
zu Reichthum, zu Blüthe und Freude zu verhelfen, und doch
liegt sein Kranz verwelkt im Staube, und doch weint die
Armuth in den Thälern und auf den Bergen oder zieht, ver=
zweiflungsvoll entschlossen, auf den schweigenden Meerschiffen
hinüber nach dem gepriesenen andern Welttheile.

Die hochherrlichen Städte, in deren Marmortempeln die
Götter wohnten, um deren Gunst in jenen Tagen ein Alexan=
der, ein Hannibal sich bewarben, die von einem Pindar und
Demosthenes gepriesen wurden — sie sind dahin. Dahin auch
wie ein Traum ist jene Zeit, und was sie schuf, wurde zer=
stäubt und verweht vom Sturmessausen der Jahrhunderte,
kaum daß hier eine armselige Ruine, ein paar algenumsponnene
Säulen im Meeresgrunde, etwas antikes Gemäuer im Sumpf,
oder dort eine dürftige, halbchristianisierte Sage als Tradition
noch Kunde giebt aus den glorreichen Tagen der Magna
Graecia.

Les dieux s'en vont . . . Die Götter haben sich davon
gemacht; als armselige Bettler, ihre Lumpenbündel voll Poesie
auf den Rücken, wanderten sie ins Exil, und in ihren ver=
ödeten Zaubergärten pflanzte der kalte Verstand seinen Kohl.
In unsern Kinderstuben haben die kleinen Hände längst schon
an der uralten Heiligkeit des Knechtes Ruprecht gerüttelt, und
die modernen Traumdeuter der Antike erklären, daß Polyphem,
der ungastliche Einäugige, den kreisrunden, steinschleudernden
Krater bedeute, Vulkan die wilden, durch Erdbeben sich be=
zeugenden Kräfte, die schöne Zauberin Kirke, welche die Ge=
fährten des Odysseus in Säue verwandelt, den männerhin=
streckenden Wein des circejischen Vorgebirgs u. dergl. m.

Und so darf es nicht Wunder nehmen, wenn die dem
Knaben einst so furchtbare, gigantische Scylla, heut ihrer
Schrecken entkleidet, zu einer mythischen Allegorie zusammen=
schrumpft, und auch von dem abergläubischsten Calabrienfischer
nicht mehr respektiert wird.

„Scylla, Du bist nicht mehr so gewaltsam, wie Du zuvor
warst", singt ihr Platen, da er eine Nacht in der Locanda
zunächst ihres Felsens zugebracht, keck ins Gesicht und dichtet
der Ärmsten an, zwar noch immer Reisende zu plagen, aber
nur vermittelst eines Heeres jener auch „Herren und Frauen
am Hofe" plagenden schwärzlichen Springer.

Das war zu Homer's Zeiten anders, und nach seiner Er=

zählung und alten Kupferstichen malte sich unsere kindliche Phantasie Person und Lokal der Scylla mit lebhaften Farben aus; drohend trat uns die angstvolle Flucht von der Scylla in die Charybdis entgegen, die uns als das ärgste „Aus dem Regen in die Traufe kommen" erscheinen wollte.

Und der arme meerdurchirrende Odysseus gerieth in diese Traufe, die Homer mit der lebhaften Phantasie meeranwohnender Männer als einen mächtigen Felsen schildert, der sein spitzes Haupt bis zum Himmel reckt; dunkle Wolken umwallen ihn, und nie sieht man den Gipfel; auch erstiegen ward er nicht; denn seine Wände sind, an das deutsche Märchen vom Glasberg erinnernd, glatt wie Krystall. Das aber braucht den Wanderer nicht zu beirren: die Gefahr liegt ganz wo anders: der Felsen birgt die entsetzliche Höhle mitten im Gestein, dicht über den Meereswogen; denn hier haust sie, die Scylla, das bellende, durch zwölf breittatzige Füße und sechs Hände und ebenso viel Köpfe zum Schreckbild gestaltete Scheusal. Wie ein ungeheurer Krake steckt sie halbleibs in das Felsenloch eingezwängt, während die Freßwerkzeuge heraushängen und wühlend und tastend in dem schäumenden Wasser herumschnappen. Seehunde, Delphine und anderes Meergethier fallen der Bestie zur Beute; als Fettleckerbissen jedoch entrafft sie den vorübereilenden „schwarzgeschnäbelten Meerschiffen" dann und wann einen Mann, auch sechs auf einmal, wie sie es dem Fahrzeug des Odysseus gethan. Aeneas wäre es gerade so gegangen, hätte ihn Helenus der Seher nicht gewarnt, welcher rieth:

„Besser ist's, Du umfährst das trinakrische Haupt des Pachynus,
Als Du schauest im großen Geklüft die gräßliche Scylla
Einmal nur, und die Felsen, durchhallt von bläulichen Hunden."

Und als er nun fern aus der Fluth Sicilien's Aetna tauchen sieht, vernimmt er ein gewaltiges Tosen der Wogen am Felsen und gebrochenes Getön am Gestade, woran Vater

Anchises die gefährliche Klippe erkennt, von der ihnen Helenus gesprochen; sie umgingen diese, indem der Steuermann Palinurus den krachenden Schiffsschnabel links in die Meerfluth drehte. Sonst gab es gegen diese Gefahr nur ein Mittel; es ist dasselbe, welches die Zauberin Kirke dem Odysseus anrieth: Krataïs, die Mutter des Scheusals, anzurufen und es durch diese bändigen zu lassen.

Dies bringt uns auf die Abstammung der Scylla, und über diese erzählten die griechischen Kinderfrauen und Schiffer den lauschenden Kleinen gar mancherlei Märchen. Da klang es: Es war einmal eine schöne Königin; die hieß Scylla, und diese Scylla liebte der Vater der Götter über alle Maßen. Hera, in Eifersucht entbrannt, zürnte der Beglückten und sann auf Rache. Sie beraubte sie ihrer Kinder. Die unglückliche Mutter suchte diese voller Verzweiflung, und wie sie nicht zu finden waren, ging sie grollend in die Einsamkeit, bezog eine dunkle Höhle, und aus Haß und Neid gegen glückliche Mütter fing sie an Kinder zu rauben und zu fressen.

Andere erzählten, Scylla sei die Tochter des Königs von Megara gewesen, die ihren Vater aus Liebe zu dem schönen kretischen Seekönige Minos, durch Ausreißen eines purpurfarbenen Haares, das der Alte auf seinem Scheitel trug, verrathen hatte, von dem Jüngling aber, der von der Liebe einer Verrätherin nichts wissen wollte, verleugnet, zur Strafe an sein Ruder gebunden und durch die Meere geschleift wurde, bis sie sich in jenes Ungeheuer verwandelte. Ihre Eltern, erzählen die Einen, sollten Phorkys und die schon genannte Hekate Krataïs gewesen sein, während sie Andere als Tochter des Triton, des Poseidon erscheinen lassen; der Vater also auch hier auf jeden Fall „ein dunkler Ehrenmann".

Am schönsten gestaltet sich die Sage bei Ovid; da war Scylla, „so Dichtermund nicht lügt", dereinst eine schöne, vielumworbene Jungfrau, der aber Liebe das Herz nicht rühren wollte. Kalt und gleichgültig ging sie zu den Nymphen des

Meeres, denen sie als Gesellschafterin sehr willkommen war.
Gewandlos — es war im Hochsommer — wandelt sie heim=
wärts, im trockenen Sande des Ufers hin und erfrischt hier
und da die brennenden Glieder in lauschigen Buchten. Hier
erblickt sie der schillernde Glaukos, einst ein schöner Fischer=
knabe, der, nachdem er von dem Wunderkraute gegessen, in der
Fluth zum weissagenden Gotte geworden war; begierig, seinen
zahlreichen Liebesabenteuern, ein echter Don Juan des Mittel=
meeres, ein neues zu gesellen, stellt er der auf eine Klippe
fliehenden Scylla nach. Aus den Wellen heraus stammelt er
ihr seine Liebe, von der die Spröde durchaus nichts wissen
will. Zornig schwimmt er — nicht kühlt die Fluth seine
Gluthen — zum Zauberpalast der Kirke, sie um ein Liebes=
elixier für Scylla bittend. Kirke jedoch möchte Glaukos für
sich selbst gewinnen, und als dieser davon nichts wissen will,
beschließt sie, die Nebenbuhlerin zu verderben. Sie mischt ab=
scheuliche Säfte und macht sich auf nach dem „winzigen Golfe,
gekrümmt in geweifetem Bogen", in dessen Nähe Scylla ihre
Mittagsruhe zu halten und in dessen Fluth sie ihr Bad zu
nehmen pflegte. Sie vergiftet das Wasser, und als Scylla in
die Wellen steigt, geht die plötzliche Verwandlung vor sich: als
menschenfeindliches Scheusal bleibt sie am Orte und rächt sich
ihrerseits später an Kirke durch Lockung der Genossen des
Odysseus, welchen Kirke liebt.

Ein Landsmann der Scylla, der ihr einst gegenüberwohnende
sicilianische Dialektdichter des vorigen Jahrhunderts, der lustige
Giovanni Meli, scheint die Scylla gesehen zu haben, ehe die
grausame Metamorphose vor sich gegangen (oder hatte sie
später eine Entzauberung erfahren?); er beschreibt sie in seinem
humoristischen Epos „La fata galanti" folgendermaßen:

> „Die Zöpfe schienen wie mit Gold durchzogen;
> Ein Rundgesichtchen trug der Hals, der feine,
> Die Stirne hoch, die Nase sanft gebogen,
> Das Mündchen wie ein Ring mit Purpurscheine;

Das Antlitz frei, von Anmuth überflogen,
Die Augen leuchtend wie zwei Edelsteine:
Die Scylla war's, so schön beim ersten Schauen,
Und schöner immer — mögt mir wohl vertrauen.

So sah ich Morgens sie auf einem Steine
Am Meeresstrand, das Fischnetz in den Händen,
Den Korb zur Seite ihr mit Brot und Weine,
'nen andern für die Fische. Abzuwenden
Von ihrem zarten Antlitz, das im Scheine
Der Sonn' erglänzte, die mit heißen Bränden
Sie traf, die Strahlen, trug sie, unverletzet,
Von Stroh ein Hütchen, zierlich schräg gesetzet."

Dergestalt vermöchte sie wohl einen modernen Glaukos zu
verführen, als Scheusal jedoch schreckt sie, wie gesagt, Niemand
mehr, und diese Ohnmacht hatte denn auch schon das spätere
Alterthum, das die Dinge römisch=objektiv anschaute, erkannt.
Seneca gesteht, daß der Scyllafels dem Reisenden durchaus
nicht gefährlich sei, und den Bewohnern Scilla's ist sogar alle
und jede Erinnerung an die alten grausigen Fabeln verloren
gegangen. Wir sehen heute ihre Barken scharenweis um den
großen und kleinen Scyllafelsen hergelagert; der kleine ist wie
eine Art Wellenbrecher vor dem großen zu denken. Wir fahren
auf schwacher Barke zu ihm hinan; leise athmend hebt sich das
durchsichtige Meer an dem Gesteine empor, und nur aus der
Grotte tönt es hohl und dumpf wie Schluchzen und Seufzen.
Daß sich diese Laute bei Sturm und tosender Brandung in
Brausen und Heulen verwandeln, ist wohl einzusehen; daß
diese Brandung aber hier nicht schlimmer wirkt, als an jeder
anderen ausgebrochenen Küste, wie an jedem andern Kap, darf
man getrost behaupten. Wer bei Sciroccosturm die ebenfalls
felsige und unnahbare Küste Amalfi's entlang fuhr, wird sich
des abscheulichen Gebrülls erinnern, das in der Grotte dell'
Orso, der nach jenen Lauten benannten Bärengrotte, ver=
übt wird.

Die Scylla mit ihrem Felsen würde also längst der Ver=
gessenheit anheimgefallen sein, wenn nicht die Stadt dahinter
für Erhaltung des Namens gesorgt hätte. Die Lage dieser ist
in zwei Worten geschildert: Im Rücken derselben, wie an der
gesammten Küste Calabriens hin läuft das Hauptgebirge, hier
eine nur schmale Ebene zwischen sich und dem Meere frei=
lassend. Diese Ebene wird von einem vom Hauptgebirge
stracks gegen das Meer, wo er in einem Kap endigt, laufenden
Hügelrücken in zwei Hälften getheilt, in zwei sogenannte
Marinen, welche, vor Zeiten vom Meere aufgebaut, dieses nur
wenig überragen; auf diesen Ebenen sowie an den Hängen des
Hügelrückens und der dahinterliegenden, von reicher Vegetation
bedeckten Berge hat sich das Städtchen „Scilla" angesiedelt.

Es existierte schon im Alterthum, und auf dem großen
Felsen stand damals ein Minerva=Tempel, nach welchem dieses
Kap, wie jenes bei Sorrent, den Namen Kap der Minerva er=
hielt. Nach Strabo, der bekanntlich kurz vor Christi Geburt
schrieb, legte dort schon Anaxilaus, der Tyrann von Rhegion,
dem nahen Reggio, etwa um 480 v. Chr. einen Wachtthurm
gegen die Piraten an, und das jetzt verfallene Kastell aus den
Zeiten der Normannen hat später gleichem Zwecke gedient.

Die Stadt von heute ist noch nicht hundert Jahre alt;
Alterthümer und etwaige Merkwürdigkeiten enthält sie nicht.
Sie stellt sich, wie so viele ihrer süditalienischen Schwester=
städte, welche von Fischern, Winzern und Ackerbauern gegründet
wurden, aus der Ferne sehr nett, im Innern aber unwohnlich
und ziemlich unsauber dar, so harmlos ihre Bewohner uns
auch entgegenkommen. Es mögen deren ungefähr achttausend
sein, und mit redlichem Fleiße suchen sie der Erde an Wein
und Öl und dem Meere an Fischen das abzugewinnen, was
sie zur Fristung eines fast bedürfnislosen Daseins brauchen.
Der Fischfang und besonders der Fang des Thunfisches ist
aber gleichzeitig ihre Lieblingsbeschäftigung, und man kann
dreist behaupten, daß jeder Scillaner ein geborener Fischer ist.

Gilt es, den Thunfisch mit festliegenden Netzen, den sogenannten Tonnaren zu berücken, so erheischt der Fang des Schwertfisches dieselbe Kraft und Gewandtheit des Mannes, wie sie in den Alpen bei der Jagd auf Gemsen erforderlich ist. Das Merkwürdigste dabei aber ist, daß er noch heute fast genau so ausgeführt wird, wie ihn schon Strabo beschreibt.

Vom Maste einer größeren Kundschafterbarke aus werden die zwei kleineren nachfolgenden Barken benachrichtigt, sobald ein Fisch in Sicht kommt. Eine derselben macht sich in der bezeichneten Richtung auf und spießt die Beute mit einem spitzen, an langem Stabe befestigten Eisen an, das, wenn es festsitzt, mit der Barke durch ein langes sich abrollendes Seil in Verbindung bleibt; wird der Fisch schwach, so rudert die zweite, die Todesbarke an ihn heran und holt ihn ein. Oft sitzen die Kundschafter auch auf dem großen Felsen und geben ihre Signale von da aus — selten entgeht so ein unglücklicher Fisch-Odysseus ihren Späherblicken.

Die Scillaner kennen jede Fischart und deren Lebensweise; alle Listen haben sie studiert, um die Stummen da drunten zu berücken; in der übrigen Freizeit pflegen sie ihr Stückchen Wein- und Ölland, pflücken sie die hier so üppig gedeihenden „indischen Feigen", während die Frauen der Seidenzucht obliegen.

Es ist ein Leben des Friedens, was hier längs der Südküste Calabriens bis Reggio hinunter geführt wird; nur einmal wurde dieses — vor fast hundert Jahren — auf so entsetzliche Weise unterbrochen: Ein schreckliches Erdbeben, wie die Geschichte ein ähnliches kaum verzeichnet, hatte am 5. Februar 1783 die Westküste Calabrien's erschüttert; Städte und Dörfer lagen in Trümmern und unter diesen gegen 30 000 Menschen begraben. Scilla theilte das Los der Nachbarorte, was aber von seinen Einwohnern noch am Leben geblieben, flüchtete auf die niedere Marine am Meere, diesem jetzt mehr vertrauend als dem Lande. Unter freiem Himmel, zwischen den Barken und sonstigem Fischergeräth drängte sich Alt und Jung zu-

sammen und harrte in Bangen der Nacht entgegen. Kurz nach
Mitternacht erbebte die Erde aufs Neue, und unter fürchter=
lichem Gepolter löste sich ein Felsen vom Berge Jaci und
stürzte ins Meer. Gleich darauf erbebte auch dieses, hob sich
unter wildem Rauschen, hob sich wie eine Mauer über zwölf
Meter hoch gegen das Land hin und spülte das unglückliche
Volk vom Lande hinweg, in die graue Tiefe hinein, und wieder
kam es zurück, zu neuem Streiche ausholend, zu rauben, was
ihm vorher entgangen war: Hütten, Barken und Menschen.
1431 Scillaner wurden eine Beute der empörten Fluth —
unter ihnen befand sich der alte Fürst von Scilla.

Beim ersten Erdstoße hatte er sich auf seinem Kastell auf
der Höhe des Scyllafelsens befunden; vom Schrecken über=
wältigt soll er sich betend und weinend vor dem Kreuze nieder=
geworfen haben, und erst spät hatte man ihn überreden können,
zu seinen Unterthanen ans Ufer des Meeres hinabzusteigen.
In eine Fischerbarke geduckt, von seinen Dienern umgeben,
blieb er dort, bis die Wellen auch ihn hinabrissen. Das Meer,
von den Resten Erschlagener besäet, glich einem Schlachtfelde,
und zu ganzen Haufen wurden Menschen= und Thierleichen
noch lange von den Wellen an das Land getrieben.

Das ist nun längst vergessen, und seliges Vergessen auch
lächelt dieser Himmel, diese Erde, und wie die Küste der Seligen
glänzt Siciliens Ufer herüber; denn Scilla liegt an der Straße,
wo die kürzeste Verbindung des ionischen mit dem tyrrhenischen
Meer stattfindet, und die Küsten dieser Meere scheinen noch
heute, wenn man sie, mit ansehnlichen Ortschaften dicht bebaut
und in reicher landschaftlicher Schöne strahlend, vor sich erblickt,
nicht aller Segnungen der alten Götter bar.

Wer von Castor redet, muß auch von Pollux erzählen:
die Scylla verlangt ein Wort über die Charybdis, die das Los
der Entgötterung mit ihrer Schwester theilt. Zwar schreibt
unser Schinkel noch 1803 über die Charybdis:

„Die Nacht brach ein; gewitterhaft umwölfte sich der

Himmel, und Sturm erhob sich in der Enge. Viermal trieb das Schiff zurück in die sprudelnde Fluth der Charybbis; der Hauptmann hatte seine ganze Gegenwart nöthig, der Brandung zu entgehen."

Die Sache ist aber nicht so schlimm. Die „Unversöhn= liche", die „Verwickelte", die „nie ruhende Charybbis", von deren „Geheul" noch Schiller im „Taucher" singt, ist nicht mehr vorhanden, und die heutige Carilla oder Rema, Calofaro oder Garofalo, wie sie die Anwohner nennen, ist ein unschul= biges Wesen, dessen Name „Garofalo", die Nelke — wegen ihrer leicht gekräuselten Ränder —, schon ihre Ungefährlichkeit andeutet; selbst leichte Fischerboote fürchten sie nicht mehr.

Freilich, wenn ein Nord= oder Südsturm sich auf die Meer= enge stürzt, kann auch sie nicht ruhig bleiben, und dann mag das Bild zutreffen, das uns Virgil von ihr entwirft:

„Diese verschluckt dreimal in des Abgrunds untersten Strudel
Jähabschießende Wasser der Fluth und speiet sie wieder
Wechselweis in die Luft und peitscht mit den Wogen die Sterne."

III.

Von der Adria.

Venezianische Stimmen über Venedig.

„Von Venedig ist schon viel erzählt und gedruckt, daß ich mit Beschreibung nicht umständlich sein will" — so steht es bereits in einem Briefe Goethe's aus der „wunderbaren Inselstadt" vom 29. September 1786. Wie viel Erzähltes, Gedrucktes, Gedichtetes und Gemaltes ist nun in den letzten hundert Jahren, seitdem auch durch Eisenbahnen und Dampfschiffe der Verkehr mit der Stadt Neptun's so sehr erleichtert wurde, zu dem von unserem Dichter Erwähnten hinzugekommen. Jeder der das Glück hatte, einmal nach Venedig zu kommen, er mochte nun bloßer Schriftsteller oder Dichter und Maler, oder nur „Vergnügungszügler" oder Tourist sein, machte seine Augen gar weit auf, denn in Venedig giebt es Tausend und aber Tausend durch schöne Formen und Farben erfreuende Objekte der Kunst zu schauen, daß ein gewöhnliches Hinblinzeln eben nicht genügt. Und diesem Studium kamen die Bädeker, die Gsell-Fels, die Förster, Murray, Joanne u. A. in ausgiebigster Weise zu Hilfe. So lernte jedes Kind das Venedig, das man sieht, schon auf der Schulbank kennen, und nur einem Kaffer oder Huronen kann es passieren, daß er die Markuskirche, den Markusplatz, die Seufzerbrücke im Bilde nicht gleich als solche erkennt.

Nun aber giebt es auch ein Venedig, das man nicht sieht,
das man auch nicht kennen lernt, wenn man auf vierzehn Tage
und länger in dem Hotel Royal, Danieli oder Bauer und
Grünwald oder Grand Hotel sich einmiethet und hundertmal
in irgend einer Wasserdroschke den Canale grande hinauf- und
hinabfährt und bereits dahin gelangt ist, alle Sehenswürdig-
keiten vom Campo di Marte im Westen bis zu den Giardini
Pubblici im Osten an den Fingern herzuzählen. Nicht ge-
meint ist das dunkle Venedig, das sich in den abgelegenen
„Rami“, „Rughe“, „Listi“ und „Calli“ in den Armenquartieren
versteckt, sondern der vornehmste Theil der Stadt: das intellek-
tuelle Venedig, das Venedig des venezianischen Geistes.

Davon schreibt Bädeker nichts, das kennen weder die
Maler, noch die Dichter, noch die scharfsichtigsten Reisenden.

Das kennen nicht einmal die Italiener, so daß man nach
dieser Seite hin dreist behaupten kann: keine Stadt ist in
Italien weniger gekannt als das alte Venedig. Mag das
seinen Grund zum Theil darin haben, daß die Stadt dem Italiener gar sehr „abseits vom Wege“ liegt, der Hauptgrund aber
ist wohl der, daß sie so wenig Antheil nahm und nimmt an
dem Geistesleben Italien's im Allgemeinen, an dem litterarischen
Leben desselben im Besonderen.

So müssen wir auch unsere Schriftsteller und Reisenden
entschuldigen. Wir haben genug gethan, wenn wir in der interessanten Geschichte der Stadt an der Hand ihrer Denkmale
zu Hause sind; wir sind Gelehrte, wenn wir alle Namen und
Zahlen nach der Kunstgeschichte am Schnürchen hersagen können;
und kommen wir dann zu einer Okularinspektion, etwa auf
einer Ferienreise, so nimmt uns der Traum gefangen, blenden
uns die großen Erinnerungen, von denen die altgewordene Stadt
noch heute zehrt, ohne fett dabei zu werden. Dem Künstler
entschleiert sich in Venedig eine neue Welt; eine neue Thatkraft beseelt ihn, der Zauber des Ortes hüllt seine Seele ein
wie mit einem glänzenden köstlichen Nebel, durch den seine

Augen nach Spuren vergangenen Liebelebens, nach unbekannten
Genüssen und Schönheiten irren. Und diese geheimnißvolle
Macht, die den gewöhnlichen Reisenden schon zum Seufzen
bringt, zu dem fast schmerzvollen Ausrufe: „Ach, wie schön!"
zu beglückter Mittheilung an die Reisegefährten, sie zwingt dem
Dichter und Schriftsteller die Feder, dem Maler den Pinsel
in die Hand, denn der Fülle der Gefühle und Empfindungen,
welche die Seele nicht mehr fassen kann, muß in irgend einer
künstlerischen Form Ausdruck gegeben werden.

Es giebt in Wirklichkeit kaum einen bedeutenden Dichter
und Maler (die unbedeutenden müssen so eben nebenher laufen),
der in Venedig sich nicht wenigstens eines gesegneten Tages
erfreut hätte; der hier nicht den Frieden, die Vergessenheit,
jene Sammlung gefunden, welche die Künstler seit Jahrhun=
derten so vergebens suchen. Venedig ist die Sirene ohne Hinter=
list; es ist der strahlende Zauberspiegel, der über das graubüstre
Abendland die morgenländischen Reflexe breitet; der heitere
Musensitz der Kunst zu lieben.

Schlagen wir unsere deutschen Dichter auf: alle, ohne
Ausnahme, haben sie ihren Hymnus zum Preise Venedig's oder
eine Nänie über den Verfall der Schönen gesungen, und tiefer
und bedeutender ist, was sie über Venedig, als selbst das, was
sie über Rom oder den glühenden Süden sagen, wo ihnen die
Macht der Geschichte oder das übermüthige Genießen den Mund
verschließen.

Wandern wir durch unsere Museen, Galerien, Kunstaus=
stellungen, blättern wir in unseren illustrierten Werken, Albums
und Bilderbüchern, überall begegnen wir venezianischen Mo=
tiven, und immer wieder — leugnen wir es nicht — erfreuen
sie unser Auge.

So viel von den Fremden.

Und die Einheimischen? Die venezianischen Dichter und
Maler? Muß, wenn wir kälteren Nordlandsmenschen schon so
gewaltig gepackt werden, nicht jeder Bürger der Lagunenstadt, der

in dieser Atmosphäre aufwächst, zum Dichter, zum Maler von
Gottesgnaden erwachsen? Muß Venedig nicht überschwemmt
sein von Büchern und Bildern, welche geborene Venezianer zu
Autoren haben?

Und wenn das Gegentheil der Fall wäre, woran läge das?

Das Gegentheil findet aber thatsächlich statt: jene künstlerische, geistbefruchtende Atmosphäre bewirkt an den Landes-
kindern durchaus nicht das, was man erwarten sollte. Sei
es, daß sie durch die Fülle, den steten Wechsel der Bilder und
Wahrnehmungen bedrückt und entnervt, sei es, daß sie einge-
schläfert durch unfruchtbare Bewunderung, sei es, daß sie den
Leuten gleichgültig wird durch die Gewohnheit der Eindrücke,
sei es endlich, daß sie die Geister ermattet durch wollüstige
Bezauberung: gewiß ist, daß sie die Menschen träge macht, daß
unter ihrem Einfluß die besten Menschen zu Gaffern, zu Fla-
neurs und oft zu ganz verbummelten Bummlern werden.

Venezianisch ist das „dolce far niente", das in Neapel
selbst so süß nicht ausgereift; venezianisch ist die Tradition von
der „intelligenten" und wie ein Halbschlaf wollüstigen Faulheit.
Man geht langsam, aber noch langsamer denkt und arbeitet man.

Ach, wie so süß ist es doch, im Winter an der sonnigen
Riva degli Schiavoni zu promenieren; wie süß, im Sommer
im Schatten der Prokuratien, unter den kühlen Kaffeehaus-
zelten zu sitzen. Wer wagte es, der verlockenden Süßigkeit zu
widerstehen?

Und dann giebt es in Venedig den Scirocco, einen aus
jener „wohlbekannten Schar" von Winden, von denen es im
„Faust" heißt:

> „Von Morgen zieh'n, vertrocknend, sie heran
> Und nähren sich von deinen Lungen;
> Die dann der Mittag aus der Wüste schickt,
> Die Gluth auf Gluth um deinen Scheitel häufen . . ."

den Scirocco, jene unbarmherzige Gewalt, die Geist und Körper

niederkämpft, die Gedanken als Embryonen erstickt, die Feder
rosten macht und aus der Stadt das bischen übrig gebliebene
Energie wie mit Besen hinausfegt.

Oh dieser Scirocco in Venedig! Unlustig plaudert man,
verdrossen schlürft man seinen Kaffee, geärgert wirft man die
Bücher in den Winkel, läßt die Ideen schlummern, während
die Marmorsäulen schwitzen, das Pflaster seifig wird und die
halborientalische Stadt aussieht wie eine holländische.

Licht und Kraft und guter Wille gehen unter in dieser
feuchten Atmosphäre, ein Binnenländer vermag sich nicht vor=
zustellen, was dieser Scirocco ist, der den Frauen Migräne
bringt, den Männern alle Nerven erschlafft. Der Scirocco
ist der ärgste Feind der Venezianer und hat sie noch immer
besiegt. Für den Historiker ist es nöthig zu wissen, daß er
im vorigen Jahrhunderte, wie auch in dem gegenwärtigen, sich
besonders fühlbar machte, und so sind denn auch diese beiden
Säkula die am wenigsten ruhmreichen in der Geschichte Venedig's.

Das gesammte Leben Venedig's ist „sciroccale", ein bestän=
dig vom Sciroccowinde schädigend beeinflußtes. Wird durch
den verwünschten Wind dann und wann die Energie der Mus=
keln und des Gehirns gelähmt, so weht er beständig aus der
venezianischen Gesellschaft und auf die Individuen, welche die=
selbe bilden, und erzeugt hier dieselbe Wirkung. Die Venezianer
sind bekannt als ein ruhiges und schlaftrunkenes Volk, ohne
Einfälle, ohne Begeisterung, ohne jede Gewaltthätigkeit. Auch
das niedere Volk ist lammfromm und nicht zu Händeln geneigt.
Mag es bei besonderen Anlässen Püffe geben, Messerstiche
giebt es schwerlich. Diebstähle kommen vor, Raubanfälle nicht.
Das Volk bewegt sich, ohne sich zu erregen. Das feuchte Klima
und das langsame Fluthen der Wellen wirken wie ein Wiegenlied.

Und in so viel Ruhe fließt das Geistesleben dahin, lang=
sam, schweigsam, glatt wie Öl: ein armes kleines Leben, zu=
sammengesetzt aus Geschwätz oder Klatsch, niederen Bosheiten
und absoluter Gleichgültigkeit. Keine kräftige Stimme läßt sich

vernehmen, kein Ruf, kein Aufschrei, kein lautes Lachen, sondern
Geflüster, Säuseln, Wispern, Zischeln und unterdrücktes müdes
Lächeln.

Und Alles das schichtet und konzentriert sich um die wenigen
Männer, welche über die murmelnde, köpfe-zusammensteckende
Masse sich erheben, oder versuchen und wagen, die Aufmerk=
samkeit und das Wohlwollen auf sich zu lenken. Der bedeutende
Mann steht in Venedig auf einem Boden, der wie der Grund
seiner Häuser aus kondensiertem Schlamm besteht, und ein
tüchtiges Fundament zu schaffen, war hier und ist dort unend=
lich schwer.

Schwer aber auch ist es, Venedig in einer seiner vielfäl=
tigen und ewig wechselnden Seiten darzustellen: die ungewöhn=
liche Originalität des Vorwurfs verwirrt und verdirbt Alles.
Ein hochorigineller Vorwurf erzeugt fast immer einen erkünstel=
ten Stil bei dem, der ihn studieren oder darstellen will. Die
Darstellung wird gequält, unruhig springend oder schleichend,
wie bei Einem, der etwas erhaschen will, was ihm immer wieder
entschlüpft; die Sprache wird arm, sie verzehrt sich auf der
Suche nach neuen und sonderlichen Wendungen und Wirkungen;
es giebt zu viel Farbe, zu viel Windungen und Schnörkel, die
Sache wird barock.

So hat Venedig, diese mit Kunst und künstlerischen Vor=
würfen wie mit Elektrizität gefüllte Atmosphäre, der venezia=
nischen Kunst, den venezianischen Künstlern der Neuzeit nur
geschadet. Aus zu großer Fülle werden diese arm und monoton,
aus übertriebener Wärme kalt, und auch die Glücklichsten
erreichen nur halb, was sie erstreben, denn zwischen der Macht
des Wortes und der Schönheit des Gegenstandes liegt eine
ungeheuere Kluft, die keine Geisteskraft auszufüllen vermag.

Der venezianische Schriftsteller, der es versucht, einige
jener interessanten Charaktere, die in der venezianischen Kunst,
den Sitten und Gebräuchen, dem venezianischen Leben nach und
nach langsam auszusterben scheinen, festzuhalten, gleicht dem

Maler, der die Umrisse des geliebten Hauptes, ehe dieses ins
Grab gelegt wird, zeichnet: er hält das Bild auf dem Papier
fest, das entfliehende Leben aber, die Seele vermag er ihm nicht
einzuflößen.　Der Kritik mag das sonderbar erscheinen, aber
sie kennt eben Venedig und seine Stoffe nicht.　In Italien
giebt es keine unbekannteren und undankbareren Stoffe als
die, welche Venedig seinen Schriftstellern bietet, und darum erscheint dem übrigen Italien die Exklusivität der Venezianer in
der Wahl ihrer Argumente so befremdlich, ja langweilig.

So lange jene nicht sich selbst, die herrschende Atmosphäre,
das bereits fertige Kleid, besiegen und abstreifen können, vermögen sie nur über Venedig und venezianische Dinge zu schreiben:
venezianische Geschichte, venezianische Poesie, venezianische Kunst
— Alles sehr schön, denn es hat noch genug Anziehungskraft
und wird wohl aufgenommen, aber darüber hinaus kann der
venezianische Schriftsteller nicht, auch wenn es nöthig wäre;
an diese Dinge ist er wie mit Ketten gefesselt.　Der Schatten
des Glockenthurmes von S. Marco, ein breiter, erfreulicher
Schatten, deckt und hält den Venezianer, dem sein Venedig,
wenn er das offene weite Festland betritt, wie ein Gefängnis
des Geistes und des Leibes erscheint.

Diese Exklusivität wäre eine glückliche, wenn sie eine frei-
willige und nicht mit ewiger Dauer bedrohende wäre, aber wo
sie als dauernder Zwang erscheint, wird sie lästig und macht
die Menschen krank.　Es wäre nothwendig, daß jeder venezianische Schriftsteller die italienische Halbinsel von den Alpen
bis zum Ätna durchschweifte und die empfangenen neuen Eindrücke festhielte, um, wieder daheim, die gewohnten heimatlichen Eindrücke auf das vernünftige und rechte Maß zurück-
zuführen.　Aber die Venezianer sind wie die Engländer: in
Alles und überallhin tragen sie ihre eigenartige Natur, die
trotz des Wechsels der Orte und der Begebnisse nie von Grund
aus geändert wird.

Aber anstatt die besseren Eigenschaften, die schönen Formen

daraus zu bewahren und mit Hilfe eingehenden Studiums und einer vernünftig-ruhigen Wahl die andere auszuscheiden, läßt der Venezianer sich von seinem angeborenen Temperament treiben, wohin dieses will, und sorgt sich nicht um einen Vergleich mit anderen, sucht nicht, sich selbst zu kurieren, so krank er sich auch fühle. Der venezianische Horizont, so leuchtend er sei, ist eng, und die Zeit, in der die Geister in dem Kreise der eigenen Gemeinde sicher und zufrieden wirkten, ist vorüber.

Venedig darf sich nicht mehr selbst genug sein; es hat weder das Blut, noch die Energie, nicht genügende Aussicht, um eine neue municipale Blüthe zu erzeugen. Seitdem es dem italienischen Vaterlande einverleibt ward, muß es dessen geistiges Leben mit allen Äußerungen verstehen, daran theilnehmen, bei Todesstrafe. „Wenn wir Fenster und Thüren“, sagt Mantovani, „der neuen Luft, dem neuen Licht, die uns von Außen kommen, nicht weit öffnen, werden wir in der armen Atmosphäre, die sich nicht nach Bedürfnis erneuert, an geistiger Erstickung zu Grunde gehen.“

In der Litteratur hat diese Erneuerung kaum begonnen, vollendet wird sie nicht so bald sein. Die venezianische Luft ist zu dick und zu schwer: ein leichter Frühlingswind vertreibt sie nicht, es wird eines Sturmes bedürfen.

Wie indifferent ist dieses Publikum!

„Ein sonderbares Publikum, das unsere. Da giebt es vier-, fünfhundert Personen, welche Bücher lesen, immer jedoch die Zeitung vorziehen; welche ins Theater gehen, aber mit Vorliebe die Kaffeehäuser, die Bierlokale besuchen; welche Diskussionen führen, mehr Wohlgefallen aber am Klatsch finden; die ihre Meinungen austauschen, der Bosheit aber den Vorzug geben. Nichts bewegt sie, sie heben die Stimme nicht, bekämpfen sich nicht mit Axtschlägen Stirn gegen Stirn, sondern mit Stecknadelstichen in den Nacken.“

Trotzdem ist das venezianische ein intelligentes Volk, das in Sachen des Theaters und der Musik sogar eine Stimme

hat, und in Sachen der Litteratur hat es einen ganz negativen
Einfluß geübt. Große Erfolge und große Niederlagen darin
sind in Venedig unmöglich, denn diese Geister werden durch
keine Neugier, durch keinen Furore, keinen Kampfruf aus ihrer
ewigen Lethargie aufgerüttelt. Und die Schriftsteller unter-
einander entreißen sich das bißchen gewonnene Reputation ohne
Lärm, ohne daß der Eine über den Anderen sich verwundere.
Die Verleumdung, seit Dante's Zeiten dem Venezianer theuer,
ist das einzige kräftige und üppige Erzeugnis ihres Gedankens.
Sie tritt an Stelle des Disputs, der Konversation, der Kritik
und all der anderen schönen Siebensachen, die das litterarische
Leben angenehm machen. Deshalb auch spricht man lieber von
Personen als von Werken und Dingen.

Daß damit nichts gewonnen wird, ist klar, die Luft wird
nicht geändert; die Neuheiten werden mit Mißtrauen aufgenommen, der italienischen Geistesbewegung bleibt man auch
ferner als Fremder, als Zuschauer gegenüberstehen, ohne daß
irgendwer dadurch angezogen oder angespornt würde, ohne daß
ein Frosch aus dem Sumpfe gelockt würde.

Die junge Litteratur möchte auferstehen, möchte sich einen
Weg bahnen; sie öffnet ein Auge, den Himmel zu schauen, der
aber ist umwölkt, die Erde ist treulos, treulos wie die Welle;
und vor der Erwachenden steht ein Publikum, dem es gar
nicht einfällt, einen unerfahrenen Bahnbrecher zu begrüßen
oder einzuladen, und hinter ihm die trostlose Schar der alten
Philisterpedanten, die der armen Jugend feind sind.

Venedig ist die Stadt des Pedantismus par excellence:
　　　„Ein Kehrichtfaß und eine Rumpelkammer."

Eine Schar von alten Gelehrten, die alle einem Goethe-
schen Wagner gleichen, und von jungen verlederten Greisen,
sucht ihr Heil und das der Welt nur in vergilbten Pergamenten
und alten Lumpen, in „der Menschheit Schnitzeln", ist beseelt
nur von der Begeisterung für historische Kuriositäten, an denen
Venedig allerdings unerschöpflich ist. Aber:

„Das Pergament, ist das der heilige Bronnen,
Woraus ein Trunk den Durst auf ewig stillt?"

Diese Leute, die der Zukunfts-Kritik das Material be-
reiten, sind erfüllt von unmenschlichen Unduldsamkeiten gegen
Alles, was anders aussieht als sie und ihre Studien. Mit
Haß und Verachtung blicken sie auf die Bestrebungen der
Jugend, die neue Bahnen einschlägt. Was sie oben schreiben
und bereiten: diese Merkwürdigkeiten, Monographien, kleine
Biographien, kleine Essays, diese Ragouts von Anderer Schmaus,
all diese Schnitzel, Späne und Brocken, beweist ihre große
Ignoranz; von wahrer Gelehrsamkeit, von der Kultur der
italienischen Kunst, Kenntnis der modernen italienischen und
ausländischen Litteratur, historischem Wissen ist bei ihnen keine
Rede. Sie sind Krämer, gleichen den Händlern mit alten
Kleidern, und nur das Wort „Ineditum" macht sie freudig
zittern. Außerhalb des „Unedierten" giebt es kein Heil, keinen
Ruhm.

Eins fehlt diesen Leuten gänzlich: das Genie. Außerdem
geht ihnen die elementare, die zu den einfachsten Studien noth-
wendige Bildung vollständig ab.

Es geht ihnen wie Faust: sie wissen nicht, was sie eben
brauchen, und was sie wissen, können sie nicht brauchen, denn
es ist unnützes, langweiliges, verschimmeltes Zeug; kein Strahl
gesunder Kritik erleuchtet ihr Wissen, kein Kunstgefühl ihr
Können.

Vor dem Neuen und Modernen haben diese Wagner eine
Höllenangst, keine Ahnung aber von dem Luft- und Lichtbe-
dürfnis der Neuzeit. Das Wort „Jugend" ist ihnen gleichbedeutend mit Dummheit und Gottlosigkeit.

So bleibt der Wunsch der Jugend nach Geistesflügeln,
um sich über den Sumpf der Lagune zu erheben und große
Flüge zu thun, ein bloßer Wunsch, die Philister sitzen ihr
lastend auf dem Nacken.

Aus olympischer Höhe, mit Donner und Blitz, werden

die venezianischen Studien beherrscht, durch die Deputation der
vaterländischen Geschichte, welche unablässig arbeitet. Das
historische Material, in den Bibliotheken, Museen und Archiven
verschlossen, allwo es der Auferstehung harrt, ist unendlich,
und durch dasselbe könnte eine gründliche Umarbeitung der
Kultur=, Kunst= und Litteraturgeschichte Venedig's so leicht er=
möglicht werden. Alle möglichen Manuskripte und Samm=
lungen stehen dem Forscher zur Verfügung, aber — Forscher
giebt es hier nicht. Unter den Jüngeren entstehen eine Menge
Mosaikarbeiter der Merkwürdigkeiten anekdotischer Geschichte,
aber keine Pfleger der großen politischen und Sittengeschichte,
durch welche das Werk der Alten, welchen diese Reichthümer
noch unbekannt oder unzugänglich waren, etwa erneuert werden
könnte.

Kein Mensch hat es bis jetzt unternommen, die große
politische Geschichte Venedigs zu erforschen und zu rekon=
struieren; Niemand noch erzählte in edler, vornehmer, an=
ständiger und sachgemäßer Weise den großen Weg, den die so
bedeutende venezianische Malerschule, von der kalten Morgen=
röthe der Vivarini bis zum leuchtenden Sonnenuntergang des
Tiepolo durchlaufen. Was bisher über diese Stoffe erschienen
ist, haben Fremde, Deutsche, Engländer und Franzosen, ge=
schrieben.

Und doch, welch schönere Studierstube als Venedig könnte
man sich denken? Die Studenten, die Studierenden? Denen
fehlt, wie gesagt, die tüchtige umfassende Bildung, fehlt jene
Größe des Gedankens, jene Weite der Ausschau, deren es be=
darf, einen größeren Gesichtspunkt aufzufinden.

So behilft man sich eben, bei gesenktem Kopfe, kurzsichti=
gem Auge, mit dem leichten Mosaiktrödelwerk der Histörchen,
der vergessenen Anekdötchen, mit dem Ausspüren von eleganten,
pikanten und absonderlichen Abfällen der Geschichte, und wer
es thut, thut damit seiner persönlichen Eitelkeit Genüge, gleich=
gültig darüber, ob er mit solchem Wust das Licht verdunkelt,

die Hauptlinien und Formen verwirrt. Dieses „Zusammen=
leimen" erfreut die kleinen Geister so sehr. Was dabei heraus=
kommt, sind blitzende, blinkende, kitzelnde Nippsächelchen,

> „ist unerquicklich wie der Nebelwind,
> der herbstlich durch die dürren Blätter säuselt."

Diese Lumpereien und Lümpchen sollen das Kleid der
Vergangenheit herstellen, das an dem „sausenden Webstuhl der
Zeit" gewebt wurde: das mag immerhin noch sein, aber die
Hauptsache, der Körper, bleibt todt; das geflickte Kleid hängt
auf dem morschen Knochengerüste.

An der Spitze jener erwähnten Deputation steht oder sitzt
der bekannte Abate Rinaldo Fulin, der ebenso viel Geist und
Körper besitzt wie Unduldsamkeit und Abneigung gegen das
junge Volk. Er ist ein bissiger und verbissener Mann; er
dominiert die venezianischen Studien aus eigener Machtvoll=
kommenheit, er tyrannisiert sie. Mit einer wahren Wollust
schafft er sich Platz und Feindschaften, besonders unter der
Jugend, der er in ungerechter Weise den Weg sperrt. Er ist
der stärkste und intelligenteste jener Gelehrtenphilister und
Pergamentspedanten.

Ihm zur Seite steht Federico Stefani, „der schöne Typus
eines Gelehrten und Kavaliers", der, was den Charakter be=
trifft, der vollkommene Gegensatz zu Fulin ist. Er hat das
Aussehen eines Generals a. D., einen jugendstraffen Gang, die
eigenthümliche Haltung eines Mannes, der viel und gut ge=
lebt. Er schrieb die Geschichte der großen venezianischen Fa=
milien, als Fortsetzung des Litta'schen Werkes, die Genealogie
der Bonaparte und manches Andere; gegenwärtig studiert er
das römische Itinerarium im Venezianischen und ist der
thätigste Mitarbeiter am Drucke der „Diarii" des Mario Sa=
nudo, bereitet ferner die Dokumente für die Geschichte S. Mar=
co's vor — und Alles dies, ohne sich zu erbosen, ohne den
Herrn zu spielen, ohne hindernd vorzutreten gegen Die, welche

es eben anders machen, ihren eigenen Weg gehen wollen. Für
Venedig ist er ein ungewöhnliches Phänomen von Artigkeit
und Duldsamkeit; er öffnet den Freunden seine reiche historische
Bibliothek, die von unschätzbarem Werthe ist wegen der großen
Zahl von Bänden und Seltenheiten der bibliographischen Anti=
quitäten und der Manuskripte.

Zu nennen auch ist sein Neffe Vittorio Malamani, Ver=
fasser verschiedener Studien über das litterarische Leben Italien's
im achtzehnten und Anfang des neunzehnten Jahrhunderts.
Vollendet hat er vor Kurzem ein Buch über die Giustina
Renier Michiel, eins über Cesaretti und schreibt über Gol=
doni und Cicognara. Viele nennen ihn, seiner zahlreichen
stacheligen Kritiken und Artikelchen wegen einen übermüthigen
Brausekopf, er ist aber mehr naiv. Im übrigen Italien wird
er sich bald einen Namen gemacht haben, den er in Venedig
nie erringen wird.

Dies die Schriftstellerwelt Venedig's. Um diese her weht
eine dicke Atmosphäre von schlaftrunkener Langeweile, in der
das Publikum gähnend sich dehnt. Das Publikum möchte ein=
mal angeregt, gepackt, geschüttelt, ergötzt werden, möchte die
Luft lebendiger Kunst athmen. Wer sich von jenen Pedanten
scheidet und den Venezianern seine Geschichte in angenehmer
Form überreicht, könnte trotz alledem willkommen sein, könnte
sein Glück machen. So machte der jetzt so viel genannte
P. G. Molmenti sein „Glück". Er schrieb „Vecchie Storie"
(Alte Geschichten), von denen in kurzer Zeit eine französische
und drei italienische Auflagen vergriffen waren. Die Kritik
war ihm günstig, auch das Publikum. Zum ersten Mal war
es, war es durch einen venezianischen Autor dazu gebracht
worden, zu lesen, was es sonst nicht würde gelesen haben.

Der Inhalt dieser „Alten Geschichten", die der rührige
Verleger Ferdinando Ongania (Venezia 1883) in vornehm
würdiger Weise ausstattete, ist: Der Herzog von Savoyen bei
der Krönung Karl's V. — Andrea Calma. — Eine Rache im

sechzehnten Jahrhundert. — Der Mohr von Venedig. — Der
Abate Brandolini. — Eine Verzückte. — Der wilde Mann.
— Ein Todesurtheil. — Eine schöne Selbstmörderin. — Ein
Verleumder (Die venezianische Gesellschaft gegen das Ende der
Republik). — Zwei Visitenkarten. — Die Memoiren des letzten
Dogen von Venedig.

Durch seine frische Form hauchte er neues Leben in Figuren, welche die Alten als welke Lederbälge hingeworfen und
liegen gelassen hätten. Das „junge Venedig" jauchzte ihm zu,
mehr noch, als er den Kampf mit der pergamentnen Pedanterie
aufnahm mit einer persönlichen Energie, die in Venedig erst
verblüffte, dann siegte. Sogar eine Schule scheint sich um ihn
zu bilden; was die Pedanten flieht, gesellt sich zu ihm, dessen
Fühlen und Reden jung und frisch ist, der in die todte Luft der
Lagunenstadt einen Hauch neuen und italienischen Lebens brachte.
Im vorigen Jahre noch hat er die „Dogaressa" publiziert, und dies
soll sein letztes Buch über venezianische Geschichte sein. Er
hat eingesehen, daß die Gegenwart mehr Recht hat und daß
das Ausgraben alter Bürgerkronen dem modernen Bürgerthum
keine auf die Stirn setzt.

Ob Molmenti die für einen Romanschriftsteller nöthige
Phantasie hat, muß er erst noch zeigen, in der Kunstgeschichte
aber, der Kunstkritik, für die Venedig der Platz wäre, wofür
aber noch so wenig geschehen, kann er noch Großes leisten,
wenn nicht auch ihn endlich der böse venezianische Scirocco
besiegt.

Der bekannte, sonst so fleißige Gallina hat die letzten Jahre
an diesem Scirocco gelitten und muß erst wieder anwachen.
Dieser Gallina hat Italien einige wirklich prächtige Lustspiele
in venezianischem Dialekt geschenkt, von denen der „Morosa
della nona" das bekannteste und beliebteste ist. Wie reine
schöne Wasserlilien wuchsen ihm die reizenden und munter-
frischen, durch und durch gesunden Sachen aus dem Herzen
heraus.

Angiolo Moro-Lin, der rüstige Theaterdirektor nach altem Schrot und Korn (jetzt leider auch an der Ungunst der Zeiten zu Grunde gegangen) machte diese Komödien auf der ganzen italienischen Halbinsel, bis Reggio hinab, bis hinüber nach Sicilien, bekannt, und da gab es einen allgemeinen begeisterten Applaus; das Lob wurde fast verschwemmt, alle Blätter flossen davon über. Man übertrieb vielleicht im ersten Gefühl der Freude, den alten graziösen goldonianischen Dialog wieder auf= leben zu sehen, nachdem man so lange die kranke Phrase des französischen Ehebruchsdramas vernommen.

Hier war keine Nachahmung, keine Künstelei, hier war Alles Natur, und das Publikum fühlte wie Einer, der nach langen Jahren inmitten des Qualmes der Städte, „aus der Straßen quetschender Enge" endlich ans Licht gebracht wird, ins Grüne, wo er erquickende Luft und süße Frühlingsdüfte athmet.

Die Möglichkeit ist da, daß in Venedig durch ihn oder einen Anderen die erste wirkliche italienische Komödie, italienisch dem Gedanken und der Handlung nach, geboren werde (und darüber würde und könnte man der Stadt alle alten Unter= lassungssünden verzeihen), wenn, wie gesagt, der böse Scirocco nicht auch diese Blüthe in der Knospe erstickt.

Zwischen den Garben der Geschichte.

Karnevale der Renaissance.

Im Jahre 1535 hatte Karl V. das Herzogthum Mailand seinem Sohne Philipp übergeben und nun begann in der Hauptstadt der Lombardei die spanische Herrschaft mit all ihrem Pomp, ihrem übermüthigen Kleiderluxus, stolzem Gepränge und ihrer steifen Ceremonie. Die spanischen Granden saßen wie die Vögel im Hanfsamen, an fremdem Fett sich mästend, und wie sie es trieben, davon zeugt ein Sprichwort aus jenen Tagen: „In Sicilien nagten, in Neapel aßen, in Mailand fraßen sie". Dem Mailänder Adel gefiel das Treiben, er „machte mit", denn zu „essen" (seien wir einmal höflicher als das Sprichwort!) gab es in dem reichen Lande immer genug.

In einem alten Buche — „Das Jetzlebende Italia" — aus jener Zeit heißt es: „Das Land daherum ist von großer Fruchtbarkeit, und gesunden Luffts, dahero wird dafür gehalten, daß in keinem Orth in Europa so viel zu essen gefunden werde, und so wolfeyl als allhier, dahero im Sprichwort gesagt wird, daß man allein zu Meyland esse; dann es werden in der Statt 12. große Pläz gefunden, die alle 4. Tag voll der essenden Wahren seyn, welche von dem Land und auff dem Fluß Navilio mit Schiffen in großer Mänge zugeführt werden. Um die Stadt herum wächßt Korn, Reiß, herrlicher Wein, Feigen, Granatöpffel, Maulbeer, Quitten, Pfersich, und andere Frücht."

In einem so fetten Lande ist gut Karneval feiern und der Geist seiner Einwohner ist noch heute, wie damals, der Lust

6*

geneigt. Jedenfalls ist der mailändische Karnevalone lebens=
froher als selbst der römische.

Die Art, wie der Karneval im Jahre 1553 gefeiert ward,
ist ganz dem Charakter der Renaissance entsprechend und wäre
des Pinsels eines Makart würdig gewesen.

Es war am vorletzten Faschingssonntag des genannten
Jahres, so erzählt Carlo Carnesecchi, da sah man zwölf reich
gekleidete Edelleute durch Mailand's Straßen reiten. Wie
natürlich, zogen sie die Blicke der festfrohen, lustwandelnden
Menge auf sich. Sie trugen eine prächtige, mit Stickereien und
goldenen Knöpfen besetzte Casacca, die mit einer buntseidenen
Binde gegürtet war, Beinkleider nach orientalischem Schnitt,
Lederstiefelchen mit Garnierungen und glänzenden Sporen; die
sehr feinen Hemden hatten Kragen und Manschetten von
karmesinrother Seide, mit Goldspitzen besetzt. Außer der
Casacca trugen die Edelleute einen bis zu den Knien herab=
fallenden Mantel aus blauer Seide, verziert mit reichen Trod=
deln und gefüttert mit golddurchwirktem Zindel, die Ärmel
daran à la Cipriotta. Auf der linken Schulter sah man als
Abzeichen zwei Pfeile in getriebener Arbeit, der eine von Gold,
der andere von Blei, mit der Devise: Abneigung und Gunst.
Die Hände waren bedeckt mit parfumirten spanischen Hand=
schuhen und auf den à la Greca=Hüten aus blauem Plüsch
wallten weiße Federn und glänzten kostbare Medaillen. Vom
Halse herab hing ihnen ein silbernes Hörnlein an einer gold=
und seidengewirkten Schnur. Die friesischen und türkischen
Pferde waren alle von lichtbrauner Farbe, geschmückt mit Feder=
büschen und Glöckchen, und es schien, daß sie ihre Reiter mit
einem gewissen Stolze trugen.

Die Zuschauer fragten sich inzwischen, wer jene Edelleute
seien und was sie vorstellten, und so erfuhren sie auch bald
die Namen der Junker, die Alle den vornehmsten Familien zu=
zählten. Ihr Führer war der Herr Carlo Visconti, ihm
folgten der Marquis Soragna, Goliasso, Giovan Francesco

Castiglione, Giambattista Cusani und Andere, deren Namen noch heute guten Klang haben. Sie selbst bezeichneten sich als die zwölf Hüter des cyprischen Venustempels, vom Oberpriester desselben nach Mailand gesendet, um die berühmtesten Schönheiten unter den Edelfrauen der Stadt auszuwählen, aus ihnen das Bildnis der Göttin, das auf dem Altar jenes Tempels errichtet werden sollte, zusammenzustellen.

Die dergestalt maskierten Ritter stiegen ab im Hause des Herrn Carlo Visconti, der sie glänzend bewirthete, und begaben sich, nachdem sie sich ausgeruht, in derselben Ordnung, ihre Hörnchen blasend und von der jubelnden Menge gefolgt, nach dem Schlosse. Hier in dem Prachtsaale wurden sie in liebenswürdigster Weise empfangen durch Donna Isabella, Prinzessin von Molfetta, Gemahlin von Ferrante Gonzaga, dem Gouverneur des Herzogthums Mailand, und durch Donna Ippolita, ihre Tochter (die sehr junge Witwe Fabrizio Colonna's), berühmt durch ihre Schönheit und ihre Leistungen in der Wissenschaft und der Musik. Die beiden Damen waren umgeben von einem Kranze der schönsten mailändischen Damen. Die Herren verbeugten sich artig vor dem Kreise und entledigten sich ihres vom Oberpriester von Cypern empfangenen Auftrags in einem Sonett, und dann, nachdem sie einer jeden von ihnen eine Fackel aus reinstem Gold überreicht hatten recitierten sie zum Preise irgend einer speciellen Schönheit der zweiundzwanzig Damen ebensoviele Reimstrophen, die ganz ungemein gefielen und den Betreffenden überreicht wurden.

So wurde gepriesen die Gräfin Lucia Trivulzio Visconti ihrer blonden Haare wegen, die Signora Claudia Arconati wegen ihrer Stirn, Amadina Bertia der Wimpern, Margherita Trivulzio der Augen, Lucrezia Cusani der Nase, Gräfin Isabella Visconti der Wangen, Gräfin Laura Gonzaga Trivulzio des Mundes, Lucrezia Marinoni des Kinns, Gismonda d'Este der Ohren wegen; an der Marchesa di Saragna pries man die schneeweiße Kehle, die graziöse Bewegung an Bianca

Caccia, an der Signora Isabella Brivia den blühenden Teint, weiter Brust und Schultern an Donna Ippolita Gonzaga und Lucia und Lucrezia Visconti; die Prinzessin d'Ascoli bewunderte man wegen ihrer Hände, und so ging es kühn und verwegen, ganz im Geiste der Zeit, weiter bis zu den geheimsten Reizen: alle zusammen aber sollten dienen, die Statue der Venus her= zustellen. Zu Ehren der Damen aber, die keinen besonderen Preis erfahren, wurde zuletzt eine Strophe deklamiert, in der sie Alle als liebens= und preiseswürdig erhoben wurden.

Und weil es inzwischen Nacht geworden, so nahm die erste Faschingsaufführung ein Ende; die überaus zufriedenen Junker verabschiedeten sich bei Hofe und kehrten in ihre Be= hausungen zurück.

Am nächstfolgenden Donnerstag, wo die höchste Aristo= kratie Mailand's zu einem prächtigen Feste im Palaste eines vornehmen Mitbürgers versammelt war und die obengenannten Edelfrauen in einer bemalten und mit himmelblauen Tüchern drapierten Loggia sich am Tanz erfreuten, gegen elf Uhr Abends, wurde die Ankunft der berühmtesten Liebesdichter Italiens gemeldet. Sie hätten den Triumph der schönen mai= ländischen Damen vernommen und seien aus den elysischen Gefilden herabgestiegen, ihnen den verdienten Tribut ihrer Hul= bigungen darzubringen. Ihnen voraus sprang eine Schar nackter geflügelter Amorinen mit Myrtenkränzen, mit Bogen und Köcher an breiten Bändern, jeder eine Fackel in der Hand, die helles Licht und süße Wohlgerüche verbreitete. Dann kam Apollo, gekleidet in fleischfarbene Seide und ein elegantes ge= kräuseltes Hemb, über das ein großer Mantel von goldener Leinwand herabfiel. Die Stirn krönte ihm ein Lorbeer= kranz, auf seiner Brust glänzte eine Sonne, in der Hand hielt er die Leier. Er trat auf in Begleitung der neun Musen, die auf verschiedenen Instrumenten spielten. Ihre Arme waren entblößt, die blonden Locken mit Zweigen durchflochten, und gekleidet waren sie in weißen Taffet, der mit goldenen Bän=

dern und buntseidenen Flöckchen besetzt war, die wie Blumen erschienen, mit Silberschuhen, während ihnen goldene Schleier den Rücken hinabfielen. In diese reizende Kleidung waren die vorzüglichsten Musiker der Stadt gesteckt worden.

Zuletzt erschienen, in langsam feierlichem Schritt dahinwandelnd, die sechs Poeten: Dante, Petrarca, Boccaccio, Bembo, Sannazaro und Ariost, die außer einem Kamisol aus Goldleinwand eine lange bis zum Boden reichende Toga aus golddurchwirkter karmesinrother Seide, mit Hermelin gefüttert, trugen. Die Barette, in antiker Form, waren aus rothem Sammt, reich mit Pelz besetzt, und jedes Barett schmückte ein Edelstein im Werthe von mehreren tausend Scudi. Den Poeten fehlte natürlich der Lorbeer nicht; an den Händen hatten sie schneeweiße Handschuhe, an den Füßen sehr reiche Schuhe. Sie wandelten eine Zeitlang durch den Saal und erweckten in den Zuschauern eine „süße Verwunderung"; dann blieben sie stehen, die Damen zu begrüßen, und Apoll, der in ihrer Mitte stand, sagte, indem er die Zither meisterlich schlug, einige Strophen zum Preise der Frauen her. Als Apoll schwieg, sangen die Musen ein Madrigal.

Nun traten die sechs Dichter vor, jeder eine Stanza recitierend, und überreichten den Schönen symbolische Gaben aus Gold, deren Bedeutung sie vorher in den Stanzen auf geistreiche Weise erklärt hatten. Dante gab Sterne, Petrarca Zweige, Boccaccio Zungen, Bembo Delphine, Sannazaro Sirenen und Ariost Muscheln. Dante sagte, daß beim Herabsteigen vom Himmel, wo Beatrice ihn geleitet, er einen leuchtenden Stern empfangen habe; Petrarca, daß er ein Lorbeerzweiglein gebe zur Erinnerung an seine Laura; Boccaccio eine Zunge, weil kein Anderer wie er so von Liebe zu sprechen wußte. Bembo erklärte, daß er einen Delphin überreiche, ähnlich jenen, welche an die Küste der Adria schwammen, seinem Gesang zu lauschen; Sannazaro, daß seine Sirene eine Gefährtin jener sei, durch welche Neapel berühmt geworden, und endlich Ariosto, daß er

sich gern jener kostbaren Muschel beraube, die Venus selbst ihm
als Preis für sein so wohlgelungenes Poem gegeben. Fast
die ganze Nacht hindurch dauerte das fröhliche Fest und fand
seinen Abschluß mit einem munteren Tanz.

Bei der Schilderung dieses Faschings wird die ganze
sinnige und leichtsinnige Zeit der Renaissance, die allen Künsten
so viel zu thun gab, vor unseren Augen lebendig; aber die
Junker, die als Venuspriester und Liebesdichter auftreten, tragen
auch Waffen und wissen sie zu führen, und beim geringsten
Anlaß fließt Blut.

So geschah es auf einem Karnevalsfest in Venedig im
Jahre 1584. J. G. Saltini fand im Staatsarchiv von Flo-
renz unter Anderem zwei Briefe, die der Venezianer Francesco
Molena an Bianca Cappello, Großherzogin von Toscana, ge-
schrieben und die ein sonderbares Licht auf die Sitten jener
Zeit werfen. Der erste Brief trägt das Datum des letzten
Sonntags vom Jannar 1584 und schildert ein Ballfest im
Hause Cornaro zu San Polo.

Während des Tanzes wurde der maskierte Junker Priamo
Tron von einer anderen Maske, Giovanni Bernardo, dem
Sohne des rühmlichst bekannten Gesandtschaftsrathes, gestoßen.
Tron kam zu Fall, sprang sofort auf, griff zum Dolch und
verwundete Bernardo an der linken Hand. Der Stoß hätte
schlimm ausfallen können, wurde aber abgelenkt; der Bernardo
ist wieder wohl und heute hat man sich versöhnt. Gleichzeitig
wurden über dreihundert Schwerter und Dolche gezückt und
man erblickte im Saale nichts als Bewaffnete, denn die Waffenlosen waren mit ihren Damen in die Nebenzimmer geflüchtet.
Während man in zwei Lager getheilt, von einer Seite des
Saales zur anderen hinüberschrie und Alle mit blanker Waffe
dastanden, so daß das Fest ernstlich gestört wurde, trat eine
Dame, mit Namen Bettina Malipieri, Gemahlin des Herrn
Girolamo Cocco, Nichte des Erzbischofs Cocco von Corfu, aus
dem Nebenzimmer und sprach: „Ihr Herren, welche Schmach

ist es, uns, eure Edelfrauen, hierher zum Tanze eingeladen zu
haben, während Ihr das Fest so plötzlich auf diese Weise stört!
Ich erkläre denn von Seiten aller anderen Edelfrauen, daß,
so Ihr nicht allsobald die Waffen einsteckt, wir auf einer anderen
Treppe das Haus verlassen und nie mehr eine Einladung irgend
eines Herrn der ‚Ridotto di Compagni‘ annehmen werden.“

Und kaum hatte sie ihre Ansprache geendet, so kamen die
anderen Damen aus den Nebenzimmern, mischten sich unter die
Menge und sofort wurden die Waffen geborgen. Die Musik
begann aufs Neue und man tanzte vergnügt bis in den hellen
Tag hinein.

Ich habe, fährt der Briefschreiber fort, die eigensten Worte
dieser vornehmen und genüssen Edeldame, von der man noch
eine Zeitlang sprechen wird, niederschreiben wollen. Sechsund=
fünfzig Edelfrauen waren zugegen, und zwar die schönsten der
Stadt.

Weniger schön (und nun beginnt der venezianische Klatsch,
der auch einer Großherzogin gefiel) war Madonna Beatrice,
vorher Gemahlin des Andrea Tron und jetzt in zweiter Ehe
verheirathet mit Herrn Andrea Bendramino, einem Jüngling,
von ihr erlesen wegen seiner Schönheit und seiner Jugend; er
ist noch nicht Zwanzig. Sie aber ist Sechsunddreißig und
sehr mager, auch gar sehr melancholisch geworden, seit sie
diesen zweiten Gatten genommen. Jedermann weiß etwas zu
berichten: Dieser sagt, daß der Jüngling ein seinen Jahren
entsprechendes Wesen gefunden; Jener, daß sie den zweiten
Mann nicht nach ihrem Geschmack gefunden, indem sie ver=
lange, er solle von den vierundzwanzig Stunden des Tages
sechsundzwanzig zu Hause bleiben, während er die Redouten
besuche, auf die Vogeljagd gehe, Karten spiele und wie ein
echter Venezianer von den vierundzwanzig Stunden des Tages
siebzehn außer Hause verbringe. Und die Signora Beatrice
möchte von den Dingen der Welt und von Liebe schwatzen, wie
sie auch schon sehr niedliche Sonette gedichtet habe.

Die Schönſten der Schönen waren die Gemahlinnen des
Herrn Almojo Zane, des Herrn Girolamo Zane und des
Herrn Andrea Zorzi, des Herrn Girolamo Giuſtinian und
Andere, welche ich, wenn Gott mir Leben ſchenkt, Ihnen in
drei Monaten mündlich nennen werde.

Maskierte Frauen „anderer Art" wollten die „Signori
Compagni" nicht. Dieſe Art Frauen werden ihr Vergnügen
morgen Abend auf ihre Weiſe haben, denn da beginnt das
„Balletto", ſo genannt in Nachahmung eines, das vor vielen
Jahren in San Tommaſo abgehalten ward.

In San Tommaſo haben ſich wieder fünfzig Edelleute
zuſammengethan und auf San Moiſè, über dem Kanal Grande
ein Haus genommen, wo ſie in einem ſehr geräumigen Hoſe
einen Saal errichtet haben mit Logen ringsum, welche die
Patrizier und ihre Damen als Zuschauer einnehmen. Unten
im Saale werden zwei Ballerinen ſein, mit denen die
Maskierten oder Unmaskierten die „Gagliarda" tanzen können,
ſo viel ſie Luſt haben. Jenen zwei Ballerinen giebt man
einen Scudo täglich und das Geld zu vier Seidenkleidern,
deren Farben ſie nach ihrem Gefallen auswählen können.
Jeden Abend wird hier getanzt, bis zum Faſchingsdienstag.
Der Spaß beſteht darin, daß die maskierten Frauen, ſo viel
deren am Tage durch die Stadt gehen, am Abend alle zum
„Balletto" kommen, ebenſo alle Muſiker und Koſtümierte. Es
werden noch ſehr viele überſein maskierte Frauen da ſein, die
ſich expreß für das Balletto bereitet. Kurzum, der Zeitver=
treib aller Frauen dieſer Stadt wird das Balletto ſein. Oben
dann, in den Kammern, kann, zu jeder Stunde und wie er
will, zu Nacht ſpeiſen, wer als Maskierter mit einer Dame
kommt.

Was weiter folgt, ſchließt der venezianiſche Reporter,
werde ich Ihnen getreulich Tag für Tag berichten. Und er
hat Wort gehalten in einem zweiten Briefe wenigſtens, worin
das außerordentlich ſtark beſuchte Balletto des Näheren be=

schrieben wird. Für die „Sitten" der Zeit spricht eine Stelle aus dem Briefe, wo es heißt: Auch sehr viele öffentliche Dirnen erscheinen maskiert zu diesen Abenden, und wie sie mit den Herren tanzen und sich unterhalten, erregen sie den nicht geringen Ärger der armen schlechtverheiratheten Edelfrauen. Es würde eine heilige Aufgabe sein, ein Ende zu machen mit diesem veralteten und schelmenhaften Mißbrauch in Venedig, das ist, den Dirnen zu gestatten, daß sie tanzen, wo die maskierten Edelfrauen tanzen, und ihnen um kein Haar weichen wollen.

Was jene „Ridotti di Compagni" und das von diesen Compagni arrangierte Balletto betrifft, so hat man unter den Compagni die „Genossenschaft des Strumpfes" (della Calza), eine Gesellschaft von venezianischen Adeligen und Bürgern, zu verstehen, die den Zweck hatte, öffentliche und private Lustbarkeiten durch ihre Gegenwart zu verherrlichen. Sie bestand seit der Zeit des Dogen Michele Steno (1400) und dauerte das ganze 16. Jahrhundert hindurch. Ihr Abzeichen war ein bunter Strumpf (oder Hosenbein) mit dem daraufgestickten Abzeichen der Gesellschaft. Auch Fremde und vornehme Damen konnten Mitglieder werden.

Heute sind lederne, schwarzbefrackte Komitees an ihre Stelle getreten.

Von italienischen Tafeln und Tischen.

Zu derselben Zeit (ich bitte, mit dem Athem etwas spar=
sam zu verfahren, die Periode wird etwas lang!) — zu der=
selben Zeit also, wo unsere biederen deutschen Vorfahren, wie
die männliche Staël jener Tage, Herr P. Cornelius Tacitus,
in seinem Werke „De l'Allemagne", oder wie er es in jetzt an=
tiquierter Weise nannte: „De vita, moribus et populis Ger-
maniae", schrieb, in einsamen, weit abgelegenen, aus unge=
hobelten Balken erbauten Häusern oder gar in Höhlen unter
der Erde wohnten, wo sie mit ungekämmten Haaren, ohne
Kenntnis der menschenveredelnden Seife, also mit ungewaschenen
Händen, ohne Aufwand, ohne Senf und anderen Gaumenkitzel
sich den Hunger austrieben mit ungeschälten Holzäpfeln, frischem
Wildbrett oder geronnener Milch, den Durst durch ein unge=
hopftes Getränke aus Gerste oder Korn, das sich zu dem heu=
tigen Wiener Bier verhält wie der wilde Stammvater=Affe zu
einem modernen Salonmenschen — zu derselben Zeit und schon
lange vorher war der Tafelluxus über die Römer, welche vor
achthundert Jahren noch ebenso struppige, ebenso ungewaschene
Räuber und Landstreicher gewesen waren, Herr geworden.

Die Speisen, die dem alten Römer Kraft gegeben hatten,
seine Herrschaft über den Erdkreis auszudehnen, sie wurden
nur noch dem letzten Sklaven zum Futter vorgeworfen: einst aber
verschmähte auch der Edelste nicht, seinen aus Dinkel bereiteten
Mehlbrei, der die Stelle des Brotes vertrat, seinen Kohl, seine

Rettiche, Rüben, Zwiebeln, Bohnen, Gurken, Kürbisse, einzig Knoblauch als Würze, inmitten seiner Sklaven von rauhen, ungedeckten Tischen zu essen, Speisen, die das Erbe des heutigen italienischen Volkes niederen Standes geworden sind. Damals gab es den Luxus des Fleisches nur an Festtagen, alle anderen Tage waren „grüne Donnerstage", genau wie bei dem armen Volke Italiens von heute, das nur an Weihnacht und Ostern Fleisch zu sehen bekommt; nur einmal am Tage aß man warm und das Trinken diente in Wahrheit dazu, den Durst zu löschen; ein angenehmer Zeitvertreib war es noch nicht geworden.

Das änderte sich mit einem Schlage, als man das liederliche Frankreich jener Tage, das ganz parisische Griechenland und Asien zu erobern begonnen hatte. Mit der hellenischen Sprache kam die hellenische Zunge, und der hellenisch-orientalische Tafelluxus wurde den Römern bekannt. Das war so etwa um 170 von unserer Zeitrechnung, da man anfing, ob der groben Kost der Väter die Nase zu rümpfen, wo man einsah, daß man ganz gut zweimal im Tage warm essen konnte, daß zwei Gänge bei einem Mahl doch gar zu wenig waren.

Den Frauen, die sich bisher in eigener Person um die Besorgung der raschbereiteten Mahlzeit bemüht hatten, gab das jetzt, wo sie mit orientalisch geflochtenen Haaren zu Tische kommen mußten, zu viel Arbeit; ein Koch wurde angestellt und die studierte Kochkunst begann. Noch hatte dieser auch das Brot- und Kuchenbacken besorgt, jetzt zweigten sich diese beiden Künste als besondere ab und gaben zur Eröffnung zahlreicher Ateliers in den Straßen Rom's Veranlassung. Dichter, deren Begeisterung einem leeren Magen entstammte, fingen an, die guten Tische zu preisen und gereimte Kataloge der essenswerthesten Land- und Meerprodukte, mit Anweisung, gut und anständig zu essen, herauszugeben. Schon brachte dieser und jener alexandrinische Commis voyageur aus fremden Ländern fremde Delikatessen, und weil sie fremd waren, sie mochten

schmecken oder nicht, so mußten sie der Mode zu Liebe verschluckt
werden. Diese Sachen waren jedenfalls pikanter als Kraut
und Kohl, sie erregten den nöthigen Durst und die Kneiperei
konnte beginnen: man wagte sogar etwas bisher ganz Uner=
hörtes, ungemischten Wein, wagte es, ihn aus Litergläsern
zu trinken, sich zu betrinken.

Der alte Urväter=Hausrath paßte zu den modernen Lecker=
bissen auch nicht mehr, man schaffte stilvolle Luxusmöbel, nach
dem Gusto der altgriechischen Renaissance, und wenn man zu=
nächst die Tafelsofas auch nur mit Bronze beschlug, das Silber
sollte nicht mehr lange, auch auf die Tischgeräthe ausgedehnt,
auf sich warten lassen. Schon bezahlte man für einen guten
hellenisch=französischen Koch 20—25000 Mark, schon legte man
künstliche Salzseen auf den Besitzungen an, um täglich und
stündlich frische Fische und Austern vor der Hausthür zu
haben, und einen ungebildeten Menschen nannte man nicht den,
der keine Kenntniß von seinen Klassikern hatte, sondern der
mit Hunger aß, wie man eine gemeine Tafel nannte, wo man
gezwungen war, von den Speisen wirklich zu essen, anstatt nur
zu lecken. Der Appetit und die Bildung kamen der römischen
Wölfin en mangeant, und so wurde gar bald eine superfeine
Bestie aus ihr.

Selbstverständlich: wo Zunge und Magen so angenehm
beschäftigt wurden, suchten Augen, Ohren und Nase auch nicht
zurückzubleiben, und nun mußten feine, schöngegliederte Luxus=
sklaven her, eine Operettenbande, Cancan=Tänzer und =Tänzerin=
nen so unanständig wie möglich, noch elegantere Möbel, kost=
bare Teppiche, und zu den fremden Weibern der fremde Wein.
Was half es, Luxusgesetze zu erlassen, welche fremde Weine
und fremdländische Delikatessen auf die römische Tafel zu
bringen verboten; Keiner kehrte sich daran, am allerwenigsten
die Gesetzesfabrikanten.

Eine Art „Naturforschung" bildete sich aus, d. h. man
durchforschte die Natur, so weit man glaubte, sie in Verbindung

mit der Zunge bringen zu können; man suchte nach neuen unerhörten Produkten. Metellus und Lucius Lucullus eroberten Länder und machten Könige tributpflichtig, nicht zur Ehre Roms, sondern um Gelegenheit zu gewinnen, den römischen Speisezettel mit allerhand Seltenheiten zu bereichern; denn viel weniger die Güte der Dinge kam in Betracht, als deren Eigenart, Verschiedenheit und Preis. Rom kopierte den schwelgerischüppigen Orient, aber es war eine schlechte Kopie und zeigte als solche, wie dies ja immer geschieht, die Fehler des Originals bis zur Fratze vergrößert.

Zur Zeit Cäsar's war das Übel schon unheilbar geworden und der Reiche hütete sich, italienische Produkte auf seine Tafel zu bringen, böser Spott hätte ihn getroffen. Man fing eben an, unsinnig zu werden. Italienische Weine, mit Ausnahme des Falerner, waren verachtet; nur noch Sicilianer that es, Lesbier und Chier. Die Bronzebeschläge der Möbel wurden durch silberne ersetzt und alles Tischgeräth mußte aus Silber sein. Trimalchio, der aus Petronius' Schilderung bekannte Schlemmer, ließ schon auf die Schüsseln, die zu Tisch kamen, ganz in dem „Geschmacke" eines geschmacklosen Parvenus, Allen sichtbar, das Silbergewicht gravieren. Macrobius giebt den Speisezettel des großen Banketts, das Mucius Lentulus Niger den Pontifices, den vestalischen Jungfrauen (mit ungeaichten Nonnenmagen) und einigen anderen römischen Damen beim Antritte seines Priesteramtes gab; es war noch nicht eines der splendidesten, denn die „gustatio" („antipasto" wie die Italiener, „Vorteigle", wie die Schwaben sagen würden), bestand aus nur zwei Gängen. Diese zwei Gänge brachten: Erster Gang: See-Igel, frische Austern (auch heute noch werden süditalienische Pranzi mit diesen eröffnet), pelorische Gienmuscheln (eine Riesenmuschelart, deren Fleisch wie Hummer schmeckt), Lazarusklappen (eine Muschel des Mittelmeeres mit purpurfarbener Oberschale, sehr schwer zu fischen), Weindrosseln (welche in besonderen Vogelhäusern gezüchtet und gemästet

wurden), Spargel mit gemästeten Hühnern, Austern und Gien=
muscheln in einer Sauce zubereitet (wahrscheinlich so ähnlich,
wie man noch heute in dem austernreichen Taranto die Austern
und andere Muschelsorten in kleine konische Holzfäßchen packt,
mit zahlreichen Gewürzen — besonders Citronat — und einer
süßsauren Weinbrühe überschüttet), schwarze und weiße Meer=
tulpen (**Balaridae**, aus der Krebsordnung; Rankenfüßler, die
jetzt nicht mehr genossen werden).

Zweiter Gang: Wiederum Lazarusklappen, süße Gien=
muscheln, Meernesseln, Feigenschnepfen, Reh= und Wildschweins=
rippen, Backhühnchen, noch einmal Feigenschnepfen, dann
Stachel= und Purpurschnecken (**murex** und **purpura**), die jeden=
falls ebenso abscheulich schmecken wie sie riechen.

Wie man sieht, bestand diese „Vorkost" aus Dingen, die,
meist dem Salzwasser entnommen, anregend, appetitweckend
(wie fest mußte er schlafen!) auf den Magen wirken sollten;
ähnlich wie man jetzt in Italien sein Essen mit Meerfrüchten
— **frutti di mare** — aller Art, mit kleinen Salz= und Öl=
fischen, mit Essig= oder Senffrüchten, Feigen und Schinken
eröffnet. Die Cöna, auf welche sich das Raffinement des Gast=
gebers und Kochs konzentrierte — war die Hauptmahlzeit, zu
der die Gustatio die Thür erschloß. Da gab es bei jenem
Bankett des Mucius Lentulus Niger zunächst Schweineuter
(neben der Bärmutter dieses Thieres der feinste Leckerbissen an
demselben, d. h. für einen Römer), wilden Schweinskopf,
Schweineuter in saurer Sauce, Fischpastete, Entenbrüste,
frikassierte Wildenten, Hasenbraten, gebratene Hühner, ein Ge=
bäck aus Kraftmehl (vielleicht **Revalenta arabica?**) und poe=
tische Süßbäckereien. Eines Desserts wird nicht erwähnt, jeden=
falls aber fehlte es nicht an trockenen und frischen Früchten,
an festen und flüssigen Süßigkeiten. Als Vorbereitung zum
Trinken während der Cöna genoß man zur Vorkost ein uns
sonderbar erscheinendes Gemisch von Honig mit Wein oder
Most, eine Art Meth. Von Weinen standen im höchsten Preis

die griechischen Inselweine, die spanischen, die Falerner; im
Schwange gingen, waren daher auch meist gefälscht, der Mas=
siker, der Cäkuber, Albaner, Calener, Mamertiner, Tarentiner
und wurden noch überdies mit allerhand barbarischen Gewürzen
und Gerüchen, wie Rosen, Veilchen, Kalmus, Anis, Myrten u. a.
versetzt. Und auch diese Unsitte hat sich im Süden erhalten.

Friedländer bemerkt in seiner „Sittengeschichte Roms“,
daß heutzutage schwerlich Jemand noch einen übertriebenen
Luxus in jener römischen Tafelei finden würde, heute, wo nach
Roscher's „Ansichten“ „bei einem Frühstück des deutschen Mittel=
standes arabischer Kaffee, chinesischer Thee, ostindischer Zucker,
englischer Käse, spanischer Wein, russischer Kaviar vereinigt
sein können, ohne als Luxus aufzufallen“. Das ist sehr richtig,
und wenn er im Anhang zu seinem Abschnitte „Luxus“ den
Bericht über das Essen bei der Investitur des Superinten=
denten Dreyling zu Leipzig am 13. August 1721 giebt, so
wissen wir nicht, wer besser geschmaust: jener neu eingesetzte
römische Oberpriester oder der deutsche. In Leipzig gab es
nämlich für vierundzwanzig Personen:

I. Eine Wildbrettpastete. Eine Potage mit angeschlagenen
Rebhühnern. Große Forellen=Pörsche mit der Butterbrühe,
Pistazien, Meerrettich, Hamburger Fleisch und Bohnen „darzu“.
Zwei Schöpskeulen mit Sardellenbrühe. Zwei Krebstorten.

II. Schweinsrücken mit sechs Fasanen belegt. Ein „ganz
Reh“ gebraten. Schweinskopf mit Rindszunge belegt. Aller=
hand Salate. Zwei Babtiß=Torten. Getrunken wurden, andere
Personen jedoch mit eingerechnet: drei Eimer und sechs Kannen
Rheinwein. Ein Eimer alter Rheinwein. Zwei Faß Wurzener
Bier. Drei Achtel Faß Lobgrüner Bier.

Also, wie hieraus männiglich zu ersehen, zu essen und zu
trinken verstanden unsere Herren auch, dennoch ist ein großer
Unterschied zu beobachten. In Deutschland heißt es nach dem
Goethe'schen Rezept: „Saure Wochen — frohe Feste“, man
plagt sich weidlich, arbeitet im Joche nach alter Väter Sitte

und — gönnt sich endlich einen Schmaus. In Rom war dies
umgekehrt; in Rom, wo der reiche Mann, der von der Thätigkeit seiner Sklaven lebte, nothwendig respektabel, der Arbeiter
dagegen eine zu verachtende Canaille ist; wo Tröbler, Werkleute,
Wurstmacher, Salzfischhändler, Köche. Geflügelhändler, Fischer,
Parfumeure u. A. geradezu für unehrlich erklärt werden, in
Rom war jeder Tag ein Fest und das Essen war nicht mehr
Mittel zum Dasein, sondern Daseinszweck und derforerte ein
Studium, eine Weisheit, welche die der halbverhungerten Philosophen weit überragte, so daß der Koch einen Philosophen
lehren konnte.

Die Kaiser ließen natürlich gewähren, ja sie unterstützten
solches Treiben, und der schreckliche Galba sprach es offen aus,
„daß die Leute am wenigsten zu fürchten seien, die immer nur
an Essen und Trinken dächten", und ging ihnen mit trefflichem
Beispiele voran. Er hielt täglich vier gewaltige Mahlzeiten
und konnte dies bequem, weil er, wie Suetonius erzählt, sich
gewöhnt hatte, Vomitivs zu nehmen, ein Gebrauch römischer
Schlemmer (später dann christlicher Mönche), der seinen Anfang schon zu Cäsar's Zeit genommen hatte. Bei einem Nachtessen, das ihm sein Bruder zur Feier seiner Ankunft in Rom
gab, kamen auf den Tisch zweitausend der seltensten Fische und
siebentausend der kostbarsten Vögel. Diese Schwelgerei überbot
er bei Gelegenheit der Einweihung einer silbernen Schüssel,
die ihm gegen 170000 Mark gekostet hatte. Auf dieser Riesen-
platte ließ er ein ungeheures Ragout aus Lebern von Meer-
brassen, Gehirn von Fasanen und Pfauen, Zungen von
Flamingos, Milche von Muränen servieren, zu deren Herbei-
schaffung man die ganze römische Flotte in Bewegung gesetzt
hatte.

Das sieht noch aus wie Feinschmeckerei; dieser Herr zeigte
sich aber auch als ganz gemeiner Fresser, wenn er Stücke des
Opferfleisches und der Opferkuchen noch roh vom Herdfeuer
wegriß, oder auf der Reise in gemeinen Osterien sich schlechte

Gemüse oder Speisen des vorhergegangenen Tages verabreichen ließ.

Die Wölfin Rom ging an verdorbenem Magen zu Grunde. Genußsucht, Weichlichkeit und Üppigkeit hatten das Regiment geführt, das Leben war eine große Orgie geworden, aber keine Spur von Grazie war übrig geblieben.

„Sie speien, um zu essen, und essen, um zu speien", sagt Seneca, „und wollen die aus allen Welttheilen zusammenge=brachten Mahlzeiten nicht einmal verdauen." So war aus den starken, kühnen, weltunterjochenden Römerhelden ein Geschlecht geworden, das, nach Galen, einherging mit bleichen Gesichtern, zitternden Händen und dicken Bäuchen, von schwachem Ver=stande war und ohne Gedächtnis, ein Geschlecht miserabler im Staube kriechender, das goldene Kalb und jeden neuen Gott bereitwillig anbetender Sklaven, die in gähnender Langeweile ihr ihnen gleichgültiges Leben langsam verbrauchten.

Diese Erbschaft, den großen Weltekel, konnten die Christen nicht antreten, sie mußten im Gegensatz wieder zur ursprüng=lichen Natur zurück, und Brot, Wein und Wasser waren die Hauptbestandtheile ihres Mahles, ein „Tisch für Magenkranke". Ihre Agapen oder Liebesmahle, wie sie z. B. Tertullian schil=dert, schlossen alles Gemeine oder Unnöthige aus. Man aß nur so viel, als der Hunger bedurfte, und trank nicht mehr, als den Schamhaften nützlich war.

„Wir gehen nicht aus einander", sagt er, „um auf den Straßen Unfug zu treiben, sondern um unsere Übung der Sittsamkeit fortzusetzen, weil wir nicht von einem Trinkgelage, sondern von einer Übung in der Zucht und Ehrbarkeit her=kommen." Die Christen fingen also genau da an, wo die ersten Römer angefangen hatten, und einige ihrer Herren, die Pon=tifices, endeten damit, womit die römischen Kaiser geendet hatten. Ach, die Enthaltsamkeit, als Theorie hat sie so ein verständiges Gesicht!

Im Vatikan sind die Register einiger päpstlicher Haus=

meister erhalten geblieben und in diesen kann man den Tages-
gebrauch an Speisen und Getränken des Papstes, seiner Familie und seines Hofes nachlesen. Pius II., ein Piccolomini
und ein gelehrter Mann, soll, ehe er Papst ward, wo er bekanntlich auch gegen das Papstthum schrieb, ein gar lustiger
Tafelkumpan gewesen und diesem Charakter auch später nicht
untreu geworden sein. Er vertafelte jeden Monat etwa 7000
Mark unseres Geldes, also etwas mehr als der arme Fischers-
sohn, der diesen Stuhl gründete, Zeit seines Lebens darauf-
gehen lassen konnte. Von dieser Summe entfällt ein gut Theil
auf Kapaunen, die er besonders liebte; auf jeder Seite des
Registers stehen sie mehrfach verzeichnet. Auch Kuhkäse (was
einen etwas bäuerlichen Geschmack verräth) erschienen bei jeder
Mahlzeit. Außerdem gab es Fasanen, Rebhühner, Tauben,
Wildschweine, Pasteten, süße Fruchtsäfte, Konfekte u. A. Unter
den Käsen ist der Parmesaner bevorzugt; er ist noch heute in
Ansehen, hat aber seinen Namen, wie man weiß, davon, daß
er nicht in Parma, sondern in Lodi fabriziert wird. Die Weine,
ehe man sie ankaufen durfte, prüfte Pius zuvor mit unfehl-
barer Zunge.

Ein interessantes Studium wäre es (ein gelehrter Deutscher,
der vor langen Jahren mich hier im Süden besuchte, dessen
Name mir leider entfallen, hatte es angefangen), das Hinein-
spielen der Küche in die weltgeschichtlichen Ereignisse zu erforschen, zu sehen, wie vielleicht dieser oder jener verderbliche
Entschluß eines gekrönten Hauptes nichts war als Folge einer
unverdaulichen Speise oder einer schlechten oder überreichen
Tafel. Aber auch vor Tische, wer wäre da geneigt, Sünden
zu vergeben. Thatsache ist, daß Pius II., als er seinen Bann-
strahl gegen Georg von Hamburg, einen Vorläufer der Re-
formation, schleuderte (es geschah dies am 18. Oktober 1460),
den Magen sich Tags vorher jedenfalls mit dem am 17. Oktober
verzeichneten stark gepfefferten und gesensten Huhn erhitzt
hatte, was ihn zwar nicht hinderte, am Tage des Blitzes und

Donners selbst zwei Paar Turteltauben in Begleitung von zwei Kapaunen und Schinken, am 19. vier fette Krammets= vögel zu verzehren. Vielleicht studiert man noch einmal Welt= geschichte an den Speisezetteln der Großen. Mit leerem Magen hat Alexander die Welt nicht erobert und der Kalabreser sagt noch heute: „Trippa china canta, nun cammisa janca", d. h. „Ein voller Bauch singt, und nicht das weiße Hemd"; „singen" heißt Muth haben und der kann auch unter einem unge= waschenen Hemd wohnen; der Purpur thut's nicht, aber die „Trippa china" oder auf gut Italienisch „piena".

Paul II., der Venezianer, war bescheidener; er lebte wie ein alter Römer hauptsächlich von „Schweinernem". Er spendete monatlich nur etwa 1700 Mark für Schweinsleber, Brat= und Blutwürste, Schweinsfleck; doch fehlen des Decorums wegen auch die Lerchen, Krammetsvögel und Wachteln nicht. Sein Lieblingswein war der Muskat. Er gab wohl auch einmal ein verschwenderisches Mahl, so in San Giovanni di Laterano „allen Herren Kardinälen, allen Gesandten und edlen Herren, welche sich am St. Salvatortag bei Hof befanden", das ihn gegen 4000 Mark kostete.

Die Küche kostete Sixtus IV. monatlich etwa 2600 bis 2800 Mark. Er war der Sohn eines Frachtschiffers und, ehe er Papst wurde, Franziskanermönch; daraus wohl erklärt sich seine Vorliebe zu derberer Kost; er liebte nämlich vor Allem Kuh= und Kalbfleisch, Hammel, Ziege und Huhn. So war er kein Gourmand, nur im Wein gestattete er sich einigen Luxus; seine Kellereien bargen manche Schätze aus Korsika, Elba, Toskana und Sicilien. Er war ein praktischer Mann, und Weihnacht 1482, so steht geschrieben, schenkte er den Ge= sandten Spaniens, Genuas, Mailands, Sienas, Venedigs und dem des Königs Ferdinand je ein Kalb, das je mit 2 Dukaten und 37½ Bolognini (dasselbe, was später ein Bajocco war) verzeichnet steht.

Alexander VI., wem wäre das verruchte Leben dieses

Borgia, des verrufensten unter allen Päpsten und des laster-
haftesten unter allen Fürsten jener lasterhaften Zeit, unbekannt. Alexander ließ an seiner Tafel die Gewürze vor-
herrschen. Unsummen werden verwendet auf Pfeffer, Ingwer,
Zimmet, Muskatnuß, Safran, Kümmel, Anis, gewürzte und
Senfsaucen, mit denen das Fleisch zubereitet wird. Dazu
Sardellen und Sardinen, Würste und alle Sorten Salzfleisch.
Das waren durstweckende Dinge, und gegen den Durst diente
ein reich variiertes Weinlager. In erster Linie liebte Alexander VI. den Wein von Korsika, dann, in absteigender Werth-
ordnung, den Wein von Paolo, S. Severino, Latino, Riviera, von Terracina, den rothen von Marzello, Consiglio,
Chinaella, Greco, Sicilien. Dennoch beliefen sich die Monats-
ausgaben nie über 14 000 Mark, was sich wohl daraus erklärt, daß das Meiste direkt geschenkt wurde.

Ob der Papst in Rom war oder nicht, die Hoftafel wurde
immer abgehalten, und am Tage seines Todes, 18. August
1503, stehen für den Tisch tausend Mark — wohl ein Festessen? — verzeichnet. Seine Krankheit hatte am 12. August
angefangen, den Tag vorher, einen Freitag und Jahrestag
seiner Thronbesteigung, hatte er genossen, stehen wenigstens
registriert: Krebse, Eier, Kürbis mit vielem Pfeffer, Konfekte
und vergoldete Torte, Pflaumen u. A.

Daß in der Ruhe, Abgeschiedenheit und Wohlhäbigkeit
des päpstlichen Hofes, wie die Kunst, auch die Kochkunst einen
Aufschwung nehmen, daß sie hier ihren Meister und eine
Schule finden mußte, versteht sich von selbst. Im Jahre 1610
werden zu Venedig die Werke des Bartolommeo Scappi, Meisters
der Kochkunst, gewesenen Kochs der Kardinäle Marino Gri-
mani, Pio di Cargi u. A. und dann Präfekten der apostolischen Köche unter Pio V., gedruckt, „mit welchen man jed-
weden Koch, Küchenmeister, Vorschneider oder Hausmeister
unterweisen kann, gewidmet dem vortrefflichen M. Matteo

Barbini, berühmtem Koch und Küchenmeister der guten Stadt Venedig".

Scappi behandelt in diesem Buche in sechs Abschnitten alle Geheimnisse und Herrlichkeiten der höfischen Küche. Im ersten redet er im Allgemeinen von den Eigenschaften eines perfekten Küchenmeisters, von der Methode, das gute Material zu erkennen, von den in einer perfekten Küche nöthigen 118 Küchengeräthen; im zweiten von den „fetten" Speisen, im dritten von den „mageren"; im vierten giebt er eine Menge Tafellisten, Speisezettel oder Menus; im fünften spricht er von der Pastetenbäckerei, im sechsten von der Kranken- und Rekonvaleszentenküche, jedenfalls gut für Jene, die sich an den Rezepten der Bücher I bis V krank gegessen.

Armselig erscheint uns die glänzendste römische Kaiser-tafel im Vergleich mit einem Frühstück des Monsù Scappi (Monsù heißen in Italien die Köche, ein Ehrentitel wie Mon-signore) an einem Frei-, also Fasttage in einem Garten zu Trastevere — hergerichtet. Die ganze Renaissance wird lebendig! Man höre!

Die Tafel war mit drei Tischtüchern gedeckt und geschmückt mit Blumen und Laub; das Büffett trug verschiedene süße und angenehme Weine, die Credenza war besetzt mit verschie-denen Sorten goldener, silberner, krystallener Majolikagefäße und ehe das wohlriechende Mundwasser herumgereicht ward, legte man unter jedes Serviett eine große, aus Milch, Eiern, Zucker und Butter bereitete Brezel. Jedesmal, wenn man ein Tischtuch wegnahm, erneuerte man auch die Servietten; für das Eingemachte gab es goldene und silberne Gabeln mit Messern, für andere Konfitüren Löffel. Bei jedem Gange setzte man auf die Tafel sechs wohlgearbeitete Statuen; die des ersten Ganges aus Zucker, die anderen aus Butter, die letzten aus Marzipan.

Und dieses Frühstück wurde nach der Vesper abgehalten

unter Begleitung von verschiedenen Arten von Instrumenten und Musiken.

Es geht also los:

Erster Gang: Diana mit fünf Nymphen aus Zucker bereitet. Trockene Konfitüren in Zucker von verschiedenen Sorten, nach Belieben. Traubenkirschen. Erdbeeren mit Zucker. Konservierte frische Trauben. Süße Orangenschalen. Napoletanische „Lecerli". Marzipanröhrchen. Morsellen mit Königspastete. Pinienbrötchen. Nonnenbrezeln. Frische Sahne. Spritzbutter. Rahmkäse in Blättern mit Zucker und darauf gestreuten Blüthen. Kaviarbrötchen mit Limonensaft. Rückenmark, Häring, Fischschnitzel, Sardellen. Salat von Spargeln, Kapern, Rosinen, Citronenscheibchen, Lattich und Boretschblüthen. Acht Forellenpasteten, jede zu sechs Pfund (ein Pfund = 330 Gramm also fast 16 Kilogramm Forellenpastete!). Butterkuchen. Spanische Oliven. „Öhrchen" aus Blätterteig mit türkischem Reis gefüllt.

Über den Gustus ist bekanntlich nicht zu disputieren, einen Forellenschmaus aber mit Zuckerbrezeln und süßer Sahne zu eröffnen, mag sich in der Renaissance vielleicht ganz nett gemacht haben, uns kommt die Sache kolossal unheimlich vor. Es geht aber weiter:

Zweiter Gang: Unter den sechs oben angedeuteten Butterfiguren, welche jetzt die Tafel schmücken, ist ein großer Bauer vom Campidoglio (heute das Herz Rom's, damals von Bauern bewohnt). Dann kommen: zarte Kocherbsen mit Essig und Pfeffer, gekochte Artischoken mit Salz und Pfeffer. Trüffeln. Napolitanische Palmette. Birnenpastete. Verzuckerte teigige Birnen. Moschusbirnen. Weichselkirschen. Florentiner frische Ziegenkäse. Parmesankäse in Scheiben. Märzkäse. Frische gespaltene Mandeln auf Weinblättern. Überzuckerter Milchschnee mit Waffeln. Brezelchen. Maronen in Salz, Zucker und Pfeffer. Kompot von Rettich), rothen Rüben, Gurken und Meerfenchel.

Dritter Gang: (Monsù Scappi mußte seine geistlichen
Herren wohl kennen und als Sohn der Renaissance läßt er
jetzt erscheinen die Marzipanstatuen von) Pallas, Juno und
Venus, ganz heidnisch nackt, Paris mit dem Apfel, Helena in
Kleidern und mit goldenem Haar, und Europa auf dem
Stier. Diese Süße der leiblichen Schönen begleiteten: Li-
monen, Limoncelle, Pomeranzen, Melonen, Kürbis, Birnen,
Muskatnüsse, Wallnüsse, Pfirsiche, Aprikosen, Zuckerfrüchte,
Weichselkirschen in Sirup, eingekochter Quittensaft in Schachteln,
Schachteln mit Drageen, große Konfekte, Konfekte von Fo-
ligno, Melonensamen-Konfekte, Koriander-, Pistazien- und
Piniensamen-Konfekte, Zuckermandeln, Fenchelkonfekte in Ähren.

Endlich Blumensträuße, deren Griff aus Gold und Seide
gearbeitet, und Zahnstocher in Rosenwasser parfümiert, auf
Tellern.

Wer jemals an Kuchen oder Süßem sich hastig sattgegessen
(es sind das Erinnerungen aus der zuckersüchtigen Kindheit),
der hat eine Ahnung davon, wie es andern Tags in den Magen
der unglücklichen Tischgäste ausgesehen!

Dies also war ein Fasttagsfrühstück! Ein Pranzo grasso
muß geradezu endlos gewesen sein. Auch die Fasttagsmittag-
essen sind großartig, ganze Fischmuseen wurden aufgetragen und
die Bereitungsweise variiert ins Tausendfache. Die ganze Welt
trägt zu solcher Tafel bei: Parma, Romagna, Toskana, Ma-
jorka (durch Käse), Korsika (Austern), Neapel (Pfefferkuchen),
Pisa (Biscuits), Indien schickt seine Hühner, Slavonien die
Hähne, Comacchio die Aale, Ponte Salaro die Krebse, Tivoli
und Monterotondo die Oliven.

Um dies Alles zu beschaffen, brauchte es manches Peters-
pfennigs; so brauchte Scappi das Material nicht zu schonen;
aber auch sonst schreckte er vor keiner Schwierigkeit zurück. Er
trägt fünfzehn durchaus verschiedene Eiergerichte auf und
bereitet aus einem einzigen Tiberstör sechzehn verschiedene
schmackhafte Platten.

Jeden Letzten des Monats, wenn unsere deutschen Beamten Brotsuppe essen, gab es im Vatikan ein großes Festessen und die dramatische Kunst mußte jedesmal den nöthigen Appetit dazu vorbereiten. Am letzten November hörte man sich eine Komödie „Die Täuschungen" an und frühstückte dann zweiundfünfzig verschiedene Gerichte. Am letzten Dezember, am Sylvesterabend, zwei Stunden nach Ave Maria, gab es Plautus' „Pseudulus" und achtunddreißig Gerichte.

Am 17. Januar 1566 wurde der zweite Jahrestag der Krönung Pius' V., leider abermals ein Fasttag, durch ein Bankett gefeiert, bestehend in „vier Gängen am Büffett und zwei der Küche zu elf Platten jeden, mit elf Küchenmeistern und elf Vorschneidern, ausgenommen die Platte Sr. Heiligkeit". — „Ein Schlachten war's, nicht eine Schlacht zu nennen!" es gab 132, sage einhundertundzweiunddreißig verschiedene Speisen, darunter 55 Sorten Fisch: Fleischklöße von Stör, vier Unzen jeder; 540 Austern, 1500 Muscheln, 22 Hummer, 300 weibliche Krebse u. s. w., Körbchen aus Butterteig voll kleiner Vögel; die Länder Sr. Heiligkeit aus Teig geformt (deshalb wahrscheinlich später aufgegessen), die Wappen Sr. Heiligkeit mit verschiedener Füllung. Und weil Gelb und Roth die Farben des Papstes waren, so schmückten Kränze aus rothen und gelben Blumen die Köpfe der Störe und Barschen und andere Gerichte.

Der Hauptstolz des Monsü Scappi war, daß er dereinst zu Trastevere im Hause des erlauchten und ehrwürdigsten Kardinals Lorenzo Campeggi Sr. kaiserlichen Majestät Karl V. bei seinem Einzuge in Rom ein Mahl bereiten durfte. Vier parfümierte Tafeltücher deckten den Tisch und zwölf Servietten, in verschiedener Weise gefaltet. 200 Platten wurden aufgetragen, darunter slavonische Gelatine, Pasteten von Landschildkröten Gebäck aus Stör-Eiern, Hummern mit versilberten und vergoldeten Schwänzen und Scheren.

Heute ist Rom nicht mehr „caput mundi", auch „venter mundi", der Magen der Welt, ist es nicht mehr, in Rom ißt man wie im übrigen Italien, aber in Italien ißt man doch etwas anders als in der übrigen Welt, und über Essen und Trinken an italienischen gewöhnlichen Tischen spricht das Volk in Reminiscenzen, die wie Brosamen von den antiken und Renaissance=Tafeln gefallen und in dem Winkel liegen geblieben sind; aber von der alten Unmäßigkeit hat es nichts überkommen. Niemand wird den Italiener, sobald er ihn des Nähern kennen gelernt, der Unmäßigkeit anklagen können. Mag es unter dem Klerus noch kleine Pius V., unter dem Adel noch hin und wieder einen Trimalchio geben: die Gesammtmasse des Volkes scheint aus Schülern Epikur's zu bestehen, der den Seinen die größte Einfachheit der Genüsse, die größte Genügsamkeit zur vornehmsten Regel machte. Dem Vater der Götter sollte Der gleichen, der sich mit Wasser und Brot bescheide; da wird denn Italien, hauptsächlich in seinen südlichen Provinzen, ein von vielen tausend Jupitern bevölkerter Olymp, denn über Wasser und Brot, fügen wir eine Zwiebel hinzu, kommt der gemeine Mann hier nicht hinaus. Von zwei Lebensmitteln redet man bei den Göttern, von zweien nur kann man bei der ackerbauen= den armen Bevölkerung und den meisten Handwerkern Italiens reden; bei den Göttern ist es Ambrosia und Nektar, deren Nährwerth uns unbekannt; bei dem italienischen Volke Brot und Wasser, deren Nährwerth nur sehr gering anzuschlagen ist. So dreht sich denn die italienische Volksweisheit über Essen und Trinken, das nach deutschen Sagen Leib und Seele zu= sammenhält, sehr viel um Brot, Polenta und andere billige Volksnahrungsmittel, während die Reichen ihre Weisheit aus französischen Kochbüchern schöpfen.

Wer aber genau hinsieht, kann auch aus den italienischen Sprichwörtern, von denen ich hier einige Proben geben will, die verschiedenen Volksklassen herauserkennen. Gieb mir Brot und nenne mich Hund — ein Wort, das von dem Bürger'schen edlen „Sich=aus=der=Welt=Hinaushungern" himmelweit entfernt ist, ein echtes Sklavenwort. Unschuldigerer Art sind: Besser

hart Brot als weiche Feigen. — Lobe die Polenta und halte
Dich ans Brot. — Fleisch macht Fleisch und Brot macht Blut.
— Kaltes Wasser, heißes Brot: Magennoth. — Brot mit
Augen, Käse blind. — Brot, so lange da ist; Wein mit Maß.
— Brot von einem Tag, Frau von einem Monat und Wein
von einem Jahr: gutes Essen, gutes Schlafen, gutes Trinken. —
Die Hirse erhält den Hunger im Hause, d. h. Hirsebrot stillt
den Hunger nicht. — Dem Hunger Brot, dem Durst Wasser,
dem Schlaf eine Bank. — Trocken Brot macht stumm. — Noth=
wendig auf dieser Welt ist nur das Brot. — Sonderbar ist
der Spruch: Schwarz Brot macht blonde Haare. — Mit Brot
wird jedes Leid süß. — Fehlt das Brot, fehlt die Liebe. Die
Alten setzten noch den Wein hinzu und sagten: Sine Cerere
et Baccho friget Venus, ohne Brot und Wein friert Venus.
— Besser grau Brot als schwarzer Hunger.

In der Lombardei und den angrenzenden Provinzen ver=
tritt die Polenta die Stelle des Brotes; die Polenta, ein dicker
Brei aus Maismehl, der auch in Streifen geschnitten, in Butter
gebacken und mit kleinen gebratenen Vögeln aufgetragen wird,
wo „Polenta" auch die Tische der reicheren Leute ziert: das
Volk freilich ißt sie mit Wasser und Salz und ißt sie jahraus,
jahrein: Polenta, Dir leb' ich; Polenta Dir sterb' ich. Und
wirklich sterben viele daran, denn sie ist die Erzeugerin der so=
genannten „Mailänder Rose", der Pellagra, einer Hautkrank=
heit, erzeugt durch mangelhafte Ernährung. Der Bauer weiß,
wie schlecht die Polenta nährt, und sagt: Polenta essen, ist wie
mit der Frau tanzen. — Und doch: Die ganze Welt thut sich
beklagen, ist die Polenta aufgeschlagen.

In der Lombardei wird auch viel Reis verzehrt, ein ebenso
mißliches Nahrungsmittel, beim Volke wenig angesehen, er
„hält nicht vor": wie der Reis kommt, so geht er: er kommt
im Wasser, er geht im Wasser. — Einen besseren Rath giebt
das Wort: Reis wird im Wasser geboren und muß im Wein
sterben. Ein besseres Gericht sind doch die Maccaroni oder

Maccheroni, wie sie Süditalien, besonders die Küste von Amalfi, bereitet; das, ja das ist olympische Ambrosia, das sind, so zart und so weich sie sein mögen, die wahren Schmerzensbrecher. Bei ihrem Namen schon verklärt sich das Antlitz des Südländers, als hörte er Himmelsmusik, und wenn er es schmerzlich verzieht, so geschieht es darum, weil er sich einstens von ihnen wird scheiden müssen und unter all den zahlreichen parabiesischen Verheißungen doch die eine fehlt, einer ewigen MaccaroniSchüssel auch dort theilhaftig zu werden. „Wie zum Verwundern ist es", bemerkt Ernst Willkomm schon vor fünfzig Jahren, „daß der Napolitaner dieses schönen melodischen Wortes im Kriege sich noch nicht statt des Feldgeschreis bediente!" Maccaroni! Lieber Gott, was läßt sich bei diesen vier Silben nicht Alles denken! Welche Thaten haben zahllose Tausende, es hörend, im Geiste schon vollbracht. Wie viele Millionen Elende wurden von ihm urplötzlich, wie durch Zaubergewalt, ins Paradies versetzt und schlummerten seligtrunken ein.

„Maccaroni!" Ach, wir armen, nüchternen, kalten, leidenschaftslosen Nordländer wissen gar nicht, mit welchem Schmelz der Stimme der Napolitaner dies Götterwort ausspricht. Wie verklärt sein dunkles Auge leuchtet, wie seine Muskeln schwellen und jeder Nerv in ihm ein hundertfaches Echo empfindet. Und wie könnte es anders sein! Liegt doch schon im Namen „Maccaroni" die unbeschreibliche Seligkeit angedeutet, die sie jedem ihrer Verehrer so leicht und täglich bereiten. „Sehr, sehr delikate" oder „allervortrefflichste" würde man diese napolitanischen Nudeln etwa in deutscher Sprache nennen können. „Nudeln", wie abscheulich! Als hätte man Lehm, Eis und Fett durcheinandergeknetet. „Maccaroni" — wie köstlich! Als mischte des Südens warmer Hauch den Duft blühender Orangen mit Mandelöl und Dattelsaft zusammen! Und wir wundern uns noch, daß Neapel's glückliche Söhne zum Besten ihres Lieblingsgerichtes revoltieren können?

Gebt dem elendesten napolitanischen Bettler eine Kappe

voll Maccaroni und vergessen ist all sein Erdenjammer. Mac=
caroni, auf dem Sterbebette gereicht, entzücken den Halbtodten
und rufen ihn noch einmal zurück ins Leben.   Maccaroni auf
Erden, Maccaroni im Himmel; Maccaroni, euch leb' ich, Mac=
caroni, euch sterb' ich!

Brechen dem Fischer immer und immer die eingefangenen
Bewohner des Meeres durch die Maschen des Netzes und die
Geduld will ihm ausreißen, so ruft er: „Maccaroni" und mit
erneutem Hoffnungsmuthe wirft er lachend die Netze wieder
aus.   Macht man eine Lustfahrt über den Golf nach den be=
nachbarten Zaubereilanden Ischia oder Capri und ein widriger
Wind erhebt sich während der Fahrt, so daß die armen Ru=
derer kaum mehr den Wellen Widerstand zu leisten vermögen,
so rufe man ihnen zu „Maccaroni!" und neue Kraft stählt
ihre Glieder.   Ja, sie rufen es sich singend auch selbst zu
und von Mund zu Munde tönt es ohne Ende: „Maccaroni".
Das Lied, das wir in deutscher Übersetzung singen:

> „Das Schiff streicht durch die Wellen —
> Fridolin!"

ist falsch übersetzt; der Übersetzer hat nicht gewußt, was er
aus „Fidelin" machen sollte, und hat ihm das ganz sinn=
lose „Fridolin" substituiert.   „Fidelini" heißt aber eben eine
feine Art Maccaroni.   Das hat unser Scheffel in seinem
„Delphin" besungen, dessen erste Strophe lautet:

> „Kap Campanella war umschifft
> Und nach Salerno ging's;
> Amalfi's Küste, steilumrifft,
> Stand hoch und luftig links.
> Die Barkenführer, kurzbehost
> Und halbnackt, scherzten roh
> Und sangen als Matrosentrost:
> Stasera Maccard!"

Dieser Wunsch, dieser Trost: „Heut Abend Maccaroni!"
ging dann auch am Strande von Salerno in Erfüllung:

> „Spät sah das Boot Salerno's Strand,
> Dran war die Trattorie,
> Ein Berg von Maccaroni stand
> Vor uns, schneeweiß wie nie."

„Schneeweiß" jedenfalls durch den darauf niedergeflockten Käse, der zu dieser Platte gehört; die Weiße ist aber auch nicht die erste Bedingung, aber heiß, glühend heiß müssen sie auf den Tisch kommen und verschlungen werden; verschlungen im strikten Sinne; Maccaroni dürfen nie gekaut werden. Das aber will gelernt sein und ist um so schwerer, als unsere deutschen Gaumen solche Hitzegrade nicht vertragen können. Das Sprichwort sagt: Elend und Maccaroni werden heiß gegessen. So große Regsamkeit aber auch der Südländer bei dieser Würgerei entwickelt, heißt es doch: Lasagne und Maccaroni — Essen für Poltroni. „Lasagne" eine breite Bandnudel, „Poltroni" sind Faullenzer. Viele Maccaroni nämlich machen fett und faul. — Ehen und Maccaroni, wenn nicht heiß, sind nicht gut. Da sieht man, wie die Maccaroni sogar neben das höchste irdische Glück: Liebe und Ehe gestellt werden. Solch hohe Ehre widerfährt der Suppe, welcher der Deutsche gern den Vorzug giebt, nicht; sie steht dem Italiener in gar keinem Preise, er nennt sie „gekochtes Wasser" und hat in seinen Sprichwörtern nur Verachtung für sie. Bei der Wahl seiner Speisen kommt sie nicht in Betracht, so vernünftige Sätze seine Weisheit auch gerade darüber enthält und wer ihm Vorwürfe machen möchte, würde als Antwort haben: Essen nach seiner eigenen Weise, kleiden nach der der anderen; obschon es auch heißt: Jede Speise vollkommen, wer vom Hunger benommen. — Wolf in Hungersnoth frißt auch schimmelig Brot. — Aber: Wer Kalb auf dem Tische hat, ißt keine Zwiebeln. — Und doch kommt manchmal mitten in der Gourmandise ein vorsündfluthliches Gelüsten den Menschen an: Bei Tauben und Hühnerbürsten nach Rettich kommt ein Gelüsten. Und mitten im Kapaune nach Quark kommt eine Laune. — Wahr ist ferner: Zwischen

Mund und Magen ist oft Krieg — obschon gerade hier rechter Weltfrieden herrschen müßte und der Magen, „das Familien= haupt", den Streit für immer schlichten könnte, so daß kein Arzt sich mehr nöthig machte. Küchenpillen und Kellerthee — Arzenei brauchst du nimmermeh. — Die Malaria dann, die böse Luft italienischer Sumpfgegenden, die so Viele tödtet: Die Malaria steckt im Kochtopf. — Und damit hat das Volk unbewußt ein großes Wort gesprochen. Auch die Schwermuth wird geheilt: Mittel gegen die Hypochondrie — essen und trinken in Kom= pagnie. — Hier aber noch ein Rath, sich einen guten Tag und — ein gutes Leben zu verschaffen: Willst einen guten Tag haben, halt' ein gutes Mahl; eine gute Woche, schlachte das Schwein; einen guten Monat, nimm ein Weib; ein gutes Leben, werde Pfaff.

Da wir aber nicht Alle diesem Rath folgen können, müssen wir sehen, wie wir uns auf andere Weise durch die Welt schlagen, und da sind Viele schon gar sehr zufrieden, wenn sie ihren Gewohnheiten weiter leben können, obgleich ein Mensch von kräftiger Konstitution, der sich stark und wohl fühlt, nicht nöthig hätte, an irgend ein Speisegesetz sich zu binden, wie Galen sagt; oder sagt sein antiker Kollege Hippokrates: Con= suetudo est altera natura, die Gewohnheit ist unsere zweite Natur, unsere Säugamme. — Wer mit Zwiebeln erzogen, ver= langt nicht nach Pasteten. — Der Körper nimmt, was er be= kommt: wenig oder viel. — Er nimmt's, ob er's verdaut, ist eine andere Frage. Je feiner die Speise, desto schlechter die Ver= dauung. — Gut verdaut, wer schlecht ißt. — Nicht, was man isset, baut, sondern was man verdaut. — Ein Zeichen guter Verdauung ist aber oder soll sein das Kältegefühl nach dem Essen, deshalb sagten die Alten schon, obschon ihnen, da sie Brechmittel brauchten, an guter Verdauung wenig gelegen war: Post prandium si fredigisset, bonum est. — Willst Du leben gesund ohne Harm, iß nur langsam und kleide Dich warm. — Wie's den Mönchen eigen: essen, trinken, schweigen. —

Wann aber soll man essen? Auch dafür hat der Volks=
mund Rath: Iß, wenn Du Hunger hast; trink, wenn Du
durstig bist. — Das erinnert an den Ausspruch des Diogenes:
„Wer reich, ißt, wann er will; wer arm, ißt, wann er kann.“
Weiter: Mittag geschlagen, wer noch nicht gegessen, mag's weiter
ertragen. — Wer früh ißt, stirbt spät. — Schröpfen einmal
im Jahr; baden einmal im Monat; essen einmal im Tag. —
Letzteres halten die Süd=Italiener sehr gewissenhaft, sie hungern
vierundzwanzig Stunden, oder besser: sie bleiben vierundzwanzig
Stunden satt. Ebensowenig wird von anständigen Leuten außer
bei Tisch etwas Geistiges getrunken; mit dem letzten Glas bei
Tische schließt das Trinken ab. Das gemeine Volk hingegen,
besonders das Roms, liebt seine Kantinen und Osterien des
Weines wegen, in ihnen macht es seine „Cena“, sein Nachtessen,
ab, denn das gemeine Volk ißt Mittags um zwölf Uhr und
muß nun des Abends noch eine Kleinigkeit: Oliven, Lupinen,
kleine Fische, Salzkäse oder nur Salat und Brot haben. Diese
Cena ist kurz, denn: kurze Cena, leichte Nacht. Aber statthaben
muß sie doch: Ohne Cena zu Bett gegangen, kannst in der
Nacht keine Ruhe erlangen. — Und auch wenn man keinen
Appetit hat, mag man nur anfangen, er findet sich, er kommt
während des Essens; das Sprichwort sagt: Zu essen und zu
kratzen braucht man nur anzufangen. — Doch muß man auch
aufzuhören wissen: Wenn die Gesundheit Werth für dich hat,
iß nie mehr, bis du völlig satt. — Wenig Speise und keine
Sorgen: deine Gesundheit ist geborgen. — Mehr leer als
voll, mehr warm als kalt, mehr grad als krumm. — Letzteres
bedeutet: mehr gegangen und gestanden als gesessen und ge=
legen. Und wenn man, was uns Deutschen so selten zu ge=
schehen pflegt, durstig sich niederlegt, so ist das der Gesundheit
gar sehr zuträglich, denn es heißt: Wer mit Durst zu Bette
geht, andern Morgens gesund aufsteht.

Mäßigkeit ist eine schöne Sache und ihr kann uns der
Südländer als Beispiel dienen. Alle Übel, alle Krankheiten

sitzen mit dem Unmäßigen zu Tisch und: die Kehle bringt mehr um als das Schwert. — Zu wenig und zu viel verderben das Spiel. — Der Bauch ist ein Krankenhaus. — Trinken ohne Maß, kurzer Spaß. — Essen, so viel einer kann, trinken wie ein Edelmann. — Dieser Meinung sind jedoch nicht Alle, und aus Ober=Italien, wo man, besonders in dem kühleren Pie= mont, gern ein Glas trinkt, und aus Rom kommen uns ver= schiedene Stimmen zu, die sich des bacchischen Getränkes (über Bier giebt es in Italien kein Sprichwort) gar wacker annehmen. Das klingt gar lustig: Wem der Wein nicht gefällt, nimmt Gott auch das Brot. — Guter Wein macht gut Blut. — Wasser macht krank, Wein bringt Gesang. — Fängt es an aufs Haupt dir zu schnei'n, laß die Weiber und halt' dich zum Wein. — Zwei Finger Wein vor jedem Essen machen den Arzt dein Haus vergessen. — Mag sich auch Hitze mit Frost vereinigen — Wasser mit Wein: den soll man steinigen. (Handelt von dem in Italien üblichen Brauch, den Wein bei Tische fast stets mit Wasser zu mischen; den Römern war's befohlen, heute thut man's freiwillig.) — Ein schlechter Rath ist's schon: essen die Mutter (die Traube), dann trinken den Sohn.

Geben wir den Rest noch bunt durch einander; wo „Wein" genannt ist, können wir Deutsche ja „Bier" setzen. Also: Wein drinnen, Verstand draußen. — Des Weines Freund, sein eigner Feind. — Das Wasser zerbricht die Brücken, der Wein die Köpfe. — Schlecht trinkt, wer nicht ißt. — Besser trüber Wein als klares Wasser. — Gutes Feuer und guter Wein, heizen alle beide ein. — Ist Bacchus im Haus, ziehn die Gedanken aus. — In der Traube sind drei Kerne: Ge= sundheit, Frohsinn, Trunkenheit. — Junges Weib und alter Wein. — Wenn der Alte nicht will trinken, seh'n wir ihm das Jenseits winken. — Das letzte Glas berauscht. — Ein Tisch ohne Wein ist wie eine Orgel ohne Bälge, wie ein Weib ohne Haar. — Am Trinken und am Geh'n kann man die Frauen

versteh'n. — Weiter Schutz und volles Glas, mag da kommen
dies und das. — Nach dem Wein möchte Jeder ein Raths=
herr sein.

Und in dieser Stimmung und aus diesem Rathsherrn=
gefühl heraus sind die meisten dieser Sentenzen geschrieben,
so daß man nicht nöthig hat, sie sammt und sonders als bare
Münze zu nehmen. Und so wird's auch werden: Jeder nimmt
sich daraus, was ihm am besten paßt und damit: Gesegnete
Mahlzeit!

———————

Kaiser Josef in Pompeji.

Österreich besitzt in dem alten Ruinennest am Vesuv zwei Häuser, die mit dem Namen zweier Habsburger für ewige Zeiten getauft wurden. Es ist dies das „Haus des Kaisers Franz I.", das wir auf Regio VIII, Isola VI unter der Hausnummer 10 zu suchen haben. Das andere ist die „Casa dell' Imperatore Giuseppe II." und steht auf Regio VIII, Isola II und trägt die Nummer 38. Diese achte Region ist das Theaterviertel Pompejis, das an die Porta Stabiana stößt, allwo es einst mag sehr geräuschvoll zugegangen sein, das aber heute, mehr als alle anderen, der Öde, der Vergessenheit geweiht ist. So darf man sich auch keine hohe vornehme Vorstellung machen von dem Hause Josef's II., wenn man hört, daß es drei Etagen besaß, eine Loggia und ein Bad; daß es mit vielen schönen Malereien versehen war, darunter eine Sophonisbe, die im Beisein Scipio's den ihr von Masinissa gereichten Giftbecher entgegennimmt, und ein Herkules im Siege über Acheloos — dies Alles war! Die Malereien sind verschwunden, die Innenräume jetzt fast ganz wieder verschüttet und kein Zimmer ist in dem „Kaiser Josef" übrig geblieben, wo ein österreichischer Unterthan nächtigen könnte.

Dazu liegt auch keine Nöthigung vor, aber erinnern wollen wir uns bei dieser Gelegenheit an den Edlen, der diese Straßen vor 116 Jahren gewandelt und diese Orte dadurch weihte, denn:

> Die Stätte, die ein edler Mensch betrat,
> Ist eingeweiht!"...

So möge denn Josef's Schatten aus dem Nebel der Geschichte heraustreten, getroffen von einem warmen Strahle der Erinnerung.

Hundertundsechzehn Jahresstufen steigen wir zurück. Wir sind im Jahre 1769 am Hofe zu Neapel, wo ein König auf wurmstichigem Throne sitzt, mit schlaffer Hand ein Scepter hält, das ohne Streit und Ringen in die Hände seiner geistesstarken Gemahlin übergeht, die, obgleich erst sechzehn Jahre alt, einen reifen Sinn besitzt und schön ist und vielversprechend und gewandt und durch diese Gaben die Blicke und Hoffnungen der Völker des Königreiches beider Sicilien auf sich lenkt.

Der König heißt Ferdinand, ein Sohn Karl's, des Königs von Spanien; die Königin ist Maria Carolina, eine Tochter Franz' I., Schwester des Großherzogs Peter Leopold von Toscana und — Josef's II.

Ferdinand, als er sich vornahm, Mann zu werden (einen Vorsatz, den er bald wieder aufgab), hielt um die Hand der Erzherzogin Marie Josefine, einer andern Tochter Franz' I., an; diese starb, als die Vorbereitungen zur Reise in Wien, zur Hochzeitsfeier in Neapel schon im Gange waren, und Ferdinand erwählte die Schwester der Verstorbenen zu ihrer Nachfolgerin. Maria Carolina kam im Mai 1768 in Neapel an und gewann im Sturme sich bald die Herzen Aller, mit Ausnahme des mächtigen Ministers Tanucci, der seit langen Jahren die Ignoranz des jungen Herrschers genährt und ihn zu allen Nachlässigkeiten erzogen, die Politik der Regierung zu einer armseligen Magd Spaniens gemacht hatte. Er haßte die junge Königin, sie verachtete ihn und gab dieser Gesinnung einen derbkräftigen Ausdruck, was ihr um so leichter ward, da im Ehekontrakt ihr ein Sitz mit Stimme im Staatsrath ausgemacht worden. Mit starker Hand ergriff die junge Kö-

nigin die Zügel, und als ein Jahr nach dem Einzuge in
Neapel sie den Besuch ihres kaiserlichen Bruders Josef erhielt, nahm sie im Vereine mit diesem Gelegenheit, die hervor-
ragendsten Geister des Landes über eine vom Geiste der Zeit
gebotene Reform zu Rathe zu ziehen.

„So erschien uns", schreibt der alte Colletta in seiner
„Storia del Reame di Napoli", „die gesammte Nachkommen-
schaft Maria Theresiens als eine Familie mächtiger Philosophen, von Gott gesendet, die Menschheit wieder herzustellen."

Kaiser Josef interessierte sich aber auch lebhaft für Kunst
und Alterthum und setzte einen Besuch der seit 21 Jahren ent-
deckten Stadt Pompeji auf sein Programm, damit auch den
durch solche Dinge unberührten König zu einem Besuche ver-
anlassend.

Dieser Besuch fand statt am 7. April des Jahres 1769.

Im Jahre 1748 war die verschüttete Stadt durch Zufall
entdeckt worden und von diesem Jahre datierte ein Raubbau
auf Werthgegenstände, bei welchem ohne Rücksicht auf die Gebäude vorgegangen wurde. Auch ließ das Interesse bald nach,
denn von 1750 bis 1754 grub man gar nicht. 1756 waren
vier Arbeiter unter Aufsicht eines Caporale mit den Ausgrabungen beschäftigt; 1762 fand Winckelmann acht Arbeiter
thätig, 1764 etwa 30, aus Galerensklaven und Sklaven aus
Tunis zusammengesetzt, so daß bis zum Jahre 1769 nur einige
öffentliche Hauptgebäude zum Theil ausgegraben waren, die
Privathäuser hatte man, nachdem man sie ausgeraubt, wieder
zugeschüttet.

Ein scharfer Kritiker dieses Unwesens kam in Kaiser Josef nach Pompeji und er hielt, wie das seine Art, mit seinem
Urtheil nicht hinter dem Berge. F. La Vega berichtet in
seinen Tagebuchblättern (vid. Pompejanarum Antiquitatum
Historia I. 1) über den denkwürdigen Tag des Eingehenden.

7. April. Gestern, gegen 20 Uhr (Nachmittags gegen
3 Uhr), besuchte Se. Majestät der König im Verein mit der

Königin und dem Kaiser Josef II. die Ausgrabungen in Pom=
peji. Außer ihrem Gefolge waren zugegen der Graf Kaunitz,
der Gesandte England's und der Antiquar dieses Gesandten:
M. D'Auerevil, welchem der König, als er ihn erblickte, sagte,
seines Amtes zu walten; so war es dieser Antiquar vorzugs=
weise, der dem Kaiser die nöthigen Erläuterungen gab. Ihre
Majestäten betraten zuerst das „Quartier" (die Gladiatoren=
Kaserne), das in allen seinen Theilen in Augenschein genom=
men wurde, wie auch das Baumaterial ihr Interesse erregte.
Der Kaiser fragte, wann man mit diesen Ausgrabungen be=
gonnen habe, und La Vega giebt die Erklärung, hinzufügend,
daß es früher nicht möglich war, da das Terrain ein Wald
bedeckte, der erst seit 28 Jahren geschlagen worden. Mit
Vergnügen betrachtete der hohe Herr dies Gebäude und
drückte sein Mißfallen aus, daß man die Schuttmassen nicht
auch aus dem Innern des Hofes entfernt (es lief damals nur
ein Gang rings um das Haus). Von hier aus gingen Ihre
Majestäten westwärts nach einem Wohngebäude, wo sie die
noch unverletzten Gewölbe, die Treppen, den Verputz bewun=
derten. An dieser Stelle arbeitete man in vier Zimmern, und
da, einer „präventiven Disposition" Sr. Excellenz des Mar=
chese Tanucci zufolge, die Zahl der Arbeiter seit einigen Tagen
vermehrt und der Schutt bis auf die Höhe von nur zwei
Palmi abgetragen worden war, so schauten die Herrschaften
mit Vergnügen den Ausgrabungen zu. Nach kurzer Zeit kam
eine Bronzevase zum Vorschein und nach und nach noch eine
Menge der köstlichsten Gegenstände antiker Kunst; auch ver=
schiedene Wandmalereien wurden aufgedeckt.

Der Kaiser war überrascht, drückte aber sofort seine Zwei=
fel an der Möglichkeit, so Vieles plötzlich durch Zufall zu
finden, aus und meinte, daß die Sachen absichtlich vor=
her dahin praktiziert worden seien. La Vega erklärte
ihm, daß die Lage der Objekte und die Beschaffenheit des Bo=
dens solche Zweifel ausschließe und der Kaiser ließ sich über=

zeugen. So wünschte er dem Könige Glück, an diesem Tage
„eine so gute Jagd" gemacht zu haben, eine Beute, die nicht
hoch genug geschätzt werden könnte. La Vega fügte schmeichelnd
hinzu, „daß diese Freude ihm allein unter allen Herrschern
aufbehalten gewesen wäre". Der Gesandte England's, Ritter
William Hamilton, versäumte nicht, mit seiner bekannten Lieb=
haberei für Alterthümer, den Werth des Gefundenen in allen
seinen Einzelheiten ins rechte Licht zu stellen. Der König
zeigte ein so außerordentliches Wohlgefallen an der Sache
und war davon so eingenommen, daß er sich nicht einen
Schritt vom Orte entfernen wollte und zwei=, dreimal zu La Vega
sich äußerte, ihn jedesmal, wenn die Vorarbeiten so weit wie
diesmal gediehen wären, zu benachrichtigen, damit er bei neuen
Funden immer zugegen sein könnte. Auch die Königin war
hocherfreut über das Gefundene und voll Ungeduld, Alles
rasch zu beschauen. In den anderen beiden Zimmern fand
man nur ein Skelett und ein paar unbedeutende Münzen.
Auch in den unteren Räumen wurde nur ein Skelett aufge=
funden.

Von hier aus ging's nach dem Theater, wo man haupt=
sächlich die antiken Einrichtungen zur Reinigung beobachtete
und einen kleinen Theil der Scene, der aufgedeckt bleibt, und
die Größe der noch zu leistenden Arbeit, das Ganze aufzu=
decken.

Der Kaiser fragte alsdann den La Vega, wie viele Ar=
beiter bei dem Werke angestellt wären, und als er vernahm,
es seien deren dreißig, wendete er sich zum König mit den
Worten, wie er erlauben könne, daß ein solches Werk so nach=
lässig betrieben werde. Auf die Antwort des Königs, daß
nach und nach Alles würde ausgegraben werden, sagte der
Kaiser, daß dies eine Arbeit sei, welche 3000 Mann erfordere,
denn nicht in Europa, nicht in Asien, noch Afrika, noch
Amerika gäbe es etwas Ähnliches und die Förderung des
Werkes müsse dem Königreich zu ganz besonderer Ehre ge=

reichen. Weiter fragte er den König, wer mit der Aufsicht über die Alterthümer beauftragt wäre, und erfuhr, dies sei der Marchese Tanucci. Ihre Majestät die Königin äußerte ihr Mißfallen über diesen und Beide drangen in den König, die Sache eifriger zu betreiben.

Von hier aus besuchten sie noch ein wohlerhaltenes Privathaus, den Isistempel, der dem Kaiser besonders gefiel; inzwischen aber hörte er nicht auf, den König auf die kräftigste Weise anzuspornen, diesen Dingen ein größeres Interesse zuzuwenden. Auch am Stadtthore drückte er sein Mißfallen aus, hier noch nicht arbeiten zu sehen.

La Vega zeigte ihm den Stadtplan und die Situation der öffentlichen Gebäude, wobei der Kaiser die Frage aufwarf (angeregt vielleicht durch jenen D'Ancrevil), wo die Gebäude wären, die er nicht gesehen und von denen man ihm gesagt, daß sie wieder zugeschüttet worden. Er machte dem König Vorwürfe, wie er so etwas habe erlauben können, und dieser entschuldigte sich sehr verlegen damit, daß dies unter der Regierung seines Vaters geschehen, wobei La Vega bemerkte, das wäre vor 26 Jahren geschehen, da man noch keine Kunde davon hatte, daß dies eine Stadt sein könnte; seit sechs Jahren wisse man dies, und zwar aus einer in der Nähe gefundenen Inschrift, und seit dieser Zeit lasse man die Gebäude aufgedeckt; vorher habe man aber dafür gesorgt, ein Museum zu bilden u. s. w. u. s. w.

Der König und seine Beamten wandelten an der Seite des Kritikers Josef wie auf Kohlen, das zeigen die wahrhaft kläglichen Entschuldigungen, die sie für den traurigen Schlendrian vorbrachten.

Um 22¹⁄₂ Uhr (gegen ein Viertel auf Sechs) fuhren die Majestäten fort.

Es war nicht vorauszusetzen, daß Josef je seinen Besuch wiederholen werde, und so blieb seine Kritik ohne Wirkung. Bald hatten auch die Bourbonen, als die Asche des großen

Pariser Brandes anfing, ihr Reich zu bedecken, Anderes zu thun, als alte Städte auszugraben. Erst zu Napoleon's und Murat's Zeit kam neues Leben in die Sache. Da wurden Anfangs 96, dann 150, 1813 sogar bis gegen 700 Arbeiter bei den Ausgrabungen beschäftigt. Aber die Bourbonen kamen wieder und die alte Öde kehrte in Pompeji ein. Die Dreißiger- und Vierziger-Jahre waren Feierjahre für die Stadt, und die etwa 30 000 für die Ausgrabungen ausgeworfenen Mark wurden in den Taschen der Beamten begraben.

Die neue Ära brachte, unter des trefflichen Fiorelli Leitung, neues Leben in die Ruinen und auch die alte Todtenstadt erfreute sich des überall hereinbrechenden Lichtes.

Auf Spuren Manfred's.

Filius alter erat Friderici spurius ejus,
Nomine Manfredus, fortis et acer homo.

Wie das schimmert und leuchtet in dem Glanze der glücklichsten Sonne! Nur Freude, stille Freude athmet diese Welt;
Himmel und Erde haben längst vergessen, daß sie einst und
durch lange Jahrhunderte Zeugen schrecklicher Tage waren,
wo Blut und Feuer, Waffenlärm und wüstes Toben das Land
erfüllten. Jedes Feld ist ein Schlachtfeld, aber auf den Blättern der hier sprießenden Blumen ruht nicht die trübe Asche
der Todten, darauf gestäubt vom Flügel der Vergangenheit,
nein, ruht der Goldstaub des heutigen Tages, in welchen das
Gestern, war's trüb, war's heiter gewesen, nimmer hinein-
rankt.

Das Volk, das hier wohnt, lebt nur der Gegenwart:

> „Gegenwärtiges freuet es nur, dem Glücklichen lächelt
> Nur der goldne Moment, lächelt die Wirklichkeit nur."

Wer das schöne Land mit den Augen dieses Volkes, wer
es mit Kinderaugen anschauen könnte, wie glücklich müßte er
sein. Dem Wissenden aber erwuchsen die glühenden Rosen
aus dem Blute dahingemordeter Geschlechter, der Wein, der
die Lieder junger Liebe weckt, aus Thränen, und unter der
bergenden Hut des hoffnungsgrünen, malerischen Epheus ent-

deckt er die düstern Ruinen des Hasses, die breiten Narben,
welche die Geschichte dem Lande schlug.

Wie wohl thut diese Sonne daran, diesen Boden mit
Rosen und Blumen aller Art zu bestreuen, zu überdecken den
Moderduft, der aus den Gräbern der Todten steigt, mit dem
süßen Duft der Veilchen und Orangen und thäte sie es nur
jenem schönen Hohenstaufengeschlecht, ja nur dem edlen Man=
fred zu lieb. Blicke ich hinab auf das weite Land, über die
Ebene hin, über die Berge, das Meer, so ziehen wie Nebel
im Wind, wie welke Blätter im Herbsthauch tausend Gestalten
an unserem Auge vorüber: alle tragen sie das Schwert, das
des tapferen Kriegers oder des Henkers . . . aller Gewande
sind blutgetränkt. . . . .

Aus dem jenem lebenskräftigen Samenkorn entsprossenen,
so freudig grünen, später aber verdorrenden Baume des
Evangeliums wurde ein Thron gezimmert, von dem aus die
Geschicke der Völker gelenkt wurden, rücksichtslos wie nur je
in den Zeiten heidnischer Weltherrschaft, mit der Härte und
dem unbeugsamen Willen antiker Cäsaren. Wie ein blutge=
tränkter Faden läuft dieser Wille durch die Windungen der
großen Gräberstraße des napoletanischen Geschichts=Labyrinths.
Wie Perlen an einem Rosarium hangen Hunderte von Herr=
scherköpfen und der Edlen des Volkes an diesem Faden und
an ihnen werden abgezählt mit blutigem Finger die Jahre,
die Jahrhunderte der Finsternis und des Despotismus.

Wer doch diese Geschichte mit den Augen des Kindes noch
lesen könnte, wie unterhaltend müßte sie ihm sein. Mit dem
Schwinden der Jugendnebel aber, wie sie in der Knabenschule
uns die Stirn umhüllten, mit jedem neuen Dokument, das
Forscherfleiß aus dem Staube der Archive ans Licht bringt,
wächst unser Zorn und wird in lebendigen Herzen zum Haß,
zum unversöhnlichen Haß; zu einem Hasse, der noch vor kur=
zer Zeit die Völker Sicilien's zur Feier der sicilischen Vesper
zusammentrompetete. Und diese Feier war auch eine Genug=

thuung für den deutschen Zorn, der sich immer regte, wenn er der Ermordung seiner hohenstaufischen Heldensöhne gedachte!

Ja, die Deutschen meinten es, in hundert Zeitungen auch konnte man's gedruckt lesen, daß jene sicilianische Vesperfeier „ein jahrhundertelang nachklingendes Loblied auf das große deutsche Herrschergeschlecht der Hohenstaufen" sei. Das war ein Irrthum, der Jugendnebel ist gefallen: denn auch damals hatte der Aufstand, wie die sechshundertjährige Feier dieses Tages, mit dem Hohenstaufenhause absolut nichts zu thun und die bekannten Fabeln und Romanzen sind eben in das Fabelland zu verweisen.

Klar ist heute, daß sich schon unter der schwäbischen Herrschaft republikanische Tendenzen zeigten und Palermo sich gar oft alter „Gepflogenheiten" erinnerte, die ihm unter Wil- helm II. approbiert worden sein sollten*). Friedrich II. gab, in seiner Fühlung, den Gemeinden bestimmtere Formen, nicht um Neues zu schaffen, als vielmehr Bestehendes anzuerkennen und zu regeln; weniger um die heischenden Städte zu be- friedigen, als wachsenden Ansprüchen zu begegnen, um solcher- maßen zu verhüten, daß in Sicilien das Beispiel der freien Städte der Lombardei und Toscana's nachgeahmt werde.

Friedrich starb, sein Sohn Konrad wurde in Deutschland zurückgehalten, und Innocenz IV. macht sich, um diesen von der Thronfolge in Sicilien auszuschließen, alsbald zum Ver- fechter republikanischer Tendenzen, womit er sich die Insel am ehesten gewinnen konnte. Gegen das sonderbare Vorgehen des Papstes tritt Manfred im Namen seines Bruders auf; dieser stirbt jedoch und jetzt, wo der unschädliche Konradin allein übrig bleibt, wird das päpstliche Schmeichelwerk leb- hafter als vorher betrieben. Den Sicilianern — wie immer auch dem ganzen süditalienischen Volke — waren die regie- renden Häuser ganz gleichgültig; sie wollten die Republik, und Palermo rief sie zuerst aus: unter dem Schutze der Kirche!

---

*) S. d. nachfolg. Abschn.

Die anderen Städte folgten bald nach), gegenseitige Verträge und Bündnisse der Municipien zu Schutz und Trutz wurden geschlossen und über die Konföderation befahl im Namen des Papstes ein apostolischer Legat.

Manfred, der kühne, edle Herrscher, stellte die Ordnung wieder her. Der päpstliche Legat wurde durch Manfred's Bevollmächtigten, Heinrich von Abate, der in Palermo eindrang, gefangen genommen. Nun rief der Papst Karl von Anjou zu Hilfe und — das Schicksal unseres sympathischen Helden Manfred ist bekannt. . . .

Wer in Italien reist, der reist nicht allein, die Geschichte geht mit ihm; und heute, auf meiner Fahrt nach Apulien begleitete mich jener Manfred, wie ihn Dante nennt: „Manfredi biondo e di gentil aspetto". Sein Geschick ging mir durch den Kopf und durchs Herz, seine edle, schöne Heldengestalt, die mir in frühester Jugend schon so groß und edel erschienen war, stand vor meiner Seele.

Der Abend webte bereits seine Schatten in das lichte Land um Caserta her, der Zug bog ins Land hinein: Telese, Benevento . . . ich gedachte seines Heldentodes auf dem Piano di S. Maria della Gandella oder del Roseto im Nordwesten Benevent's, wo von dem wandelbaren Volke des Südens ihm nur einer treu blieb und treu bis in den Tod, denn dicht neben der Leiche Manfred's lag der edle römische Ghibelline Tebaldo degli Annibaldi, während die Grafen von Caserta und Aquino, beide Schwager Manfred's, und alle anderen Barone und Edlen ihn schnöde verlassen hatten, die sich denn auch nach dem Tage von Benevent dem Sieger demütig unterwarfen.

Am 1. März 1266 schrieb Karl von Anjou an den Papst, daß der nackte Körper Manfred's auf dem Schlachtfelde gefunden und von Riccardo, Grafen von Caserta, und anderen „Getreuen" des Fürsten rekognosciert worden sei; er habe demselben, „bewegt von natürlicher Pietät, ein wenn auch-

nicht kirchliches, so doch mit gewissen Ehrenerweisungen aus=
gestattetes Begräbnis" geben lassen (quaedam honorificentia
sepulturae). War jener Karl wirklich bewegt von dem Un=
glück seines heldenmüthigen Gegners? Wir wissen nur von
dem Steinhausen, der sich als Grabmal über dem Heldenleibe
thürmte, aber beschimpft hat Karl den Leichnam nicht. Das
übernahm der Papst, er schrieb an den Kardinal von S. An=
driano:

„Unser theuerster Karl, der erlauchte König von Sicilien,
besitzt im Frieden bereits das ganze Reich und hat gleicher=
maßen in seinem Besitz illius hominis pestilentis cadaver
putridum, uxorem, liberos obtinens et thesaurum".

„Den verwesten Kadaver des verpesteten Menschen" —
dieser, die edle Gattin, die Kinder, der Schatz, war für den
Diener Christi alles eins. Mit all dem Zeug da konnte Karl
machen, was er wollte, schweigend überließ ihm die Kirche das
Recht der Verfügung über Todtes und Lebendes; doch besann
sie sich später eines Besseren: der Erzbischof von Cosenza, der
„Hirt", wie ihn Dante nennt, bekam vom Papste den Befehl,
die Gebeine des Ketzers auszugraben und sie in die vier Winde
zu werfen.

Mit tückischer Feierlichkeit, bei ausgelöschten Fackeln, „a
lume spento", wie Dante sagt, zur Genugthuung des gläubigen
Volkes und der rachsüchtigen Guelfen, geschah die Über=
führung der Gebeine von Benevento in das Liris= oder
Gariglianothal, das Thal des Verde nach Dante, der
seinen Manfred im III. Gesange des „Purgatorio" also
sprechen läßt:

> „Und wenn Cosenza's Hirt, der sonder Rast,
> Wie Clemens wollte, mich gejagt, dies eine
> Erhabene Wort der Schrift wohl aufgefaßt,
>   (von der ewigen Liebe)
> So lägen dort noch meines Leibes Gebeine
> Am Brückenkopf bei Benevent, vom Mal

Geschützt der schweren aufgehäuften Steine.
Nun netzt's der Regen, dörrt's der Sonnenstrahl,
Dort, wo er's hinwarf mit verlöschten Lichtern,
Dem Reich entführt, entlang dem Verbethal."

Die Gegend um Benevent herum ist braun und steinig,
von des Sommers Sonne verbrannt; dicken Staub wirbelt
der durch den stillen Abend brausende Zug auf und der
wachenden Phantasie formt er sich zu Gestalten vergangener
Tage.

Es dunkelte immer mehr. Öde Felshöhen erhoben sich
zur Rechten und Linken. Aus den Haushöhlen in den Fel=
dern drüben glänzten flüchtige Lichter auf, Feuerschein von
brennenden Stoppeln aus der Ferne. Der Mond kam herauf,
weiße Rinder standen auf den Dämmen und starrten wie ver=
wundert in das gelbe Licht. Trotz des Wagengerassels ver=
nahm man tausendstimmiges Zirpen der Grillen und hier und
da verhallend eines Glöckchens Ton. Dann trat der Zug in
die große Ebene, der Blick hatte nichts mehr, worauf er haften
konnte, er verlor sich in die umschleierte Ferne, aus der end=
lich ein heller Schein am nördlichen Himmel aufdämmerte: die
Stadt Foggia.

Foggia trug heute sein bestes Kleid. Die Madonna della
Neve, die Schnee=Madonna, eine rechte August=Heilige, wurde
heute in pompöser Weise gefeiert. Die Stadt schwamm förm=
lich in Gaslicht und der bleiche Mond, der über die Dächer
hinschien, spielte eine gar klägliche Rolle; eine stattliche die
Hunderte von Mönchen und Geistlichen, die hochgehobenen
Hauptes, gleich Herrschern, durch die friedliche Landbevölkerung
dahinschritten. Die Hälfte der fünfunddreißigtausend Ein=
wohner Foggia's war heute gewiß auf den Beinen und es gab
ein gar buntes Leben. Bald aber war ich des Treibens müde
und suchte die Einsamkeit, die stillen Straßen erst, dann die
Gäßchen, „wo die letzten Häuser stehen" und die armen Leute

wohnen. An Stelle der Gaslaternen glühen da die leucht=
käferähnlichen Öllämpchen. . . . So kam ich bald ins Freie.

Der Mond, der alte Vertraute mancher schönen Som=
mernächte, zog ruhig zwischen weißen Wolken, die ihm wie
Segel dienten, über die große, im blauen Nebel schwimmende
Ebene hin, die ich morgen durchwandern werde. Er blinzelte
mir aus der Höhe so schelmisch zu, als verheiße er mir, wie
in vergangenen Tagen, auch hier ein süßes Abenteuer. Aber
ich suchte solche nicht mehr, und da mir die Hohenstaufen=
Geschichte aufs Neue lebhaft durch die Seele zog, fielen mir
die Verse aus Cossa's „Messalina" ein:

> . . . . welche helle
> Verklärte Nacht! — im Lieben unbeständig
> Hast, Luna, du, wie heut, mit allen Reizen
> Caligula gelächelt. O Verworfene,
> Daß Wolken dich verhüllten! Ich verachte
> Dich Buhlerin! . . .

Wie sie einst Friedrich II., dann Manfred gelächelt,
lächelte sie später Karl von Anjou . . . . wenn er sich erin=
nern könnte, der alte Mond, er würde mir's erzählen, wie er
den blonden, gentilen König, in grüne Gewande gekleidet, bei
Lautenklang singend durch die Straßen Foggia's und Bar=
letta's hat schweifen sehen, so aber müssen wir's in alten Chro=
niken lesen und da steht es:

„Lo Re spisso la notte esceva per Barletta, cantando
strambuotti e canzuni chi iva pigliando lo frisco, et con
isso ivano due musici siciliani che erano gran ruman-
zaturi."

Manfred liebte die Frauen und manche Triumphe mochten
ihm vergönnt sein, und es ist ein reizendes Bild, der König
Nachts in den Straßen von Barletta singend vor den Fenstern
der Schönen, begleitet von zwei heiteren sicilianischen Spiel=
leuten, welche große „Romanzaturi" waren. Zwei dieser Lieder

hat die Geschichte der Litteratur aufbewahrt, wenigstens schreibt sie dieselben dem kunstsinnigen Könige zu:

> Giria n'tornu lu jornu e la notti
> E duci duci eci cogghiu la mota.
> E duci duci cantannu strammotti,
> Comu lu risignola di la rrosa.

Das andere beginnt:

> Facciati, bella mia, donna riali,
> Senti lu vuci di la rre Manfredi etc.

Die Hohenstaufen waren Freunde der Kunst, als solche preist sie ihr größter Sänger, Dante: Alles, was zu jenen Zeiten ausgezeichnete Italiener hervorbrachten, ging zuerst aus den Höfen der großen Könige hervor. Aber auch die Pracht liebten sie, und Manfred liebte sie gleich seinem Vater. Spiele, Illuminationen und Jagden, einmal bis zu vierzehn= hundert Geladenen, folgten sich täglich. 1258, im Dezember, kam Manfred nach Barletta, um einen Monat hier zu bleiben. Das Weihnachtsfest wurde in prächtiger Weise gefeiert: alle Tage fanden Ballfeste statt, an welchen die schönsten Frauen Apuliens theilnahmen. Der König beschenkte alle und „man wußte nicht, welche ihm am meisten gefiel".

Diese Prachtliebe jedoch war es nicht, die man ihm zur Last legte, aber von da drüben, unter dem westlichen Himmel schimmert Lucera herüber, die von Saracenen einst bewohnte begünstigte Stadt der Hohenstaufen, die „feste Burg" des Un= glaubens gegen den römischen Glauben. In ihrer fremd= gläubigen Besatzung lag Manfred's Macht, und die ihr zu= gewandte königliche Gunst war in den Augen der Kirche, in jenen Zeiten der Intoleranz und Inquisition, das größte Ver= brechen.

Zu den von Friedrich aus Sicilien nach hier überge= siedelten Saracenen hatte Manfred neue aus Afrika einge= führt; vielleicht hätte Alexander IV. nachgegeben und ver=

ziehen, wenn der König diese Ungläubigen ausgetrieben hätte. Das aber konnte er nicht, ohne sich seines rechten Armes zu berauben, ohne undankbar zu sein gegen die, welche seine Be= schützer und der hauptsächlichste Grund zu seiner Macht ge= wesen waren. Der Kreuzzug aber, den erst Urban und dann Clemens IV. gegen Manfred proklamierten, sollte unternom= men werden, weil dieser das Haupt der Saracenen war, während Karl von Anjou der „Athlet Christi und der Kirche" genannt wurde, der da kam, „agrum Dominicum a spurcitiis Saracenorum" zu reinigen. Karl nannte Manfred verächtlich nur „le Sultan de Lucere"; ihm, wie allen anderen, welche die Waffen gegen diesen Sultan erheben würden, war durch Clemens voller Ablaß zugesichert worden.

Der frische Nachtwind, der über die weite Campagna strich, die da gegen Osten sich ins Meer verlief, trug vielen Duft von Gras und Kraut heran . . . Die alten geschicht= lichen Erinnerungen häuften sich, bis sie zuletzt unter den dunkelen Cypressen des nahen Camposanto zur Ruhe kamen. Ich kehrte nach meinem Gasthofe, dem Aquila d'oro, zurück, der vielleicht aus einer ghibellinischen Reminiscenz hervorge= gangen ist; zwei alte steinerne Hohenstaufen=Adler finden sich noch in einem Palaste Foggia's eingemauert, Reste von Fried= rich's II. hiesiger Residenz.

Am anderen Morgen wanderte ich denn durch die weite Ebene oder Steppe des Tavoliere di Puglia quer hindurch nach dem Meere hinüber. Wie herrlich war es da, vom frischen Morgenwinde, der eine Fluth von Wohlgerüchen auf= regte, in die Arme genommen zu werden. Vor mir lag die weite, endlos scheinende, meergroße braune Fläche, am äußersten Rande derselben das prächtige, im sanftesten Blau schimmernde Garganus=Gebirge — ein Blau wie jenes, das im Schimmer der Perlmutter leuchtet, so blau auch der Himmel; und die trübe Stimmung der Nacht wich alsbald von mir, selbst die

Cypressen neigten sich zu freundlichem Gruße im Morgen=
lichte.

Das war eine prächtige Wanderung durch die herzer=
hebende Einsamkeit, an der man die Stunden nicht messen
konnte. Nur die Sonne machte sich bald mächtig hervor und
die trockene Luft der Ebene war wie klingend geworden; wie
das Rieseln von Glassplittern klang das Geschwirr der Heim=
chen, Grillen und Grashüpfer aller Art durch das dürre
stachelige Kraut und durch die oft mannshohen Disteln. Das
Gebrumm der Fliegen lag darüber wie ferner Glockenton.
Auch richtige, echte Wanderheuschrecken scheuchte mein Fuß
auf, die kommen aus ihrem stabilen Wohnsitz im Thal des
Ofanto, das die Ebene gegen Mittag begrenzt, herüber. Auch
einige wenige Tagfalter flatterten vorüber; aber, wie Alles
umher, auch sie gedrückt von der Hitze und müde vom Suchen
nach Blumen, von denen nur noch wenige Minzenarten in
Blüthe standen.

Lebhafter war die Vogelwelt. Feld=, Kalander= und
Haubenlerchen, schwer von der sommerlichen Körnerlast, flogen,
nicht gar scheu, in großen Scharen mit leisem melancholischen
Pfeifen beständig vor mir auf. Lange Züge von Schwalben
streiften unter dem Himmel hin, aber auch so langsam, so träg
und ohne jenes übermüthige Geschrei, mit dem sie unsere
deutschen Kirchthürme umschwärmen.

Träge Kreise auch zogen einige Falken im sonnigen Re=
vier, und ihr Jagdruf erscholl von Zeit zu Zeit in die feier=
liche Stille hinein. Ihre Vorfahren haben dem König Man=
fred gedient, wenn er zur Reiherbeize über diese Ebene flog,
sie selbst sind ein königliches Volk und führen ein herrlicher
Leben als das Völklein der erdgeborenen Eidechsen, das ohne
Rast über das braune Gras, über die heißen Steine hinweg=
schlüpft, mit klugen, beweglichen Augen und ewig leckendem
Zünglein, dem ein Tropfen Morgenthau genügt. Was küm=
mert diese das Leben und der Tod des Edelfalken unter der

Sonne, sie kennen sein Dasein kaum, wie die braunen Bauern
da drüben, die den Namen Manfred's nicht kannten, wenn er
ihnen nicht in der Stadt dort unten aufbewahrt worden wäre.

Schon leuchtet das Adriatische Meer herüber, groß und
stolz, und doch, sein Glanz wird verdunkelt durch die zauber=
hafte Farbenpracht, die das meilenlange Sumpfland der Küste
entwickelt. Es schien, als ob alle Regenbogen der Welt
in ihm versunken wären: grün, gelb in allen Schattierungen,
blau, violett, bis zum Schwarz, und diese Farben alle in den
Horizont hinein sanft und sanfter verschwimmend.... Darüber
dann das Meer, im Meere die gleitenden Segel, zur Linken
das inzwischen hoch emporgewachsene Garganusgebirge das keck
in die tiefblauen Fluthen hineintritt.

Und dort liegt auch im hellen Mittagslicht Manfredonia,
das ich mir eine stolze Stadt am Fuße des Berges geträumt,
an flacher Küste noch, grün, ärmlich, wenig ansprechend.

Die Straße führt an den Resten des alt=ehrwürdigen
Sipontum vorüber, die versunken zwischen Schilf und Binsen
im Sumpf drinliegen. Wie sich dessen Bewohner bis ins drei=
zehnte Jahrhundert hinein hier halten konnten, von Malaria
umpestet, ist schwer begreiflich, denn an Sümpfen hat es ge=
wiß da auch früher nicht gefehlt.

Manfred hielt es jedoch nach seiner Krönung für nöthig,
die Stadt weiter nach dem Garganus hinüber zu rücken, und
gleichzeitig bestimmte er, daß die neue seinen Namen tragen
sollte. Er ernannte für die Erbauung derselben Messer Ma=
rino Capece als Kommissar zur See und zu Land. Im Mo=
nat April, am St. Georgentag, war Manfred in Person da,
um die Richtung der Mauern und Straßen zu bestimmen,
und in demselben Monate anno Domini 1256 wurde der erste
Stein gelegt, begann man zu bauen, mehr als siebenhundert
Arbeiter, von der Morgenseite her. Zu dieser Grundstein=
legung hatte der König, Skeptiker in Dingen der Religion,
jedoch von Aberglauben benommen wie sein Vater, den geeig=

neten Tag durch Astrologen erfahren, die er aus Sicilien und
aus der Lombardei hatte kommen lassen. Dreimal kam er
später von Foggia herüber, den Fortgang des Baues zu
schauen, und dabei kam es ihm zu Sinn, eine ungeheure Glocke
gießen zu lassen, deren Schall fünfzig Miglien ins Land
hinein klingen sollte, hilferufend, so das noch schwachbevölkerte
und =gerüstete Manfredonia von Feinden bedrängt wurde.

Im Jahre 1258, im Märzmonat, befahl der Stadtgründer
die Übersiedelung von Siponto und Civitate nach Man=
fredonia. Dann kam er selbst und ließ seine Königsglocke auf
gemauerte Pfeiler ziehen, ihren Klang zu prüfen. Er fand
ihn nicht stark genug und ordnete an, sie unter Hinzufügung
von mehrerem Metall neu zu gießen.

Auch Glocken haben ihre Geschichte: Karl von Anjou gab
später von Viterbo aus Befehl, die „Tommaccara" — so
heißt die Alte in den Conclusioni capitolaris della Basilica
di Bari — der Bareser Basilika zu schenken. Sie erschütterte
aber, wie die Tradition berichtet, die Luft durch ihren Schall
so stark, erschreckte die Einwohner derartig, daß man für
nöthig erachtete, die Zeit auszurufen, wo man sie läuten
wollte; und als sie gar zu unbequem ward, schmolz man sie
ein und goß eine Familie kleiner aus ihr.

Auch Manfredonia ist heute arm und klein, still und
weltfern liegt es am Meer und kann nicht leben und nicht
sterben. Armuth, Verkommenheit und Schmutz war das erste,
was sich in der Hauptstraße der Stadt, dem Corso Manfredi
darbot, und unerträglicher Geruch wehte mir aus Allen Gäß=
chen entgegen. Der helle Mittagsonnenschein, der auf allem
lag, zerstörte den letzten Rest von Illusion und bitter ent=
täuscht flüchtete ich mich in eine der unsauberen Locanden des
Ortes.

Ich wünsche der armen Stadt, in der so gegen sieben=
tausend Fischer und Schiffer ihr Leben fristen, alles Gute,
aber Gutes von ihr zu erzählen wüßte ich nicht. Es stehen

wohl noch eine Menge Befestigungsmauern, doch die sehen so öde und kahl aus, haben auch alle und jede Bedeutung verloren, daß ich schweigend an ihnen vorübergehen kann, sie haben heute nichts mehr zu vertheidigen.

Ich war auch auf dem heiligen Berge, in Monte St. Angelo, allwo ich treffliche Luft, aber wenig zu essen fand. Auch hier Ar= muth mit Unreinlichkeit gepaart, und wenn der Ort bereits zu Manfred's Zeiten solch traurig Aussehen hatte, so verlohnte es nicht der Mühe, seinetwegen sich zu erhitzen, doch geschah dies jedenfalls des Princips wegen.

Manfred hatte nämlich von seinem Vater außer der Ver= waltung des Reiches das Fürstenthum Taranto, die Grafschaf= ten Tricarico, Montescaglioso und Gravina und das Feudum des St. Angelo oder den „Onore", wie es in den italienischen Urkunden heißt, honor in der Bedeutung von feudum, erhal= ten. Dieses Feudum nebst der Stadt Siponto erhielt zuerst Rainulf, Graf von Aversa, der Normannen erster Kapitän, nach dem Siege dieser über die Griechen, 1044, wo Wilhelm den Titel eines Grafen von Puglien empfing.

Der Papst hatte Manfred in seinem Besitze, auch in dem des Monte St. Angelo, bestätigt, später aber verlieh er es ohne bei Manfred anzufragen, nebst der Grafschaft Lesina dem mächtigen Baron Borrello d'Anglone. Manfred schickte seine Boten an den Papst, um Bestimmteres über solch gewalt= sames Verfahren einzuholen. Der Papst gab ausweichende Antworten und nun machte sich Manfred selbst auf den Weg nach Capua.

In Capua lauerte, wie bekannt, Verrat, Manfred sollte gefangen werden, und sein Rückzug von da nach Apulien verwandelte sich in eine Art Flucht. Schneller und schneller, denn die Umstände drängten immer mehr, ging's von Capua nach Acerra, nach Marigliano, an Monteforte vorüber in finste= rer Nacht über unwegsame Berge... Bei Tagesanbruch ward Mercogliano erreicht, das dem Schutzsuchenden seine Thore

verschloß ... auch Avellino war in feindseliger Stimmung und
wurde vermieden .. auch Atripaldi, Nusco .. keine Stadt
nahm den irrenden Königssohn auf, überall, in Guardia Lom-
barda, Bisaccia, Lavello waren die Sendlinge des Papstes gewesen, überall wies man ihn ab; erst Venosa nahm ihn in
bergende Hut.

Was aber nützte ihm Venosa, wenn nicht Lucera wieder
sein wurde. Lucera mußte genommen werden. Mit Waffen-
gewalt? Unmöglich, er verfügte über eine so geringe Macht;
aber es war ihm Kunde von dort gekommen, wie in der Stadt
Alles für ihn sei, wie man sich wundere, daß er nicht gerades-
weg in die Festung komme, wo er frei, zu seiner Vertheidigung, zu seinem Ruhm über Gut und Blut der Einwohner
schalten und walten könne.

Doch die Ausführung war schwierig, er mußte an dem
verrätherischen Askoli vorüber, an Foggia, wo man Oddone
mit zahlreichen päpstlichen Milizen wähnte oder wußte. Sollte
er mit all den Seinigen hinüber, oder allein, nur gefolgt von
zweien oder dreien seiner Getreuesten? Er betrieb die Sache
ganz geheim und ließ, um zu täuschen, bekannt machen, daß
er sich zur Unterredung mit seinem Bruder nach der Kirche
St. Nicola d'Ofanto begebe — dort lag eine große Meierei,
Privatdomäne seines Vaters Friedrich —, von da wolle er
nach Spinazzola gehen. Auch das große Gefolge sollte nach
zwei Tagen sich dorthin aufmachen und weiteren Befehles
harren.

Es war am Abend des 1. November .....

Auch ich hatte meine Rückreise von Manfredonia auf den
Abend verlegt. Den ganzen Nachmittag hatte ein heftiger
Wind geweht und der Garganus war bis zu dem äußersten
Gipfel hinauf in einen dichten Staubmantel gehüllt und über
den Tavoliere hin jagten sich riesige Tromben grauen Staubes.
Das Meer lag noch ruhig und nur dann und wann zuckte
weit draußen wie erschreckt eine Welle auf. Vom Thore Man-

fredonia's aus übersah ich die Ebene. Dichte Schwaden stiegen empor aus den Küstensümpfen, die zu kochen schienen, und mischten sich mit den tiefherabhängenden schwarzgrauen Wolkenzügen, die drohend den südlichen Horizont durchflogen.

Die Sonne steht tief und glühend: als ob sie ihre Feuermassen in der Flut löschen wollte, taucht sie jetzt eilig in das Meer hinab. Trübes, hastiges Roth steigt matt in des Himmels Höhe hinein, ein kurzes Aufflackern . . . violettbraun . . aber das Grau siegt alsbald, das träge, gleichgültige Grau. Grau erscheint die Nähe und Ferne, Land und Meer in Grau. Eine schwere, feuchte Luft schleppt sich langsam über die staubige Ebene her . . . . Der Wind ist wieder gefesselt, aber man hört ihn seufzen aus der Höhe und dann beginnt auch das Meer die Ufer entlang seufzend zu athmen . . . . es schläft voll Unruhe . . . wie in wilden Träumen heben einzelne Wellen an den algenbedeckten Steinen wie suchend ihre Häupter empor, andere eilen von drüben herüber und drängen die ersten, die eben zurückschwanken wollten, weit ins Land hinein.

Der Sturm wird kommen. Der schwüle Traum davon erfüllt bereits das Herz der Natur. In diesen Traum hinein klingen aus weiter Ferne einzelne Menschenstimmen, die Töne eines Glöckchens, und durch das plötzliche Nachtdunkel läuft hie und da ein flüchtiger Feuerschein und verschwindet wie ein Meteor hinter den Bodenwellen. Eine Menge Landleute zu Pferd und zu Fuß eilen nach der sichernden Stadt und längst auch haben die Fischer Manfredonia's ihre gebrechlichen Fahrzeuge auf den Ufersand gezogen. Eine große Bangnis ruht auf dem Lande, aber die Erlösung kommt nicht. Kein kräftiger Regenguß will die schmachtende, um ihn ringende Erde erquicken.

An meinem Wagen sind die Laternen angezündet, sie blinzeln röthlichtrüb in das Dunkel der Gasse hinein. Der unfreundliche Vetturin zeigt mir eben an, daß Alles zum Abgang nach Foggia bereit sei.

Ich hatte die späte, als kühl erhoffte Abendstunde zur Rückreise gewählt; nun aber war die Freude für diese Fahrt nicht groß. Gegen 9 Uhr, begleitet von tausend allerkatholischsten Segenssprüchen meiner dicken, häßlichen und dazu noch arg bourbonischgesinnten Wirthin, rollte der Wagen zum Thore Manfredonias hinaus. Die Nacht war dunkel und unheimlich, schwül zum Ersticken. Kein Lüftchen regte sich mehr, doch drang das Brausen des Meeres dumpf herüber, und von Zeit zu Zeit wetterleuchtete es über die Heide: sonst war nichts zu hören als das Knirschen der Räder im Sande, das Schnauben der Pferde und ihre unaufhörlich klingenden Glöckchen.

Erst als wir die Ruine der Ordenspfründe der Deutschritter, San Leonardo, die wie ein Romanzenfragment in der Öde liegt, passiert hatten, brach auch der Sturm los. Mit heftigem Stoße warf er sich auf das einsame Gefährt, und wenig fehlte, so hätte er's in den Graben gestürzt. Große, schwere Tropfen klatschten nach und nun waren auch die Blitze, nun war auch der Donner da. Der Himmel führte seine schwersten Geschütze in den Kampf der Elemente, und mehr als einmal blieben die Pferde erschreckt und geblendet stehen. Wie toll hieb ihnen der Führer über die Köpfe . . . Flüche, Peitschenknall, dazu rauschender Regen; von vorn, von oben, von allen Seiten durch die nicht zu schließenden Fenster drang er herein und bald war ich bis auf die Haut durchnäßt. Und so noch ein paar Stunden weiter?

Da trieb der Vetturin die Pferde mit lautem Anruf eine kleine Hügelung hinan. Der Wagen hielt, ein mächtiges Feuer, um das sich einige dunkle Gestalten bewegten, loderte unter einer offenen Halle und leuchtete grell in die dunkle Nacht. Ich erkannte die finsteren Gebäude der Tenuta, die mir gestern Morgen schon aufgefallen und als eine rechte Räuberherberge erschienen waren. Viel freundlicher wollte sie mir jetzt erscheinen, und auch ihre Bewohner, harte braune Männer, stellten sich als gutmüthiges Volk heraus. Man räumte mir einen gu=

ten Platz am Feuer ein, ein Krug kräftigen Weines war zur Stelle und half mir alsbald über Ungemach und Nässe hinweg. Von vielem Sprechen waren diese Leute keine Freunde, schweigend saßen und standen sie um die Flamme her, rauchten aus kurzen Pfeifen ihren beizenden Tabak und berichteten höchstens in einem kurzen Worte, wenn sie einen Augenblick unter das Vordach hinausgetreten, über den Stand des Wetters.

Dieses tobte weiter in wilder Wuth; es war, als wolle der Himmel die große Ebene zum See ersäufen. Doch hier konnte man's abwarten. Mit der brennenden Cigarre am Feuer träumen, trinkbaren Wein zur Seite: das ist noch nicht die schlechteste Lage, in die der Mensch kommen kann.

Hier in dieser Ebene, bei einem eben solchen Unwetter, an eben solchem Feuer saß Manfred in einer viel schlimmeren, da ihm dies verrätherisch in das Land hineinleuchtende Feuer Krone und Leben kosten konnte. Wiederum dachte ich seiner, an wen anders aber auch sollte man hier in apulischer Landschaft denken?

Es war am Abend des ersten November*). Manfred hatte alle seine Angelegenheiten geordnet und, da auch er, wie bereits erwähnt, gleich seinem Vater, dem Aberglauben stark zugänglich war, noch als gutes Augurium einen Wächter aus dem Hungerthurm befreit. Darauf verlangt er sein Schwert. Da sich dieses nicht findet und seine Leute schon anfangen, dies als böse Vorbedeutung anzusehen, ergreift er rasch entschlossen das eines der Seinigen und verläßt alsbald, nur von drei Waffenknechten begleitet, Venosa.

Nicht weit von der Stadt war er, als ihm sein gesammtes Gefolge, voll Angst um den Herrn, in dem Verlangen, ihn vor Gefahr zu schützen, trotz seines Gegenbefehls, nachkam.

Finster brach die Nacht herein und mit ihr ein fürchter-

---

*) Nach Giuseppe di Cesaris Storia di Manfredi, Napoli 1837.

liches Unwetter. Regen und Sturm waren so heftig, daß die
Seinigen sich unter einander nicht mehr zu erkennen vermochten
und nur durch fortgesetzten Zuruf sich zusammenhielten. Bald
hatte man die Richtung verloren, denn die breite Straße war,
unangenehmen Begegnungen vor den feindlichen Städten aus-
zuweichen, schon in der Dämmerung aufgegeben worden.
Rabenschwarz war die Nacht, den Himmel hielt das Gewitter
überzogen, und kein Stern, der Trost und Führer nächtlicher
Wanderer, leuchtete den Irrenden. So drohte große Gefahr,
und sie würden ihr nicht entgangen sein, hätte sich nicht im
Gefolge ein gewisser Adenolfo Pardo befunden, der, einst Jäger-
meister Friedrich's, jeden Weg und Steg genau kannte.

Bald erhoben sich weißdämmernd durch die Nacht vor
ihnen die Mauern eines Gebäudes. Das war ein Jagdhaus
Friedrichs, gelegen bei St. Agapito zwischen Foggia und Lucera. Aber ähnlicher Häuser gab es viele in der Capitanata,
vor Allem eines dicht bei Foggia, wo, wie man wußte, die
Päpstlichen lauerten, und der Fürst mußte sich erst überzeugen,
welches dieses sei. Da aber der Regen heftig andauerte, so
trat er mit seinen Leuten zur Erholung ein, und diese, die
Gefahr vergessend, erfreut über das gefundene Obdach, entzündeten ein großes Feuer.

An das unsrige waren inzwischen noch zwei regentriefende,
hochgewachsene Bauern getreten. Sie hatten ihre dampfenden
Pferde unter das Vordach geführt, die Flinten in die Ecke
gestellt, die nassen Mäntel über die Weintonnen geworfen und
erlabten sich jetzt an dem freundlichen Element. Abgebrochene
halblaute Gespräche wurden geführt. Die Pfeifen rauchten,
das Feuer knisterte in dem neu aufgeworfenen, dürren Strauchwerk, und dicker Qualm erfüllte die Halle. Weithin mußte man
die Flamme sehen können, — viele Meilen weit . . . .

Unerklärlich ist, daß Manfred, in Allem so bedächtig und
umsichtig, hier ganz und gar vergaß, wie man von Foggia
und Troja aus das Feuer gewahren müsse, das dergestalt so

leichtlich hätte zum Verräther werden können. Aber er vertraute seinem guten Stern, und die Nacht verlief ohne Störung. Im Tagesgrauen machte er sich neuerdings auf den Weg. Drei Miglien vor Lucera ließ er, um keinen Verdacht zu erwecken, den Troß nach Bovino abschwenken, wo er ein Schloß besaß, und ritt nun selbviert weiter, wie er denn auch meinte, sich dergestalt, so man sich feindlich zeigen sollte, leichter retten zu können.

So kam er vor die Stadt. Da die Wächter vom Thurme die Gewaffneten sahen, riefen sie diese an. Einer von Manfred's Begleitern, der saracenischen Sprache mächtig, rief dagegen:

„Hier ist unser Fürst, des Kaisers Sohn, der nach eurem Wunsche zu euch kommt; öffnet ihm die Thore und empfanget ihn wohl mit aller Freundlichkeit und Treue, die ihr ihm zugesagt."

Da noch die Saracenen an der Wahrheit des Wortes zweifelten, näherte sich Manfred, sie zu überzeugen, den Mauern, und nun hätten sie ihn wohl eingelassen, wenn sie so bald über die Form hätten schlüssig werden können. Es war ihnen bekannt, wie Giovanni Moro, ihr Führer, der von der Sache der Ghibellinen, trotzdem ihm diese so viel Wohlthaten erzeigt, abgefallen war, bei seiner Abreise dem Gouverneur Luceras, Marchisio, aufgetragen hatte, die Stadt dem Prinzen, wie jedem anderen, verschlossen zu halten, und so würden sie die Schlüssel nicht nur nicht empfangen, sondern dem Eintritt des Fürsten auch sonstige Schwierigkeiten bereitet haben.

In dieser Lage erinnerte sich einer, daß unter der Mauer ein Abzugsgraben hinlaufe, durch welchen ein Mann füglich hereinschlüpfen könnte. Durch ihn sollte Manfred hereinkommen, um jeder Opposition des Gouverneurs zu entgehen. Manfred, der vom Besitze Lucera's sein Geschick abhängig wußte, weniger der augenblicklichen Demüthigung als des zukünftigen

Standes der Dinge gedenkend, schickte sich bereits an, diesen
Weg zu betreten. Andere Saracenen aber, entrüstet ob so
unwürdiger Lage ihres Herrn, riefen:

„Wie sollen wir leiden, daß unser Herr auf so schmach=
volle Weise die Seinigen erreicht?".....

Sie brachen das Thor, hoben Manfred auf ihre Schultern
und trugen ihn in die innere Stadt.

Wie Feuer im Stroh verbreitete sich das Gerücht, Man=
fred sei da, und Scharen Volkes und Söldner drängten sich
von allen Seiten her so dicht an ihn heran, daß er, ermattet
von der Reise und der Erregung seiner Seele, Gefahr lief,
erdrückt zu werden. Nicht ohne Mühe verschaffte man ihm
ein Pferd, auf dem er endlich aufathmen konnte.

Die Kunde war auch zu Marchisio gedrungen, der im
königlichen Palast wohnte. Dieser, verwundert zunächst, wie
Manfred ohne Schlüssel in Lucera eindringen konnte, raffte
schnell die im Quartier anwesenden Saracenen zusammen und
bewaffnete sich in Eile, dem Fürsten Widerstand zu leisten.
Er ritt aus dem Palaste in dem Augenblick, wo Manfred,
begleitet von ungezähltem Volk, vor diesem erschien. Ein
Schrei ertönte, als sie sich gegenüberstanden; es war das
Volk, das rief:

„Vom Pferde, Marchisio, vom Pferde herab, beuge dich
vor deinem Herrn!"

Überrascht und geschreckt, aus der Not eine Tugend
machend, sprang er aus dem Sattel, legte die Waffen vor
Manfred nieder und küßte ihm unterwürfig den Fuß. So
führte man unter stürmischem Jubel mit königlichen Ehren
den Sohn Friedrich's in das Haus seines Vaters.

Wenig später näherten sich seine Leute der Stadt. Sie
hatten bereits erfahren, daß Manfred in Lucera sei, wollten
des aber Gewißheit haben und begehrten Einlaß. Die Thore
waren inzwischen wieder befestigt worden, und die Wächter,
die ihren Worten nicht glauben mochten, verwehrten ihnen

ben Eintritt. Dennoch verharrten sie unter den Mauern, zu=
wartend, bis sie erkannt würden.

Da tauchte von weitem die Fahne des Marchese Obbone
auf, der, nichts Böses ahnend, eben von Foggia kam. Man=
fred's Leute, entflammt bei diesem Anblick, warfen sich ihm mit
raschem Stoße entgegen und trieben ihn, soweit die ermüdeten
Rosse sie tragen wollten, in die Flucht, worauf auch ihnen die
Thore geöffnet wurden.

Lucerini, Saracenen und Deutsche boten dem Fürsten nun
ihre Güter an und schwuren ihm Treue. Täglich wuchs die
Macht Manfred's, auch verschiedene andere Städte Puglien's
fielen ihm zu. Ferner fand er im Palast zu Lucera die
Schätze Friedrich's, Konrad's, die des Marchese Obbone und
Giovanni Moro's: viele Edelsteine, Gold, Silber, kostbare
Kleider und Waffen, womit er nicht bloß rückständigen Sold
zahlen, sondern sich, was er stets gern that, so freigebig zeigen
konnte, daß ihm viele Söldner des Kardinal=Legaten und des
Marchese zuliefen. So durfte er des Gelingens seiner großen
Unternehmungen gegen Foggia und Troja sicher sein. Und
sie gelangen auch).

Was die deutschen Söldner in dieser Gegend betrifft, so
weiß man, daß nach Friedrich's Tode deren dreihundert etwa
in Troja einquartiert wurden, welche die Einwohner kurz nach
dem Hinscheiden Konrad's vertrieben. Beim Regierungsantritt
Innocenz' IV. wurden durch ihn diese Krieger im ganzen Reiche
zerstreut, in verschiedene Provinzen vertheilt; denn mit Recht
fürchtete er ihre Anhänglichkeit an das schwäbische Haus.

Doch mußten deren immer noch beisammen geblieben sein,
denn da Manfred von Lucera aus seinen Reichskanzler Gual=
tieri d'Ocra und Goffredo da Cosenza, seinen Privatsekretär,
nach Troja sandte, Unterhandlungen mit dem Legaten zu führen,
kehrten diese, da sie der Legat nicht empfangen hatte, zwar un=
verrichteter Sache zurück, brachten ihm aber eine Kompagnie

Deutscher — Comestabulia theutonicorum, wie Jasmilla sagt — die in päpstlichem Sold gestanden, mit.

Nach der Schlacht von Benevento, wo sich alle Barone und Herren unterwarfen, fügten sich auch die Saracenen dem französischen Herrn, versprachen Gehorsam und stellten zwölf Geiseln aus den vornehmsten Familien der Stadt, und Karl befahl dem Kastellan ausdrücklich, sie wohl zu bewachen. Ihr späteres Geschick ist bekannt, sie wurden ausgerottet. Aus dem Jahre 1301 existiert noch ein Dekret Karl's II., worin er zwei Kommissären und dem Gerichtshalter der Provinz Basilikata Befehl ertheilt, mit den Saracenen aufzuräumen: „wegen nicht leichter Ursachen". Dort heißt es: „daß diese (Kommissarien) alle in Melfi, Venosa und anderen Orten der Basilikata aufhältlichen Saracenen, Männer wie Weiber, große wie kleine, sammt Vieh und Geräth, Gut und Geld und aller übrigen Habe festnehmen und festnehmen lassen und zum Besten der Krone verkaufen sollen." So wird ein Saracene an einen Bürger von St. Fele für zwei Unzen Gold verkauft .... Einst aber retteten sie die Krone des schwäbischen Hauses.

Das waren denn in der Gewitternacht auf der weltfernen Heide meine Erinnerungen, meine Träume, Geschichtsträume, und die alte Heide lebte. Dabei hatte sich das Ungewitter allmählich verzogen; durch flüchtige Wolken blickte der Mond. Das Feuer war niedergebrannt, und schlaftrunken bestieg ich den Wagen wieder, um zwischen Traum und Wachen gegen drei Uhr früh in Foggia anzukommen. Um fünf Uhr ging der Zug in den Süden hinunter, und wie viele schöne alte Geschichtsstätten mußte er berühren: Canosa mit dem Ofanto, Andria und Castel del Monte, die Küstenstädte Barletta, Trani, Bisceglie, Molfetta, Giovinazzo, und überall bin ich auf den Spuren meines sympathischen Königs.

Zwar, wer diese Strecke fährt — zum Wandern ist sie nicht gemacht —, möchte ruhig die Augen schließen, nicht daß

ihre Schönheit ihn blendete, es lohnt nur nicht, in die ewig
unveränderte Monotonie der Ebene hineinzuschauen.

Das ist die Landschaft Apulien, mögen wir dieselbe in
ihrem weiten Sinne, d. h. als den ganzen südöstlichen Theil
der italischen Halbinsel, oder im engern erfassen, wo sie nur
das antike Daunia und Peucetia, oder die modernen Provinzen
der Capitanata, der Terra di Bari und Terra di Otranto be=
greift. Da hätten wir denn auch so ziemlich das Apulien der
Römer, welche die Daunier und Peucetier unter dem Namen
der Apulier zusammenfaßten, und damit die Völker begriffen,
welche die Landschaft bewohnten, die sich von Calabrien bis
zum Frento ausdehnte. Die bedeutendsten Orte darin waren
einst Tranum, Herdonia, Arpi, Canusium, Ignatia, Luceria,
Hydruntum, Brundusium und Barium, fast alle noch in unseren
Tagen lebend.

Horaz nennt das Land siticulosa und pauper aquae, und
Durstland wäre sein richtiger Name; denn schmachtend nach
Wasser, vom Staube bedeckt, schaut es Frühling und Sommer
hindurch zu dem ehernen Himmel empor. Wer seinen Namen,
wie geschehen, auf „Wasserland" deutet, hat es nie gesehen.

Wie selten fällt hier ein Regen, wie wenige Quellen er=
freuen den durstigen Wanderer, den Hirten und seine lechzenden
Thiere. Hier ist die Sahara Süditaliens, kein Wald ringsum,
kein schattenstreuender Baum. Das Auge findet keinen Halt
auf der unendlichen Ebene. Es schließt sich, geblendet von
der Lichtfülle, die diese Fläche ausströmt. Übermächtig waltet
der Sommer hier.

„Bei ausgedehnten Feldern wirkt die Hitze mächtiger, des=
halb ist das apulische Land heißer und weniger gesund", so
schreibt der alte Varro.

Gegen die Mitte des Frühlings fangen die Kräuter und
Gräser der Campagna an gelb zu werden. Die wenigen Wasser=
adern versiegen, immer fühlbarer macht sich die Trockenheit
des Himmels, die unausstehlichste Hitze. Die Hirten verlassen

mit ihren zahlreichen Herden die Ebene, um die Weiden auf
den Bergen zu beziehen, in kurzer Zeit sind die Gefilde Pugliens
entvölkert, verödet. Der Sommer kommt, und Alles welkt,
dorrt und stirbt dahin, der grüne Sammet der Oberfläche ver=
wandelt sich in Trauerfarbe, und nur schädliche Insekten be=
wohnen die öde Fläche. Solch trauriges Aussehen dauert bis
in den Herbst hinein, wo sich unterm ersten Regen neues Leben
schwach zu bewegen beginnt, bis in kurzer Zeit die alte Fülle
zurückkehrt.

Dazu wird das Land geplagt von den beiden heftigen
Winden Volturnus und Atabulus, die auch den Alten bekannt
waren; wenigstens erwähnt Horaz des einen derselben in seiner
Reise nach Brundusium:

> „Nun erst läßt allmählich Apulien meines Geburtslands
> Berge mich sehn, wo Gluth des Atabulus hauchet.“

Dennoch ist Apulien reich, vielleicht der reichste Boden Italiens;
das aber war es nicht allein, was Manfred bewog, sich vor
Allem Apuliens zu bemächtigen; dessen Lage auch ließ seinen
Besitz wünschenswerth erscheinen, die Lage, den griechischen
Inseln und Küsten gegenüber, mit deren Herren er eine Ver=
bindung eifrig anstrebte.

War er im Anfang des Jahres 1259 auch Herr von Si=
cilien und Apulien, und hatte er in Toscana, in der Romagna,
in der Lombardei und selbst in Rom viele Anhänger, so war
eine fremde Invasion doch stets zu befürchten, denn schon hatte
der Papst Alexander ihn in den Bann gethan und Konrad's
Boten waren nach Italien gekommen, um das Gerücht von
seinem Tode zu widerrufen; ja die Guelfen waren, wie der
Fürst wußte, bereit, sich gegen ihn selbst mit diesem Enkel
Friedrich's zu verbinden. Manfred brauchte Bundesgenossen,
aber auch sein griechisches Gegenüber, der Despot Michaelicius
von Epirus, brauchte deren und sagte Manfred seine schöne
Tochter Helena zu; dadurch kam Manfred auch in das Bündnis

mit Guglielmo von Villarduino, dem Fürsten von Achäa und Morea, seinem nunmehrigen Schwager.

An dieser Küste hier liegt das flache unbedeutende und heutzutage herzlich langweilige Städtchen Trani; einst, zur Zeit der normannischen Eroberung und der ersten Kreuzzüge eine der bedeutendsten Handelsstädte der Adria, hatte es zu Manfred's Zeit noch seinen Hafen, sein Arsenal, zahlreiche Schiffe, und sein Kastell war eines der stärksten des Reiches.

In dieser Stadt stieg am 2. Juni 1259, mit zwölf Galeren, teils des Königreichs, teils ihrer Heimat, und mit großem Gefolge von Damen und Rittern gekommen, die königliche Braut Helena ans Land. Große Feste waren ihr bereitet und Manfred, der männlich schöne Bräutigam, erwartete sie voll Sehnsucht. Bei ihrer Landung eilte er ihr entgegen, umarmte sie zärtlich und küßte sie wiederholt. Er führte sie nach dem Kastell, von lautem Jubel und tausend Blumengrüßen begleitet, vom Volke umjubelt, und im Kastell wurde die Hochzeit voll Pracht und Herrlichkeit gefeiert; Abends waren alle Straßen erleuchtet und längs der Küste brannten mächtige Feuer.

Die junge Königin hatte es dem Volke angethan. Sie hatte kaum das siebzehnte Jahr angetreten, war von feinem Wesen, zart und lieblich und, wie Alle rühmten, schöner als Manfred's erste Frau. Der Schönheit des Körpers gesellte sich die des Geistes, und auch arm kam sie nicht: sie brachte als Mitgift Manfred die Insel Corfu und verschiedene Ländereien an der Küste von Epirus zu.

In Trani und anderen apulischen Städten folgten sich nun prächtige ritterliche Feste und Turniere, Manfred schlug viele zu Rittern. An des Glückes Ende, wie an das eines schönen Traumes, dachte damals Niemand. Wer auch hätte geahnt, daß die griechische Prinzessin nach sieben Jahren schon in dasselbe Kastell als Witwe und Gefangene einzog?

Und wie ganz anders wurde in demselben Kastell am

18. November 1268, den Manen Manfred's zum Hohn, die
Hochzeit Karl's mit Margarete von Nevers gefeiert. Beatrix,
die stolze, ehrgeizige erste Frau war gestorben und Karl hatte
diese Margarete zu ihrer Nachfolgerin erwählt. Sie kam,
begleitet von ihrem Großvater, dem Grafen von Burgund,
vom Kaiser Balduin und einem großen Gefolge, nach Italien
zur Zeit, da ihr Bräutigam gerade Konradin hatte hinmorden
lassen und auch sonst durch das ganze Reich im Blute watete.
Das Gedächtnis Manfred's sollte auch auf diese Weise be=
leidigt, die Hochzeit in Trani gefeiert werden.   Von frischestem
Blute waren die Hände des königlichen Bräutigams besudelt
und besudelten sich noch täglich damit.   Seine Diplome kurz
vor, während und nach dem Hochzeitstage sind nichts als Blut=
und Racheedikte.

Am 16. November erst ließ er Gervasio di Matina an
den Schweif eines Pferdes gebunden durch Brindisi schleifen
und dann an den Galgen hängen; zwei Tage nach der Hoch=
zeit befahl er Gallipoli zu umzingeln, „quod nullus ex eis
possit effugere manus nostras", und ließ dreiunddreißig Ba=
rone in dieser Stadt an den Galgen hängen.   Der Hochzeit
auf dem Fuße folgte auch die Belagerung der Saracenenstadt
Lucera, die bei Konradin's Nahen wieder von ihm abgefallen
war.   Mit Galgen, Feuer und Eisen wurde die Stadt be=
zwungen.

Karl war ein rücksichtsloser Gegner; hätte Manfred diese
Rücksichtslosigkeit geübt, er würde sich fester gesetzt haben.
Manfred war eine viel zu edle·Natur und eine blutige Strafe
erfuhren die rebellischen Städte nie, das kann Foggia, Bari,
Barletta bezeugen.

Aber Karl war auch ein großer Gegner.   Er war viel=
leicht der grausamste Eroberer des Mittelalters; so grausam
und ehrgeizig er jedoch war, ist er doch die bedeutendste Ge=
stalt der Geschichte des 13. Jahrhunderts.   Ein tapferer und
kühner Feldherr, hatte er die weitestgehenden Pläne, wollte mit

der Eroberung des Königreichs Apulien und Sicilien das
deutsche Übergewicht in Mittel= und Nordeuropa bekämpfen,
durch ein guelfisches Italien und mit Hilfe der romanischen
Rasse sich an die Spitze des morgenländischen Kaiserreichs
stellen, durch die Einheit der Kirche, der er nur zu diesem
Zwecke diente, die Einheit der Weltherrschaft erstreben. Sein
Traum war Julius Cäsar und Augustus.

Als dieser Karl nach Italien kam, mußte Manfred zu=
nächst auf ein sicheres Unterkommen für seine Familie denken.
Vier Kinder hatte ihm seine geliebte Helena geschenkt: Beatrice,
im sechsten Jahre, Errico, Federico und Azzelino. Die Wahl
dieses Unterkommens war schwieriger, als es den Anschein
hatte. Neapel? Neapel ist noch heute die unverläßlichste
Stadt, noch heute verrufen durch sein abergläubiges Volk und
seinen papstfreundlichen Adel. Neapel war auch damals schon,
wenn es auch eine andere Maske aufsteckte, guelfisch und
päpstlich. Die anderen Städte der Terra di Lavoro waren
nicht wohl befestigt und mit Ausnahme von Rocca d'Arce in
Bezug auf ihre Kastelle von geringer Bedeutung. Den Ba=
ronen sodann war nicht zu trauen, sie hingen den Mantel
nach dem Winde und waren umlauert von Mönchen und
Pfaffen, die der römische Hof verkleidet als Spione überall
herumschickte.

Seine Familie war in Sicherheit nur unter der Hut der
natürlichen Feinde des päpstlichen Stuhles, in der den schwäbi=
schen Herrschern treuesten Stadt: in Lucera dei Saraceni.
Lucera war auch zugleich die festeste Stadt des Reiches; ab=
gelegen von den Gegenden, wo der erste Zusammenstoß der
Waffen statthaben mußte, lag es auch nahe dem Adriatischen
Meer, günstig also für den Fall, daß eine Flucht nach Corfu
oder sonst wohin nöthig wurde.

So ging Helena mit ihren vier, ihr unendlich theueren
Kindern nach Lucera und Manfred ging seinem Geschick
entgegen.

Wie ängstlich harrte die Ärmste auf die ersten Kunden von dem geliebten Gatten. Die erste, eine Schreckensnachricht, berichtete den Fall von Rocca d'Arce, der festen Burg. Sie war gefallen durch den Verrath des Kastellans.... Die zweite war die Niederlage von Manfred's Heer bei S. Germano... Flüchtlinge brachten sie nach Lucera: die Saracenen zum großen Theil erschlagen, die Niederlage vollständig, die Macht des Feindes unüberwindlich.

Doch es war noch nicht zu Ende! Die Nachricht von diesem ließ nicht auf sich warten. Die Schlacht von Benevento ist geschlagen, ist verloren! Auf Sturmesflügeln erreicht diese schwarze Kunde Lucera, denn die Fliehenden überboten einander in ängstlicher Hast, Lucera zu erreichen, wo sie sich sicher wähnten. Und Manfred? Was war aus Manfred geworden? Niemand wußte von ihm zu berichten. Helena hoffte noch, daß er sich gerettet, gleich so vielen geflüchtet. Aber die Bewohner Luceras wurden schwankend und Helenens Beschlüsse waren gleichermaßen schwankend. Nur eines wußte sie bestimmt: die Kinder mußten gerettet werden, und wenn sie in Lucera nicht sicher waren, so waren sie es in keinem Orte des Reiches. Also hinaus! Heim!

Noch immer keine Nachricht vom Gatten. Die Barone, Ritter, Damen und andere „Getreue" des Hofes fingen an, die Königin zu verlassen, bald war sie allein und nur drei Personen blieben der Geängsteten treu zur Seite. Die Chronik jener Tage hat uns ihre Namen aufbehalten und sie verdienen für alle Zeiten bekannt zu sein. Es waren: Messer Monualdi von Trani und seine Gattin Amundilla, und Messer Amerusio, ebenfalls von Trani. Diese trösteten die Herrin und sagten ihr, daß Filippo Chinardi, Manfred's Admiral, mit seinen Schiffen in der Nähe sein müsse. Vom Meere her winkte Hilfe und Rettung. Es handelte sich darum, die Küste oder eine der Städte an derselben zu erreichen und dort ein Schiff zu finden, das bereit wäre, die Königin aufzunehmen.

Nicht aufgeklärt ist, warum zu diesem Zwecke nicht die Lucera nächste Stadt Manfredonia gewählt wurde; die Reise über den Tavoliere hätte drei bis vier Stunden gedauert und die Bewohner dieser dem König eigensten Stadt mußten doch noch die Treue gewahrt haben. Die nächste Stadt nach Manfredonia war Barletta, aber auch sie wurde verschmäht und Trani erwählt. Vielleicht geschah dies aus dem Grunde, weil jener letzte Begleiter der Königin, Messer Amerusio, in Trani einen vertrauten und erprobten Freund besaß, der jetzt zur Flucht seine Hand bieten sollte: es war Messer Lupone. An diesen schickte Amerusio einen Getreuen mit der Aufforderung, ihm sofort ein Schiff auszurüsten.

Noch immer aber lebte Helena der Hoffnung, ihren Gemahl wiederzusehen; da aber kam die endliche nicht anzuzweifelnde Kunde seines Todes und wie eine Todte fiel auch sie zu Boden. Zögerung gab es nun nicht mehr: die Kinder mußten dem ungewissen Los in den Händen des übermüthigen Siegers entrissen werden.

Eilig wurden die Kostbarkeiten zusammengerafft und in der Nacht des 3. März 1266, fünf Tage nach der unglücklichen Schlacht, erreichte man Trani, die Stadt, in welcher Helena vor sieben Jahren ihre schönsten Tage verlebte. Wie hatten ihr damals die Barone und Herren der Provinz gehuldigt — jetzt war sie vereinsamt, kein Mensch kümmerte sich um die Trauernde. Flüchtig, heimlich, mit verhülltem Haupte, um nicht erkannt zu werden, nur von dem Gedanken beseelt, das verrätherische Land zu verlassen, eilt sie nach dem Hafen. Das Schiff lag bereit, Minuten nur trennen sie von dem sichernden Bord ...

Im Rathe der Götter war beschlossen, daß die Familie Manfred's verderbt werden sollte. War auch er aus Tantalus' Geschlecht? Waltete an Stelle launischer Götter ein blindes Schicksal? Genug! Im Augenblicke der Einschiffung bricht ein fürchterlicher Sturm los ... die Einschiffung ist unmög-

lich, unmöglich die Abfahrt, sie wäre sicherer Untergang ge=
wesen.

So mußte man die Nacht in Trani bleiben und Helena
vertraute sich und die Ihrigen dem Schutze des Kastellans an.
Ohne Zweifel war dieser eine Vertrauensperson Manfred's, die
Königin würde sich ihm sonst nicht ohne Weiteres überliefert
haben. Auf ihn war Verlaß — bis zu einem gewissen
Punkte.

Während die geängstete Fürstin schlaflos dem Tosen des
Sturmes lauschte und verzagend hoffte, er möchte sich legen,
schlich das Unheil auf Sohlen der Nacht heran. Die Agenten
des Papstes waren nach der Beneventiner Niederlage sofort
nach Lucera geschickt worden. Die man suchte, war aber schon
nach Trani abgereist. Man eilt nach Trani, erreicht es in
derselben stürmischen Nacht, erfährt das Geschehene und über=
rumpelt den Kastellan. Er solle die Flüchtlinge ausliefern.
Er schwankt Anfangs; da aber den Überredungen Drohungen
folgen und überzeugende Versicherung, daß es mit der Sache
Manfred's aus und vorbei, also keinerlei Gefahr mehr für ihn
vorhanden sei, sicherer Gewinn ihn aber erwarte, so giebt er
nach, die Flüchtlinge zu halten und — die Zugbrücke wird
aufgezogen.

Die Mutter mit den Kindern ist gefangen.

„Am 6. März kam viel Reitervolk des Königs Karl an,
das die Königin suchte und sie alsbald gefangen nahm mit
ihren vier Kindern und dem ganzen Schatze. Die Nacht darauf
führte man sie weg, wohin, ist unbekannt."

Mit diesen Worten endet das Tagebuch eines anonymen
Tranesischen Schreibers jener Zeit.

Das ist aber ein kleiner Irrthum: nur die Kinder wurden
weggebracht, die Mutter blieb allein in Trani, wenn auch nur
kurze Zeit. Gegen Mitte des Jahres 1266 wurde Helena von
Trani nach Lagopesole beschieden, wo Karl Hof hielt. Hier
ward ihr die Eröffnung, daß man beschlossen habe, sie von

Trani in das festere Kastell von Nocera de' Cristiani zu
schicken. Anwesend war ihre Feindin, die Gemahlin Karl's,
die stolze provençalische Gräfin Beatrix, deren Herz kein Er=
barmen kannte, die aber schon achtzehn Monate später, unter
der Angst des von den Ghibellinen Italiens auf den Schild
gehobenen Namens Konradin's, hinscheiden sollte.

Nocera de' Cristiani (oder bei Picentini), von Karl also
benannt, um es von Lucera (das oft auch unter dem Namen
Nucera vorkommt) de' Saraceni in Puglien zu unterscheiden,
war und ist zwischen dem Herzogthum Neapel und dem
Fürstenthum Salerno, in der Nähe Pompejis, gelegen. In
diesem weltfernen Kastell verlebte die Unglückliche fünf leidens=
volle Jahre, um nach dieser Frist an gebrochenem Herzen zu
sterben. Von ihren Kindern ward ihr nie mehr eine Kunde.

Waren diese todt? Wären sie es gewesen. Ein schlimmeres
Los war ihnen gefallen.

Auf dem Wege von Foggia nach Bari wird das Auge
durch einen in herrlicher Linie aufsteigenden Hügelzug im
Süden gefesselt, dessen östlicher Höhepunkt die stolzen Ruinen
des berühmten Schlosses Castel del Monte trägt — eine ein=
fache, aber durchaus edle Krönung der Landschaft, eine Hohen=
staufen=Krone. Dieser Bau war das Lustschloß Friedrich's II.
Diese herrliche Citadelle spricht noch in ihren Ruinen von der
Prachtliebe der Hohenstaufen und dem großen Aufschwung, den
die Kunst unter ihrer Regierung nahm.

Der Bau war achtseitig in zwölf Palm dicken Mauern
aufgeführt, auf denen sich acht stolze Thürme erhoben. In
jedem der zwei oder drei Stockwerke befanden sich acht große
Säle: das Ganze war reich geschmückt mit Skulpturen in
Marmor und prächtigen Mosaiken, aber das Schönste daran
war und ist die unermeßliche Rundschau, die man von seinen
Zinnen hat: es ist das Belvedere Apuliens und beherrscht es
in allen seinen Weiten. Frei schweift der Blick über das
Garganusgebirge, Manfredonia an seinem Fuße, Bari, Mono=

poli, Trani, Brindisi und wie sie alle heißen die alten Meer=
städte, die sich wie eine Schnur Perlen an der Küste reihen;
im Innern des Landes taucht Lucera auf, Canosa, Ruvo und
viele andere, und den Horizont säumen die dunkelblauen lucani=
schen Gebirgszüge.

Der Höhenzug aber, der das Schloß trägt, gehört zu den
sogenannten „Murgien" in den Murgie di Minervino, denen
gegen Altamura die Murgie di Gravina und Altamura folgen.
Sie beginnen an der Grenze des Kapitanats jenseits des
Ofanto und sind ein unfruchtbares, meist kahles, felsiges Berg=
land, gefügt aus Kreide und Kreidemergel, dichtem Kalkstein,
Sandstein, Thon und Jurakalk, in ihrer Formation dem Karst=
lande gleichend, das Ganze oft so glatt wie gepflasterte Straßen
und an Gletscherschliffe erinnernd.

In diesen Murgien, die früher auch manches Räuberge=
sindel beherbergten, begegnet man jetzt in den heißen Monaten,
da es, wie gesagt, in der Terra di Bari so lange Monate
nicht regnet, den Herden des Landes, die sich von den wenigen
Kräutern des Felsbodens, von den Schößlingen und Blättern
des Buschwerks, von Allem, was von der Hitze und der Dürftig=
keit des Bodens nicht überwunden wurde, nähren. Versuche,
mit Ölbaum und Rebe die Murgien kulturfähig zu machen,
sind nur zum kleinen Theil gelungen. Trotzdem muß das
Castello von S. Maria del Monte ein entzückender Aufent=
halt gewesen sein. Die Macht und Größe der Formen sind
noch wohl zu erkennen, die schmückende künstlerische Schöne
fiel längst dahin. Sie verfiel von dem Tage an, wo Karl
von Anjou aus dem Kastell ein Staatsgefängnis machte.

In diesem Staatsgefängnis nun, des Lichtes und des
Umganges mit Menschen gänzlich beraubt, schmachteten dreißig
Jahre lang, dreißig lange Jahre, seit 1266, die unglücklichen
Söhne Manfred's Errico, Federico und Azzelino in Ketten.
Diese Ketten wurden ihnen nur abgenommen, wenn sie den

aus den zartesten Knabenjahren in das Jünglings= und Mannesalter hineinwachsenden weiter gemacht werden mußten.

Außer der Kettenlast plagte sie der Hunger, denn nur eine verschwindend kleine Summe war zu ihrem Unterhalt ausgeworfen. Die „Großmuth" Karl's II. gewährte ihnen zwar im Jahre 1294, da er die Regierung antrat, eine kleine Aufbesserung an Geld, dieses Dekret blieb aber bei dem Kastellan unbeobachtet.

1297 erst erreichte Kostanza bei diesem Fürsten eine Erleichterung des Loses ihrer Brüder, die sie, wenn sie ihnen begegnet, gewiß nicht erkannt hätte. Die Ketten wurden ihnen abgenommen, aber im Kerker blieben sie und immer noch aufs Strengste bewacht, und nach 1298 waren sie alle drei dem Hungertode nahe. Endlich — es war Anfangs 1300 — ließ sie Karl von Castello del Monte nach Neapel in das Castello dell' Uovo überführen. Hier müssen Friedrich und Etzel bald verstorben sein, denn in einem Dokumente vom 8. Oktober 1301 ist nur noch von Errico, damals achtunddreißig Jahre alt, die Rede. Dieser lebte weiter, und Robert, Karl's II. Nachfolger, trat seine Regierung mit dem gemeinen und unmenschlichen Akt an, daß er den Unterhalt Errico's, der nunmehr 43 Jahre im Kerker geschmachtet und blind geworden war, um die Hälfte herabsetzte.

Weitere Dokumente des napolitanischen Archivs, deren gründliche Erforschung wir neuerdings dem so sehr mit Manfred sympathisierenden G. del Giudice verdanken, Errico betreffend, gehen bis zum Jahre 1318, das letzte für den Unglücklichen. Errico starb im Castello dell' Uovo am 31. Okt. 1318, genau fünfzig Jahre nach dem Tage, an dem das Haupt Konradin's auf dem Mercato Neapels fiel, sechsundfünfzig Jahre alt, von denen er zweiundfünfzig im Kerker verbracht hatte, denn vier Jahre alt war er ins Gefängnis gekommen.

Ein sonderbares Geschick war es, daß er in demselben Kastell starb, wo er das Licht der Welt erblickt hatte. . . .

So viel Leid, so viel Thränen und Blut in diesem Lande!
Aber die Natur lächelt, in unwandelbarer Bläue strahlt der
Himmel herab auf die blumen= und fruchtspendende Erde; die
Wellen des schönsten Meeres scherzen und murmeln um die
Mauern der alten Schlösser her, als hätten sie nur heiter=
sonnige Märchen erlebt, und der Wein, auf den Blutfeldern
Apuliens gewachsen, begeistert noch heute das Herz des Sän=
gers der Liebe . . . .

> „Aber Leid und Untergehen
> Lächelst du, du lächelst nur
> Ewige Natur.
> Deine großen Blicke sehen
> Immer die Verjüngung nur . . . .“

Das Blut dieser Edlen aber sollte nicht ungerochen
bleiben.

Die Feste der Rache.

„Lieb' und Freude dauern
Wie das Gras, das man mäht,
Aber des Hasses Mauern
Trotzen noch spät . . ."

Neapel am 28. März 1882.

Ja, die Rosengärtchen, welche die Liebe pflanzte, wo sind
sie? Die Beete im Garten, welche die Hand der Liebe mit
Vergißmeinnichtsamen besäete, sie sind dahin und keine Spur
des freudigen Lenzes wird mit in den späten Herbst hinüber-
genommen. Die Mauern aber, welche Herrschsucht und
Tyrannei vor Jahrhunderten um sich her baute, welche der
Zorn und der Haß der Völker umtobte, welche das Blut
Tausender färbte, sie dauern und stehen und tragen die Kunde
der Vergangenheit durch die Jahrhunderte mitten in die blühende Gegenwart hinein, angestaunt, bewundert von der, wie
man sagt, mit historischem Sinne begabten Nachwelt — und
fängt ja einmal Gras und Moos an, sich über den Steinen
festzusetzen, als ob es alte Narben überwachsen wollte, so ist
gerade ein Jahrhundert um, man muß das Fest des Hasses
feiern und die Festgärtner putzen die alten Mauern fein
säuberlich und zeigen im hellen Sonnenlichte unter Glocken-
geläute und Kanonendonner, daß die alten Wunden beileibe
noch nicht vernarbt sind, daß sie wieder zu bluten anfangen,
wenn sich der Mörder oder irgend ein Festredner ihnen naht.

In Palermo feiert nun Sicilien, man darf sagen Italien, aber nicht die civilisierte Welt, das Fest eines sechshundert= jährigen Hasses. Blättern wir in der Geschichte sechs Jahr= hunderte zurück, bis zum Jahre 1282, so finden wir ein arg mit Blut besudeltes Blatt, welches das Datum trägt: 31. März, und die Kapitelüberschrift:

Il Vespro siciliano.

Diese Vesper feierte damals der Haß gegen Frankreich und dieser Haß soll heute erneuert werden. Zwar er ist nie erloschen gewesen. Das sicilianische Volk fuhr fort, auch als kein Franzose es mehr belästigte, die Franzosen zu hassen, mit der Kraft und Innigkeit, die einem Hannibal Ehren gemacht hätte, und die Geschichte jenes blutigen Tages lebte durch die Jahrhunderte fort im Singen und Sagen des Volkes. Noch heute kann man in Palermo wie ein Märchen erzählen hören von Jung und Alt, wie es den Franzosen ergangen, und hört der Bube die Geschichte am Herdfeuer in lebhafter Weise von Vater oder Großvater dargestellt, so nimmt er sich vor, auch seinerseits die so lange Verhaßten mit neuen jungen Kräften zu hassen. Der Alte erzählte aber:

„Man singt und sagt, daß zu den Zeiten, wo die Fran= zosen auf Sicilien waren, um die Großmäuler zu spielen, es Niemand von den Unseren mehr aushalten wollte. Sie gaben all ihren Gelüsten freien Spielraum und verletzten Jeden auf das Gröblichste in seiner Hausehre.

Nun sagt an, konnte man so etwas ertragen? Im Schlafe nicht! Umsoweniger, als sich die verdammten Franzosen zu Herren auch über unsere anderen Sachen gemacht hatten. Sie gingen in den Häusern der Sicilianer ein und aus, gerade als ob es ihre eigenen wären, nahmen Gold und Silber und was sonst ihnen gefiel, und spielten die Vermittler in den Zwistig= keiten der Frauen. Da gab es aber einen muthigen Mann; dieser Mann hieß Johann Prociba; die Franzosen hatten ihn aus dem Reiche vertrieben und er haßte die Franzosen auf den

Tod. Was thut er? Wie er alle Missethaten der Franzosen in Sicilien erfahren, kleidet er sich in eine Mönchskutte, läßt sich den Bart wachsen und kommt hier herüber nach Sicilien. Hier stellt er sich verrückt und wandert von Ort zu Ort durch das ganze Königreich. Allen, die er trifft, predigt er seine Sache in die Ohren. War es ein Sicilianer, so sagte er: „Merke! an der Vesper des Monats März müssen wir alle Franzosen umbringen!" War es dagegen ein Franzose, so sang und sagte er ihm allerhand Lieder und Geschichtchen zum Lachen und so erfuhren die Franzosen nicht, daß er ihren Tod wollte. Sie lachten und sprachen: „Der arme Narr!"

Als der März kam und die Vesperstunde herannahte, so waren die Franzosen darauf bedacht, sich nach ihrer Weise zu belustigen, und überschritten die alten Sitten in jeder Weise, die Bürger und das Volk von Palermo aber erhoben ihre Stimmen und schrieen: „Auf sie! Auf sie! Tod den Franzosen!" und sie ermordeten sie alle in kürzerer Zeit, als ich dies erzähle. Dann zogen sie durch das Land und alle Ortschaften und fragten Jeden, dem sie begegneten: „Du da? sage „Ciciri!" — „Ciciri." — „Geh' in Frieden, Du bist Einer von den Unseren!" „Du da? sage Ciciri!" — „Chichiri." — „Ah, Unseliger, Du bist ein verfluchter Franzose!" Den tödteten sie ohne Gnade, er hatte nicht „Ciciri" sagen können und „Chichiri" gesagt, daran hatten sie ihn erkannt. So rotteten sie all den bösen Samen aus. Darauf zerhackten sie die Franzosen, die sie umgebracht hatten, legten ihre verstümmelten Gliedmaßen in Thunfisch=Fässer und schickten eine Schiffsladung davon nach Frankreich. Das haben die Franzosen wohl verdient und mehreres Andere dazu, denn die Greuel, die sie an uns verübt, sind nichts im Vergleiche mit diesem. Den Johann Procida aber erwählten sie zum Oberbefehlshaber und auf diese Weise wagten die Franzosen nicht mehr, ihren Fuß auf diesen Boden zu setzen. Und das schmerzte sie gar sehr und schmerzt sie noch, so daß sie aus Ärger jedes Jahr eine Karte von

Sicilien nehmen und sie verbrennen, und thun sie dies immer zur Stunde der Märzvesper mitten auf einem Platze. Damit wollen sie uns bedeuten, daß sie unser Land, so sie es in ihre Hände bekämen, genau so einäschern würden wie die Karte. Aber sie sind ohnmächtig und die Sicilianer hassen die Franzosen auf ewig wegen der Schändlichkeiten, die sie an uns verübt, und keiner setzt seinen Fuß mehr nach Sicilien, es sei denn auf die Gefahr hin, ermordet zu werden. Das ist die sicilianische Vesper gegen die Thrannei der Franzosen."

So stellt sich die Geschichte in den Sagen des Volkes dar, aber auch in seinem Singen lebt sie noch. Pitrè giebt zwei Volkslieder, die sich deutlich auf die Vesper beziehen; sie lauten aus dem sicilianischen Text übersetzt:

> Horch, Frankreich, horch! Die Todtenglocken läuten!
> Nein, Franzen kommen nicht mehr nach Sicilien.
> Vivat Sicilien und sein siegreich Streiten!
> Vivat Palermo, das so stark gerungen.
> So läutet alle Glocken zur Viktoria,
> Stellt aus zur Schau die blut'gen Waffen alle,
> Denn im Gedächtnis bleibt zu ew'ger Gloria,
> Daß Frankreich in Sicilien kam zu Falle.

Und das andere:

> Wagt's nimmermehr, zu kommen nach Sicilien,
> Euch's Fell zu salzen hat man hier geschworen!
> Und kommst du doch von Neuem nach Sicilien,
> So läuten, Frankreich, dir die Todtenglocken.
> Wer „Chichiri" sagt bei uns in Sicilien,
> Dem wird zu Ehren man's Genicke brechen,
> Und spräche man dereinst: „Hier war Sicilien!"
> Würd' auch kein Mensch vom Frankenreich mehr sprechen.

Das also sind des Hasses Zeugen, welche der Wind von Ort zu Ort tragen kann, wo sie wie Samen niederfallen und neue Saat hervorbringen können; aber auch zwei steinerne Zeugen sind aus jener Zeit in Palermo übriggeblieben: das

Kreuz der Veſper und das Kirchlein Santo Spirito. Das
„Kreuz der Veſper" ſteht in der Sezione Tribunale, man
findet es, wenn man das Richtergäßchen herabkommt, die
Kirche Sant' Anna La Miſericordia zur Linken laſſend, auf
dem in alter Zeit „Valguarnera" genannten Platze in der
Mitte, wo auf einem Marmorpiedeſtal eine Säule, darauf
das Kreuz, ſich erhebt. Die Säule wird eingehegt von einem
Eiſengitter mit Waffen und Trophäen aus dem 13. Jahr=
hundert und von ihr und von dem Kreuze hat der Platz
heute den Namen „Piazza della Croce" erhalten. Der frühere
Standort der Säule aber war an der nördlichen Ecke des
Palaſtes Campofranco; dort hinderte ſie jedoch den Wagen=
verkehr zu ſehr, ſo daß man ſie ſpäter an die Mauer des Ex=
kloſters von S. Anna verpflanzte; erſt nach Ebnung und
Pflaſterung des Platzes ſtellte man ſie im Centrum auf. Von
dieſer Säule weiß die Tradition, daß ſie an den Ort erinnern
ſolle, wo man nach verübter Rache eine Grube gegraben und
die ermordeten Söldner Karl's von Anjou eingeſcharrt hatte.
Die Tradition weiß ferner, daß dies St. Annen=Kloſter, noch
bis ins 15. Jahrhundert hinein Herrenpalaſt, im Jahre 1282
dem Giuſtiziere (Gerechtigkeitspfleger) des Val di Mazzara,
Johann von St. Remy, zur Wohnung gedient und daß dieſer
Umſtand Grund zu einer der blutigſten Epiſoden der Revolte
in dieſer Gegend geweſen ſei.

Das andere Denkmal aus jener Zeit iſt die Kirche Santo
Spirito. Wir finden ſie in der Sezione Prato vor der
Stadt am linken Ufer des Oretofluſſes, zwiſchen den Cypreſ=
ſen des Friedhofs, welchen der Vicekönig Caracciolo am
fünften Jahrestage der Veſper 1287, um ſeine Gebeine nicht
mit jenen der antiken fremden Unterdrücker zu miſchen, gründete.
Auch das gleichnamige Kloſter iſt hiſtoriſch wie die Kirche.
Der Erbauer beider war der Erzbiſchof Gualtiero Offamil
— ſo ſchreiben die Sicilianer ſeinen Namen, während er, von
Geburt ein Engländer, eigentlich Walter of ye Mil hieß —

1173, und war das Kloster für die Cistercienser bestimmt. Die
Sage erzählt, daß an dem Tage, wo man den Grundstein
legte, sich die Sonne plötzlich verfinstert habe. In der an=
liegenden reizenden Campagna begann am 31. März 1282 die
Insurrektion und das Blutbad der Vesper.

Der Alte von Caprera, der seit Jahren schon die Rolle
des legendarischen Helden Johannes v. Procida gespielt hat, ist
schon seit Tagen von seiner Villa am Posilipo Neapel's auf=
gebrochen, nicht ohne vorher den Franzosen jenen historischen
Handschuh, den Konradin dereinst vom Blutgerüste schleuderte,
in Form eines Briefes zugeworfen zu haben. Er schickte den=
selben an Leon Taxil, Direktor einer anti=klerikalen Zeitung
in Frankreich*), und redet folgendermaßen:

„Es ist vollbracht: Eure tonsurierte Republik wird Nie=
mand mehr betrügen. Liebe und Verehrung, die wir für sie
fühlten, haben sich in Verachtung umgewandelt.

Euer tunesischer Krieg ist schmählich . . . . . . Eure be=
rühmten Generäle, die sich von den Preußen haben in Vieh=
wagen sperren und nach Deutschland schaffen lassen, spielen
jetzt, nachdem sie dem Feinde einst anderthalb Millionen
wackerer Streiter überliefert haben, die Prahlhänse gegenüber
den schwachen, unschuldigen Völkerschaften von Tunis, welche
ihnen nichts schulden und sie auch in Nichts beleidigt haben.
Ihr kennt die Telegramme: Der Obergeneral X. hat gekämpft,
der General Y. hat ein glänzendes Treffen bestanden; er hat
drei Dörfer zerstört, tausend Dattelbäume umgehauen, zwei=
hundert Ochsen weggeführt, tausend Schafe geschlachtet, zwei=
tausend Hühner mit Beschlag belegt u. s. w. Wenn man die
Thorheit beginge, jene Telegramme der schönen Geschichte
Frankreich's einzuverleiben, so müßte man sie hinausjagen,
hinausfegen mit dem k. thigen Küchenbesen.“

Nun, das ist wenigstens deutlich und nach solcher Sprache

---

*) Gegenwärtig Vorkämpfer des Papstthums.

ift es kein Wunder, daß die Zeitungen das Gerücht durch=
läuft, die Franzosen, denen das Fest unter sothanen Um=
ständen einen gar üblen Eindruck macht, hätten die Absicht,
einen Theil ihrer Flotte vor Palermo zu senden, und solches
wahrlich nicht, um das Fest imposanter zu machen; daß aber
auch die italienische Regierung über Hals und Kopf den
Befehl gegeben, die besten Panzerschiffe für die Tage des Festes
zu rüsten.

Daß diese sicilianische Vesper=Feier, wie man in deutschen
Zeitungen liest, „ein jahrhundertelang nachklingendes Loblied
auf das große deutsche Herrschergeschlecht der Hohenstaufen"
sei, ist ein kolossaler Irrthum, denn auch damals hatte der
Aufstand mit dem Hohenstaufenhause nichts zu thun und die
bekannten Fabeln und Romanzen sind eben in das Fabelreich
zu weisen.

Ausgemacht ist heute, daß sich schon unter der schwäbi=
schen Herrschaft republikanische Tendenzen zeigten und Palermo
sich gar oft alter „Gepflogenheiten" erinnerte, die ihm unter
Wilhelm II. approbiert worden sein sollten. Friedrich II. gab,
in seiner Fühlung, den Gemeinden bestimmtere Formen, nicht
um Neues zu schaffen, als vielmehr Bestehendes anzuerkennen
und zu regeln, weniger, um die heischenden Städte zu befrie=
digen, als wachsenden Ansprüchen zu begegnen, um solcher=
maßen zu verhüten, daß in Sicilien das Beispiel der freien
Städte der Lombardei und Toscana's nachgeahmt werde. Fried=
rich starb, sein Sohn Konrad wurde in Deutschland zurückge=
halten, und Innocenz IV. macht sich, um diesen von der
Thronfolge in Sicilien auszuschließen, alsbald zum Verfechter
republikanischer Tendenzen, womit er sich die Insel zuerst ge=
winnen konnte. Gegen das sonderbare Vorgehen des Papstes
tritt Manfred im Namen seines Bruders auf; dieser stirbt je=
doch und jetzt, wo der unschädliche Konradin allein übrig
blieb, wurde das päpstliche Schmeichelwerk lebhafter als
vorher betrieben. Den Sicilianern waren die regierenden

13*

Häuser ganz gleichgültig, sie wollten die Republik, und Pa=
lermo rief sie — in der Zeit der Anarchie 1254 bis 1256 —
zuerst aus: unter dem Schutze der Kirche! Die anderen Städte
folgten bald nach, gegenseitige Verträge und Bündnisse der
Municipien zu Schutz und Trutz wurden geschlossen und über
die Konföderation befahl im Namen des Papstes ein aposto=
lischer Legat. Welche Bedingungen dabei obwalteten, ist un=
bekannt geblieben. Manfred stellte die Ordnung wieder her und
hatte dabei selbstverständlich die Barone auf seiner Seite. Der
päpstliche Legat wurde durch Manfred's Bevollmächtigten, Hein=
rich von Abate, der in Palermo eindrang, gefangen genommen.
Nun rief der Papst Karl von Anjou zu Hilfe und — das
Schicksal unseres sympathischen Helden Manfred ist bekannt.

Karl von Anjou wurde nicht in Palermo gesalbt und
gekrönt, er ging nie übers Meer, trotzdem er der Stadt „seine
große Liebe, die er ihr als Sitz und Haupt eines Königreichs
entgegenbringe", erklärte; er blieb in Neapel, der Provence
und Frankreich näher, näher auch dem päpstlichen Hofe und
dem sehnlichst begehrten Ober=Italien. Es ist bekannt, wie die
Herrschaft Karl's verlief; die Rache, die ihn traf, ist unvergeß=
lich geblieben. Unter all den dunkeln Zügen seines Charakters
wird von allen Geschichtschreibern sein schmutziger Geiz her=
vorgehoben, seine Habgier, wozu sich die Unersättlichkeit seiner
Beamten gesellte. Amari in seinem schönen Werke „La Guerra
del Vespro siciliano" sagt: „Auf der Insel gab es nur Thrä=
nen und Entsetzen; das Volk war mißhandelt, mißhandelt auch
der Einzelne; kein Beamter, von dem man Rechenschaft ver=
langt hätte; kein Fürst vorhanden, der geschehenes Unrecht
wieder gutzumachen versucht hätte; ja nicht einmal am häus=
lichen Herde mehr ein Asyl, wohin nicht der verhaßte Laut
der fremden Sprache gedrungen wäre, um die Knechtschaft noch
fühlbarer zu machen. Keiner war mehr Herr seines Eigenthums,
Jeder in seiner persönlichen Ehre gekränkt, in den Frauen sei=
nes Hauses geschändet, um sein Leben besorgt, in steter Gefahr."

„Knirschend", fährt er fort, „schreibe ich es nieder, aber auch die Rache dafür werde ich erzählen."

Während wahrscheinlich Unterhandlungen stattfanden zwischen Peter von Aragonien und einigen geächteten Baronen der Insel, welche in die aufgedrängten Zügel geschäumt hatten, erhob sich das Volk von Palermo, ohne irgend eine Abmachung, ohne alle Vorbereitung, aus eigener plötzlicher Entschließung, und vollendete aus sich, was Andere nach reiflicher Berathung, Erwägung und Überlegung nie gewagt hätten zu thun.

In die erste Periode der Erhebung klingt kein Name eines Mächtigen hinein, sie war durchaus volksthümlich, bürgerlich, sie war eine Frucht der republikanischen Tendenzen, der guelfischen Municipal = Föderation unter der schützenden Autorität der Kirche. Und Palermo war es, das, indem es sein Municipalpanier erhob, die anderen Städte Sicilien's durch die Kraft seines Beispiels zum Aufstande anregte. Als der Einfluß der Barone bei wachsender Gefahr und die Verschwörung, wenn es eine solche gab, sich fühlbar machte, wurden Peter von Aragonien und seine Frau Costanza festlich in Palermo empfangen. Der erbitterte Kampf, einmal entbrannt, dauerte durch Jahre fort und Messina hat den Ruhm, Sicilien zweimal gerettet zu haben: in den denkwürdigen Belagerungen von 1282 und 1301, während Palermo die Begeisterung wachhielt und seinen mächtigen Arm verlieh. Bürger Palermo's waren es, die den König Friedrich in Schlacht und Sieg von Falconara, zwischen Trapani und Marsala, begleiteten, wofür ihnen alte Privilegien bestätigt und vermehrt wurden. 1325 noch wurde die Stadt durch die Belagerung durch Karl, Herzog von Calabrien, den einzigen Sohn Robert's von Anjou, auf eine harte Probe gestellt, aber sie fiel nicht.

So viel über Zweck und Bedeutung des Festes, das nicht bloß Sicilien, sondern ganz Italien in eine mehr als ungewöhnliche Erregung versetzt. Über dieses Fest schreibe ich von Palermo selbst aus.

Palermo, 29. März.

„...... Arion schifft auf Meereswogen .... die Leier hält er in der Hand ...", „Zum Kampf der Wagen und Gesänge ...", „Das scheint bedenklich mir, ein Wagestück, drum ..." Ja, von Umkehren war leider nicht die Rede und so machte ich mich denn beherzt an das dritte Stadium meiner Seefahrt von Neapel nach Palermo: Fluchen, Erbrechen und Beten schallt aus der Kajüte heraus und ich fügte mich in das Unvermeidliche. Das thaten gleich mir die Herren Crispi, Amari, der Geschichtsschreiber der „Guerra del Vespro siciliano", die mit an Bord waren, und wenn Crispi schwer aus dem Sattel zu heben ist, aus dem Bett wurde er durch die unsanfte Hand Neptun's leicht und schwungvoll gehoben. Unser Schiff war von einem starken Winde aus Norden gehetzt worden, einem Winde, der ja gegenwärtig so manches Schifflein treibt, von denen man freilich nicht weiß, ob alle in den Hafen einlaufen werden. Wir erreichten ihn rasch und gut, glücklich kann ich nicht sagen, denn ein strömender Regen empfing uns, die Wellen um das Schiff her waren noch so mächtig, daß sie keinem erlösenden Boote die Annäherung gestatteten. Der Monte Pellegrino hatte eine verdrießliche Nebelkappe über die Ohren gezogen und die Conca d'oro, die Goldmuschel, hatte sich in eine Conca di fango, was man besser unübersetzt läßt, verwandelt. Die Stadt hatte ein mißmuthiges Antlitz und die paar hundert Fahnen, die man wegen der Ankunft Garibaldi's herausgesteckt, hingen schlaff und regennaß herab, an ihnen vollzog sich bereits, was ja bei jedem großen Nationalfeste so wünschenswerth: die Verschmelzung der verschiedenen Farben, wobei sich das Roth am breitesten machte, es lief ins Weiß und ins Grün, jedenfalls war es nie waschecht gewesen. Das war die wichtigste Beobachtung, die ich auf meiner Fahrt vom Porto zum Hotel machen konnte. Die andere betraf die vom Empfang Garibaldi's zurückkehrenden Genossenschaften: still wie von einem Begräbnis kamen sie von der Villa Ugo, Be-

fiß des Grafen Ugo, Bürgermeisters der Stadt, zurück. Aber
diese Ruhe kommt dem Volke zu Ehren, sie hat etwas Rühren=
des. Man denke sich eine südlich=heiße Bevölkerung, im höch=
sten Grade durch die Nachricht: in wenig Stunden ist der ge=
liebte Held in der Stadt, in unserer Mitte! Keiner legt sich
zu Bett; in Cafés, den Kantinen, in Hausfluren, auf Straßen
und Plätzen, die Fahnen in der Mitte, wachen sie den Mor=
gen heran, scharen sie sich endlich im Regen um den Bahn=
hof her. Beim Pfiff der sich nahenden Lokomotive schon ent=
blößen sie die Häupter, und der stürmische, so lange zurückge=
haltene Jubel soll losbrechen. Ein Wort des Bürgermeisters
genügt, ihn zurückzuhalten: „Garibaldi ist müde und angegrif=
fen, schont ihn, Bürger!"... und kein Ruf, auch nicht einer,
macht sich laut. Stumm, nur mit Händen und Fahnen und
ehrfurchtsvoll entblößten Häuptern begrüßt man den geliebten
Mann. Aber die Erinnerung an jene Zeiten, wo der Mann
in der camicia rossa, er trägt sie auch heute, hoch zu Roß,
das Schwert in der Faust, wie ein Rache=Engel in dieselbe
Stadt einzog, übermannt die Meisten. Die Musik stimmt die
Garibaldi=Hymne an und — der stille Jubel mischt sich mit
den Gedanken an jene Zeiten und Viele weinen, Viele schluch=
zen sogar und, immer weinend, begleiten sie den alten bleichen
Mann zu seiner Wohnung. Der hat den majestätischen Em=
pfang verstanden, er weiß ihn zu würdigen. Beim Eintritt
in die Villa äußerte er sich zum Bürgermeister Ugo: „Wie
war ich so bewegt. Palermo ist doch immer groß. Welches
Schweigen! Welcher wunderbare, rührende Liebesbeweis. Der
Empfang in Palermo ist der schönste von allen!" Und dann,
als ihn Crispi besuchte, wiederholte er: „Das Volk von Pa=
lermo, ich hab' es immer gesagt, ist das Volk der großen
Unternehmungen! Es ist das erste Volk der Welt." Lächelnd
hat er bei dieser Gelegenheit Crispi einen Artikel von Paul
de Cassagnac gezeigt, wo dieser den General (wahrscheinlich in
Folge seines beißenden Briefes) einen Schelm und Piraten

nennt, und hat Gelegenheit genommen, sich des Breitern über das Verhältnis Italien's zu Frankreich auszulassen; auch das Papstthum ist, wie die Zeitungen eben melden, schlecht dabei weggekommen. Das kommt auch sonst schlecht weg. Amari hat soeben eine Schrift publiciert: „Racconto popolare del Vespro siciliano" und schreibt in der Vorrede, daß sich die Feier der Vesper nicht gegen die Franzosen zu wenden habe, die mit Italien in Frieden leben, mit ihm und für dasselbe 1859 gekämpft und politische und ökonomische Interessen mit ihm gemein haben, sondern gegen das Papstthum.

„Die Zeiten haben sich geändert", schreibt er, „damals brachte die Revolution der Insel freie Institutionen, konnte aber eine neue fremde Invasion nicht verhüten, ebensowenig wie einen langen moralischen und materiellen Verfall. Die Erhebung unserer Tage (1860), im Anschluß an den Aufstand der gesammten Nation, hat uns ein freies und einiges Italien gegeben, Rom als Hauptstadt, ein nationales Herrscherhaus, die Civilisation im Fortschritt, den Handel belebt, die Industrie geweckt und das Papstthum in die Grenzen der spiritualen Autorität zurückgedrängt."

So Amari. Garibaldi, der im Alter die Schärfe seines Schwertes auf seine Feder übertragen zu haben scheint, schreibt dem Volke von Palermo einen fulminanten Brief, dessen Wortlaut wir aus preßpolizeilichen Rücksichten nicht veröffentlichen können.

Und das Volk von Palermo liest diesen Brief, wie ich mich überzeugen konnte, mit Andacht; er war an den Ecken der Hauptstraßen angeschlagen und stellte man sich daneben, so konnte man manches interessante Wort hören und auch die Straßenjungen äußerten ihre Meinungen.

„Ich möchte ihn wohl sehen", sagte der Eine, „es soll ein ehrwürdiger Alter sein. Er hat die dreifarbige Fahne nach Sicilien herübergebracht und hat die Räuber aus dem Lande gejagt."

„Ja, mein Vater hat's mir oft gesagt: Garibaldi wäre ein heiliger Mann."

Diese Heiligen erkennt die Kirche natürlich nicht an, und da neben dem Hause, wo ich den Brief gelesen, ein Zeitungs= händler seine Bude hatte, kaufte ich mir, um auch die „altera pars" zu hören, die neueste Nummer der „Sicilia Cattolica" und da stand es klar und deutlich: „Wo ist der Ruhm des neuen Italien? Man lese doch die Verbrecher=Statistik und sehe, wie die Unthaten sich vermehren, man sehe ferner die er= schreckende Sittenlosigkeit, die Verwaltung in Dekadenz, die Jugend im Atheismus erzogen, die Steuern wachsend und höher schon als damals, wo sie unsere Väter gegen die sie ihnen auflegenden Franzosen aufbrachten; dann die Gewalt= thätigkeiten gegen die Kirche Christi, gegen seinen Statthalter auf Erden, gegen die Bischöfe, den Klerus, gegen die religiösen Orden! Die Bräute des Herrn mit dem Bajonett aus ihren Klöstern vertrieben und verdammt, vor Hunger zu sterben oder Brot auf den Straßen zu betteln! Und dann die Gewalt= thätigkeiten gegen den Glauben der Katholiken, die der Reli= gion feindlichen Gesetze, die Civilehe; und dann der Socialis= mus,Radikalismus und Republikanismus, welche zu triumphieren trachten ꝛc. ꝛc."

So, ich habe meiner Pflicht auch nach dieser Seite hin genügt.

Ein Gang durch die Straßen, den ich trotz strömenden Regens unternahm, ließ vom Feste noch gar nichts erkennen; nur die Schaufenster waren gefüllt mit Vespermedaillen, Ves= pertaschentüchern, Vesperseife, Vesperbildern und Vesperkuchen; in den Buchläden unzählige Bücher, Broschüren und Flug= schriften, Hymnen und andere Dichtungen über die Vesper. In einem kaufte ich mir das Festprogramm und dieses lautet in seinen Hauptzügen:

Donnerstag, 30. März. 10 Uhr früh feierliche Sitzung der Gesellschaft für vaterländische Geschichte, welcher der be= rühmte Historiker der Vesper, Michele Amari, beiwohnen wird.

Um 1 Uhr Wettrennen in der k. Favorita. Abends Ein=
weihung des Pavillons für den Wohlthätigkeitsbazar.

Freitag, 31. März. 10 Uhr früh Festzug der Reprä=
sentanten des Municipiums und aller Gesellschaften der Insel
mit Musikbanden, Bannern und Fahnen nach der Kirche
S. Spirito, wo der Festhymnus von 300 Stimmen gesungen
werden wird. Einweihung der Gedenktafel mit Rede des
Senators Perez. Rückkehr nach Piazza Bellini und Enthül=
lung der Gedenktafel an der Kirche Martorana, in der sich
1282 das sicilianische Parlament vereinigte. Rede des Abge=
ordneten Crispi. Abends große Illumination der Straßen
Vittorio Emmanuele und Macqueda und auf den Plätzen
Musik. Galavorstellung im Politeama: „Aïda".

Samstag, 1. April. Um 1 Uhr Regatta im Hafen.
Abends Illumination am Hafen und um den Golf her; im
Golfe Seegefecht, Erstürmung eines Kastells. Feuerwerk.
Leuchtthürme mit elektrischem Lichte bei P. Erasmo und
Porta Felice. Freudenfeuer auf den Bergen um die Stadt her.

Dies für heute. Die Feste zu den am 4. April —
aber der Regen müßte früher aufhören. —

Palermo, 31. März.

Die ganze vergangene Nacht hatte es geregnet. Halb
schlafend, halb wachend hörte ich, wie die Tropfen schwer gegen
meine Fenster schlugen, wie es durch die Gassen rauschte,
hörte den feuchten Wind vom Meere her schnauben und mit
den Ziegeln des mir gegenüberliegenden Daches klappern.
Gegen 3 Uhr, wo andere Singvögel aufstehen, kam die Prima=
donna des Politeama, Fräulein Singer, nach einer „Aïde"=
Vorstellung nach Hause und ließ in heiterer Stimmung, wie
es schien, noch einige Gesangstöne durch ihr Zimmer flattern
. . . dann war's wieder still und . . . Regen, Regen.

Aber es giebt noch Festsonnen am Himmel, sogar am deutschen Himmel giebt sie es und hier im Süden, in Palermo und zu einem Hauptfeste ihrer heißblütigen Kinder! Heraus denn, Sonne, siege und mache dem Sonnenlande Ehre!

Ich war es nicht, der dies rief, ich war schließlich wirklich eingeschlafen. Ein Strahl, ein heißer Strahl weckte mich: die Sonne war da. Jetzt heraus. In voller Feststimmung sprang ich vom Lager auf und eilte zum Fenster: goldener Schein über der Stadt, goldener Schein auf dem Meere, reges frisches Leben auf den Straßen: das Fest konnte gefeiert werden. Ich stand auf dem Balkon des Hotels und sah, wie die bunten Fahnen zu allen Fenstern herausgesteckt wurden, dort ordnete eine alte Dame noch im Nachthäubchen dem Diener an, wie er die Flagge zu befestigen habe, da mühte sich ein langer hagerer Priester, die Widerspenstige selbst an das Gitter des Balkons zu binden; mir gegenüber war die ganze Familie bei dem Geschäft und die kleinen schwarzköpfigen Buben und Mädchen banden Kränze fest; weiterhin legte man schöne bunte Teppiche aus den Fenstern, und Bauern aus der Umgebung schleppten Laub und Blumen in Bündeln und Körben heran, auch fertige Ranken vom Lorbeerbaum. Und immer kräftiger schien die Sonne in das lebhaft gefärbte Bild hinein, immer mehr Farben erwachten in demselben. Fahnen, rothe, blaue, goldglänzende, weiß-roth-grüne wurden von Männern in Festkleidung eilig dahingetragen, Männer der Musik in phantastisch bunten Uniformen standen in Gruppen beisammen und das Landvolk strömte in Scharen zu allen Thoren herein. . . .

Nun hinaus! Die Via Macqueda hinunter, durch Porta Macqueda zur Piazza Ruggiero Settimo, hier im Teatro Politeama, war die Sammelstätte aller Vereine und Genossenschaften, der Deputationen und Stadtbehörden. Es war erst acht Uhr, um zehn Uhr sollte der Festzug beginnen, aber schon war das Volk dicht auf den Straßen und um den

schönen Platz her gescharrt, schon standen die Damen in
schönster Pracht auf den geschmückten Balkonen: ein farben=
herrliches Bild, aber so ruhig, so friedlich, so sanft fast, es
wollte mir scheinen, als solle ein Blumenfest eher als ein
Fest der Rache gefeiert werden. Kein Schrei wird laut, kein
Ruf, keine Äußerung der Roheit, des wilden Sinnes. Ich
stand mit einem neapolitanischen Freunde inmitten der dich=
testen Volksmenge, ich provocierte, indem ich mit diesem deutsch
sprach — für den Sicilianer wie jede fremde Sprache über=
haupt französisch —, ich gab mich also als „Francese" zu er=
kennen, aber keine feindselige Äußerung; dieselbe Artigkeit, ja
Zuvorkommenheit antwortete uns auf unsere Fragen. Nun
fragte ich direkt einen alten Mann in schwarzer Sammetjacke
und schwarzer Zipfelmütze, einen Bauer aus der Umgegend
mit bronzefarbenem intelligenten Gesichte, ob er die Franzosen
nicht hasse? „O Herr", war seine Antwort, „sechshundert Jahre,
sagen sie, sollen über jenen Tag vergangen sein, die Zeiten
sind anders geworden: die Völker müssen eines durch das an=
dere leben, uns haben die Franzosen nichts gethan." Das war
ein famoses Wort und dem Alten von keiner Zeitung und von
keinem Prediger eingegeben. Aber auch die Gebildeten mußten
ausgekundschaftet werden, und siehe da, auch hier nichts von
einer feindseligen Stimmung, nichts von Blut und Messer.
Unsere Vorfahren, hieß es, hatten keine andere Wahl als das
Messer; wenn wir aber heute in so später Zeit das Fest feiern,
so ist es nicht das Gemetzel, dem wir Hymnen singen, dem
wir Gedenktafeln errichten, dem wir jene Kirche S. Spirito
restaurieren, nicht die blutige That zu feiern, haben wir die
Vertreter aller Gemeinden der Insel hier zusammengerufen
sowie jene der Provinzen des neuen Italien. Nein, wir thun
dies Alles, um unseren Vätern die Schuld der Dankbarkeit
heimzuzahlen, aber mehr noch, um uns Männern der Gegen=
wart, besonders der modernen Jugend, ein großes Beispiel des
Heldenmuthes vorzuhalten, an dem sie die Herzen erwärmen

und stählen können, in einer Zeit der traurigsten Skepsis. Frankreich zu beleidigen, daran hat Niemand gedacht; das Fest wurde geplant vor fünf, sechs Jahren, als man in ganz anderen Beziehungen zu Frankreich stand. Aber den Zweck hat das Fest, den anderen Völkern zu zeigen, daß wir noch heute bereit sind, den köstlichen Schatz unserer Freiheit bis zum letzten Blutstropfen zu vertheidigen, und so ist es kein municipales Fest, kein regionales, sondern ein durchaus italienisches. Wer heute nicht nach Palermo gekommen, ist bei uns im Geist. Und, schloß mein Mann, der sich in immer größere Wärme hineingearbeitet, umringt von einem andächtigen Zuhörerkreise: unserem patriotischen Rufe wird Antwort gegeben aus allen Orten und Enden der Halbinsel, das mächtige Echo eines Rufes aus der Brust von achtundzwanzig Millionen Menschen.

Immer lauter tönten die Schläge der Pauken, immer heller schmetterten die Trompeten, Trommelwirbel aus der Ferne und Jauchzen. Ich hob die Augen und so weit sie die Landstraße, die in die Conca d'oro hineinführt, erreichten: eine Völkerwanderung unter Fahnen, die in frischer Morgenröthe flatterten, und die Wanderung, die Wallfahrt zum Vesperkirchlein begann. Das Zeichen ward gegeben: das Stadtmusikkorps schmetterte die Garibaldi-Hymne, das dichtgescharte Publikum öffnete seine Reihen und da defilierten sie vorüber, die Handwerkervereine der Stadt Palermo mit ihren siebenundzwanzig Fahnen; da die Goldschmiede, die Holzsäger, die braunen wetterfesten Fischer, in weißen Marinegewändern die Schiffer, die kräftigen, muskulösen Eisenarbeiter, viele darunter im Werkeltagskleide, manche alte, durch die Arbeit gekrümmte Gestalt, aber helles Feuer noch in den Augen, die Arbeiter der Agrumigeschäfte, die Gärtner und Fleischhauer, viele originelle Gesichter darunter... Weiter! Laut jubelt das Volk den Messinesen entgegen; sie haben ihre eigene Musikbande mitgebracht und zwanzig Fahnen, unter denen die Arbeiter der Schwesterstadt, lauter schöne Leute, marschieren. Garibaldi-

Hymne immer und immer! Das Musikkorps von Corleone
ist es, das sie anstimmt, von Kopf bis zu Füßen in lichtes
Blau gekleidet; ihm folgen einundzwanzig Fahnen. Im Sturm-
schritt eilt es vorüber: Fahnen, Banner, Gewerbeverein von
Messina, Gewerbeverein von Siracusa. Angeführt von der
Bande von Carini nahen die Invaliden der vaterländischen
Schlachten, die Reste der „Tausend von Marsala" — und jetzt
die studierende Jugend, lebhafte, feurige, wohldisziplinierte Jünglinge, darunter die Professoren der Universität, des Lyceums
und Gymnasiums, und nun folgt der bunteste und interessanteste Theil des Festzuges: die Gemeinden der Insel, ihre Repräsentanten um die Banner, hundertundsieben an der Zahl,
geschart, eine Eidgenossenschaft heute, die sich durch Herz und
Hand zu treuem Zusammenstehen verbinden wollen. Diese
Männer da, dieses Volk, das die Geschichte in stetem wilden
Rollen und Würfeln der Zeiten geformt ... wie viel Geschichte zog in den Namen der Städte und Orte, in den Emble-
men und Wappen der Banner an uns vorüber! Die Seele
thut einen weiten Flug zurück durch die Jahrtausende und sieht
die Urwohner, die Sikuler — sieht die Phönizier, welche auf
der Insel zu wohnen kamen — die Dorer, die Jonier; wir
erinnern uns der feierlichen Reste jener Zeit, wenn wir die
Männer von Girgenti, Selinunt, Siracusa vorüberschreiten
sehen — wir denken der Karthager — der Römer auf Sicilien — der famosen Sklavenkriege — wir sehen Geiserich vor
Palermo landen, Lilybäum erobern — Odoaker kommt —
kein Ende! Die oströmischen Kaiser — die Araber — Normannen — Ruggiero, wie viele Hunderte unter den Vorbeiziehen-
den führen noch heute diesen Namen — die Hohenstaufen, wie
viel Städtebanner, die da im Winde flattern, führen noch heute
seinen Adler — Frankreich — Spanien — Bourbonen —
wie viele Spuren von Zügen hat die Geschichte auf den Gesichtern dieser Männer zurückgelassen! Schöne Männer, kraft-
voll und von Stahl die meisten, mit schwarzbraunem Antlitz

und dichtem krausen Haar. Wie jauchzt die Menge den Messi=
nesen entgegen, stolz tragen sie ihr Banner, welches von
Fascesträgern umgeben ist — Evviva Messina! — Evviva
Palermo! — Es leben die Brüder! Hoch Italien! — Da
sind die Mannen aus dem Insel=Innern von Piazza Armerina
— da die von der Seite des afrikanischen Meeres: von Gir=
genti, einen von drei Männern gestützten Thurm im Wappen,
und von Sciacca; da die kurzen, kräftigen, lebhaft blickenden
Männer kommen von Alcamo, dem einst von Arabern ge=
gründeten; diese von Trapani, das Hannibal Barkas zu einer
Festung umschuf, ihr Banner zeigt die Burg mit einer Sichel
darüber, welche den Stadtnamen, Drapanon, andeutet ...
der Löwe mit dem Herz in der Hand führt die Männer von
Corleone, die 1282 zuerst dem Rufe Palermo's folgten, die
Adler, die von Augusta Lercara, ziehen vorüber, Calatafimi,
Taormina, Imorese, Gibelina, das hoch im Gebirge liegende.
Aci Reale, das in die Lava des Ätna hineingebaute, andere
Gemeinden aus dem nebrodischen Gebirge folgen, sie kamen
aus Marsala am Westkap Lilybäum, vom Südostkap Pachynum,
aus allen Enden der Insel sind sie dem Rufe gefolgt, und
diesmal fehlt auch Sperlinga nicht, die einzige Stadt, welche
damals keine gemeinsame Sache mit den Landsleuten machen
wollte und die französische Besatzung vertheidigen half, der=
gestalt, daß die Weiber sich zu dem Betruge herbeiließen, aus
ihrer eigenen Milch kleine Käse zu machen, welche sie gegen
die sie belagernden Palermitaner schleuderten, um zu
zeigen, daß ihr Ort noch hinlänglich Proviant besitze. Die
Männer von Sperlinga werden bei der nächsten Gelegenheit
nicht wieder fehlen. Dieses Gefühl der Zusammengehörigkeit
wird heute mit hohem Jubel geweckt, und die Zusammenge=
hörigkeit findet in diesem Feste den bindenden Mörtel. Die
Blumen, welche die schönen Frauen, die Frauen der Barone
und Grafen von den fahnenumflatterten Balkonen werfen,
gelten auch dem letzten Bäuerlein, das, aus der letzten kleinsten

Gemeinde gekommen, in Sammetjacke und Kniehose daherschrei=
tet. Den Schluß des Zuges bilden die Behörden der Stadt
und des Landes, Bürgermeister, Präfekt, Abgeordnete, in deren
Mitte Menotti, der Sohn Garibaldi's, der sich durch diesen
beim Feste vertreten läßt. Der Zug bewegt sich durch die
Hauptstraßen der Stadt, aber langsam, aufgehalten von dem
Jubel und lebhaften Zudrang der Bevölkerung.

Bei den Quattro Cantoni, dem schönen Punkte, in dem
sich die Straßen Vittorio Emmanuele und Macqueda schneiden,
verlassen wir ihn und eilen ihm auf kürzerem Wege voraus,
immer gen Süden nach der Via Vespri, dem Kirchlein Santo
Spirito. Auch die Leute der Vorstadt haben ihr Möglichstes
gethan, dem Feste Glanz und Schöne zu verleihen: Bilder,
Guirlanden, Kränze, Teppiche, Blumen und Frauen und Mäd=
chen in bunten Festkleidern auf allen, auch dem ärmlichsten
gebrechlichsten Balkone. Die Feigenbäume in den Gärten, die
Mauern hängen voll Buben und hoch oben an der Ecke des
Walles von S. Agata, ein prächtiges Bild, stehen in dem
dichten Gebüsch der blaugrünen Opuntienkaktus Damen in leuch=
tenden Kleidern, den Zug erwartend . . .

Wir stehen am Thor des Camposanto von S. Spirito.

„Am Ruheplatz der Todten, da pflegt es still zu sein.“

Ich gedachte der Verse, aber heute öffnete er seine Thore
der Freude, dem Gesange, schallender Musik, und Trauerge=
wänder waren nirgends zu sehen. Ein herrliches Bild dieser
Kirchhof: inmitten des Flußthales des Oreto, umstanden von
den Bergen Monte Grande, Monte S. Caterina, M. Grisone,
weiter gen Westen das Kap Zaffarano, im Norden die alter=
thümlichen Kuppeln der Stadt, dahinter die gewaltigen Massen
des Monte Pellegrino und da im Südwesten liegt noch Gibil=
rosso, wo Garibaldi vor zweiundzwanzig Jahren stand und
rief, gen Palermo deutend: „Morgen nach Palermo!“ Die
Umgebung des Kirchhofs ist ein weiter Citronen= und
Orangengarten und die Einsamkeit und Stille hat hier seit

Langem gewaltet. Das Kirchlein verfiel, wurde restauriert, verunstaltet, Stück über Stück, und die alte Form ging dahin; das Kloster, einst groß und mächtig, ist ganz und gar verschwunden und nur wenig dicke Pfeiler unter den Bäumen deuten den ursprünglichen Plan des Gebäudes noch an. Der alte Plan der Kirche ist aber klar vor die Augen gestellt dadurch, daß die moderne Schale von dem ursprünglichen Kern gelöst wurde. Noch ist sie nicht ganz wiederhergestellt, die Maurer sitzen noch im Innern und auf dem Dache, aber schon sieht man die alten Formen aus Schutt und Trümmern hervortreten: S. Spirito gleicht dem Dom von Monreale, von Palermo und anderen Kirchen des 12. Jahrhunderts, nur ist sie klein und bescheiden. Im Innern Spitzbogen, von kurzen stämmigen Tuffsäulen getragen, theilen die drei Schiffe, welche mit Balkenwerk gedeckt sind. Der Stil ist der der mittelalterlichen Kunst in Sicilien, welcher bekanntlich ziemlich komplizirt ist und am besten als römisch-byzantinisch-normannisch-sicilischer bezeichnet wird. Die Façade fehlt ganz, oder besser, die, welche jetzt steht, ist modern; auch hat man von jeder Seite drei Meter weggenommen. Der äußere Schmuck, hauptsächlich die blinden Bogen, ist fein und elegant, schwarze Steine wechseln mit weißen ab. Diese Kirche ist ein Edelstein und die Stadt thut wohl, sie ganz in ihren alten Zustand wieder zurück versetzen zu lassen. Immer kehrt das Auge gerne wieder zu den alten grauen Mauern zurück, vor denen sich einst der erste Akt des blutigen Inseldramas abspielte. Wie hallte die grüne Ebene damals wider von den Rufen des wüthenden Volkes: Mora! Mora! Tod den Franzosen! wie floß das Blut, wo heute des Frühlings rothe Rosen blühen, wo die dunklen Cypressen in den blauen Himmel ragen, ernst und gramvoll und es aus ihren Zweigen flüstert: „Pace ai caduti!" Friede den Gefallenen! spricht auch das Volk von heute und denkt ruhig und vernünftig über die Gefallenen von damals, welche sterben mußten, weil sie den Herrscherlaunen eines Mächtigen gehorch-

ten in einer Zeit politischer Kämpfe. Der Zorn schwindet, die
Menschheit schreitet vorwärts auf dem Wege der Humanität
und das einst vergossene Blut befruchtet die Werke des Frie=
dens und der Verbrüderung der Völker.

Zahlreiches Volk war bereits auf dem Friedhofe ver=
sammelt, die mit Ziegeln bedeckten Massengräber aus der
Cholerazeit (1837, wo in Palermo in vierzig Tagen 24 000
Menschen starben) waren dicht besetzt, dicht besetzt auch alle
Mauern des Kirchleins bis zur Giebelspitze hinauf, auch die
Cypressen erkletterten Knaben, aber kein lautes Wort, kein Ton
der Frechheit. Ich erschrak fast, als ich mich plötzlich vor dem
Musikpavillon fand, der amphitheatralisch dem Kirchlein gegen=
über errichtet stand und von Hunderten von an dem Hymnus
Mitwirkenden, Frauen, Mädchen und Männern, besetzt war,
als ich die Masse sah und keinen Laut gehört hatte. . . . Da
endlich nahte der Kopf des Zuges, es war Mittag geworden,
die Musik, noch nicht ermüdet, zog mit der Garibaldi=Hymne
zum Kirchhof herein, und nun kamen sie, wie ich sie vorher
gesehen, Zug um Zug, mit glühenden Gesichtern Alle, erhitzt,
durstig, hungrig wohl Viele; denn Erfrischungen auf den
Straßen, von schöner Hand verabreicht, sind hier nicht üblich,
aber noch angeregt, gehoben, voll Enthusiasmus. Zug um
Zug stellten sie sich wohlgeordnet unter den Bäumen auf,
zwischen den Gräberreihen, geduldig harrend; denn auch hier
gab es kein Tröpflein, und wenn es Wasser gewesen wäre, zu
trinken. Aber welch herrliches Bild gewährte heute der Kirch=
hof! Mein Auge schwelgte in Farben, es war eine Pracht,
und leider genügen Tinte und Feder nicht, diese nur annähernd
darzustellen. Wie hob sich das Purpurroth, das Blau, das
Weiß auf dem dunklen Grunde der hohen Cypressen, wie stach
die Purpurfarbe mit Gold der Rednertribüne, das Blau und
Weiß der Sängerhalle gegen das alte braune Gemäuer ab.
Ein Meister der Farbe hätte hier seine Meisterschaft zeigen
können. Der Meister Photograph, der auf der Kirchhofsmauer

saß, wird nur ein trübes Bildchen bekommen. .... Das war
mein Fest: der große landschaftliche stille Hintergrund zu der
buntbewegten Gegenwart, und der große geschichtliche!

Beim Eintritte der Behörden ertönte der schwungvolle
Hymnus, den der Professor Ugo Antonino Amico gedichtet,
Pietro Platania für gemischten Chor und großes Orchester
komponiert hatte. Aber es war spät geworden; erst um 3
Uhr begann der Senator F. P. Perez seine Festrede, und um
1 Uhr, so war bestimmt worden, sollte Empfang auf dem
Municipium, um 2 Uhr Wettrennen auf dem Plan der Fa=
vorita sein. Perez erzählte in kurzen, großen Zügen die Ge=
schichte Italien's, hauptsächlich seine Befreiung, bis auf unsere
Zeit und kommt zu dem Schlusse, daß noch heute jeder Ita=
liener sein Blut für die Unabhängigkeit des Vaterlandes her=
geben müsse. Er weiß, daß er dem Gefühle eines jeden hier
Anwesenden Ausdruck giebt, wenn er aus voller Seele ruft:

Es lebe das unabhängige, freie und einige Italien!

Es lebe Humbert I., sein König!

Als wir zur Stadt zurückkehrten, hatte Crispi schon seine
Rede vor dem Denkstein an der Kirche Martorana gehalten.
Während sechs Jahrhunderten haben wir den Jahrestag der
Vesper nicht mehr feiern können, die fremden Herrscher, welche
Sicilien unterdrückt hatten, hinderten uns daran. Bei allem
Unrecht aber, was uns die Franzosen gethan, gereicht es ihnen
doch zur Ehre, die Revolution von 1793 bewirkt zu haben.
Durch diese konnte die Menschheit die zwei Etappen von 1848
und 1860 durchlaufen, welche uns am Ende die Einheit und
das Vaterland gaben.

Mit großer Freude schreibe ich nieder, daß das ganze
schöne Fest auch nicht durch den geringsten Mißton, die ge=
ringste Störung, Unart oder sonst dergleichen getrübt wurde.
Die Ordnung war musterhaft und im ärgsten Gedränge noch
war Jeder, auch der gemeinste Mann, ein rechter Galantuomo.
Keinen Betrunkenen habe ich gesehen. Keine einzige Verhaftung

ist in den letzten zwei Festtagen vorgenommen worden: das
Volk von Palermo ist ein musterhaftes Volk; doch volles Lob
verdient auch sein erster Bürger, der Sindaco Marchese Ugo
delle Favare. . .

Während ich dies schreibe, strahlt die Stadt von einem
Ende zum andern in hellem Lichterglanze; ein Tunnel von
Lichtern, die sich in weiten Bogen von Trottoir zu Trottoir
ziehen, erscheint mir die Straße Macqueda, die ich von meinem
Fenster aus übersehe. Die Menge drängt sich Kopf an Kopf,
ein bewegtes Meer, aber ein friedfertiges Meer, denn kein
Brausen, kein Getöse dringt zu mir herauf. Wo ist das süd=
liche Feuer?

———

Palermo, 1. April.

Die Besorgnisse, die viele Ausländer gleich der Regierung
hegten, sind verflogen wie die schlimmen Wolken am Himmel,
welche das Fest in bedenklicher Weise zu stören drohten. Die
vollkommenste Ordnung herrscht bis in die letzten verrufensten
Winkel hinein und die zweihunderttausend Menschen, die heute
und gestern auf den Beinen waren, wurden durch keine Truppen=
körper oder Polizeimannschaften in Ordnung gehalten, die ge=
wöhnliche Zahl der Carabinieri stand an ihren gewöhnlichen
Posten, ebenso die Sicherheitswachen. Unordnung nur gab
es in den Cafés und Restaurants, die manchmal im Sturme
genommen, wo aber die Stürmenden mit etwas Speise und
Trank gar rasch befriedigt wurden. Kein Franzose hat eine
Unhöflichkeit erfahren, ja nicht einmal Anspielungen auf seine
Nationalität sind laut geworden, so versichert man mir, und
ich bin überzeugt, solches geschah nicht aus Furcht oder Feig=
heit: Jeder fühlt sich ja an solchen Tagen, wo er seine Mit=
bürger so massig um sich geschart sieht, stärker als sonst;
nein, es geschah aus Höflichkeit, aus Gastfreundschaft, welch

letztere Tugend im Palermitaner Fleisch und Blut geworden
ist. Eine Rache ist das schon, aber eine noble Rache.

Man kann nicht leugnen, daß der Geist Garibaldi's über
dem Feste von Palermo schwebte. Er hat sich seit seiner An=
kunft in seiner Villa Ugo, draußen weit vor der Stadt am
einsamen Meeresstrande, nicht gerührt; wie ein Telegraphist
saß er in seinem Häuschen und mit Aller Herzen war die
elektrische Verbindung hergestellt. Ich war, ehe ich zum Fest=
platz eilte, einen Augenblick am Eingang der Villa und schaute
durch die Gitterstäbe des Thores; die palermitanischen Ehren=
wachen, Männer, welche mit dem Diktator dereinst den Zug
durch Sicilien mitgemacht, plauderten leise mit einander; der
Meerwind rauschte in den Bäumen und Sträuchern, Eidechsen
liefen über den Weg, Schmetterlinge flatterten über Blumen
und sanft athmete das Meer . . . Anderes war hier nicht zu
sehen und zu hören. Und wenn der Alte heute nicht mehr
Diktator ist, so darf er Censor sein, und so hat er heute dem
Volke von Palermo, seiner Lieblingsstadt, in einem eigenhän=
digen Briefe die Festcensur ausgestellt und das Volk liest sie
an allen Straßenecken. Der Brief ist an den Bürgermeister
gerichtet und lautet:

„Die Stadt der Vesper und der großen Initiative hat
gestern mit Ruhe und Würde, würdig eines großen Volkes,
den Gedenktag der größten von der Weltgeschichte verzeichneten
That gefeiert. Gestern haben die Palermitaner, wahre Re=
präsentanten Italien's, bestätigt, daß Italien, wie es immer
beobachtete und immer beobachten wird den Kult der Brüder=
lichkeit der Nationen, mit hocherhobener Stirn bethätigt, daß
es nicht droht, aber auch keinen Angriff Übermüthiger zu
fürchten braucht, und an der heroischen Vesper inspirirt es
sich, auf welche Weise man Tyrannen behandelt und vertreibt.
Ich bitte Sie, der Botschafter meiner Zuneigung für diese
heroische Bevölkerung zu sein. Palermo, 31. März. Garibaldi."

Ich unterschreibe von ganzem Herzen das dem Volke gespendete

Lob und wiederhole, was ich gestern gesagt, daß ich noch selten
eine so wohldisziplinierte Masse gesehen. Gestern Abend spät
ging ich noch aus, die Illumination zu sehen, welche groß=
artiger gar nicht sein konnte. Man blickte von der Piazza
Vigliena in die vier Straßen, welche Palermo theilen, hinein
und man meinte, im Centrum einer lichtglänzenden Riesen=
galerie zu sein: ein phantastisches Panorama, das man nicht
satt wird, anzustaunen. Zahllose Bogen von'Tausenden von
Flämmchen bilden das Gewölbe dieser Galerie, deren Seiten=
wände im Glanze von unzähligen bunten, meist weiß=roth=
grünen Glaskugeln, Laternen und Wachskerzen flimmern.
Dies aber nicht bloß in den Hauptstraßen, sondern auch in
den verlassensten, sonst immer im Halbdunkel liegenden Quar=
tieren. Prächtig sind die Plätze und die öffentlichen Gebäude
erleuchtet. So erschien der Platz vor dem königlichen Schlosse
wie ein Märchen aus Tausendundeine Nacht: Tausende
von Gasflammen umgaben ihn und in den Bäumen und von
Baum zu Baum hingen buntfarbige Ballons und bunte Gläser,
der Musikpavillon in der Mitte war in einen strahlenden
Feentempel verwandelt. Einen ebenso prächtigen und noch
dazu ganz eigenartigen Anblick gewährte die „Fontana pretoria‘
auf dem Municipiumsplatze, wo die bunte Beleuchtung der
Linien der Architektur am Brunnen wie an den umliegenden
Palästen folgte. Jeder Platz zeigte einen anderen Schmuck
und die reiche Phantasie des Südländers hatte im Verein mit
großen Geldmitteln Unglaubliches geschaffen, so auf Piazza
Bologni, Castelnuovo, Ruggiero Settimo, Croce dei Vespri,
Garibaldi=Garten. Der Abend war herrlich und der Mond
strahlte über die Paläste herein und vermehrte den Zauber
durch die Mischung des Himmelslichtes mit dem irdischen. Aus
allen Gärten hauchte der Duft der Orangenblüthe und schöne
Frauen standen auf den Terrassen und Balkonen und erhöhten
den Reiz des südlichen Nachtbildes. Nur etwas mehr Leben
und Bewegung hätte ich mir gewünscht; die Bevölkerung, immer

gleich, wandelte Schulter an Schulter dahin, als gälte es, fromme Stätten zu besuchen, wie am Karfreitage.

Heute fanden die Regatten statt, aber von ihnen ist nichts Besonderes zu sagen: die Betheiligung war gering und die Theilnahme des Publikums nur schwach. Aber großartig war das fingierte Seegefecht im Hafen, das für diesen Abend auf dem Programm stand. Es handelte sich um die Beschießung eines Forts und vor diesem lagen sieben Schiffe kampfbereit. Das Schauspiel begann um 9 Uhr, ein Kanonenschuß gab das Zeichen. Wie leuchtete der Golf unter dem blitzenden Scheine geschossener Raketen und anderer Feuerkörper in rothem, grünem und blauem Lichte. Dann — ein Schiff stand in Brand, aufflammend vom Deck bis zur obersten Spitze des Hauptmastes, ein anderes folgte, wilder Feuerbrand schlug in die Nacht hinauf, das dritte entflammte, das vierte und so alle sieben. Als sich Rauch und lobernde Flammen gelegt, strahlten die Schiffe, alle Linien der Maste, des Tauwerks mit Tausenden von Lichtern gezeichnet, in Roth, Weiß und Grün, während drei in Tempelform mit dem Namen des Königs und der Königin und dem Wappen von Savoyen in immer wechselnden Farben brannten. Kaum war dies zu Ende, so zündete man rings um den weitgeschwungenen Golf her bengalische Feuer an, die das Schauspiel im Centrum mit einem glühenden Ringe umgaben, und nun begann auch das Feuerwerk auf der Spiaggia, immer Neues bringend, überraschend, bezaubernd; das Schönste aber war der Schluß. Wieder flammte es mächtig, donnernd und prasselnd empor und strahlend in dreifarbigem Lichte erschien die Vesperkirche San Spirito in ihren alten schönen Formen getreulich wiedergegeben. Das Volk erfreute sich dieses Bildes mit wahrhaft kindlicher Freude, und als auch dies verglühte, loderten auf den Höhen um die Stadt her die Freudenfeuer, mit lautem Jubel begrüßt und dem Rufe: „Es lebe der König! Es lebe Garibaldi!"

Morgen, als am Sonntage, findet die Vertheilung der

Erinnerungs-Medaillen an die Repräsentanten der Gemeinden Sicilien's durch den unermüdlichen Bürgermeister statt; daran schließt sich die Verheirathung mit Mitgift von Seite der Stadt von dreißig Jungfrauen aus armen Familien oder Waisen. Deren Namen waren schon seit drei Tagen an den Straßenecken angeschlagen und Jeder, wer Lust hatte, konnte sich einen solchen mit Nummer versehenen Namen heraus- schneiden und als Los aufbewahren.

„Kennst du das Mädchen?" fragte ich einen Burschen, der sich bemühte, mit einem stumpfen Messer den Namen einer Graziella herauszusägen. „Wie sollte ich", war die Antwort, „aber der Name gefällt mir." Mag Fortuna, mögen die Grazien walten. Nachmittags Wettrennen. Abends Fackel- zug durch die Straßen der Stadt. Die Hauptsache aber ist vorüber und ich rüste mich, morgen nach Neapel zurückzu- kehren.

Nachträgliches.

Alte Irrthümer über die sicilianische Vesper aufzuklären und neuen Vorurtheilen zu begegnen, vereinigten sich die her- vorragendsten Schriftsteller Sicilien's — Namen besten Klanges sind darunter — eine Festschrift herauszugeben, deren Pro- gramm der Marchese di Torrearsa an der Spitze der Schrift in folgenden kurzen Worten zusammenfaßt: „Indem Sicilien die sechshundertjährige Feier der Vesper begeht, erinnert es nicht an die blutige That eines erzürnten Volkes, entflammt es nicht aufs Neue alte und vergessene Antipathien, nein, es ruft die feierliche geschichtliche Warnung ins Gedächtnis, daß schlechte Regierungen diejenigen sind, welche sich mit dem Lande nicht identifizieren, daß fremde Herrschaften nie gedeihen und daß die Theile sich nur zum Ganzen einer Nation ver- schmelzen, so daß es heute vom Kap Lilybäum bis zu den

Alpen kein Herz giebt, daß sich nicht bewegt fühle bei dem
Rufe: „Es lebe der König! Es lebe das einige Italien!"

Diesem Gedanken hatte allerdings schon Michele Amari
mit seinem berühmten Werke „La Guerra del Vespro" Ausdruck
gegeben, indem er diesen Aufstand auf seinen wahren ursprüng=
lichen Charakter zurückführte: eine spontane verzweifelte Er=
hebung des Volkes gegen die Tyrannei abenteuernder Fremder,
die es seit sechzehn Jahren unterdrückten. Die vorhergehenden
und nachfolgenden Unterhandlungen, welche Peter von Ara=
gonien zum Throne verhalfen, trafen freilich damit zusammen
und trugen zum endlichen dauernden Triumphe bei, aber sie
riefen jene Erhebung nicht hervor, das bezeugen auch die Verse
Dante's, die er (Paradies, VIII. Gesang) Karl Martell in den
Mund legt: das Haus Anjou würde noch immer in Sicilien
regiert haben:

> Se mala signoria che sempre accora
> I popoli soggetti, non avesse
> Mosso Palermo a gridar: mora, mora!

> (Wenn schlechte Herrschaft, die noch stets erregte
> Bedrückte Völker, zu dem Ruf Palermo,
> Tod den Franzosen, Tod! einst nicht bewegte.)

Michele Amari, der in diesen palermitanischen Festtagen
neben Garibaldi am meisten gefeierte Mann des Gedankens,
eröffnet den Reigen der in dieser Festschrift enthaltenen Ar=
beiten mit einer kurzen Erzählung jenes Ereignisses.

Das falsche Argument des post hoc, ergo propter hoc
wurde gern von den Guelfen angewendet, welche wüthend
waren über die Unannehmlichkeit, die ihnen die sicilianische
Revolution bereitet hatte. So entstand denn, wie Amari meint,
in Toscana und in Rom eine Legende, welche das Wahre
mit dem Falschen und Wunderbaren vermischte; sie handelt
von einer feingesponnenen, von Johann von Procida einge=
leiteten Verschwörung mit Peter von Aragonien, mit Paläo=

logus, mit dem Papst Nikolaus III. und mit verschiedenen
Baronen Sicilien's, die am 31. März mit vorgeplanter Er=
mordung der Franzosen ins Werk gesetzt wurde. Es giebt
drei verschiedene Kompilationen dieser Erzählung, deren Ein=
zelheiten mehr oder weniger wahrscheinlich sind; die fabelhafteste
steht in der Chronik des Dominikaners Francesco Pipino.
Dieser schreibt, daß Procida Tag und Stunde des Gemetzels
voraus festgesetzt habe, daß der Plan zur bestimmten Stunde
ausgeführt wurde und daß an demselben Tage, zu derselben
Stunde Peter von Aragonien, von Afrika kommend, auf
Sicilien landete, ein Anachronismus von fünf Monaten.

Trotzdem wiederholten Petrarca, Boccaccio und andere
den Anjous ergebene Litteraten mit schönen Phrasen die Sage
von der Verschwörung, so daß sie in Toscana endlich Wurzel
faßte. Das Fest der Vesper in Santo Spirito trug bei zu
der Vermuthung, daß dies die für die Verschworenen festge=
setzte Stunde sei, und unter dem Glockenklang wurde die Er=
zählung dramatischer. Das toscanische Volk, welches den
Prägstock der Sprache besitzt, prägte eine sprichwörtlich ge=
wordene Redensart, einen generischen Ausdruck für plötzliches
und großes Gemetzel und in dieser Bedeutung brauchen die
toscanischen Schriftsteller des 16. Jahrhunderts die beiden
Worte Vespro siciliano, indem sie von anderen Ereignissen
und anderen Zeiten sprachen, und so hat sie das Wörterbuch
der Crusca registriert. So hat ein historischer Fehler nun=
mehr der ghibellinischen Bewegung in Sicilien den allgemein
angenommenen Namen gegeben, die einen ganz besonderen
Namen ihrer tragischen Erhabenheit wegen auch wirklich ver=
dient hat.

Dem Artikel des Amari folgt eine historische Skizze von
Francesco Maggiore Perni: „Sicilien zur Zeit der Vesper
1266—1282", worin die Ursachen des Verfalles der Insel
unter den Anjous angegeben werden, aus dem erhellt, daß die
Lasten unter dem schwäbischen Hause wohl gleich schwer waren,

aber ertragen wurden, weil auf der andern Seite Sicilien
groß und mächtig zu Lande und zur See dastand und Handel
und Industrie einen bedeutenden Aufschwung nahmen; denn
da war Palermo Hauptstadt, zu welcher unter den Anjous
Neapel erhoben wurde.

Konnte die Festschrift nicht reich sein an großen Geschichts-
bildern, so ist sie desto reicher an Dokumenten und anderen
trefflichen Bausteinen, welche dem Historiker zum Ausbau
seines Geschichtswerkes dienen können. Erhalten geblieben ist
der Brief, welchen die Palermitaner am 15. April 1282 an
die Schwesterstadt Messina sendeten. Das Original ist in
Lateinisch, Niccolò Camaria giebt ihn in italienischer Übersetzung. Leider muß ich mir versagen, ihn ganz hier wieder-
zugeben. Die Sprache ist bombastisch und durchmengt mit
einer Menge biblischer Wendungen, wie das denn so im Geschmacke der Zeit lag. Er hebt an:

„Die Palermitaner den edlen Bürgern der berühmten
Stadt Messina, so unter dem König Pharao stehen, unter
Schlamm und Schmutz, Heil! das Joch der Knechtschaft ab-
zuschütteln und den Preis der Freiheit zu erringen.

Auf! Auf! Tochter Zion's, ziehe an die Gewalt, Du, die
Du Deines Ruhmes entblößt Dich grämst in täglichem
Jammer und Elend, in täglichen Bitternissen und Kränkungen.
Laß Deine Klagen, die Dir nur Verachtung einbringen, und
nimm die Waffen, nimm Bogen und Köcher und löse die
Fesseln von Deinem Halse!" ꝛc. In diesem eigenthümlichen
Tone geht es weiter, eine bestimmte Abmachung wird sonder-
barerweise nicht getroffen, das Resultat soll sich aus der Dar-
legung des Übels von selbst ergeben. Ebenso bombastisch ist
das Manifest, das Peter von Aragonien, von Trapani nach
Palermo kommend, am 10. September 1282 an den Landvogt,
an die Richter und alles Volk der Städte und Ortschaften
Sicilien's erließ; er stellt darin die Gründe dar, die ihn bewegen, dem Lande mit seinem Heere zu Hilfe zu kommen, und

ladet die Gemeinden ein, ihm durch ihre Bürgermeister den
Eid der Treue zu leisten und die Massen-Erhebung der kriegs=
fähigen Mannschaften anzuordnen.

Interessant ist die Notiz über einen zeitgenössischen Ge=
schichtsschreiber: Niccola Speciale, der eine Historia sicula
schrieb, welche 1282 anhebt und bis 1337 reicht.

Dies das einzige litterarische Monument jener Zeit; nun
folgen die Denkmäler der Architektur: das Thor von Sant'
Agata in Palermo, ein antiker Rest, wie angenommen wird,
noch aus der Zeit der punischen Kriege, oft umlagert, oft
restauriert und 1481 bezeichnet mit dem Ausdrucke: „Das
Thor, das nach S. Spirito führt." So ist es; der geradeste
Weg nach diesem Kirchlein geht durch dies Thor und durch
dasselbe zogen die Palermitaner an jenem Ostertage, durch
dieses kehrten sie in die Stadt zurück und durch Porta
S. Agata schritt dieses Jahr der Festzug.

Über die Kirche von S. Spirito haben wir schon Näheres
erfahren. Ich erwähne noch Santa Maria dell' Ammiraglio
oder La Martorana in Palermo, eine Kirche, welche durch
Giorgio Antiocheno, ersten Minister des Königs Ruggiero,
gegen Ende der ersten Hälfte des 12. Jahrhunderts errichtet
ward. In ihr versammelten sich die Barone und Sindaci
der sicilianischen Städte zur Zeit der Bestürzung und Angst
wegen der Belagerung Messina's und beschlossen, Peter
von Aragonien die Krone anzubieten unter dem Beding, daß
er ihnen alte Gesetze, Gerechtsame und Freiheiten zurückgäbe
und die Insel mit seinen Waffen so lange unterstütze, bis der
Feind vollständig vertrieben sei. Der Stil dieser schönen
Kirche ist der arabisch=byzantinische, dessen Formen und Linien
aber durch allerhand Mönchswerk überdeckt und unsichtbar
geworden waren, welchem Übelstand demnächst auf Kosten des
Staates abgeholfen sein wird, indem man die häßliche Stuck=
schale abnimmt, dieselbe Operation, die man an der Vesper=
kirche vorgenommen.

Saverio Cavallari bringt einen Artikel über das Kastell von Sperlinga, dem einzigen Ort, der damals den Palermitanern nicht zustimmte; wie denn noch heute über einem Thor im Innern des Schlosses die Inschrift sich findet: „Quod Siculis placuit sola Sperlinga negavit." Derselbe giebt das Bildniß Johann's von Procida nach einer Mosaik des Domes von Palermo. Ein charakteristischer Kopf mit Lockenhaar, hervorstehender Stirn, feingeschnittener Nase, kleinem Mund mit schmalen Lippen, vorgebogenem Kinn. Diese palermitanische Mosaik ist aus dem Anfang des 14. Jahrhunderts oder wenig später, was vermuthen läßt, daß sie noch bei Lebzeiten Johann's entstand.

Giuseppe Pitrè berichtet, wie die sicilianische Vesper noch heute in den Traditionen des Volkes lebendig ist. Legenden, Sprichwörter, Lieder, Gebräuche und selbst Kinderspiele erinnern an das historische Ereigniß und an viele dasselbe begleitende Umstände. Ich habe eine Probe bereits gegeben und möchte hier noch eine Volkslegende aus Chiaramonte von S. A. Guasteda mittheilen. Ein Bauer aus Chiaramonte erzählt:

Unsere Väter berichten, daß nach der blutigen Vesper die Franzosen mit einem mächtigen Heere nach Sicilien zurückkamen, doch gaben sich die Sicilianer nicht für besiegt und leisteten harten Widerstand. Die Vizzinesen öffneten dem Feinde die Thore, vereinigten sich mit ihm, um Chiaramonte einzunehmen. Obschon nun die von Chiaramonte nur in geringer Zahl und die Franzosen zahlreich wie die Fliegen waren, schlossen sie doch die Thore und sagten: „Besser sterben, als unter die Franzosen zurückkehren." Und so widerstanden sie zwei Monate. Der französische Heerführer war wüthend über diesen Trotz, aber ein Vizzinese aus jenen, die im Heere mitfochten, bot sich an, als Unterhändler in das Kastell von Chiaramonte zu gehen, um dasselbe zur Übergabe zu bereden. Wirklich that dies der Vizzinese und redete so

viel, daß die Verträge unterschrieben und die Franzosen ein=
gelassen wurden.

Während die Franzosen einzogen, hielt ein Priester, der
immer ein heiliges Leben geführt hatte, die Messe in der Kirche
der Nunziata und in der Kirche waren etwa zehn alte Frauen
und ein armer Krüppel, welcher den Rosenkranz betete. Die
Franzosen, mit einem Hauptmann an der Spitze, drangen
pfeifend und singend in die Kirche ein und schauten, ob etwa
Mädchen drinnen seien. Wie sie nur die Alten erblickten,
wollten sie eben umkehren, als die Augen ihres Hauptmannes
auf den Kelch fielen, den der Sakristan mit Wein füllte. Ihn
sehen und ihn ergreifen war Eines, und weil der Priester ihn
fest in der Hand hielt, zog der Hauptmann das Schwert,
tödtet den Priester, trinkt den Wein und steckt den Kelch ein.
Wie das der Krüppel sieht, faßt er seine Krücke mit beiden
Händen, den Mörder niederzuschlagen, trifft aber statt dessen
einen Soldaten. Darauf tödteten die Franzosen Alle, welche
in der Kirche waren.

Das aber waren nur Rosen und Blumen im Vergleich
mit dem, was die Franzosen und Vizzinesen im Orte verübten.
Sie mordeten, viertheilten, verbrannten die Einwohner bei
lebendigem Leibe, schnitten schwangern Frauen den Leib auf
und zerschlugen den Kindern die Köpfe an den Mauern der
Festung. Von Haus zu Haus zogen die Franzosen und raub=
ten, was ihnen am besten gefiel, dann kamen die Vizzinesen
und hielten Nachlese und zündeten die ausgeplünderten Häuser
an. Aber auch die Franzosen und Vizzinesen wurden haufen=
weise umgebracht, denn welcher Narr ließe sich tödten ohne
Gegenwehr?

In der Nacht nun, die jenem schrecklichen Tage folgte,
während der Hauptmann mit seinen Genossen beim Weine saß,
hörte man die Meßglocke der Nunziata läuten und herein tritt
der ermordete Priester im Meßgewand, in Blute gebadet.
Der Priester geht auf den Hauptmann zu und sagt: „Haupt=

mann, gieb mir den Kelch zurück, den Du geraubt. Heute
morgen ließest Du mich die Messe nicht beenden, so beende
ich sie jetzt in dieser Nacht und Du mit allen denen, welche
hier sind, müßt auf Geheiß Gottes kommen, sie zu hören."

Die Franzosen, gelb wie der Tod und mit klappernden
Zähnen, folgten dem Priester in die Kirche, wo sie den Krüppel
fanden und die zehn alten Frauen, die sie am Morgen abge=
schlachtet hatten. Der Altar war mit schwarzen Kerzen er=
leuchtet, das Meßbuch stand verkehrt darauf und die Klingel
war ohne Klöppel. Genau wo der Priester unterbrochen
worden, nahm er die Messe wieder auf; als er aber den Kelch
erhob, begann ein wildes Sturmesbrausen, Lampe und Kerzen
erlöschten, das Grab öffnete sich und der Krüppel und die
alten Frauen stießen die Franzosen mit Gewalt hinein, legten
den Stein darauf und tanzten drüber hin. Diese Messe aber
muß auf Gottes Befehl alle Jahre gelesen werden, so lange
die Kirche der Nunziata steht.

Von einem andern Franzosengrabe, der „Tomba gallica",
erzählt L. Capuana. Diese Tumma gallia, wie sie das Volk
nennt, findet sich unter dem Abzugskanal bei der Brücke in
dem untern Stadttheil S. Agostino, neben den Trümmern
antiker Cyklopenmauern; hier, in ungeweihter Erde, zu Schimpf
und Schande, wurden in dem blutigen Jahre die am Orte er=
schlagenen Franzosen eingescharrt.

Viele Einzelheiten, und zwar der interessantesten Art,
werden wir erfahren, wenn der Canonicus Carini, der von der
Gesellschaft der Geschichtsfreunde Sicilien's nach Barcelona
geschickt ward, um in der reichen Goldgrube des Archivs der
Krone von Aragonien nach Dokumenten, die sich auf die Vesper
beziehen, zu forschen, zurückgekehrt sein wird. Gewiß ist, daß
er schon Hunderte zusammen hat und viele hundert Andere
beibringen wird. So muß Licht in die Sache kommen.

Ein Streiflicht auf die Zeit des 13. Jahrhunderts, was
die damalige Gesellschaft betrifft, wirft S. Marino in seinem

Artikel: „Cavaliere e Dame di Sicilia ne'secoli XIII. e XIV.", worin er hauptsächlich die Kleidung der Ritter und Frauen einer eingehenden Schilderung unterzieht.

Die Frauentracht jener Tage war reich und prächtig. Lieblingsstoffe waren die Gewebe aus Gold und Seide, Taffet Kamelott und feinstes Linnen; die Kleider waren, je nach der Jahreszeit, gefüttert mit Feh, Hermelin, Marder oder Taffet. Einfarbige Stoffe genügten nicht, man griff zu den theuersten bunten, mit eingewebten Verzierungen; ausgeputzt wurde mit Bändern, Silberspitzen, Perlenschnüren, Goldknöpfen und Edel= steinen und emaillierten Goldblechen, und als ob solcher Prunk nicht genüge, trug man noch mehrere Ellen lange Schleppen und „Mongole", das sind Perlen= und Edelsteinguirlanden ums Haupt, Stirnbänder und Diademe von großem Werth, und lange breite „Buscheri" oder Seidenschleier, welche eben= falls mit Perlen verziert waren. Prächtig war auch das Schuhwerk, die gestickten Strümpfe, die langen Perlen= und Korallenschnüre, Halsketten und Armbänder, die Ringe und Ohrgehänge, bei denen man nicht wußte, ob man mehr die feine Arbeit oder den Werth der gefaßten Steine bewundern sollte. Verschieden wie der Schmuck war auch die Form der Kleidung, man trug sie ausgeschnitten, dann mit Kragen, mit engen Ärmeln, mit Puffen auf den Schultern, auch mit lang herabhängenden Flügelärmeln; der untere Theil war entweder gerafft und faltenreich oder hing glatt herab. Doch haben jene Damen zur Zeit, da das Vaterland in Ge= fahr war, gezeigt, daß sie all diesen Putz lassen und ihn auf den Altar der Vaterlandsliebe niederlegen konnten. Dr. Luca Carnazza nennt den Namen einer jener Edlen: Agata Semi= nara von Catania opferte im Jahre 1287, da ihre Stadt be= lagert ward, ihr ganzes Vermögen, um Waffen und Söldner gegen die Franzosen zu zahlen, zweihundert Goldunzen und all ihre Kostbarkeiten.

Aber auch die Mönche blieben damals nicht zurück. In

einem Kodex aus dem 15. Jahrhundert heißt es: „Gegen die Franzosen zogen 1282 zusammen mit den Laienbrüdern die Brüder von S. Domenico und die Minoritenbrüder von Palermo, welche halfen, die Franzosen zu tödten."

Die Schrift schreitet weiter zu den Geschichtschreibern und Dichtern der Vesper. Unter Ersteren steht obenan Michele Amari. Sein Vater gehörte dem Karbonaribunde an und war nahe daran, dem Schwerte des Henkers zu verfallen: dem Kerker konnte er nicht entgehen und der sechzehnjährige Michele (er war 1806 geboren) mußte sehen, wie er sich sein Brot verdiene; er wurde Abschreiber und verdiente sich sieb= zehn Grana (etwa 70 Centesimi) den Tag, dabei stand er unter polizeilicher Aufsicht. 1832 gab er die Übersetzung eines Walter Scott'schen Romans zum Druck und der Censor dachte: „Es ist ein Knabe, der Englisch kann." Bald darauf aber wagte Amari, ein Büchlein zu veröffentlichen, das den Titel trug: „Gründung der normannischen Monarchie", in dem er kühn bewies, daß die Selbstregierung für Sicilien ein Recht sei. Dann sagte der Censor: „Der Knabe kann mehr als Eng= lisch, das thut mir leid um seinetwillen." Gegen 1836 faßte Amari den Gedanken, die Geschichte der Vesper zu schreiben und dem Volke zuzutheilen, was G. B. Niccolini der Kraft Johann's von Procida zugeschrieben hatte. Fünf Jahre nach= her lag dem Censor Kanoniko Rossi ein Manuskript vor: „Die Geschichte der Vesper". Der gute Kanonikus schwankte, dann nahm er die Feder, strich den Titel aus und schrieb einen an= deren: „Eine Periode der sicilianischen Geschichte des 13. Jahrhunderts". Der bekannte und berüchtigte Polizeimann Del Carretto war damit nicht zufrieden. Der Censor wurde seines Amtes entlassen, der Verleger auf eine der Ponza=In= seln exiliert und Michele Amari wurde nach Neapel zur Ver= antwortung gerufen. Er kam nicht, er ging nach Paris, wo er 1843 die zweite Auflage seiner „Storia della guerra del vespro" publizierte. In Paris bekam er einen kleinen Posten in einer Bibliothek, wo sein Gefährte Ernst Rénan war. Hier schrieb er über sicilianische Geschichte und beschloß, die muselmanische Periode zu bearbeiten, dazu mußte er das Arabische erlernen. Währenddem war sein Herz immer in Sicilien, dem geliebten Vaterlande, wo sich die Revolution vorbereitete. 1848 verließ Amari seine Manuskripte und eilte nach Palermo, wo er in die Regierung eintrat. Diese schickte ihn in einer politischen Mission nach Paris und London. Als er zurückkam, war schon wieder Alles vorbei und Amari mußte fliehen. Er ging Anfangs nach Malta, dann nach Frankreich. Zehn Jahre mußte er fern dem Vaterlande leben, denn erst 1859 kam er zurück und erhielt von der provisorischen Regierung in Toscana eine Professur der arabischen Sprache, erst zu Pisa, dann in Florenz. Einige Monate darauf, es war im Juni 1860, ging er nach Palermo. In seiner Vespergeschichte hatte Amari den Gedanken ausgedrückt: „Was unsere Väter thaten gegen die Bedrücker von 1282, könnten wir gegen die neuen Tyrannen thun" — ein Gedanke, der vom Volke in den sich jetzt folgenden Ereignissen wohl verstanden ward. 1860 wurde Amari Senator, 1862 Unterrichtsminister. Jetzt zählt er 76 Jahre, ist aber rüstig und frisch und wird von seinem Vaterlande aufs Innigste geliebt.

Natürlich bemächtigten sich neben dem Historiker auch die Dichter des tragischen Stoffes der Vesper und anfänglich war es die Figur des Johann von Procida, welche Viele reizte, die aber später, als die Geschichte die Legende korrigierte, viel von ihrem Werte verlor. Der Erste, der einen „Johann von Procida" schrieb, war G. B. Niccolini (1833); dem florentinischen Dichter folgten zwei sicilische: Antonio Galatti aus Messina (1834) und Lorenzo Navarro von Ribera (1835). Das waren Dramen. Ein Epos „Il vespro siciliano" dichtete Costantino M. Costantini, der seines Klassizismus wegen gelobt wird. Das Thema einer griechisch-lateinischen Kanzone von Niccolo di Carlo (1836) war „Friedrich II. der Arago-

nese auf dem Throne Siciliens", worin der große König ge=
feiert wird, der tapfer wie Ruggiero und gut wie Wilhelm II.
die Sicilianer 42 Jahre lang in dem Vesperkriege unterstützte.
Vincenzo Errante dann gedenkt der Vesper in seiner Dichtung:
„Über den antiken Kirchhof von Palermo." Auch Carlo Papa
schrieb 1848 eine „Sicilianische Vesper" und Simone Carlo
und Lionardo Vigo gedenkt ihrer in seinem „Ruggiero" und
so noch mancher Andere.

Aber auch in Gemälden ist die Erinnerung an jene Groß=
that belebt worden. 1841 malte der berühmte, jüngst ver=
storbene Francesco Hayez im Auftrage des Fürsten von S. An=
timo ein Vesperbild, 1852 ein eben solches im Auftrage des
Grafen Lelio Fasca der Maler Bernardo Riccadi, einen Kar=
ton Giuseppe Patania u. s. w. Auf all diesen Bildern findet
sich das Kirchlein S. Spirito, dann, mehr oder weniger dra=
matisch bewegt, eine Menge Volkes, Männer, Weiber, Kinder,
im Vordergrund die unvermeidliche Gruppe von Bürgern,
welche die halbtodte Dame umgeben, der todte Drouet, im
Hintergrunde Mord und Todtschlag . . .

Es folgen in der Festschrift einige Poesien moderner
sicilianischer Dichter, auch in lateinischer Sprache und im
Dialekt; sie schließt ab mit einem schönen Artikel Crispi's:
„Die Vesper und die italienische Wiedergeburt", worin er den
Antheil der Vesper an den späteren Erhebungen in Italien
nachweist.

Außer diesem Monument hat das Volkskomité noch auf
eine Denkmünze gedacht. Deren Rückseite zeigt die Kirche
S. Spirito von der Apsis her gesehen und noch umgeben von
dem alten Gemäuer, das jetzt weggeräumt wurde; die Vorder=
seite trägt die sitzende Figur eines Weibes, deren Rechte sich
auf ein Schwert stützt, während die Linke einen Schild mit
dem Wappen Trinacria's hält. Der Berg im Hintergrund
ist der Pellegrino, der dem Volk von Palermo so theuer.

Pasquino und Marforio.

Manches Ding in Italien ist so alt wie die Welt, Anderes hat seine paar Jahrtausende auf dem Rücken, das Zeitungswesen zählt von seinem primitivsten Anfange an etwa 300 Jahre, die Preßfreiheit hat noch die Milchzähne.

Die ersten italienischen Nachrichtenblätter oder geschriebenen Zeitungen hatte man in Venedig. Hier wurde eine solche Gazzetta mit Erlaubnis der Signoria zum ersten Male am 2. März 1555 vor versammeltem Volke verlesen. Rom folgte ein paar Jahre später dem venezianischen Beispiel, aber mit weniger Glück; es fehlte den „Herausgebern" an der nöthigen Ruhe und Mäßigung. Der Römer ist galliger Natur, und diese Galle machte sich in herber Kritik Luft, die gar oft zum persönlichen Libell hinabsank. Die venezianischen „Gazzettanti" erfreuten sich der Freiheit des an den Faden gebundenen Vogels; den römischen wurde erbarmungslos und ohne langes Federlesen der Hals umgedreht, der Kopf eingedrückt. Ganz Unerhörtes mußten hier die Zeitungen, die Redakteure und die Leser erdulden: mit Schlägen, Konfiskation der Güter, Rad und Galgen suchte man die öffentliche Meinung zu tödten, denn ihren Einfluß unterschätzte man schon damals nicht. Die betroffenen Feinde schrieen die Zeitungsschreiber als Habsüchtige, Lügner, böse Zungen, als Judengesindel aus. Dennoch kursierten die Zeitungen, deren erste, eine ebenfalls geschriebene, das Datum 28. September 1559 trägt. Die älteste gedruckte römische Zeitung ist vom 2. Juli 1640.

Das päpstliche Rom aber hatte trotz aller pfäffischen Knechtung zwei feste Vertreter der Preßfreiheit, zwei Persönlichkeiten, die sich der Sache des Lichtes mit unerschütterlicher Kühnheit annahmen, die stets unverrückt auf dem Platze waren, die, so oft man ihnen auch im wörtlichen Sinne ein Blatt vor den Mund klebte, sich im Moralischen doch nie eines vor denselben nahmen und immer die Vox populi repräsentierten. Sie führten Diskurse, wie sie ein paar Jahrhunderte später in deutschen Witzblättern, die jene altehrwürdigen Marmorherren unzweifelhaft kopierten, die Heulmeier und Wühlhuber, Eisele und Beisele, Müller und Schultze, und wie die publizistisch-politischen Castore und Polluxe — Haasenstein-Vogler sonst heißen, zum Wohle der Menschheit zu führen pflegten.

Ihre Namen? Pasquino und Marforio.

In Rom kennt sie noch heute jedes Kind, obgleich sie seit 1870 pensioniert und ihre altehrwürdigen Stellen mit wirklichen modernen Zeitungsredakteuren besetzt worden sind.

Der Pasquino hat nahe an 400 Jahren funktioniert. Um 1500 nämlich lebte in Rom ein wirkliches Schneiderlein dieses Namens, dem bei seiner sitzenden Lebensweise manche Bosheiten unverdaut blieben, so daß er sich in Witzen Luft schaffen mußte, wodurch er eine Menge skandalsüchtiger Kunden an seine Bottega fesselte, Kunden, die es ihm in Witzeleien nachzuthun suchten. Die Witze Pasquino's wurden kolportiert, und er selbst kam in die Mode und zu Ruf; seine Witze hießen Pasquinaten. Das Schneiderlein aber starb, und nach seinem Tode, siehe da! fand man beim Straßenpflastern in der Nähe seiner Bottega eine Statue ohne Nase, ohne Arme und Beine. Obgleich sie arg verstümmelt war, wurde in dem Torso doch, auch von Bernini, ein Meisterwerk erkannt, nur wußte man nicht, was es einst vorgestellt hatte, und nannte es: Soldat Alexander's d. Gr.,

Gladiator, Perseus, Herkules. Später wurde es als Fragment einer Gruppe (Patroklus durch Hektor getödtet) bestimmt. Die Gutgelaunten aber hatten längst entschieden: das Marmor=männlein sei der auferstandene Schneider Pasquino; und um dessen Geist lebend zu erhalten, hefteten sie an seine Brust allerhand Satiren und Epigramme, wie er sie bei Lebzeiten von sich gegeben hätte.

So berichtete Antonio Tibaldeo, „ein Mann von ehrbarer und großer Autorität".

Andere wissen es anders und sagen, daß die Statue schon vor 1500 an dem Platze, wo sie jetzt steht, an der Ecke des Palazzo Orsini (jetzt Braschi) gestanden habe und beim Graben des Fundaments dieses Palastes, also um 1300, könnte gefunden sein.

Das braucht uns wenig zu kümmern, richtig ist, daß man schon Anfang des sechzehnten Jahrhunderts begann, an Pas=quino Satiren und Epigramme anzukleben.

Weil aber eines Mannes Rede keine Rede ist und der Dialog mehr interessiert als der Monolog, so mußte man sich nach dem Zweiten umsehen, der mit Pasquino das politische Duett anstimme — und man fand Marforio. Müller und Schultze waren zusammen.

Marforio, schreibt Guarazzi, ist eine Kolossalstatue des Oceans, die man auf dem Foro di Marte (daher der Name Mar=forio) gefunden. Clemens XII. ließ sie aufs Kapitol transportieren, allwo sie noch heute zu sehen. Pasquino ist eine plebejische Figur, und obgleich seine Verdienste die des Marforio bei Weitem überragen, so hatte er doch ein gar ver=schiedenes Geschick; denn statt kapitolinische Ehren zu gewinnen, wäre er beinahe in den Tiber geworfen worden. Hadrian VI. verfolgte den Pasquino gar hart, und daß er nicht ersäuft ward, verdankt man einem klugen Höfling, der den Papst überzeugte, wie aus dem ins Wasser geworfenen Stumpf mehr als ein Volk von boshaft quakenden Fröschen erstehen würde. So zeigte die Ungerechtigkeit der Menschen sich selbst in Marmorfragmenten. Marforio auf dem Kapitol wie ein triumphierender Feldherr, Pasquino um ein Haar untergegangen im Tiber und dann, nachdem dieser Sturm vorüber, eingemauert in dem Winkel des Palazzo Braschi. Marforio, ein Parvenu, hat die Vergangenheit vergessen, ist glänzend situiert und schweigt; Pasquino aber ohne Nase, ohne Arme und Beine, Wind und Wetter ausgesetzt, blieb Mann des Volkes, beißt noch immer und redet, wie ihm der Schnabel gewachsen, entstehe daraus, was da wolle.

Pasquino also vertrat durch Jahrhunderte in Rom das, was heute die vierte Großmacht des Staates ist: die Presse und plaidierte für Preßfreiheit.

Seine Aussprüche, die berühmten „Pasquinaten", sind, wie es einer Stadt wie das päpstliche Rom geziemt, fast alle in Latein gethan. Sie sind verschiedene Male gesammelt worden, die jüngste Sammlung (eine Auswahl) ist soeben erschienen unter dem Titel: „Pasquino e Marforio. Satire e Epigrammi. Con Prefazione e note di Giuseppe Petrai. Roma 1884, und bildet den ersten Band einer Biblioteca umoristica.

Die Auswahl war dem Herausgeber nicht leicht gemacht. Viele würden von dem Staatsanwalt beanstandet werden, viele beziehen sich auf unbekannte und vergessene Persönlichkeiten, andere, die sich auf ganz speciell lokale Ereignisse beziehen, haben an Bedeutung verloren, viele Anspielungen werden heute kaum mehr oder nur schwer verstanden. Viele, anstatt mit attischem Salz gewürzte Epigramme zu sein, sind Schmähungen, giftige Angriffe, ausgeworfen von dem ohnmächtigen Zorn eines Jahrhunderte lang durch die schwerste und grausamste, die sacerdotale Tyrannei unterdrückten Volkes.

Pasquino, wie gesagt, schweigt jetzt fast vollständig: die römischen Witzblätter sind seine geschwätzigen Kinder. Einst aber war er unerschöpflich, und nichts Heiliges gab es da für ihn. Er ergoß seinen Spott über St. Peter, die Engel und

Erzengel, die Apostel, das Paradies, das Purgatorium und das ewige Leben; er parodierte das Evangelium und stellte Vergleiche an zwischen Christo und den Päpsten.

Selbst das Konzil von Trient mußte mit ihm sich beschäftigen, und der Legat Dal Monte verlangte, daß man dem Mißbrauch der Pasquinaten, den sie mit dem heiligen Worte trieben, steuerte; doch fühlte man, daß der Krieg gegen einen todten Marmorblock ein verlorener sei, und man ließ Pasquino gewähren. Konnte man aber einen seiner anonymen Souffleure erwischen, dann zahlte der für alle Anderen.

Pasquino und Marforio waren jedoch nicht die einzigen bösen Mäuler, durch welche Rom redete: der „Babuino" (nach dem eine Straße genannt ist), der „Facchino" des Palazzo Piombino, der „Abate Luigi", „Donna Lucrezia", der „Skanderbeg" gesellten sich zeitweilig zu jenen.

Daß Pasquino und Marforio im Kirchenstaat die Spitze ihrer Pfeile hauptsächlich gegen das Haupt der Kirche und „solche, die es werden wollten", die Kardinäle, richteten, versteht sich ebenso von selbst, wie daß diese Männer unausgesetzt gar große Zielscheiben darboten.

Unsere Blüthenlese beginnt mit dem Tode Innocenz' VIII. im Jahre 1492. Dieser Papst hatte 16 Kinder, acht Knaben und acht Mädchen, weshalb er denn auch der wahre Papa der Römer genannt wurde. Auf seinen Tod schrieb Pasquino:

„Suchet nicht mehr die Ueppigkeit, die Genußsucht, den Geiz und die Feigheit. Alle diese Laster sind beschlossen im Sarge des VIII. Innocenz."

Und soll dieses Wort noch direkt aus dem Munde des Schneiders stammen. Alexander VI. (1192—1503) bot einen großen Stoff.

„Auch Du, man kann es nicht leugnen, machst den Fischer wie Petrus; Du hast Deinen Sohn wiedergefischt."

Bis ins siebzehnte Jahrhundert hinein existierte in der Kirche Madonna del Popolo das Grabmal von Giulia Vanezza. Gemahlin des Domenico Arimani und Konkubine von Alexander (oder Rodrigo) Borgia. Alexander hatte vier Söhne mit ihr und eine Tochter, Lucrezia Borgia. Der Erstgeborene, Herzog von Candia, durch (wie das Gerücht ging) Cäsar Borgia ermordet und dann im Tiber aufgefischt. Darauf bezieht sich das Epigramm Pasquino's. Auf seine Bestechungen, die Tiara zu erlangen, wobei er sein ganzes Vermögen ausgegeben, geht das Folgende:

„Alexander verkauft die Schlüssel und die Altäre Christi. Er kann es; er hat sie gekauft."

Nach seinem Tode:

„Es ist nicht zu verwundern, daß nach Alexanders VI. Tode seinem Munde so viel Blut entflossen. Es war das, welches er getrunken hat und nicht verdauen konnte."

Und auf den Tod der Lucrezia Borgia:

„In diesem Grabe liegen die Reste eines Weibes, dem Namen nach Lucretia, der That nach Thais, Tochter, Gattin und Schwiegertochter des Papstes." —

Julius II. (1503—13) war ein Krieger und wußte die Waffen mit starkem Arme zu führen. Von ihm ging die Sage, daß er die Schlüssel St. Petri eines Tages in den Tiber geworfen, um, wie Paulus, das Schwert zu führen. Michelangelo, der von ihm den Auftrag erhalten, seine Statue zu machen, fragte den Papst, was er ihm in die linke Hand geben sollte. „Willst Du, heiliger Vater, daß es ein Buch sei?" — „Nein, nein", rief dieser, „gieb mir ein Schwert, ich kann es besser handhaben." Sein Sinn ging einzig auf Vergrößerung des weltlichen Besitzes. Die Freiheit lag ganz danieder, und Pasquino schrieb:

„Was fehlt Rom, jetzt, wo es einen Julius hat?"

„Es fehlt ein Brutus!"

„Wirklich unterliegt die Freiheit jedesmal, wo es in Rom einen Julius giebt."

Es folgt Leo X. von 1513—21. Dieser Papst liebte die Künste und Wissenschaften, aber er war ein Verschwender.

Seine Krönung kostete mehr als 100000 Goldscudi, sein
Leben war das eines üppigen Fürsten, seine Tafel die luxu=
riöseste. Das Geld dazu gewann er durch Ablaßhandel, und
auch sonst verkaufte er aus der heiligen Bottega, was zu ver=
kaufen war. Voltaire läßt ihn ohne Beichte sterben, „denn
so sehr war er mit den Dingen dieser Welt beschäftigt, daß
er keine Zeit hatte, an jene da oben zu denken.“

Pasquino sagt von diesem Leo:

„Leo hat das Viatikum nicht empfangen können. Weißt
Du warum? Er hatte es verkauft.“

Als Epitaph: „Der Ruhm Leo's X. verwest in dieser Gruft
zusammen mit seinem Körper. Was seine Schafe so mager
machte, macht jetzt die Erde fett.“

Eine böse Zeit für Rom war die Regierungsperiode Cle=
mens' VII. 1523—34: Überschwemmungen, Pestepidemien,
Feuersbrünste waren an der Tagesordnung, dazu kam die
gräßliche Plünderung Rom's im Jahre 1527, die sieben Tage
dauerte. Sie war eine Folge der falschen Politik des Papstes,
der sich mit Frankreich und England gegen den Kaiser Karl
V. verbunden: die Santa Lega. Neun Monate hausten die
fremden Söldner in Rom. Clemens war der bestgehaßte
Papst. Der Haß begleitete ihn in die Gruft.

„Man sagt, daß Clemens durch den Arzt umgebracht
worden sei. Ist das wahr, so müßte man den um das gemeine
Wohl so hochverdienten Mann mit Gold bedecken.“

Dieser Arzt war ein gewisser Curti. Sein Bild fand
sich beim Tode des Papstes an dem Sockel des Pasquino
geklebt mit der Unterschrift: Ecce qui tollit peccata mundi!“

Im Vorübergehen sei einer interessanten, wenig gekannten
Anekdote gedacht. Im Jahre 1535 (acht Jahre nach jener
Plünderung) kommt Karl V. zum zweiten male nach Rom,
das ihn mit hohen äußeren Ehren empfing, während im
Innern noch der Haß kochte. Freitag den 8. April machte
Karl einen Rundgang durch die Stadt und bestieg auch, be=

gleitet von dem jungen Baron Romano Crescenzi das Dach
des Pantheons, durch dessen Kuppelöffnung er in die Kirche
schaute.

Don Crescenzi, nach Hause gekommen, bekannte seinem
Vater, daß in jenem Momente die Versuchung an ihn heran-
getreten, den Kaiser durch einen Stoß in die Kirche zu stürzen
und dergestalt Rom wegen der erlittenen Unbill zu rächen.

Der Vater klopfte ihn auf die Schulter und sagte: „Mein
Junge, so etwas thut man, spricht aber nicht davon." —

Folgt Paul III. von 1534—49. Dieser Papst hatte einen
Sohn Pier Luigi (vom Vater zum Herzog von Parma und
Piacenza gemacht) und drei Neffen, Alessandro, Ranuccio und
Ottavio Farnese, die mit vierzehn Jahren die Kardinalswürde
erhielten. Auf diese unnützen „Freßmäuler" geht folgendes
Epigramm:

„Der Cerberus hatte drei Rachen und bellte aus drei
Mäulern an der Höllenpforte. Auch Du hast drei oder vier
immer hungrige Mäuler, welche nicht bellen, sondern verschlingen." —

„Wir beten für Paul III., daß ihn die Liebe der Seinen
auffresse." —

„Vor Zeiten bezahlte man die Minstrels, daß sie sängen.
Wieviel, o Paul, würdest Du mir geben, damit ich schweige?"

Auf die Schwester Sixtus' V. (1585—90) geht das Folgende:

Marforio: Aber wie Du Dich vernachlässigst, mein lieber
Pasquino! Hast da ein Hemd an, schwarz wie das eines
Kohlenbrenners.

Pasquino: Ja, was soll ich Dir sagen? Meine Wasch-
frau ist Prinzessin geworden.

(Sixtus V., vorher Felice Peretti, war Sohn eines Bauern
und hatte als Knabe die Säue gehütet. Seine Schwester war
Wäscherin.)

Sixtus, dem diese Pasquinate berichtet wurde, versprach

in einem Aufrufe dem Verfasser Sicherheit des Lebens und
10000 Scudi. Das Gold lockte, der Autor meldete sich. Der
Papst läßt ihn an: „Was ich versprochen, werde ich halten.
Das Leben und das Geld seien Dein. Ich werde sogar halten,
was ich Dir nicht versprach, das ist: man haue Dir die Hand,
die jene Worte geschrieben, ab, zur Erinnerung daran, ein
andermal solche Scherze zu unterlassen."

Sixtus that Vieles für Rom, das Geld dazu brachte er
durch unablässige Steuern und Abgaben auf, auch die noth=
wendigsten Dinge wurden besteuert.

Zur Nachtzeit hing ein nasses Hemd zum Trocknen am
Pasquino aus.

Marforio: Was hängst Du um diese Stunde zum
Trocknen aus, Pasquino?

Pasquino: Siehst Du denn nicht? mein Hemd.

Marforio: Warte doch bis morgen.

Pasquino: O nein, morgen könnt's mich treffen, daß ich
den Sonnenstrahl bezahlen müßte.

Ein spanischer Edelmann hatte in der Kirche von einer
Schweizerwache einen Hellebardenstoß erhalten, dafür streckte
er die Wache mit einem Stockstreiche todt zu Boden. Sixtus
ließ den Gouverneur der Stadt Rom wissen, daß der Justiz
andern Tags ihr Recht werden müsse, ehe er sich zu Tisch
setze, und er wolle sehr früh speisen. Der spanische Gesandte
und vier Kardinäle flehten ihn an nicht um das Leben des
Edelmanns, sondern daß ihm, seinem Stande zu Liebe, der
Kopf abgeschlagen werde.

„Gehängt wird er", antwortete Sixtus, „dennoch will ich
die Schande, über die seine Familie sich beklagen wird, mildern
indem ich ihm die Ehre gebe, seiner Hinrichtung beizuwohnen."

So wurde der Galgen unter seinen Fenstern errichtet und
er sah ihn aufhängen. Dann sagte er, zu seinen Dienern ge=
wandt: „Man soll mir zu essen bringen. Dieser Justizakt

vermehrt meinen Appetit." Und beim Aufheben der Tafel: „Gott sei Dank für den großen Appetit, mit dem ich gespeist."

Den nächsten Tag sah man Pasquino mit einer Suppen= schüssel voll Ketten, Beile, Stricke und Räder, und Marforio fragt, wohin er mit dem Zeug wolle.

„Ich bringe dem heiligen Vater eine pikante Sauce, um seinen Appetit zu reizen."

Mit eiserner Hand stellte Sixtus die öffentliche Sicherheit wieder her und Verbrechen wurden oft nach langen Jahren noch bestraft. Ein gewisser Attilio Braschi hatte in Bologna einen Vetter, dessen Frau und zwei Kinder umgebracht und war dann nach Florenz geflohen, wo er sich sicher glaubte. 36 Jahre hatte er so unbestraft gelebt, als Sixtus, bei Ge= legenheit einer von dem Großherzog erbetenen Gunst als Gegenleistung die Auslieferung jenes Verbrechers begehrte, der dann auf dem Platze vor der Engelsbrücke geköpft ward. Andern Morgens fand man die Statue des heiligen Petrus auf der Engelsbrücke mit einem Reisemantel und Reisestiefeln bekleidet und an der gegenüberstehenden Statue des h. Paulus hing ein Zettel mit den Worten:

„Petrus, wohin willst Du?"

„Ich verlasse Rom. Ich habe Angst, daß Sixtus, der so alte Prozesse wieder aufwärmt, auch jenes Ohr rächen wird, das ich vor 1580 Jahren dem Malchus im Garten Gethsemane abschlug."

„Da werde auch ich mich aus dem Staube machen, sonst könnte man mich noch meiner Christenverfolgungen wegen be= langen." —

Von 1623—44 saß Urban VIII. auf dem heiligen Stuhle. Er war aus der Familie Barberini, und unter ihm entstand je= nes berühmte Epigramm:

„Quod non fecerunt Barbari, fecerunt Barberini."

Was die Barbaren nicht gethan (zerstört), thaten die Barberini. Und in der That raubte dieser Papst die alten

römischen Reste aus, wo er wußte und konnte. Das Bronze=
dach des Pantheons z. B. wurde zum Baldachin und zu den
Säulen des päpstlichen Altars der vatikanischen Basilika um=
geschmolzen. Die Quadern des Kolosseums dienten zu Bauten.
1642 veröffentlichte Urban eine Bulle, mit welcher er das Ta=
bakschnupfen in den Kirchen bei Strafe der Exkommunikation
verbot.

Pasquino schrieb im Kirchenstil:

„Contra folium, quod vento rapitur, ostendis potentiam
tuam et stipulam siccam persequeris?“ (Willst du wider
ein fliegendes Blatt so ernstlich sein und einen dürren Halm
verfolgen?)

Dieses Epigramm gefiel dem Papst, und er ließ bekannt
machen, daß er dem Autor 500 Scudi schenken wolle.

Pasquino antwortete: „Gieb die 500 Scudi dem Hiob,
denn das sind Hiob's Worte.“

Wirklich steht der Vers im Hiob 13, 25, und zu verwun=
dern ist nur, daß es im Vatikan so wenig bibelfeste Leute gab.

Auf Urban folgt von 1644—55 Innocenz X. Von ihm
heißt es: „Der Papst liebt mehr Olympia als den Olymp.“
Innocenz war nämlich in Sachen der Wissenschaft ein großer
Ignorant und stand ganz unter dem Pantoffel der Donna
Olympia Maldachine, verw. Pamphili, that weder Gutes
noch Böses, sondern gab sich, seine Würde und die Leitung
der Kirche ganz der Laune dieser Dame hin, welche die Römer
„die Braut Christi“ nannten. Gleichermaßen beherrschte ihn
seine Nichte, die Fürstin Bassano. Pasquino und Marforio
unterhalten sich:

Marforio: Ah, Pasquino, kommst du aus dem Vatikan?

Pasquino: Ja.

Marforio: Hast du den Papst gesehen?

Pasquino: Wozu denn? Ich sah Donna Olympia.

Als seine Nachfolger, Alexander VII., zur Herrschaft ge=

langte (er war aus dem Hause Chigi), plauderten die beiden Marmorfiguren also:

Marforio: Kannst du mir sagen, Pasquino, da du doch Alles weißt, was der Berg, der Baum und der Stern, die man im Wappen der Chigi sieht, bedeuten?

Pasquino: Der Berg ist der Kalvarienberg, wo Rom seine Passion erduldet und wo die Henker seine Güter und seine Kleider theilen. Der Baum ist der des Kreuzes, nicht Christi, sondern des bösen Schächers, an welchen der Nepotismus Alexander's das römische Volk geschlagen. Und der Stern ist ein Komet, der den Ruin der Stadt verkündet, wovon die Stadt immer unter der Regierung der Alexander betroffen ward.

Alexander VII. dachte an nichts weiter, als Verse zu schmieden und Bruderschaften (Kongregationen) zu stiften. Nun wurde der Herzog von Créqui, der Gesandte Frankreich's, durch die Korsengarde insultiert, und der Papst erhielt von Ludwig XIV. den Befehl, diese fortzujagen, in Rom eine Pyramide mit einer Inschrift, die von dem Insult und der Satisfaktion redete, zu errichten und seinen Neffen, den Kardinal Chigi, als Legat mit Entschuldigungen über das Vorgefallene an den Hof nach Versailles zu schicken. Würde das nicht geschehen, so würde der König Rom militärisch occupieren.

Marforio: Die Franzosen, wenn sie kommen, was werden wir machen? was werden wir machen?

Pasquino: Kongregationen! Kongregationen!

Als er starb, dialogisierten unsere Zwei:

Marforio: Was hat Alexander in seinen letzten Augenblicken gesprochen?

Pasquino: Sehr viel von sich, viel von seinen Verwandten, etwas von den Fürsten, Übles von den Kardinälen, wenig von der Kirche, nichts von Gott.

Im Jahre 1676 (bis 1689) finden wir Innocenz VI. auf dem Thron der Christenheit. Rom lag in Ketten und Banden, Gedanken und Wort waren geknebelt. Lebenslängliche Galere stand auf ein Wort, der Galgen auf eine Schrift. Der berühmte Philosoph Michele Molinos saß elf Jahre im Kerker der Inquisition, weil er seine Schüler gelehrt hatte, „daß das höchste Gebot in dem mystischen Schweigen der Gedanken bestehe, d. h. nichts zu begehren, an nichts zu denken".

Pasquino sagt von diesem Papst: „Wenn man spricht: die Galere; wenn man schreibt: der Galgen; wenn man schweigt: die Inquisition! . . . Christus, was soll man thun?"

Zur Zeit Clemens' XIV., in der zweiten Hälfte des achtzehnten Jahrhunderts waren die Jesuiten mächtig, obschon sie diesen Papst verjagten, und Pasquino ließ sich leider auf kurze Zeit durch sie beeinflussen. Nun aber beginnt die unruhige Periode der französischen Revolution; vorher war noch eine Theuerung zu überstehen unter Pius IV. (1777 — 99), und wie dieser Papst die Eitelkeit hatte, jedes seiner Werke: restaurierte antike Denkmäler, neu aufgerichtete Statuen, Neubauten u. A. mit der Aufschrift: „Munificentia Pii Sexti" zu versehen, so hing eines Tages eines der durch die Bäcker auf die Hälfte reduzierten Brote (der bekannten pagnotelle) am Halse des Pasquino mit dem gloriosen Motto: „Munificentia Pii Sexti."

Von der Fäulnis des gesellschaftlichen Leben zeugt das folgende, im Jahre 1791 erschienene Epigramm:

> Entging dem Gift nicht Carandini's Leben,
> Und wär' nicht dem Schafott entflohen Chigi,
> Zwei Missethäter würd' es weniger geben.

Donna Giovanna Ottaiani-Chigi, Gemahlin Don Sigismondo Chigi's, war nämlich die Geliebte des Kardinals Carandini. Don Sigismondo wollte den Freund seiner Frau durch Gift aus dem Weg räumen, der Plan ward jedoch entdeckt. Carandini kam mit heiler Haut davon, und Chigi rettete die seine durch die Flucht. —

Als die Republik am 15. Februar 1798 auf dem Kapitol proklamiert ward, redeten die beiden alten Politiker:

Marforio: Was für Wetter ist, Pasquino?

Pasquino: Spitzbubenwetter.

Über den bekannten Kardinal Fesch, den neuen französischen Gesandten, der am 2. Juli 1803 in Rom eintraf, heißt es:

Marforio: Sage, Pasquino, wie kommt er dir vor,
Der neue Minister-Ambassador?

Pasquino: Fatal! Fatal! Fatal!
Er ist Korse und Kardinal!

1804 unterhielten sie sich über Napoleon:

„Das Öl ist theuer geworden, weißt Du's, Marforio?"

„Nein, warum denn?"

„Es giebt keines mehr. Napoleon hat Alles verbraucht, um Könige zu salben und Republiken zu backen."

An den berühmten Bildhauer Antonio Canova, der für die Gruft Vittorio Alfieri's eine Italia, gehüllt in einen römischen Kriegsmantel, gearbeitet hatte, wird auch ein Epigramm gerichtet:

Diesmal, Canova, hast Du Dich versehen,
Du giebst ihr Kleider, wo sie nackt muß stehen.

In dem Begriff des italienischen „spogliata" liegt auch das „ausgeplündert sein".

Als Leo XII. starb, regnete es Epigramme, und der Platz am Sockel Pasquino's wollte nicht mehr ausreichen. Diesmal aber stellte man neben den alten Vertreter der römischen Preßfreiheit eine Schildwache, mit dem Befehl, Niemand heranzulassen, und dennoch erschienen die Epigramme.

Bei der Kunde der französischen Revolution im Jahre 1830, da Pius VIII. Papst war, halten die Beiden folgendes Zwiegespräch:

Marforio: Weißt Du's? Frankreich zerbrach sein Joch
　　　　　　　ganz ritterlich;
　　　　　　Hört das der Papst, was wird er dazu sagen?
Pasquino: Da brauchst Du nur die heilg'e Schrift
　　　　　　　zu fragen:
　　　　　　Es kräht der Hahn, und Petrus weinte
　　　　　　bitterlich.

(Der Hahn, im Italienischen „gallo“, mit Bezug auf Gallien.)

Unter Gregor's XVI. Regierung wurde das Verlangen nach einer Konstitution allgemein. Bologna, Pesaro, Urbino, Fano, Fossombrone, Sinigaglia, die Marken, Umbrien u. A. erhoben sich und dekretierten die Aufhebung des Kirchenstaates. Die Österreicher stellten die „Ordnung“ wieder her, und von Reformen sprach Niemand mehr.

Gegen jede politische und sociale Bewegung zeigte Gregorio sich abgeneigt, abgeneigt sogar gegen die Eröffnung von Eisenbahnen und Telegraphenlinien. „Liebe Herzen“, pflegte er zu sagen, „ich kann nicht, ich kann Euch das durchaus nicht zugestehen. Weiß ich denn, was hinter diesem Zeuge kommt?“

Gregorio soll aber ein wackerer Zecher gewesen sein. Der berühmte römische Sonettendichter Belli schrieb über sein Testament, in dem er verordnete, daß seine Leiche mit Wein von Orvieto und mit Champagner und Madeira, seinen Lieblingsweinen, abgewaschen werden solle, ein prächtiges Sonett, welches endet:

Sein Mundschenk? (ihr verdammten Plaudertaschen!)
Nahm sechsundzwanzigtausend Scudi ein
Allein durch den Verkauf der leeren Flaschen.

Einer der glücklichsten Einfälle Pasquino's aus der letzten Zeit ist der über das Dogma der Infallibilität. An seiner Brust klebte ein Zettel mit den bekannten Buchstaben vom Kreuze Christi:

I. N. R. I.

Niemand errieth den Sinn. Christus selbst wollte durch den Mund Pasquino's sagen: „Io Non Riconosco Infallibilità." (Ich anerkenne die Unfehlbarkeit nicht.) —

Nun handelte es sich um Vittorio Emanuele, und wenn der Menge der Sinn des „Non Piove —" dunkel war, so mußten die Eingeweihten, es bedeute: Non Pio, V. E. (Nicht Pius, sondern Vittorio Emanuele.) Und der „Viktor" kam. Wenige Stunden vor dem Einzug der nationalen Truppen in Rom (17. September 1870) wurde im S. Peter, neben dem Weihwasserbecken zur Linken, ein alter, verschossener, halb zerbrochener Regenschirm gefunden (Pasquino's letzte Spende) mit den Versen:

> Heil'ger Vater auserlesen,
> 'S ist ein Armer hier gewesen,
> Der Euch spenden möcht' als Gabe
> Diesen Schirm, 's ist Armen=Habe,
> Hab' halt keine bessern Sachen.
> Fragt Ihr, was damit zu machen?
> Hörst den Donner Du nicht schallen?
> 'S kann ein „Temporale" fallen.

„Temporale" bedeutet einen Platzregen und — den weltlichen Besitz des Papstes. — Damit nehmen wir Abschied vom päpstlichen Rom und von seinem ältesten Vertreter der Preßfreiheit.

Unterm Volke.

Kleines Gesindel.

1.

Scheinbar sind sie', die Kinder, in der ganzen Welt die=
selben: dieselben Hosenreiß=Teufelchen, dieselben Hembenmatz=
Engelchen, dieselben obstmausenden Racker und Gassenrangen,
dieselben kußlich=süßen Herzblättchen, Schmutzelpeter, Rotznäs=
chen und Schmeichelkätzchen. In der ganzen Welt lieben sie
Zucker und naschen ihn, wo sie dazu können, und scheuen sie
Prügel; am Nordpol wie unterm Äquator, in Paris wie in
Peking strecken sie ihrem Beleidiger die kleine rosenrothe Zunge
entgegen und spucken nach ihm wie ein Lama der Anden, und
mantschen und pantschen zu köstlicher Erholung am liebsten
in Lehm und Koth, aus dem Mutter Natur sie kurz vorher,
den Erwachsenen zu Freud oder Leid, zu menschenähnlichen
Wesen geformt. Die Freiheit geht ihnen wie den wilden
Waldvögeln über Alles, und so kennen sie auch, wie jedes Thier
seinen natürlichen Feind, den verhaßten griesgrämigen Schul=
meister schon auf tausend Schritte an der Witterung und
fliehen ihn, bis auch ihre Zeit kommt und man sie einfängt
und sie mit den kleinen Höschen und Röckchen an das dürre
Holz der langweiligen Schulbänke leimt, wo ihnen das bis=
chen Bildungsfirnis löffelweis unter Thränen und Schlägen
als bittere Medizin in die offenen Mäulerchen gestrichen
wird, bis sie endlich den letzten Rest paradiesischer Originali=

tät verloren haben, dem großen Troß ähnlich werden und
singen und pfeifen, wie die Alten gesungen und gepfiffen haben.

Den Herren Pädagogen ist es zunächst gesagt:

„Was ihr dem lockern Grund einpflanzt, wird Wurzeln schlagen,
Was ihr dem zarten Zweig einimpft, wird Früchte tragen. —"

Mehr Geltung aber mag das fürs Haus haben, und dann
— giebt es Länder, wo der Schulzwang den Leuten noch nicht
ins Bewußtsein gedrungen ist. Da übernimmt Vater und
Mutter Erziehung und Unterricht; diese sind denn auch meist
danach, wenngleich Montaigne behauptet, er habe von seiner
Amme mehr gelernt als von allen seinen Lehrern. Aber ja,
die frühesten Lebensjahre jedes Menschen, die ersten Regungen
und Richtungen der erwachten Seele sind oft entscheidend für
seine ganze Zukunft.

So wird von Josef Haydn erzählt, daß in dem kaum
lallenden Kinde die Liebe zur Tonkunst für immer geweckt
wurde dadurch, daß der Gesang seiner Eltern, besonders die
sanfte Stimme seiner Mutter, gar mächtig auf sein Seelen=
leben gewirkt hatten. Ähnliches erzählt man von Hiller; der
hörte als kleiner Knabe am Sarge seines Vaters einen Ge=
sang, der seine ganze Seele gefangen nahm und ihm die Musik
von da an zu einer Lieblingsnahrung machte Linné's Vater
bestreute die Wiege seines Kindes ein paar Jahr lang täglich
mit Blumen. Prinz Eugen, „der tapfere Ritter", kann sein
Heldenthum auf die Erzählungen seiner Mutter, die dem
zweijährigen schwächlichen Knaben nur von Schlachten und
kühner Recken Streiten sprach, zurückführen.

Mit Blumen, Heldensagen, sanften Tönen wird das kleine
napolitanische Gesindel, von dem hier ein Stückchen Leben
aufgeführt werden soll, nicht groß gefüttert. Was diesen als
erste Seelennahrung gereicht wird, kann man an dem Thun
und Treiben der Großen ermessen, denen Lottospiel, Liebes=
Intrigue und Tischfreuden über Alles gehen. Ihr drittes

Wort ist eine Zahl, ihr viertes Amore, ihr fünftes Maccheroni.
Praktisch und naturalistisch ist dies muntere Völkchen wie kein
anderes, und der kleinste Hampelmann, dem das Hemdenzipfel-
chen noch aus dem offenherzigen Höschen heraus hängt, ist
bereits ein halber Advokat und schaut die Welt in ihrer rea-
listischen Nacktheit an.

Bogumil Goltz erzählt von einem echt deutschen Kinde,
das Tag und Nacht der Gedanke verzehrte, einen Waldvogel
in die Hand zu bekommen. Da war der Junge 'mal an einem
schönen Frühlingstage in den Wald gegangen, ob ihm nicht
mit gutem Glück oder mit Listen ein Vogel zu nahe kommen
möchte, daß er ihn fangen könnte. Der arme Junge war
aber noch zu klein, um von Garn und Leimruthen oder von
anderen Vogelstellerkünsten zu wissen, so setzte er sich denn
getrost auf die Erde, mit seinem Kinderröckchen einen tiefen
Schoß bereithaltend, ob ihm da nicht ein Vögelchen hinein-
flöge. Als nun gar nichts kommen wollte, so stellte er sich
zuletzt in seiner heiligen Kindesunschuld mit fest zugekniffenen
Augen und mit laut klopfendem Herzen zu einem grünen
Strauch, den Arm und den Zeigefinger aus Zweigen und
Blättern steif hinausgereckt, ob das nicht ein Vogel für einen
Ast und Zweig halten und sich so hinaufsetzen möchte, dann
wollte er rasch eine Faust machen und den betrogenen Vogel
gefangen haben.

„Nicht wahr", fügt Goltz hinzu, „das will wohl mehr
bedeuten als einen dummen Jungen?"

Der kleine vierjährige Schwarzkopf meiner Nachbarin
ist aber anderer Meinung; er sagte, als ich ihm die Geschichte
erzählt hatte: „Das war doch ein dummer Junge. Wenn
ich einen Vogel haben will, da bettle ich mir von Mama oder
von Papa oder von der Tante einen Soldo und kaufe mir
einen auf dem Markte, und daß er mir nicht fortfliegt, be-
schneide ich ihm die Flügel und binde ihn an einen Faden,
und wenn ich ihn satt habe, laß ich mir ihn braten."

Nicht wahr, auch das bedeutet mehr als einen dummen Jungen? —

Es ist ein Vergnügen, unsere deutschen Gassenkinder zu belauschen, und sie sind von Malern und Schreibern so oft belauscht und dargestellt worden, daß wir nichts Neues mehr über sie erfahren können. So führe ich denn heute ein paar Individuen des napolitanischen kleinen Gesindels vor, und zwar nach den trefflichen Beobachtungen eines napolitanischen Schriftstellers, de Giacomo's, wie sie in seinen „Bozzetti" enthalten sind. —

Langsam schlenderten sie die verwinkelten Gäßchen des Quartiers Mercato entlang. Sie kamen zur Piazza Dante blieben ein Weilchen unter dem ornamentenreichen Bogen der Port' Alba stehen und schauten verwundert nach rechts und links. Der breite Platz wimmelte von geschäftig hin und her laufenden Leuten; zur Rechten lag das grüne Quadrat des Gartens, voll blühender Margareten, eleganter Palmen und Reihen großer Päonien; zur Linken, hinter der Mauer des Eckpalastes, begann der geräuschvolle Toledo. Ein gewaltiger Lärm kam von dorther: die Peitschen der Kutscher klatschten, die Leierkasten klimperten und die schweren Lastwagen rollten dröhnend über das Pflaster.

Sie waren zu Drei: zwei Mädchen und ein Knabe.

Der Knabe mochte fünf Jahre alt sein; auf dem Kopfe saß ihm eine Mütze, die sicher nicht ihm gehörte, sie war zu groß, sie fiel ihm bis über die Ohren. In der Hand hielt er ein Schilfrohr, das er auf der Straße gefunden; er stützte sich darauf wie auf einen Stock, das gab ihm eine gewisse Würde. Seine Schuhe waren zerrissen, ganz abgeschabt, ohne Absätze. Der Hemdkragen war über die Jacke geschlagen, an der drei Knöpfe fehlten, von den übrigen waren drei weiß, einer schwarz, mit weißem Zwirn angenäht. Um den Leib trug er einen Strick, der die auf den Knieen geflickten Hosen festhielt. Jeden Augenblick fuhr er mit der Hand in die

Tasche, eine leere Streichhölzchenschachtel hervorzuziehen, deren
Bilder er, während er sie auf= und zuschob, zerstreut betrach=
tete und die alsbald wieder in der Tasche in Sicherheit ge=
bracht wurde.

Der Junge war semmelblond, wie auch seine jüngere
Schwester; wie diese, hatte er blaue Augen, ein Stumpfnäs=
chen, ein rundes Kinn. Dieser, die etwas älter als ein Jahr
sein mochte, fehlten die zwei oberen Vorderzähne in den weißen
Perlenreihen. Sie war dunkel gekleidet, mit einer weißen
Schürze. Ihre weichen Haare waren in der Mitte gescheitelt,
fielen über die Schläfe herab und lockten sich am Hinterkopf über
dem Nacken, wo sie abgeschnitten waren. Ein Puppenshawl=
chen deckte ihre Schultern, das kurze Kleidchen ging ihr kaum
bis zu den Knieen und ließ die blauen Bänder sehen, mit denen
die weiß= und rotgestreiften Strümpfchen gebunden waren.
Sie sprach immer, halblaut, ein Händchen in der großen
Schwester Hand, die in der Mitte ging; beim Gehen schleu=
derte sie den Arm, deutete mit ausgestrecktem Zeigefinger auf
die Leute oder berührte leise mit der Fingerspitze die Kleider
der Damen und redete und that mit Fragen und Antworten
wie ein Madamchen. Einmal, da sie gerade stehen geblieben,
zupfte sie an den Fransen eines Shawls, dessen glänzende
Glasperlen sie in Versuchung gebracht hatten.

„Laß sein!" rief die Schwester unter Erröthen und riß
sie am Arme, während die Dame mit dem Shawl sich über=
rascht umwendete. Sie schleppte sie weg, halblaut zankend,
und gab ihr eine Kopfnuß. Die Kleine verzog das Gesicht
und sagte nichts. Nach ein paar Schritten jedoch schaute sie
vorsichtig zurück. Die Dame am Arm ihres Gatten blickte
sie noch immer an, mit Augen, die streng sein sollten. Da
streckte sie mit einer Grimasse die Zunge heraus, schloß die
Augenlider halb, stemmte das Händchen in die Seite und
machte einen komischen Knix.

Auf der Piazza Dante hielten sie unter der Statue des Dichters.

„Hier wollen wir bleiben", sagte die größere.

Ja, ja, sie wünschten gar nichts Anderes, hier wollten sie
ein wenig bleiben. Der breite Platz, von der Sonne beschienen,
erfüllt von Gassenjungen, die sich auf dem glatten Boden
lustig machten, behagte ihnen gar sehr. Rasch ließ der Kleine
die Hand der Schwester los, er hatte schon gefunden, was er
suchte.

„Wohin willst Du?" fragte sie.

„Dorthin ... dort!"

Er hatte eine Schar Jungens bemerkt, die auf dem
Boden im Kreise saßen. Sie spielten mit Steinen auf einem
Quadrate, das durch Kreidestriche in verschiedene Felder getheilt war. Langsam näherte er sich ihnen, das Rohr hinter
sich herschleppend. Er blieb stehen und sah zu, die Hände auf
dem Rücken, unbeweglich. Als er müde ward, setzte er sich
zu den Andern. Da aber stieß ihn alsbald ein Junge, der
nicht mitspielte, mit dem Ellbogen an und fragte, als er sich
umwendete:

„Was willst Du denn hier?"

„Nichts."

„Wessen Sohn bist Du denn?"

„Meines Vaters!" sagte der Kleine.

„Danke schön!" sagte lachend der Andere.

„Giovanni's!" verbesserte der Kleine sich.

Sie blickten sich an: er begann unruhig zu werden. Der
Andere hatte etwas vor, er maß ihn mit lebhaften, malitiösen
Augen, dann sagte er:

„Du, Du kannst mir das Schilfrohr da geben: was thust
Du damit?"

„Ich brauch's schon!" stammelte der Kleine und rutschte
ein Stück zurück.

„Mach', daß Du fortkommst!"

Erschreckt sprang der Kleine auf, sich auf die Hände stützend, ohne sein Rohr zu lassen. Die Höschen voll Erde ging er weg, Schritt für Schritt, ohne zurückzublicken.

Die Schwestern saßen auf den breiten Stufen am Sockel der Statue. Die kleinste faltete ein Taschentüchlein zusammen und strich es glatt, die Schultern an das Eisengitter gelehnt; die andere, die Hände in den Taschen, schaute träumerisch vor sich hin.

„Malia", klagte das Bübchen beim Herantreten, „der dort wollte meinen Stock haben."

„Setz' Dich!" befahl sie.

Er setzte sich neben das Schwesterchen und fing an, halblaut mit ihr zu schwatzen, indem er ihr die vertrackte Geschichte mit dem Rohr erzählte. Malia schaute scharf nach einer Stelle: sie wollte in dem kleinen behandschuhten Diener, der kerzengerade vor einem Wagenschlage stand, den Sohn des Maschinisten erkennen, der vor einiger Zeit ihnen gegenüber am Mercato gewohnt hatte. Ja, wahrhaftig, es war Peppino!

Der Wagen, den die Damen soeben verlassen, um in den Palast einzutreten, machte jetzt eine Wendung und hielt auf dem Platze. Das Dienerchen klettert vom Bock herab, geht hin und her, guckt in die Luft, rückt den glänzenden Cylinder auf dem Kopf zurecht und bleibt dann gähnend stehen.

„Hört", sagte Malia zu den Kleinen, „wartet hier, ich komme gleich wieder — daß Ihr Euch nicht rührt."

Sie geht um die Statue herum, setzt sich auf die Marmorbrüstung, löst die Haare auf, indem sie die Haarnadeln in die Schürze sammelt. Die Zöpfe werden geflochten, zwei-, dreimal streicht sie mit der Hand über die vom Wind etwas zerzausten Stirnhaare und bindet den Shawl hinter dem Rücken fest. Dann kehrt sie zu den Geschwistern zurück. Das Bübchen war schläfrig geworden, die Mütze war ihm ganz über die Augen gerutscht.

„Steh auf!" sagte Malia, „wir wollen gehen."

Sie rückte ihm die Mütze zurecht, putzte ihm die Höschen ab und nahm ihn bei der Hand.

Der kleine Diener hatte sich nicht bewegt, er stand und schaute nach den Balkonen hinüber. Plötzlich sah er sie an sich vorübergehen, langsam schlendernd, inmitten der Kleinen.

„Guten Tag!" lächelte Malia.

„Oh!" sagte er, „je nun ... was macht Ihr denn hier?"

„Nichts ... wir gehen ein bißchen spazieren ... die Mutter ist ausgegangen".

Wie nett sah sie aus in ihrem geblümten Kleide! Der Bursche verschlang sie mit den Augen. Sie war so groß wie er, sie waren gleich alt: zwölf Jahre. Er war kräftig aufge= wachsen, hatte schwarze krause Haare und dunkle Augen.

„Komm her", sagte er, „wie lange hat man Dich nicht gesehen! Und wie geht's Eurer Mutter?"

„Danke der Nachfrage", antwortete Malia.

Ein Schweigen folgte. Die Kleinen sahen sich ihn genau an: das Bübchen bewunderte die zwei Reihen großer blanker Knöpfe, die er auf dem gutsitzenden langen Überrock hatte.

„Du bist groß geworden! Was treibst Du?" fragte der Diener. „Bist Du Schneiderin?"

„Oh nein", antwortete sie, „das braucht Zeit. Ich bin bei einer Plätterin; ich lerne dort."

„Ah wirklich?" Und sie setzten sich in Bewegung, die Kleinen hinterher. „Dann werd' ich meine Hemden bei Dir plätten lassen. Was nimmst Du denn fürs Stück?"

Sie lächelte und schaute ihn an:

„Wenn ich die Meisterin wäre", murmelte sie, „da würde ich natürlich nichts ... ich würde Dir umsonst plätten ..."

„Wirklich?" sagte er. Und unter den Blicken des imper= tinenten Burschen erröthete sie.

„Kommt mit mir!" sagte er zu den Kleinen.

Er führte sie vor den Stand eines Händlers mit geröste= ten Erbsen, kaufte für zwei Soldi und füllte ihnen die Hände.

Der Kleine steckte sie in die Hosentasche, auch die Streichhölzchen-schachtel ward gefüllt.

„Ach", sagte Malia verlegen, „das war ja nicht nöthig!"

„Laß nur sein!" erwiderte er und warf die zwei Soldi auf den Tisch wie ein vornehmer Herr.

Langsam gingen sie zurück. Die Kleinen waren mit den Erbsen beschäftigt. Malia, zur Seite des kleinen Galan, gab sich ein schmachtendes Air, sie schloß die Augen halb vor der Sonne und beschaute mit gesenktem Blick ihre Hände.

„Ich werde Euch besuchen", hub der Diener an, „ich will Eure Mutter grüßen, die ich so lange nicht gesehen habe. Wohnt Ihr noch immer da unten, der Kantine gegenüber?"

„Ja", lispelte Malia, das Haupt erhebend. „Aber Du sagst nur so, kommen wirst Du nicht."

„Oh, auf Ehrenwort!" sagte er, ihr die Hand hinhaltend.

Er erfaßte und drückte die des Mädchens, die ihn lächelnd anblickte.

„Au", rief sie, „Du thust mir weh!"

Plötzlich ertönt ein scharfer Pfiff . . . der Diener wendet sich und läßt die Hand gehen.

„Teufel", rief er, „meine Damen kommen schon wieder! . . . Addio . . . leb wohl . . . auf Wiedersehen!"

„Vergiß Dein Versprechen nicht!" rief Malia ihm nach. Er nickte Ja und galoppierte mit fliegenden Rockschößen zum Wagen, um rechtzeitig am Schlage zu stehen.

Malia lief auf dem Trottoir voraus, sie wollte ihn vor-beifahren sehen. Er, neben dem dicken, ernsten Kutscher sitzend, grüßte sie mit einem langen Lächeln. Sie schaute hinter dem davonrollenden Wagen nach, bis er in der Ferne verschwand.

Beim Weitergehen plagte den Kleinen die Neugier, halb-laut fragte er die Schwester:

„Was war denn das für ein Herr?"

Sie drückte seinen Arm mit dem bedeutungsvollen und

schlauen Blick einer Wissenden und blinzelte ihm zu, den Zeigefinger auf der Lippe.

Das Kerlchen verstand sie nicht, aber die schweigsame
Antwort stellte ihn zufrieden. Er knabberte seine Erbsen weiter
und schleppte das Rohr hinter sich drein.

Malia ging zwei Schritte voraus, den Kopf hoch, ganz
befangen von dem Idyll. Die großen Augen lächelten durch
die wirren Stirnhaare gar munter.

2.

Es ist ein köstliches Buch, das mir da durch Zufall, als
ich jüngst die alten Scharteken eines Büchertrödlers am napolitanischen Molo durchstöberte, in die Hände fiel, ein Buch voll
echten, gesunden Humors, weil der Verfasser, wie es scheint,
zwei gesunde beobachtungstüchtige Augen und ein frisches Herz
besitzt. Der wahre Humor ist in Italien, wo man doch immer
auf dem tragischen Kothurn einherstolzt, eine so seltene Erscheinung, viel seltener als der ewig blaue Himmel, daß man
sich freuen darf, wenn man ihm doch einmal begegnet. Wenn
der italienische Büchermarkt nicht gar so von Grünwaren über-
laden wäre, hätte ich diese Freude schon vor drei Jahren haben
können, denn das Büchlein ist 1881 in Florenz erschienen,
führt den Titel „Occhi e nasi" (Augen und Nasen) und hat
zum Verfasser einen C. Collodi, dessen Vorstellung mir ein
ganz besonderes Vergnügen bereitet. In meinem Exemplar,
das ich um wenige Soldi erstand (im Buchhandel kostet es
3 Lire, ist aber das Zehnfache werth), war nur ein Bogen
aufgeschnitten, dann noch hin und wieder ein paar Seiten ...
sein ursprünglicher Käufer hatte also sozusagen Augen und
Nase flüchtig zwischen diese „occhi e nasi" gesteckt, sie waren

eben nicht nach seinem Geschmack gewesen, er war auf keine
dekolletierte Lebensgeschichte gestoßen und so hatte er das Buch
seinem Schicksal, d. h. dem Diener überlassen, der es mit den al=
ten Zeitungen zusammen und in Gemeinschaft mit andrer aus=
gedienter Ware, Flaschen und Schuhen dem Hausiertrödler
verkaufte. So war denn das arme Ding selber zum „Birichino“,
„Sbarazzino“, „Lazzaroni“, oder welche Titel man sonst noch
dem italienischen Gassenjungen, von dem ein Kapitel handelt,
giebt, geworden, und auf der Gasse machte ich seine Bekannt=
schaft, der ich mich jedoch durchaus nicht zu schämen brauche.

Die eben angeführten Titel des italienischen Gassenjungen
sind heute antiquiert, man hat sie, wie manches Andere, ver=
feinert, veredelt. Heute findet man „Birichini“, welche eine fast
neue Jacke und fast reine Hände haben; findet man „Lazzaroni“,
die das Taschentuch aus ihrer Tasche verlieren können, aber
das Taschentuch in den Taschen Anderer respektieren. Der echte
„Gassenjunge“ hat nichts mit diesem gemein. Er ist von kräfti=
gerer Färbung, im Typus mehr Canaille, ein Schüler, der ein=
zig und allein die Kön. Schule des Schwurgerichts besucht.

Welches ist sein Name? Er weiß es nicht; entweder
hat er ihn nie gekannt, oder er hat ihn vergessen. Seine Ge=
fährten rufen ihn mit einen Spitznamen und auf ihn hört und
antwortet er.

„Wie heißt Du?“ fragte ihn der Richter.

„Blättermagen . . .“

„Das ist ein Spitzname.“

„Nein, mein Herr! Das ist mein Name, aber mein Vater,
wenn er an Zärtlichkeit litt, rief mich bei einem Spitznamen:
Peterchen.“

Der echte Gassenjunge, um ihn sofort zu erkennen und ihn
nicht mit dem falschen Straßenjungen zu verwechseln (denn
jede künstlerische Genossenschaft hat ihre Pfuscher), hat folgen=
des Signalement:

Schmutziges Gesicht. —

Schmutzige Hände. —

Alles übrige schmutzig.

Der Schmutz ist das erste Hemd des Armen. Ein Armer
mit gewaschenem Gesicht wäre ein halber Herr und würde die
Sammlung verderben.

Während der Sommermonate springt noch der Gassen=
junge in den Fluß, der mitten durch die Stadt fließt, aber
nicht um sich zu waschen. Er thut es einzig und allein, weil
man ihm gesagt hat, daß das öffentliche Baden im Angesicht Al=
ler ohne das vorschriftsmäßige Feigenblatt aus Baumwolle auf
das Strengste durch Polizei=Reglement verboten ist. Eine Über=
tretung dieser Reglements ist für den Gassenjungen immer viel
gesünder und erfrischender als das fließende Wasser.

Seine Haare, die jeder Biegung widerstreben, leiden keine
andere Frisur, als die mit dem Fünffingerkamm verübte, und
auch in Anwendung dieses wird nur dem Nützlichkeits=, nie
dem Schönheitsprinzip gehuldigt.

Seine Hosen, durchlöchert von langen Luken und breiten
Schießscharten, lassen das Licht auch da eindringen, wo der
Schatten jedenfalls mehr am Platz wäre: doch das macht dem
jungen Herrn keinen Kummer. Als ursprünglicher Sohn der
Natur beweist er in seinem cynischen Leichtsinn, niemals ver=
standen zu haben, zu welchem Brauche man die Hosen erfun=
den. Hätte er Geschichtskenntnisse, so wäre darauf zu wetten,
daß er hätte wollen unter den Unterthanen der Königin Pomare
geboren sein, ehe Pritchard in jenem glücklichen Reiche die dop=
pelte Unbequemlichkeit der Bibel und der europäischen Hosen
einführte.

Er geht fast immer barfuß, oder ist das nicht der Fall, so
führt er seine Füße in einem Paar Schuhe oder Stiefel spa=
zieren, die dem Koloß von Rhodus gut „zu Gesicht“ stehen wür=
den. Der Gassenjunge haßt die menschliche Beschuhung und
sieht sie an für eine Dresch=Maschine, die der Mensch eigens
erfunden, um seinesgleichen auf die Füße zu treten und dann

zu verspotten mit der albernen Frage: „Entschuldigen Sie, habe ich Ihnen wehgethan?"

Die nackten Füße erlauben ihm bei Regenwetter die Tiefe der Pfützen zu messen und gewissenhaft den Schlamm der Straßen zu erforschen. Die Betttücher, auf die er Abends seine kothig beschmutzten Füße legt, erwarten ihn unerschrocken und wechseln die Farbe nicht. —

Wenn er des Morgens erwacht, hat er nur einen Gedanken: den Abend zu finden. Auf welche Weise wird ihm dies Kunst= stück gelingen? Das ist eine Frage, die ihn weder warm noch kalt macht. Das Unvorhergesehene ist sein Element: er ißt, wann er zu essen findet, er schläft, wo ihm gerade der Schlaf ankommt.

Philosoph nach Geburt und Erziehung, sucht er nur zwei Dingen aus dem Wege zu gehen: den Wagen und der Arbeit. Von diesen zwei machen ihm die Wagen am wenigsten Angst, das versteht sich. Das Rad eines Wagens kann einen Menschen höchstens verstümmeln, die Arbeit aber verthiert ihn.

Der Mensch, welcher arbeitet, kann unmöglich nach dem Bilde Gottes geschaffen sein: denn Gott arbeitete kaum sieben Tage und jetzt sind es über sechstausend Jahre, daß er ruht.

Alle Gassenjungen kennen sich unter einander, auch wenn sie sich nie gesehen oder gekannt haben. Das erste Mal, wo sie sich sehen, beginnen sie mit Schimpfereien, Balgereien und endigen mit Freundschaft.

Auf ihren Streifzügen wandeln sie bedächtig einher, die Augen hierhin und dorthin gewendet, wie Fremde, welche nach irgend einem Denkmal suchen. Diese Denkmale, welche im Allgemeinen ihre Aufmerksamkeit auf sich ziehen, sind die Läden der Viktualienhändler und die Schaufenster der Luxustrattorien. Vor diesen herausfordernden Ausstellungen bleibt der Gassen= junge lange und nachdenklich stehen, und nach diesem Nach= denken spuckt er aus. Das ist der Protest des nicht befriedigten Appetits.

Sonderbar, aber wahr! Der Gassenjunge betrachtet mit großer Sehnsucht des Magens das Huhn, den Schinken, das Roastbeef, aber am innigsten haften seine Augen auf dem Korbe mit frühzeitigen Früchten.

Dies ist eine poetische und fast verzeihungswürdige Näscherei. Wenn der gute Vater Adam, anstatt der Versuchung des reizenden Apfelpaares nachzugeben, sich durch die gemeine Begierde nach einem Beefsteak oder einem Hühnerfrikassee hätte überwinden lassen, die Legende vom Paradies würde eine Seite von widerwärtiger Prosa geworden sein und vielleicht hätte dann selbst Milton darauf verzichtet, sein „Verlorenes Paradies" zu schreiben.

Zwei Pronomina possessiva haben die Mehrheit von Alters her tyrannisiert: das Mein und das Dein.

Die Menschheit mag sich ja immerhin tyrannisieren lassen, aber der Gassenjunge schaut diesen zwei Possessiva ins Gesicht und lächelt mitleidig, als ob es zwei Vorurtheile wären. Auf der anderen Seite, so lange er auf der Welt ist, hat er seine Güter niemals kennen gelernt und von den Gütern der Anderen hat er immer sagen hören, daß man sie nur in einem einzigen Falle respektieren muß, wenn es nämlich nicht möglich ist, sich dieselben ohne Ungezwungenheit und ohne der Polizei ein Ärgernis zu geben, anzueignen.

Unerschütterlich in diesen Prinzipien des Freihandels, streckt er die Hand aus, sobald sich ihm eine passende Gelegenheit bietet; doch ist er kein gemeiner Spitzbube, vielmehr ein vielversprechender Dilettant. Ganz gewiß, denn wenn er seine ersten Heldenthaten erzählt, so geschieht es mit einer Natürlichkeit und Offenheit, die zum Küssen ist.

„Weißt Du, Bäuchlein, wohin ich vorgestern gegangen? Nach Pisa."

„He, wer hat Dir das Geld zur Reise gegeben?

„Das war ein Zufall. Ich schlenderte über den Domplatz, ein Streichhölzchen zu finden, um meine Pfeife anzu-

zünden, statt dessen fand ich ein Portemonnaie mit fünfzig Lire."

„Und wo fandest Du's?"

„In der Tasche eines Priesters, der die Zeitung las. Ja,
beim Herausziehen des Portemonnaies kam auch ein seidenes
Taschentuch mit, doch das war eine Unbeholfenheit. Sieh, welch
schönes Taschentuch."

„Warum verkaufst Du's nicht?"

„Verkaufen? Ich würde mich schämen. Ich will's aufheben, so lange als möglich, wär's auch nur, um ein Andenken an jenen würdigen Priester zu haben. Glaube mir,
Bäuchlein, wenn alle Priester so wären wie der, die Dinge in
Italien würden besser gehen."

Aber Niemand ist glücklich in dieser Welt, auch der Gassenjunge nicht. Auch er hat seine Enttäuschungen, seine Widerwärtigkeiten; auch er ist ein Opfer von tausend Verfolgungen
und tausend Ungerechtigkeiten.

Unter den vielen Ungerechtigkeiten dieser Welt ist eine,
die er nie hat still niederschlucken können, sich jeden Monat
wenigstens zwei Mal eingesteckt zu sehen, während der Präsident des Tribunals immer auf freiem Fuße lebt. Und dann
sagt man noch, daß vor dem Gesetz Alle gleich seien!

Angeekelt von so mancherlei Mißbräuchen, wird ihm die
Heimath manchmal zur Last, und er sagt zu seinen Genossen
im Tone der tiefsten Trostlosigkeit:

„Ich will eine Luftänderung machen!"

„Und warum?"

„In diesem Lande bringt's ein Ehrenmann zu nichts.
Wenn Du durch die Straßen schlenderst, so heißt's: Du bist
ein Vagabund und sie arretieren Dich; bleibst Du stehen, um
zu sehen, wer vorüberkommt, sagt man, Du bist ein Tagedieb, und Du wirst arretiert; gehst Du einher, die Mütze in
die Augen gezogen, so nennen sie Dich eine verdächtige Person und Du wirst festgenommen; trittst Du in die Kirche,

Dein Vaterunser zu sagen, so meinen sie, Du wärst ein Beutel=
schneider und Du wirst eingesteckt; lebst Du von Deinem
Eigenen, ohne Jemand um irgend etwas anzugehen, so be=
hauptet man, Du könntest Deine Subsistenzmittel nicht nach=
weisen, und arretiert Dich; vermeidest Du die Stadtpolizei, so
scheiterst Du an den Karabinieri . . . Kurzum für einen Ehren=
mann ist in diesem elenden Lande nichts mehr zu machen.“

„Nun, wohin gedenkst Du zu gehen?“

„Irgend wohin. Wenn nichts verfängt, so geh’ ich nach
Ägypten.“

„Ist das weit von hier?“

„Eine Reise von vier, fünf Tagen. Ich bin zwar nie
dort gewesen, aber ich kann mir die Straße vorstellen. Am
Bahnhof nimmt man das Billett, kommt man ans Meer, so
wendest Du dich links und dann gehst Du immer der Nase
nach. Wo Du dann das erste Krokodil siehst, da ist Ägypten.“

In der Politik hat der Gassenjunge keine tieferen Mei=
nungen und Überzeugungen. Für ihn sind alle öffentlichen
Demonstrationen gesetzmäßig, wenn man nur Hoch oder Nieder
oder irgend einen Namen oder Sache von leichter Deklination
schreit.

Lange oder schwer auszusprechende Namen versetzen ihn
in schlechte Laune, aus dem Grunde, weil ihm das Verständ=
nis dessen, was er ruft, wenig ausmacht, wenn er es nur ge=
läufig syllabieren kann. In gewissen Dingen ähneln die
Jungen gar sehr den Erwachsenen.

Läßt man ihm jedoch die Wahl frei, so zieht er immer
die Demonstration vor, in der man Nieder! ruft.

Der Gassenjunge wird als Maler geboren, wie Giotto;
anstatt aber ein Schaf zu zeichnen, macht er den Anfang da=
mit, daß er auf die weißen Mauern der Häuser das Bild
eines phantastischen Soldaten zeichnet, der das Gesicht en face
zeigt und zwei Füße hat, von denen jeder auf eigene Rech=
nung läuft. Von den Militärportraits geht er nach einigen

Tagen zum Zeichnen der malerischen Anatomie oder der haupt=
sächlichsten Theile des menschlichen Leibes über, doch passiert's
ihm, daß er diese Theile im Verhältnis zur Wahrheit immer
viel größer sieht.

Weisen durch Zufall und unklugerweise diese frischge=
tünchten Mauern der Häuser in Gips oder Stuck modellierte
Friese und Ornamente auf, so giebt sich der Gassenjunge nicht
eher Frieden, als bis er einen Stein gefunden, der ihm als
Demolierungshammer dienen könnte. Er besitzt eine leidenschaft=
liche Antipathie, ja einen ererbten Haß gegen Friese und Or=
namente aus bröckeligem Material und respektiert nur die aus
Bronze und Schmiedeeisen.

Wie die alte Chronik erzählt, so wandelte der griechische
Diogenes durch die Straßen der Stadt mit einer Laterne in
der Hand, einen Menschen zu suchen; statt des Menschen fand
er immer ein Säugethier, das in dem guten Glauben stand,
ein vernünftiges Thier zu sein, aus dem einzigen Grunde, weil
der Schöpfer im Augenblick vergessen hatte, ihm einen Schwanz
anzuhängen wie den andern Thieren allen.

Der Gassenjunge, bescheidener als der griechische Philo=
soph, schweift auch zur Nachtzeit mit angezündeter Laterne durch
die Gassen, aber er bescheidet sich mit dem Suchen von Cigarren=
stummeln. Und aus der größeren oder geringeren Länge die=
ser Stummel schließt er auf Armuth oder Wohlstand des Ortes.

„Ein Volk", sagt er in seinen ökonomischen Aphorismen,
„das seine Cigarren bis zum äußersten Rest raucht, bis es sich
den Schnurrbart oder die Zunge verbrennt, ist ein Bettelvolk,
in die Lage versetzt, einen Bissen trocken Brod oder eine Scheibe
Schulzwang zu essen: Hühnerfutter!"

Fragt man den Gassenjungen in einem Moment der Her=
zensergießung unter vier Augen nach seinen Lebensschicksalen,
so ist er bereit, sie zu erzählen, und er thut es in Ausdrücken,
welche humoristisch wären, wenn sie nicht mit der Ernsthaftig=
keit des strengen Biographen gesprochen würden.

„Mein Vater und ich", beginnt er z. B., „gehören einer Märtyrerfamilie an, jenen Unglücklichen, welche, so lange sie leben, dazu verdammt sind, von einem niederträchtigen Geschick und den königlichen Gensdarmen verfolgt zu werden.

„Mein Vater, ein Mensch unschuldig wie das Wasser, aber zerstreut bis zum Äußersten, glaubte eines Abends, als er nach Hause ging, den Schlüssel in die Thür seines Hauses zu stecken, es war aber zufällig das Haus eines Andern. Der Schlüssel schloß natürlich nicht und das war der Grund, weshalb mein Vater, da er zu frieren anfing, in seinen Taschen nachsuchte und zum Glück einen Dietrich fand ... Das natürlichste Ding von der Welt, wie Sie zugeben werden. Wo wäre der Biedermann und jene kluge Person, die des Morgens beim Ausgehen nicht vorsichtigerweise einen Dietrich und ein Fläschen Arnika auf alle Fälle einsteckte? Der Dietrich, selbstverständlich, that seine Pflicht, und mein Vater, immer zerstreut, in der Meinung, er sei in seinem Hause, zündete ein Streichhölzchen an und beginnt durch die Zimmer zu wandern, bis er zum Glück auf ein Kästchen mit silbernen Bestecken stößt. Zum Glück! denn nun merkte er seinen Irrthum, weshalb er auch in aller Hast seine Streichhölzchenschachtel aufraffte, die er auf den Tisch gestellt hatte, sie unter den Mantel nahm und wegging. Kaum war er auf der Straße, so trifft er auch die gewöhnlichen Polizeidiener, die ihn fragen: „Wohin gehst Du?" — „Ich gehe nach Hause." — „Was hast Du unter dem Mantel?" — „Eine Schachtel Streichhölzchen." — „Laß sehen!" — Stellen Sie sich den Schreck meines armen Vaters vor, als er merkt, daß er in der Zerstreuung das Kästchen mit den Bestecken anstatt der Streichhölzchenschachtel genommen! Ein Irrthum kann geschehen, wie Sie zugeben werden. Aber das Tribunal wollte keine Vernunft annehmen und verurtheilte jenen Unschuldigen zu drei Jahren Zuchthaus. Wollen Sie es glauben? Der Gram und die Verzweiflung meines Vaters waren so groß, daß er so viel Schande nicht überleben

konnte, aus dem Gefängniß floh und sich niemals mehr sehen
ließ." —

„Ich sodann", fährt er fort, „war das Opfer eines
anderen Zufalls. Eines Tages lief ich, was ich laufen konnte,
durch die Straße, und da wollte das verdammte Geschick, daß
ein Knopf meiner Jacke sich verfing in der goldenen Kette eines
Herrn, der seines Weges ging, ich merkte das nicht und lief
weiter und hinter mir drein kam die goldene Kette und hinter der
goldenen Kette auch die Uhr. Sie wissen ja, wie das mit den Uh=
ren geht: wenn sie einmal im Laufen sind, stehen sie nicht mehr still.
Ich aber wurde vor den Richter gestellt, dem ich die Geschichte von
dem Knopfe ganz offenherzig erzählte; aber die Richter, Alles
Leute von gutem Humor, begannen zu lachen und verurtheilten
mich, fünfundvierzig Tage im Schatten zu sitzen. Und wenn
das wenigstens das Letzte gewesen wäre! Nach dieser Gewalt=
thätigkeit habe ich in wenig Jahren noch achtzehn andere herun=
terschlucken müssen. Sie nennen das Rückfälligkeiten, ich aber
nenne es Gewaltthätigkeiten, denn sie berauben den freien
Bürger seines kostbarsten Rechtes, nämlich jenes, nicht ins
Gefängnis zu gehen. Übrigens habe ich, der ich auch die Zei=
tungen lese und jeden Tag aufs Schwurgericht gehe, um mich zu
belehren und zu lernen, mich zu vertheidigen, immer gesagt,
daß es Unsinn ist, von Freiheit zu reden, so lange es auf
dieser Welt Gendarmen und Polizeidiener giebt. Die muß
man durchaus abschaffen. Hat man einmal dieses Ärgernis
bei Seite geschafft, so glauben Sie mir, wird auch jener Partei=
haß und Bruderkrieg zwischen Spitzbuben und Biedermännern
aufhören, der eine Schmach unserer Zeit und der Ruin Ita=
lien's ist. Ich berufe mich auf die Guelfen und Ghibellinen."

Welches Alter nun hat der Gassenjunge? Niemand kann
das mit Bestimmtheit sagen, am wenigsten er selbst. Um Mann
zu sein, fehlt ihm etwas, als Junge hat er etwas zu viel.

3.

Wie alt ist er?

Er ist bei fünfundvierzig Jahren geblieben, um das Recht zu haben, sich jung zu nennen denen gegenüber, die ihn für alt halten, und umgekehrt.

Er ist kein Junggesell, aber auch nicht verheirathet. Nach einem Jahre der Ehe nahm seine Frau einen Mann, und er, aus Liebe zur Symmetrie, eine Frau. Er wollte dekoriert sein und erwarb sich das Kreuz um einen anständigen Preis. Heute würde er's zum Fabrikpreis wieder losschlagen, findet aber keine Bieter.

Er schreit gegen die Pfaffen und geht in die Messe; er flucht das Blaue vom Himmel herunter und zieht den Hut vor den Madonnen und Heiligenbildern und vor den Pferden am Wagen des Bischofs. In jener großen Zeit erbat er sich mit den andern den Eintritt in die National-Garde, kaum war er drin, so mußte ihm sein Arzt ein Gichtzeugnis ausstellen, damit er vom Dienst dispensiert werde. Die Einrichtung der Geschworenen hatte seinen ganzen Beifall; aber nach vierzehn Tagen eigener Erfahrung setzte er eine geheime Unterschriften= liste in Umlauf zum Zwecke, dem Ministerpräsidenten ein Denk= mal zu errichten, der den Muth hatte, dieser Posse, so schrecklich durch ihre Ernsthaftigkeit, ein Ende zu machen.

Er ist immer ein fanatischer Anhänger des allgemeinen Wahlrechts gewesen, dennoch enthielt er sich jedesmal, wenn es einen Deputierten seines Bezirks zu wählen gilt, gewissen= haft seiner Stimmabgabe; und wenn es am Wahltage regnet, bleibt er zu Bett.

„Der echte italienische Wähler", sagt er, „geht, wenn es regnet, nicht aus dem Hause und schickt den Regenschirm zur Urne. Das ist das einzige Rezept, um die Ausübung der

praktischen Rechte mit Furcht vor Erkältung und Brustschmer=
zen auszusöhnen."

Wehe, wenn man ihm am Vorabend der Wahlen den
Stimmzettel nicht ins Haus gebracht hat! Er schreit, er tobt
und droht, Lärm in allen Zeitungen zu schlagen. Dennoch
hofft er am folgenden Morgen beim Erwachen immer einen
guten meteorologischen Grund zu finden, um sich den Gang
zur Urne zu ersparen, und fragt das Dienstmädchen:

„Regnet's?"

„Nein, Herr."

„Ist es sehr windig?"

„Auch nicht."

„Aber kalt?"

„Es ist ein wahrer Frühlingstag."

„Verwünschter November mit seiner Manier, es dem April
gleichzuthun."

Endlich springt er ärgerlich aus dem Bett, zieht sich an,
nimmt den wattierten Überrock, Hut und Stock und sagt zum
Dienstmädchen:

„Wo ist der Zettel?"

„Welcher Zettel?"

„Der des Deputierten."

„Gestern, als man ihn brachte, legte ich ihn auf den
Schreibtisch."

„Auf dem Schreibtisch ist er nicht mehr. Such' ihn."

Das Dienstmädchen geht hinaus und kommt gleich darauf
mit dem Zettel in der Hand zurück.

„Hier ist der Zettel."

„Du hättest Dir die Mühe des Suchens ersparen können."

„Aber Sie haben mir's geheißen, ihn zu suchen."

„Ich habe gesagt, suche ihn, habe Dir aber nicht gesagt,
finde ihn, Närrin. Ich komme zur gewohnten Stunde zurück."

„Was wünschen Sie zu Mittag?"

„(Im höchsten Zorn) Einen gebratenen Deputierten."

„Einfach oder mit Zugemüse?"

„Mit Kartoffeln und kezerischen Lichtstummeln!" —

*   *   *

Welches ist sein Vor= und Zuname?

Alle, welche ihn nach dem Gang und nach dem Aussehen kennen, nennen ihn einfach: den Kavalier.

Gestern Morgen traf ich ihn vor seiner Hausthür, er wollte ausgehen.

„Endlich wirst Du zufrieden sein", rief ich ihm zu, ihm entgegengehend.

„Zufrieden? Womit?"

„Mit dem Wetter. Heute haben wir einen netten Tag."

„Wetter? Bah! Das ist Geschmackssache, und wer zufrieden ist, ist glücklich."

„Nun, wenn es sonst nichts wäre, so haben wir doch nach der langen Sündfluth heute einen Schimmer von Sonne."

„Mein Lieber, um von der Sonne gut zu reden, muß man entweder eine Eidechse oder ein Strohhutfabrikant sein."

„Und doch hast du vorgestern noch wie ein Türke über die Hartnäckigkeit des Regens geflucht."

„Ich? Du irrst. Was mich betrifft, so ist mir das Wasser immer lieber als die Sonne. Die Sonne ist der Grund zu allen unseren Übeln: Schwindel, Hitzblattern, Sonnenstich Augenfluß, Ärger, Schande . . . Ich beneide die Lappländer, welche sie nur einmal im Jahre sehen und als Photographie."

„Arme Sonne! Du behandelst sie schlimmer als eine Gas= laterne, die auf Stadtkosten ausgelöscht erhalten wird, und müßtest Dich doch erinnern, daß die Sonne, wie der Dichter sagt, ‚der Oberpriester der Natur' ist."

„Ich habe alle Dichter und, was mit ihnen zusammenhängt, satt. Wer der Sonne Gutes nachsagt, kann mein Freund nicht sein."

Eine schwere schwarze Wolke zog in diesem Augenblick vorüber und es fielen einige Tropfen auf den Hut des Kavaliers.

„Siehe da, die Erhörung!" sagte ich ihm lachend.

„Wieso?"

„Du flehtest um Wasser und Jupiter schickt's."

„Ich um Wasser? Und warum sollte ich darum flehen? Ich bin doch wahrhaftig kein Sumpfaal."

„Auf jeden Fall ziehst Du den Regen der Sonne vor."

„Ich unterscheide: wenn die Sonne scheint, geb' ich den Vorzug dem Regen; wenn es aber regnet, nun das versteht sich, ziehe ich die Sonne vor."

„So paßt Dir also der Regen nicht?"

„Gewiß nicht."

„Oder die Sonne?"

„Auch nicht."

„Ich verstehe: um Dich zufrieden zu stellen, braucht es einen umwölkten Himmel."

„O Gott bewahre mich."

„Aber wie müßte denn also das Wetter sein, damit es Dir gefalle?"

„Das weiß ich nicht, ich weiß nur, wenn ich's zu machen hätte, würden wir Alle zufrieden sein." —

Heute nun bin ich ihm wiederum begegnet und wir sind zusammen frühstücken gegangen.

„Kellner!" hat er gerufen, kaum daß wir ins Café eingetreten.

„Zu Befehl!"

„Was giebt's zu essen?"

„Wollen Sie einen guten Mailänder Risotto?"

„Nie, nie Mehlspeisen!"

„Wollen Sie ein Kotelett?"

„Bring' das dem Vater Adam, dem's während des Schlafes abhanden kam.

„Wollen Sie ein Filet à la Parisienne?"

„Fleisch, nein!"

„Vielleicht eine panierte Seezunge?"

„Den Fisch kannst Du der Katze geben."

„Einen Eierkuchen?"

„Ei und Milch, lauter Gift für den Magen."

Der Kellner, geärgert:

„Wollen Sie ein Gebäck aus Briefmarken oder eine halbe Portion Guttapercha mit Parmesankäse?"

„Wenn's weiter nichts giebt — Geduld! Ich werde das Filet à la Parisienne nehmen."

Nach fünf Minuten erscheint das Filet; der Kavalier versucht, ruft endlich den Kellner von Neuem und sagt:

„Nimm's fort."

„Vielleicht zu wenig gebraten?"

„Ausgezeichnet für den, dem dies Fleisch gefällt. Wie gut dran sind die Reichen und Karthäusermönche, die Jahr aus Jahr ein Fische essen können. Ist vielleicht eine gebratene. Seezunge zu haben?"

„Sogleich."

„Nach drei Minuten erscheint die Seezunge. Der Kavalier versucht sie kaum und reicht sie dem Kellner zurück.

„Kannst sie abtragen."

„War sie nicht ganz frisch?"

„Sehr frisch, aber Fische sind für mich ein Katzenfutter. Schon der Häring widert mich an. Ich werde einen Eierkuchen nehmen."

„Aber die Eier, Herr Kavalier?"

„Die Eier, merke Dir das, sind ein sehr gesundes Nahrungsmittel, so gesund, daß sie selbst der Erzbischof in seinem Fasten-Indult empfiehlt."

Der Eierkuchen kommt. Er nimmt einen Bissen davon, ruft den Kellner und sagt gereizt:

„Bring' die Rechnung."

„Schmeckt er Ihnen nicht?"

„Er ist vorzüglich, aber wenn ich diesen Eierkuchen esse, so habe ich ihn noch nach vier Tagen tale e quale auf dem Magen."

„Und doch die Eier, Herr Kavalier . , . .?"

„Die Eier, merke Dir das, sind die allerunverdaulichste Speise, die die göttliche Vorsehung in einer Viertelstunde schlechter Laune erfunden hat."

Dann wendet er sich plötzlich zu mir und fragt:

„Was giebt's Neues in den Zeitungen?"

„Nichts."

„Oh dies Gesetz über die Ehescheidung!"

„Man sagt, daß es in kurzer Zeit vor die Kammer kommen soll."

„Glaubst Du, daß es durchgeht?"

„Ich glaube wohl, und so wirst Du zufrieden sein . . ."

„Wieso?"

„In Deiner Eigenschaft als Ehemann, der schon so lange Jahre von der Frau getrennt lebt, könntest Du Deine Freiheit wiedererlangen und wieder ein unabhängiger Mensch werden."

„Ganz im Gegentheil, wenn das Gesetz durchginge, ich würde ein ruinierter Mann sein."

„Warum?"

„Wenn das Ehescheidungsgesetz angenommen wird, so ist das Erste, was ich thue, mich wieder mit meiner Frau zu vereinigen."

„Aber so sage mir denn", fragte ich ihn scherzend, „was muß geschehen, um Dir's recht zu machen?"

„Nichts! Ich, merke Dir das, bin der am leichtesten zufriedenzustellende Mensch von der Welt; es genügt mir, daß man mich brummen und über Alles schimpfen läßt." —

So trennten wir uns.

Kaum nach Hause gekommen, nahm ich die offizielle Statistik des Königreichs Italien zur Hand, um nachzusehen, wie viele Typen dieser Art es im Lande gäbe.

Und die Statistik belehrte mich: „gegen achtund= zwanzig Millionen" — oder einige Tausend über die effektive Bevölkerungszahl.

Großes Gesindel.

„Eine Welle, sie schadet Dir nichts, doch empört
sich das Ganze,
Droht es dem Steuermann, droht es dem Schiffe
Gefahr."

„Wenn ich von Rom träume, so sehe ich einen sonnenüber=
strahlten Platz, einen Obelisken, eine Fontäne, eine Ruine
und ein vornehm=schlankes Weib; denke ich an Florenz, ein
schönes Gebäude, eine schöne Straße, eine schöne Statue; mit
Venedig erscheint mir ein Kanal, eine Gondel, ein antiker
Palast und eine Schar Tauben, die um einen Glockenthurm
fliegt; bei dem Gedanken an Mailand steigt vor mir auf ein
riesiger Marmorbau, ein schwarzer Schleier auf einem blonden
Köpfchen, ein belebter Platz, eine freie stille Straße und weiter
draußen eine endlose Ebene. Träume ich aber von Neapel,
dann sehe ich ein großes Licht: ein gewaltiges Meer= und Him=
melsblau blendet meine Augen, und ich fühle mich hingerissen
in jenes Leben, das nie stillsteht, in jenes unendliche brandende
Getöse. Und dann sehe ich sie vorüberziehen inmitten der Menge
alle seine Typen: die Fischer, die Schneckenhändler, die Schuh=
flicker, Wäscherinnen und Lazzaroni, eine nach der andern, die
charakteristischen Figuren der ambulanten Händler, welche den
beweglichsten, den malerischsten Teil des napolitanischen Vol=
kes bilden."

So schreibt Carlo del Balzo, napolitanischer Schriftsteller. Treffender wäre es gewesen, wenn er gesagt hätte: träume ich von Neapel, so sehe ich Santa Lucia oder den ganzen langen Strand von der Mergellina am Posilip bis zur Kirche von Carmine vor mir, diesen Strand in einer Frühlings= oder Sommernacht, wo jene Tausend schwankender Gestalten wie in einem Fiebertraum durch einander schwirren, schreien, sprechen, lachen, toben, gestikulieren; wo die bunteste Maskerade aufge= führt wird und eines ganzen Volkes müßiges, zweck= und ziel= loses ungeheures Leben in einem breiten Strom der Freude, des Genusses rauschend dahinschwimmt und sich auflöst in tau= send Unbeschreiblichkeiten.

Das hat in einer Mondscheinnacht, besonders für den, der zum erstenmal nach der Sirenenstadt kommt, ganz besonders noch für den, der mit jungen, unkritischen Augen schaut, den Schein eines Märchens. Ein großes Licht hat in tausend und abertausend Lichter und Lichterchen, Laternen, Lampen, Kerzen, Flämmchen und Funken sich aufgelöst: ein Irrlichtertanz hüpft von Haus zu Haus, über die Straßen, die Höhen hinan, am Strande entlang über Buden, Zelte und Tischchen, über Krüge, Flaschen, Austernkörbe und mit Maccheroni gefüllte Teller, — springt in die zierlichen Barken hinein und gleitet über die leuchtenden Wellen nach den dunkeln Schiffskörpern hinüber, an deren Masten rothe und grüne Scheiben blitzen. Lichter Schein gleitet himmelanragende Wände der sechsstöckigen Häu= ser hinan. Auf deren Dächern liegt ruhig der Mondesglanz, ein Schleier, gestickt mit tausend südlich=leuchtenden Sternen= blumen.

Der scharfe, eigenartige Geruch des Meerwassers, der Tange und Algen, des Teers vermischt sich mit dem Dufte der Oran= gen, Citronen, des gebratenen Fleisches, der bratenden Fische, des Tabaks. Dazu an allen Orten und Enden Gesang, Guitar= ren= und Mandolinenspiel, Klänge der Leierkasten, aus den Höfen= und Thürwölbungen der Häuser das Klappern der

Kastagnetten und Tamburos; auf Tritt und Schritt braune
schwarzhaarige bewegliche Bursche und schwarzäugige Mädchen
und Frauen, die in göttlicher Faulheit dem Dasein ohne Überlegung hingegeben, wie in vollständiger Lösung der Glieder da-
hinschlendern; braune Fischer in weißwollenen Jacken, die phrygi-
sche Mütze schief auf dem Kopfe, die Schilfpfeife im Munde; halb-
und ganznackte bronzefarbene Kinder auf Mauern und Steinen
liegend, kauend, singend, schlafend; dazwischen üppige Sirenen
in schleppenden Seidenfahnen, die mit winkenden Augen ihre
Netze nach dem blonden Nordlandssohne werfen, lachend,
übermüthig. Blumenmädchen bieten den duftenden Strauß
dar . . . .

> „Was Dir begegnet, und was Du erblickst, Lebend'ges und Totes,
> Mensch und Sache, zum Kauf steht's im Momente Dir frei.
> So vom dämmernden Morgen erbraust's in der stäubenden Straße,
> Bis zum Abend, zur Nacht, nimmer ermüdend hinab . . ."

„Laß sie gewähren, sie sind nicht so schlimm!" . . .

Waiblinger, der mit Unrecht in Deutschland so schnöd vergessene Dichter, ist es, der also spricht, der die napolitanische
Poesie in so vollen Zügen genoß, was ihm später fast alle
poetischen Naturen (auch ich darf mich zu ihnen rechnen) so
freudig nachgethan.

Heute muß ich ein Bekenntnis ablegen.

„Irren ist menschlich, aber im Irrthum beharren thöricht"
— so lautete, wie ich mich recht gut aus meiner ersten Schulzeit erinnere, die Weisheitslehre einer kalligraphischen Vorschrift,
die wir so und sovielmal gedankenlos auf einer Seite unsres
Schönschreibheftes nachzumalen hatten. „Irren ist menschlich."
Heute, wo ich mich eingehend mit der napolitanischen Volkshefe,
dem plebejischen Bodensatz der Stadt Neapel beschäftigen will,
fällt mir jener Satz aufs Gewissen, fallen mir ein all die tausend schönen Dinge, die ich dereinst, da ich noch junge, unkri-
tische Augen hatte, in der besten Meinung pro populo neapo-

litano geschrieben. Ich habe manche Lanze für dieses Volk
gebrochen und manchen Hieb dabei erhalten und manchen
Stich.

Viel Gutes halte ich noch heute aufrecht, aber viel Schlim=
mes habe ich erkennen gelernt. Der rosenrothe Schleier der Illu=
sion ist zerrissen, er war mit den Jahren morsch geworden,
und mit dem nackten Leibe kam auch mancher Irrthum zum
Vorschein, in dem zu beharren thöricht sein würde.

Les Dieux s'en vont — und die süßen poetischen Mär=
chen werden zu trister Realität. Ich bin zehn Jahre älter ge=
worden.

„Das ist ein altes Märchen", so heißt es in meinen „Wan=
dertagen aus Italien" vom Jahre 1874, „das erzählt von ei=
ner schönen Königstochter, die von ihrem Vater ein Sternen=
kleid, ein Mondkleid und zuletzt ein Sonnenkleid begehrte. Als
ihr diese Wünsche erfüllt waren, verlangt sie von dem alten
König ein Gewand, das aus allen Thierfällen seines großen
Königreichs zusammengeflickt sei. Da entstand dann schließlich
ein kurioses Gewand, dem der Name Allerleirauh sich ganz vor=
trefflich schickte, das aber dem schönen Königskinde das Aussehen
einer armseligen Bettlerin gab. Darob erzürnte sein Vater und
verstieß es unter das arme Volk.

„Hier lebte es in glücklicher Vergessenheit unter dem Schutze
des Flickengewandes seine Jugend, und alle Leute hielten es
für ihres Gleichen. Nur manchmal, wenn es sich bei Spiel und
Tanz am hellen Tage unter den Orangenbäumen recht lustig=
toll gehen ließ, sah dieser durch den Riß des Allerleirauh das
goldene Sonnenkleid, oder jener im Mondenschein am Strande
da unten das silberne Sternengewand deutlich hindurchschim=
mern. Und dann wußten die Leute ganz genau, daß es ein
echtes, richtiges Königskind war.

„Dieses Königskind ist das napolitanische Volk, das jeder,
der es am Weg sitzen sah, oder es in seiner Alltagsarbeit auf
den schmutzigen Straßen, im Garten, am weißsandigen Meeres=

strande und in den Weinbergen gleichgültig betrachtete, eine armselige Bettlerin nennt, und alsobald diesen Namen in alle Welt hineinposaunt, wo ihn dann Einer dem Andern wiedersagt, den schlimmen Namen einer vollendeten Bettlerin.

„Wer aber gute Augen hat und damit freundlich und klar in die Welt hineinzuschauen weiß, der sieht zu guter Stunde und in rechter Beleuchtung durch alle Armseligkeit das goldene Gewand glänzen und erkennt an Hand und Fuß und an der Grazie der Bewegung die richtige Königstochter."

Heute nun, mit andern Augen, erschaue ich die Sache gerade umgekehrt: ich sehe zu jeder Stunde, bei jeder Beleuchtung, durch alle Pracht des goldenen Gewandes, das die Natur dem Lande angezogen, die graue Armseligkeit hervorgucken, und erkenne an Hand und Fuß, an allen Bewegungen — was wenigstens die Stadt Neapel anbelangt — die alte Bettlerin, ja oft noch Schlimmeres als das.

An Stelle der blinden schwärmerischen Liebe ist das Mitleid getreten.

„Mich jammert des Volkes."

Mich jammert des Volkes, das, einem lazzaronesken Proletariat und Pauperismus entsprungen, als Schnecken-händler, Seifensieder, Brotkuchenbäcker, Streichhölzchenver-käufer, Wasserträger, Händler mit zweifelhaften Nahrungs-mitteln, Verkäufer von gekochtem Eselsfleisch, Lupinen, Oliven, Früchten in Essigtunke, Pinienkernen, als Weinschenken, Färber, Köhler, Flickschuster, Verfertiger von Schilfpfeifenrohren, Lehm-kneter, Lumpenhändler, Straßenkehrer, Cigarrenendchensammler, Strohstuhlflechterinnen, Latrinenwächter, Fischer, Kutscher und Lastträger, als Guappi und Camorristen, ich durch die Straßen wandeln, als Vagabunden, Bettler, Spitzbuben, Heimatlose und Mörder in die Gefängnisse und Zuchthäuser abführen sehe.

Was hat die gütige Mutter Natur für jene Armen ge-than, was der gütige Vater „Governo"? Jene schenkte ihm

das Leben in einer nackten Haut, dieser überließ es dem nackten
Leben und versichert sich desselben nur, wenn es ihm unbequem
wird. Eine liebende Hand hat der arme in der Hefe geborene
Wurm nie erfahren, nie auch ist er zu weiterer Entwickelung
aus der Hefe herausgekommen; wie klar es in den obern
Schichten sein kann, hat er nie erfahren.

Der Mensch ist nicht bloß ein Produkt seiner Erzeuger,
er ist es mehr noch seiner Umgebung, und wenn ein vom
Schwein Geborenes notwendig wieder ein Schwein sein muß,
so kann das doch in einem reinlichen Stalle, bei verständiger,
liebevoller Pflege zu einem recht appetitlichen, ja anständigen
Thiere werden. Soviel Mühe giebt man sich mit einem aus
dem Stamme der Lazzaroni Geborenen nicht. Er wächst
auf und wird getreten wie das Gras auf dem Wege. Wie
schon kommt er zur Welt!

An einem regnerischen Sciroccotage, der den Koth der in-
nern Straßen Neapels wie schwarze Seife auflöst, ist sein
Vater, ein sehr dunkler, ungewaschener Ehrenmann, nach Hause
gekommen. Dieser Vater, der früh um fünf Uhr hinaus vor
die Stadt muß, um in der Pferde- und Eselschlächterei die Lungen
und Lebern der Schlachtthiere, die für wenige Centesimi an die
Katzenbesitzer der Stadt abgegeben werden, zu erwerben, dieser
Vater, eingewickelt in ein paar zerlumpte Kleiderfetzen, hat vom
Morgen bis zum Abend barfuß, mit knurrendem Magen die
Straßen durchlaufen. Was er erworben, sind zwei armselige Lire,
von denen 25% ihm gehören, da der Rest andern Tags wieder
in anderer Ware angelegt wird. Ohne Gruß, matt zum Sterben
ist er ins „Zimmer" getreten, d. h. in die unterirdische Keller-
höhle eines „Fondaco", die er mit noch fünf, sechs andern,
ebenso armen Familien theilt; er wirft den Rest seiner Ware
in die Ecke, neben den Sack halbverfaulten Maisstrohs, der
ihm und den „Seinen" zum Lager dient. Das übrige Haus-
geräthe sind zwei wackelige Stühle, ein gebrochener Tisch, ein
kleines Blechöfchen und — ein Heiligenbild. Die „Seinen"

sind drei bleiche, skrophulöse, halbnackte Kinder mit ungekämmten Haaren, schmutzstarrenden Gesichtern und Händen, ist ein dürres, megärenhaftes Weib mit gelben hängenden Wangen und hängenden Brüsten, denen kein Hemd Schutz gewährt. Sie haben sich nicht angeschaut, sie haben sich nichts zu erzählen; stumm bereitet die Frau das Essen: Kürbisstücke in stinkendem Öl gebraten. Ein Kind wird geschickt, ein Kilo Brot um fünf Soldi zu holen, schwärzestes Gebäck aus dumpfigem Mehl. In dem Napfe, in dem es gekocht ward, wird das Mahl aufgetragen und von fünf hungrigen Mäulern im Nu verschlungen. Die Kinder raufen sich, die Mutter schlägt blindlings unter sie und treibt sie „zu Bett". Mann und Frau brüten noch eine Zeitlang, in die verglimmenden Kohlen stierend, vor sich hin. Rechts und links raschelt das Stroh der andern Familienstätten; ein erstickender Qualm und Gestank erfüllt den feuchten Raum; dann suchen auch jene ihr Lager, schieben die Kinder ans Fußende hinab, und — aus der Ehe dieser zwei ganz und gar verkommenen, kraftlosen, erbarmungswürdigen Lebewesen, aus der Verbindung von Unkraft und Schwäche, aus dem in Schmutz und Gestank auf faulendem Stroh gefeierten Ehebund entsteht ein Menschenthier, dem die Keime der physischen und moralischen Misere im Mutterleibe schon innewohnen. Von der Milch des Elends widerwillig genährt, nie gewaschen, nie auf reine Windeln gelegt, als eine Last angesehen, die nur getragen wird, weil sie der Herrgott auferlegt, fühlt das kleine welke Wesen instinktiv schon von zartester Jugend an, daß es überflüssig ist, und drückt sich am liebsten in die schmutzigsten, dunkelsten Winkel. So wird Schmutz und Finsternis sein Element und tiefer und tiefer wühlt es in dasselbe sich ein, wenn es ein früher Tod nicht gewaltsam herausreißt. Es ist ganz unglaublich, wie viele arme kleine Leichen von Kindern, von 1—5 Jahren, aus diesen Quartieren herausgetragen werden: der Statistiker hat 40% von der Totalziffer der Todten überhaupt festgestellt. Die Krankheiten, an denen diese jungen

Wesen dahinsiechen, sind leicht zu erraten: Entkräftung, Anämie, Skrophulose, Rhachitis u. a. Was übrig bleibt, welkt bis zum sechzehnten, zwanzigsten Jahre dahin, um an Phthisis zu Grunde zu gehen. Viele hingegen erreichen trotz Mangel und Entbehrung ein hohes Alter, und achtzig, neunzig, ja mehr Jahre sind nichts Seltenes.

In jeder großen Stadt giebt es ein Proletariat, Neapel aber übertrifft sie alle: seine Armee des Elends zählt zwei Drittel der Bevölkerung, also mehr als 300 000 Seelen!

Dieser Armee des Elends sind bestimmte Kasernen ange= wiesen, das sind die sogenannten „Quartieri bassi", die niedern Viertel, oder die Sektionen Porto, Pendino, Mercato und Vicaria, wo auf einem Quadrat=Kilometer 70 000 Menschen hausen müssen.

Am dichtesten sitzen diese Unglücklichen in der verrufenen Sektion Mercato, wo Licht und Luft auch für schweres Geld nicht zu haben wären. Auf dem Raum eines drittel Quadrat= Kilometers wohnen 56 000 Proletarier. Dieser Raum wird durchkreuzt, in der Weise wie Ratten und Mäuse ihre Gänge wühlen, von 147 „Straßen", von denen nur vier oder fünf diesen Namen verdienen, die übrigen sind „Vicoletti", meterbreite schmutzig=nasse, ungesunde, stinkende Gäßchen schrecklicher Art. Fast jedes Haus dieser Sektion ist ein „Fondaco", d. h. ein wüstes, mit tausend unterirdischen Kellerwohnungen und Wohn= löchern durchsetztes, ungetünchtes, nasses, dumpfes, Jahrhunderte altes Gebäude, das fast hermetisch gegen Luft und Sonne ab= gesperrt ist, eine Pesthöhle schlimmster Art, aber bewohnt von Hunderten von Proletarierfamilien, die hier für wenige Lire des Jahres hausen und seit Jahrhunderten ihren Koth und Schmutz in Höfen und Winkeln abgelagert haben. Wer je einen solchen Fondaco besucht hat, wo das Elend thurmhoch aufgestapelt liegt, kann eigentlich nie mehr in seinem Leben froh werden. Und fast jedes dieser Häuser gleicht einem solchen Fondaco!

Die Gassen sind meist Sackgassen, oder ihre Ausgänge

sind geschlossen durch ausgerenkte, verrostete Gitterthüren oder durch schwarzgrünes ruinöses Mauerwerk. Zutritt hat man von der andern Seite durch eine Art Tunnel, einen Bogen, den das Volk „Supportico" nennt, der ihm als öffentliche Latrine dient, denn die Fondaci besitzen deren nicht, besitzen auch keine Kloaken. Hier stehen Sommer und Winter in den Löchern des Bodens schwarze, stinkende Pfützen, über denen das Volk an Festtagen auf seinen Strohstühlen mit heraufgezogenen Beinen sitzt. Bei Regenwetter wird der Schmutz hier geradezu entsetzlich.

Dem Quartier Mercato gereichen zur Zierde das schlimme Gefängnis del Carmine, wo die Bettler und Vagabunden ein Unterkommen finden und die „Ammoniti", die polizeilich Gewarnten, wie auch die auf der Durchreise nach den Bagni der Inseln sich befindenden Gefangenen; das Frauengefängnis, das Findelhaus, an das ganz arme, elende Mütter die Frucht ihres Leibes abliefern; das Hospital von Loreto und S. Eligio, die Kavalleriekaserne Maddalena (in der letzten Choleraepidemie Hospital), die Kaserne der Granili (einst Kornhäuser der Bourbonen, jüngst Choleralazarett) u. a.

Die Industrie, die hier blüht, trägt zur Verbesserung der Luft, des Wassers, des Bodens keineswegs bei. Gegen 20000 Menschen arbeiten in Gerbereien, in Lehm und Thon, in Seifenfabriken und Färbereien, und das bei der Arbeit verwendete Wasser fließt ruhig auf die Straße. Zahlreich ist die Klasse der Fischer und Schiffer, die kaum das tägliche Brot gewinnen, die ihre Kinder in die Töpfereien schicken, während die Weiber Netze stricken und flicken oder als Strohstuhlflechterinnen die Stadt durchlaufen.

In der Strada Arenaccia wird der Frucht- und Grünwarenmarkt abgehalten, von dem die Sektion am meisten gewinnt. Tausende von Centnern werden hier täglich verkauft. In dem nahen „Garten" des Casaniello befindet sich die Niederlage für sämmtliche Lumpen und Knochen; Berge dieser Abfälle häufen hier sich auf, die starkbevölkerte Gegend, in der einst der Begräbnisplatz der Nobili war, mit ihren Exhala= tionen verpestend.

Auf dem nahen Markte, dem welthistorischen „Mercato", wo Konradin hingerichtet ward, Masaniello seine Revolutionen arrangierte und im Schlamm endete, der schmierigen Bühne mancher geschichtlichen Lumpen, wird jetzt in den Nächten des Sonntags, Dienstags und Donnerstags bei Lampen= und La= ternenlicht die Lumpenbörse der napolitanischen Chiffonniers abgehalten; auch der Handel mit altem Eisen ist hier in fiore. Reine Hände, saubere Gesichter sind dabei nicht zu sehen, aber viel Geld wird gemacht und von solchem Gelde sagte schon der römische Kaiser: „Non olet". Aber dem Platze haftet der Gestank an, und dieser wird erhöht durch die Lokale der „alten Gerberei", wo jetzt das Pferdefleisch verschleißt wird. Auch die Bürsten= und Schwammindustrie der Rua Francesca ver= bessert die Luft nicht; dazu sind in dieser Rua zehn der gräß= lichsten Fondaci, welche von der ärmsten Armuth besiedelt sind, von Leuten, die nicht leben und nicht sterben können, die nicht wissen, wie sie eigentlich leben, denn sie haben keine Kleider, kein Brot, keine Luft, sie haben kein Wasser, keine Kraft mehr zu beten, keine zu betteln.

Was den Geist dieser Bevölkerung anbelangt, so wohnt in denen, die noch einigermaßen zu essen und zu trinken haben, noch etwas von dem Geiste Masaniello's, fließt noch etwas von jenem rebellischen Blut in ihren Adern, das sich aus blindem Kirchenglauben und kühner Gesetzesverachtung mischt. An= lagen, die unter andern Verhältnissen vielleicht Tugenden ge= worden wären, sind in dieser vergifteten Atmosphäre, in thierischer Ignoranz und Unbildung zu Frechheit, Aberglauben und Ge= waltthätigkeit geworden.

So ist hier und unter den Nachbarquartieren die Brut= stätte der „Guapperia" und der „Camorra" zu suchen. Gegen 3000 Individuen allein im Mercato stehen unter polizeilicher

Aufsicht, davon sind zwei Drittel Camorristen. Der Heilige dieser Leute ist neben S. Gennaro, dessen Blut man jedes Jahr im September im Dome flüssig macht, der heilige Masaniello, dessen „figli" sie noch heute sich nennen.

Und dieser Masaniello war nichts als das Mitglied einer Anarchistenverbindung, ein Kommunard, der das Wort „Krieg den Palästen und Friede den Hütten" mit Blut und Feuer in Scene setzte; ein Lazzarone mit schmutzigen Händen und Füßen, schmutzigen Leidenschaften, ungeordnetem, wüstem Hirn, aber mit der beweglichen Zunge eines napolitanischen Advokaten, die er anwendete, wo es galt, sich den Bauch zu füllen.

Solcher Masanielli würden, wenn die Regierung sich schwach zeigte, heute Hunderte im Mercato erstehen und sie würden zweifellos ihre Rolle, die Rolle eines Geschichtspulcinells, gerade so gut spielen wie ihr schmieriger Vorfahr. Diese Gesellen aber, die Polizei kennt sie mit Vor=, Zu= und Spitznamen (jeder hat einen Spitznamen, oft wunderlichster Art), sind die Guappi, sind die Camorristen.

Was ein Guappo ist? Der Guappo wie der Camorrist führen ihren Stammbaum bis auf die Zeit der fahrenden Ritter zurück, die von Gott sich berufen fühlten, den Schwachen gegen die Übermächtigen, gegen Gewaltthäter zu helfen. Das war die Zeit der übermüthigen spanischen Vicekönigswirthschaft, deren Tyrannei das niedere Volk mit allen unerlaubten Mitteln sich vom Halse zu halten suchte. „Guappo" nun hat im Spanischen als Adjektiv die Bedeutung von muthig, tapfer, kühn, keck, ent= schlossen, daneben: zierlich und stattlich gekleidet, als Substantiv bedeutet es einen Liebhaber, Raufbold, Eisenfresser, mit der Nebenbedeutung eines Prahlers.

Diese Bedeutungen sammt und sonders hat der napolitanische Guappo von heute acceptiert, zu einer verschmolzen, und steht nun vor uns als ein geschniegelter und gebügelter Kerl in Tulpenhosen von möglichst bunter Farbe, auffälliger Weste mit Riesenuhrkette daran, engem Röckchen, die Haare in die

Stirn hängend, den Hut nach Nordost daraufgestülpt, die Cigarre
himmelwärts gerichtet, Ringe an den Fingern, zwischen den
Fingern einen Knüppel, in der Tasche fast immer einen Revol=
ver: ecco, der fahrende Ritter der bedrängten Unschuld des
Bordells!

Der Guappo ist ein Menschenfresser, ein Blutsauger, ein
Athlet, der Manducus, der Popanz der Atellanae, der cam=
panische Miles gloriosus des Plautus, der — Fanfaron der
Franzosen. Er ist das Alles nur zum Scheine, er will das
ganze Quartier (er spricht das mit Donnerstimme) im Blut er=
sausen lassen, und läuft davon und entschuldigt sich, wenn die
Sache ernst wird und Einer ihm die Zähne zeigt. Er ist ein
Weiberheld und bewegt sich am liebsten in der Gesellschaft von
liederlichen Dirnen.

Etwas ganz Anderes ist der Camorrist. Der steht auf
einer höheren Zinne und würde sich schämen, von einem
Guappo die Schuhriemen sich auflösen zu lassen. Mit dem
Camorristen beginnt die Sache ernst zu werden.

Auch er ist eine Ausgeburt der spanischen Zeit, besitzt
aber neben der Frechheit auch den nöthigen Muth und weiß
sich unter Tausenden Respekt zu verschaffen und imponiert
selbst der Behörde. Zur Zeit der Vicekönige entstand die
Camorra als eine Art Freimaurerbund der Plebani, die sich
des Rechtes der Schwachen annahmen: jetzt ist sie ein Bund
von Halunken, die als obersten Satz, als Kriegsgeschrei gelten
lassen: „Es giebt kein Gesetz", ein Bund von Schwärzern,
Spitzbuben, Messerhelden und Zuchthäuslern, die sich soli=
darisch erklären, wo es sich um Erpressung und Verhöhnung
des Staates und seiner Behörden handelt.

Der Ursprung des Namens ist wohl dunkel und die ver=
suchten Erklärungen sind nicht recht stichhaltig. Im Spani=
schen heißt Camorra eine Streitigkeit, Streitfrage, ein Camor=
rista ein streitsüchtiger oder streitschlichtender (?) Mensch.
„Kumar" soll ein arabisches Hasardspiel gewesen sein, welchem

Zeugen beiwohnten, die in ein Gewand „Chamarra“ gekleidet
waren. Ähnlich wie auf Sicilien von einem groben Gewand
„bunaca“ das Wort „bunachi“ kommt, wie dort die Anhänger
der sicilianischen Cammorra, der Mafia, genannt werden.
Zweifellos ist es aber, daß die Camorra Neapel's spanische
Importware ist. Unter den Bourbonen war ihr der Boden
besonders günstig, der König und die Polizei protegierte sie,
bediente sich ihrer in allen besonderen Fällen. Noch unter
dem letzten Bourbonen-Kartenkönig gab es Camorristen bei
Hofe, in den Ministerbureaux, im Heer, in der Marine, in
den Salons, auf der Straße und in den Spelunken der
Quartieri bassi. 1862 machte man reine Wirthschaft, ver=
theilte sie in die Zuchthäuser und auf die Inseln — aber, wie
die Jesuiten kamen sie wieder und sind heute noch da, ein be=
wunderter Schrecken des Pöbels, ein Ärgerniß der Bürger.

Ja, noch heute weiß die zungen= und messergewandte
Camorra die Bevölkerung zu terrorisieren, weiß sie ihren
Willen durch blutige Drohungen und ebenso blutige Thaten
durchzusetzen; dem Volke fehlt es dieser Bande gegenüber,
vielleicht weil es sie bewundert, ganz und gar am Muthe des
Widerstandes, es fügt sich dem Zwange. Dieser Zwang, dieser
Druck wird ausgeübt durch gänzliche Beherrschung des Marktes
und eines großen Theiles des Handels. Die Camorra ge=
stattet oder verbietet den Verkauf; die Camorra bestimmt die
Preise; die Camorra übt die Marktpolizei zum Schaden der
Käufer.

Die Camorra führt aber auch ihre Dolche und Revolver
nicht umsonst, und ihre Kämpfe mit der Polizei bilden eine
stehende Rubrik in den napolitanischen Zeitungen.

Die Camorra hat aber immer volle Taschen, und der im
Zuchthaus steckende Camorrist führt ein Herrenleben, jeder
seiner Mitgefangenen ist zu einem Tribut von seinem Mahle,
von seinem Erarbeiteten verpflichtet und — entrichtet ihn auch.

Das weiß das Volk, und so wird es der Camorra nicht

schwer, Rekruten anzuwerben. Die Plebs, welche die Gefäng=
nisse füllt und Jahrelang in Untersuchungshaft sitzt, vor allem
die so arg verwaiste analphabetische Jugend, jene körperlich
und geistig verkommenen Kinder der Armuth, ist gern bereit,
aus dem elenden, recht= und machtlosen Zustande, wo Jeder
sie ungestraft mit Füßen stoßen darf, herauszutreten und Diener
einer Macht zu werden, die ihr bald gestattet, den selbständigen
Herrn zu spielen.

Dazu kommt, daß alle solche Geheimverbindungen für das
unwissende Volk einen gewaltigen Reiz haben. Es drängt
sich dann zu seinen Meistern, und wer sich listig und geschickt
zeigt in kleinen Protzereien und Diebereien, wer als Gassen=
junge, als Guaglione, schon persönlichen Muth mit dem Messer
bewiesen hat, ist würdig, den schmutzigen Tempelschleier zu lüpfen
und Hüter der Schwelle zu werden. Von da an aber bis zu
dem Allerheiligsten ist ein gar weiter und gefährlicher Weg.

Der echte Camorrista nach der alten guten Schule beginnt
seine Laufbahn als „Picciotto d'onore“, eine Art Page oder
Waffenknecht. Er ist in Wahrheit der „Fuchs“ dieser Ver=
bindung, der dem bemoosten Haupt die Mittel und Wege zur
Ausführung seines Vorhabens ausspionieren oder ebnen muß.
Ihm liegt ferner ob, die „Steuern“ auf dem Markte u. s. w.
einzutreiben und sich dabei treu, keck und eifrig zu erweisen.

Hat er ein Jahr lang und länger seine Kräfte dergestalt
ans Werk gesetzt, so rückt er einen Grad höher und wird
Picciotto di **sgarra**, vom napolitanischen Verb **sgarrare** =
erretten, aus der Gefahr helfen, und jetzt werden ihm Proben
von Selbstverleugnung und Verwegenheit auferlegt. Er muß
den Schein eines von einem Andern verübten Verbrechens,
indem er sich öffentlich desselben rühmt, muß die Verantwor=
tung dafür selbst vor dem Richter auf sich nehmen. Seine
Tollkühnheit muß er beweisen, indem er sich mit Risiko des
Lebens in das dichteste Kampfgetümmel der Raufereien stürzt.

Und nun winkt ihm eine „glänzende“ Zukunft. Er wird

Mitglied der Association, seine Verbrechen und seine Ein=
sperrungen zählen schon nach Dutzenden, dafür steht er bei den
Seinen in desto höhern Ehren. Mit einer Anzahl ebenso
Geprüfter und Erprobter bildet er jetzt eine „Paranza", ein
Fähnlein, und hat nur noch den Capi=Paranze, den Häuptlingen,
zu gehorchen.

Austreten kann er jetzt nicht mehr, als Verdächtiger würde
er seines Lebens nicht mehr froh werden. Der Verräther ver=
fällt dem Tode.

Vor ein paar Jahren hatte ein Camorrist Dienste bei
der Geheimpolizei genommen. Er fiel durch die Hand eines
der Verbindung angehörenden Jünglings. Der Jüngling fiel
durch die rächende Hand der Verwandten jenes. Der Leich=
nam des Verräthers lag der Autopsie durch die Behörden
wegen im Todtenhaus des alten Camposanto. Das Volk er=
brach dieses nächtlicherweile und schändete den Kadaver auf
die entsetzlichste Weise: eine Schar Verruchter verrichtete ihre
Nothdurft über ihm. Der Leichenwagen des camorristischen
Jünglings ward, als er durchs Quartier fuhr, mit Blumen
und Konfett beworfen. . . . .

In der letzten Choleraepidemie, die in dem Quartier
Mercato am schlimmsten hauste, übernahm die Camorra die
Führung des Volkes und gab die Losung· aus gegen die
helfend eingreifenden Regierungsbeamten: „Nieder mit den
Vergiftern!" Ein harter Kampf war hier zu führen gegen
Aberglauben und Frechheit.

In dem Nachbarquartier Pendino herrscht der notorische
Spitzbube vor, der Camorrist und der Guappo tritt hier nur
noch sporadisch auf. Dieser Pendino ist ohne Zweifel der
mysteriöseste Theil Alt=Neapels, der den napolitanischen Ga=
lantuomo jedenfalls so fremd anmuthet wie das Innere Afrika's.
Nur Spitzbuben und Polizisten ist die Topographie dieses
Viertels bekannt, am besten aber den Spitzbuben. Das Laby=
rinth dieser 160 Straßen oder „Vie", bestehend aus engen

und engsten Vicoli, 12 Vicoletti, 8 Sopportici, 6 Strettole
(Quetschwege), 3 Rampe, 2 Calate, 13 Fondaci (was der Be=
deutung nach all eins ist, nämlich schwarzes Mauerwerk und
Schmutz) u. a., dieses Labyrinth ist die Qual und Verzweif=
lung der Schutzmänner, ein Asyl für die Spitzbuben. Gelingt
es dem verfolgten Dieb, eine dieser Gassen zu erreichen, so
mag er sich sicher wähnen. Auch die gestohlenen Gegenstände
verschwinden in diesen unheimlichen Eingeweiden für immer.

Das napolitanische Volk hat vom Pendino das wenig
schmeichelhafte Sprichwort:

> Li gente d'u Pennine
> So guappe e malandrine . . .

d. h. Leute aus dem Pendino sind entweder Guappi oder
Spitzbuben. Diese Spitzbuben gehören jedoch der schlimmsten
Sorte nicht an; sie lieben den Einbruch nicht, sondern üben
Gelegenheitsdiebstahl und sind besonders geübt im Entreißen
von Ohrringen, Uhrketten mit daran hängenden Uhren und
dergleichen an besser situierten Leuten herumhängendem über=
flüssigen Luxus.

Zahlreich sind auch hier die „Ammoniti“ (die Verwarnten)
und die unter polizeilicher Aufsicht wegen Verdachts der
Dieberei und Hehlerei Stehenden. In den letzten Zeiten ist
ihnen das Leben recht schwer gemacht worden und sie kommen
leicht zu Betrachtungen wie die auf S. 261 angeführte:

„In diesem Lande bringt's ein Ehrenmann zu nichts.
Wenn man durch die Straßen schlendert, so heißt's: Halt da,
ein Vagabund! und man wird arretiert; bleibt man stehen,
um die Vorübergehenden zu mustern, so ist man ein Tagedieb
und wird arretiert; geht man einher, die Mütze tief in die
Augen gezogen, so nennen sie einen eine verdächtige Person
und man wird festgenommen; tritt man in die Kirche, sein
Vaterunser zu sagen, so meinen sie, man sei ein Beutelschneider
und stecken einen ein; lebt man von seinem Eigenen, Sauer=

erworbenen, ohne Jemand um irgend etwas anzugehen, so ver=
langt man den Nachweis seiner Subsistenzmittel und arretiert
einen. Man vermeidet die Stadtpolizei und fällt der Zucht=
polizei anheim; man vermeidet die Zuchtpolizei und scheitert
an den Carabinieri."

Die Carabinieri, diese treffliche Polizei, haben nach und
nach etwas Änderung auch in den Pendino gebracht, und der
Magen der Stadt, wie man dieses dem Eßwarenverkauf ganz
hingegebene Quartier wohl nennt, fängt an, etwas geregelter
zu verdauen.

Es ist geradezu unbegreiflich, welches Leben vom Morgen
bis zum Abend in diesen düstern, schmalen, verwinkelten, nassen
Straßen wimmelt, wirbelt, durch, um, unter, über einander
hinkriecht, drängend, schiebend, geschoben, tosend und brüllend,
um das was die Triften, die Gärten, die Weinberge, das
Meer an eß= und trinkbaren Schätzen liefert, was da schwimmt
und fliegt, kriecht und fließt, zu erwerben oder an den Mann
zu bringen.

Das Bild, das Goethe von so einem Markte entwirft,
und das uns unfreundlich anmuthen soll, wie reinlich, wie
deutsch ist es:

> „Krummenge Gäßchen, spitze Giebeln,
> Beschränkter Markt, Kohl, Rüben, Zwiebeln,
> Fleischbänke, wo die Schmeißen hausen,
> Die fetten Braten anzuschmausen;
> Da findest Du zu jeder Zeit
> Gewiß Gestank und Thätigkeit."

Diese Palette ist viel zu sauber. Wer den Markt des
Pendino malen will, der muß unmögliche Farben mit Koth
und Kehricht mischen, muß Gestalten und Formen festhalten,
die einer Hölle anzugehören scheinen. Aber auch das genügt
nicht: es fehlt neben dem steten quirlenden und wirbelnden
Wechsel der zuckenden Erscheinungen der stetige Lärm, der

ewige Gestank, die dicke verdorbene, vom Geruche faulenden
Käses und verwesender Fische erfüllte Luft, denn der Wind
des nahen Meeres dringt nicht in diese vermauerten Höhlen.

Bei der „Pietra del Pesce" (Fischmarkt) ist das Centrum
des Fischhandels. Hier lagert die Beute des Meeres oft zu
Hunderten von Centnern. Die Capi-Paranze, meist camor-
ristisch-angehauchte Vorsteher der Fischerzunft, kaufen den Fisch
en gros und verkaufen ihn dann in kleinen und kleinsten
Partien an die sogenannten „Pisciavinnule", ein Zwitterding
zwischen Fischern und Lazzaroni.

Die „Pietra del Pesce" wie die Piazza del Pendino sind
immer naß, immer voll Pfützen und Schmutz; die Eingeweide
der Fische liegen am Boden, und der Gestank, besonders an
„schönen Sommertagen" und bei Scirocco übersteigt alle Begriffe. Daher das Wort des Volkes:

„Voglio muri quannu s'asciutta lu Pennine e la Prete
e pesce." (Ich will sterben, wenn der Marktplatz des Pendino und der Fischmarkt abtrocknen.)

In diesen Worten liegt eine böse Ironie. Gerade diese
schmutzige Nässe hat der Seuche in diesen Quartieren den
Boden gedüngt. Das Volk wird leben, wenn es einmal dort
trocken wird.

Dort, und in dem benachbarten Quartiere Porto, der
Heimat der gemeinsten Dienerin der schlammgeborenen Venus
und der — Lazzaroni, die man heute wohl mehr „Guaglioni"
nennt, die aber mit dem Namen nicht das Wesen gewechselt
haben.

Ich meine, Sonne, Mond und Sterne halten sich die
Augen zu, wenn sie gezwungen über dieses Quartier Porto
(Hafenviertel) hinwandeln müssen. Der keusche Mond ist am
schlimmsten dran, er wandelt am Abend und am Abend beginnt hier das unheimlichste Leben.

Diese Sektion ist die räumlich kleinste der Stadt, ungefähr ein viertel Quadrat-Kilometer, also die Hälfte des Pen-

dino. Aber die Bevölkerung sitzt hier viel dichter und besteht,
eine Anzahl von reichgewordenen Öl-, Käse-, Kolonialwaren-
und Tuchhändlern ausgenommen, meist aus der ganz und gar
besitzlosen Klasse. Hier blüht das Gewerbe der napolitanischen
Locanda, die gleichbedeutend ist mit Bordell. Von den 500
öffentlichen „Geschäften" sind über 200 solche Locanden!

Locanda bedeutet bekanntlich Herberge, Gasthaus. Nun
muß man sehen, wie die Locanda des Porto diesem Titel ge-
recht wird. Wir betreten mit einiger Vorsicht die verrufenen
Straßen: Rua Catalana, Molo Piccolo, und seine Nachbarschaft, die Piazza Francesi u. a. Da stehen die schwarzen
halbzerbrochenen Häuser, von deren verrosteten Balkongittern
schmutzige Wäschlumpen flattern. Wir steigen eine finstere.
enge, ausgetretene Treppe hinan, die sich um die sogenannten
„Binelli", Behälter für schmutziges Wasser und faulende Ma-
terien, herumwindet, und stehen vor einer Flucht enger, nie-
driger und ungeweißter Kammern mit zwei, drei Betten, oder
kommen in eine große Kammer, wo die faulenden Strohsäcke,
ohne Betttuch, auf eisernen Böcken, einer dicht neben dem andern liegen, zu zwanzig, dreißig und mehr. In den „an-
ständigeren" sind die Säcke der Männer von denen der
Frauen durch einen verlumpten klebrigen Vorhang geschieden,
die anderen brauchen diese zarte Rücksicht gar nicht. Gesäubert,
gewaschen, gelüftet, gekehrt oder sonst wie gereinigt wird hier
nie, und das Ungeziefer, wie auch Ratten und Mäuse treiben
ungestört ihr Wesen in dem aufgehäuften Unrath.

Unglückliche Geschöpfe, die hier ihre kranken, halbverhungerten Leiber zu Markte tragen — doch paßt eben die
Umgebung zu ihrem Äußern. Das Laster hat ihre meist häßlichen Gesichter mit allen möglichen Zeichen und Narben be-
prägt; dazu gehört auch bei den Meisten die blaurothe quer
über die Wangen laufende Narbe, die von dem Rasiermesser
eines betrogenen Geliebten herrührt. Aus diesen kranken
bleichgelben Gesichtern, unter den niederen Stirnen, an die die

19*

schwarzen Haare mit Pomade festgeklebt sind, hervor lugen
ein Paar schwimmender, frecher Augen mit herausforderndem,
spitzbübischem Blick. Die Gestalten sind meist kurz und üppig,
die Kleidung ein sehr kurzer verlumpter Rock, die Beschuhung
Holzpantoffeln. Gleich dem niederen Nachtgethier, dem Däm-
merungsgeschmeiß, bleibt das den Tag über in den schwarzen
Nestern versteckt, in den Grotten, Kellerlöchern, Söllern des
Quartiers, schlafend, gähnend, faulenzend. Bei Sonnenuntergang huscht es heraus, unter den Gaslaternen hin auf den
schweren Holzpantoffeln schleppenden Ganges dahin schlendernd, paarweise, Arm in Arm, oder in Scharen, in ganzen
schwesterschaftlichen Gruppen, und treibt sich an den gemeinen
Kneipen vorbei, zwischen den Schnecken- und Waffelhändlern
herum, inmitten der Soldaten und Matrosen, oder steht
lauernd im Schatten der Thorbogen, im schwülen erstickenden
Gestank der Gäßchen und wirft seine unsauberen Netze nach
den Vorübergehenden, unter denen um diese Stunde wohl nie
eine einigermaßen anständige Person zu bemerken.

Die Ehrenwachen dieser tief unglücklichen Wesen sind die
eigenen Brüder und Liebhaber, die sich oft, wie auch deren
Männer, von ihren Schwestern, Geliebten, Weibern erhalten
lassen. Unterschlupf geben ihnen die zahlreichen schmutzigen
Kneipen, die unheimlichen Kaffeeschenken und jene Locanden,
die wie ein Leuchtthurm am Abend ihre rothen Laternchen
heraushängen . . . .

Ich lasse den Schleier fallen über diese ekelerregenden
Scenen.

So sind wir bei der letzten Klasse der Plebaglia, der
untersten Schicht der Volkshefe angelangt, beim Lazzarone,
dem Paria der napolitanischen Gesellschaft. Man sagt, der
Lazzarone existiere nicht mehr; der letzte sei dahingegangen,
weggeräumt von der stetig fortschreitenden Kultur, wie der
letzte Mohikaner. Wenn es aber keine Mohikaner mehr giebt,
so giebt es doch noch Rothhäute, und wenn man aus Scham-

gefühl den Lazzarone heute nicht mehr bei seinem rechten
Namen nennt, so existiert er eben unter einem anderen. Aber
die alte scharfe Scheidung (sie stammt ebenfalls aus der spanischen Vicekönigszeit) zwischen Galantuomini und Lazzaroni besteht noch immer; sie sind geschieden wie der Engländer vom
Irländer und in Amerika der Weiße vom Schwarzen.

Und wenn im übrigen Italien das Gefühl der Gemein-
samkeit die verschiedenen Gesellschaftsklassen ausgeglichen, alte
Klüfte ausgefüllt hat, in Neapel hat dies Gefühl nie Wurzel
im Volk gefaßt.

Dieser Unterschied ist deutlich ausgeprägt, er zeigt sich in
der Sprache, in der Kleidung, im Geschmack, in Essen und
Trinken, in der ganzen Lebensweise; nie wird es einem Galantuomo einfallen, sich zur Plebs herabzulassen, nie aber auch
einem aus dem Volke, sich zu jenen „hinaufzulassen". Und
wenn die Plebs noch so wohlhabend geworden (es giebt genug
Parvenus), sie bleibt bei den Mahlzeiten der staubgeborenen
Vorfahren. Deshalb werden Volksküchen, in denen Suppe
verabreicht wird, in Neapel nun und nimmermehr Wurzel fassen.

Diesen Stolz, diese Exklusivität bewahrt aber auch der
Handwerkerstand dem lazzaronesken Proletariat gegenüber.
Nie gelingt es einem Abkömmling des letztern, in einer Eisen-
gießerei, in einer Tischler- oder Kupferschmied- oder Goldschmied-
werkstatt zugelassen zu werden; Keiner kann es zum Handlungs-
gehilfen, zum Kellner, zum Friseurburschen, zum Schreiber bringen. Die Beschäftigungen dieser Klasse bleiben die im Eingang
dieses Kapitels angeführten, als ambulante Händler und Ähnliches fristen sie ihr Leben, wenn sie nicht vorziehen zu betteln.

Seit 1860 ist diese untere, stets geknechtet gewesene Klasse
frei geworden, aber auch hier ist diese Verwandlung von ähn-
lichen Folgen begleitet gewesen wie die Aufhebung der Skla-
verei in den Südstaaten. Der Pöbel hat nach dieser Freiheit
nichts gelernt und nichts erhalten. Hier in Neapel wie drüben
ärgert die obere Klasse sich, daß die einstigen Sklaven die gleichen

Rechte wie die Galantuomini haben sollen, daß Gleichheit vor
dem Gesetz herrschen soll, und thun absolut nichts, um die Lage
der untern Klassen zu bessern, sie zu sich hinaufzuretten. Es
ist genau noch wie unter dem spanischen Regiment. Wie im
Leben, so ist es auch im Tod: die Armen haben einen von der
Begräbnißstätte der Reichen durchaus geschiedenen Kirchhof.

Und so ist denn die ursprüngliche Bedeutung des Namens
Lazzarone seiner gesellschaftlichen Stellung noch anhaften ge=
blieben: noch wird er behandelt wie ein Aussätziger.

Die Aussätzigen des Mittelalters riefen den Namen des
heiligen Lazarus an und ihr Lazarett führte in Neapel den
Titel S. Lazzaro, auch der hier dienende Ritterorden war unter
diesem Namen bekannt. Die Kleidung der Aussätzigen war
ein grobes Hemd und eine grobe halbe Hose. Genau so trugen
die Proletarier sich und man gab ihnen den Spottnamen der
Lazzari oder Lazzaroni. Solches geschah zur Zeit der spanischen
Raubwirthschaft, wo die Armuth in der Stadt täglich größer ward
und das niedre Volk gleich wilden Thieren lebte, schlecht bekleidet,
ohne Dach, ohne Bett, im Winter in den Steinbrüchen, in
Höhlen, unter Portiken, im Sommer unter freiem Himmel
schlafend.

Andere berichten, daß die Spanier in der Revolution des
Masaniello den vielen barfüßigen und barhäuptigen Lumpen
den Spottnamen „Laceri" (Lumpen) gaben, einen Namen, den
das Volk sich als Unterscheidungs= und Ehrennamen zurück=
behielt (ähnlich also wie die flandrischen „Gueux" [Bettler] den
ihrigen als Parteinamen acceptierten; aber im Spanischen müßte
das Adjektiv „Lacerado" und nicht „Lacero" heißen).

Colletta erzählt: „Der Name Lazzarone entstand unter
dem spanischen Vicekönigreich, als die Regierung sehr geizig,
das Lehnswesen wehrlos, die Städte und die Dörfer Herbergen
der Knechtschaft geworden waren; da gab es wenig Soldaten,
noch weniger Handwerker, keine Acker= und Weinbauer, aber
Tausende von Subjekten, die böse versteckte Gewerbe trieben

und das Leben der Thiere führten. Diese hießen Lazzari, ein Wort, der Sprache jener Unterdrücker entlehnt, welche diese Armuth erzeugt hatten, sie aber selbst verspotteten und ihr Gedächtnis durch diesen Namen für ewige Zeiten brandmarkten. Der Lazzaro war nicht geboren, er wurde zu einem solchen gemacht. Der Lazzarone, der ein ehrbares Gewerbe ergriff, verlor den Namen, wer in den Schlamm sank, erhielt ihn. Den Lazzarone fand man nur in der Stadt, wo ihrer damals gegen 40 000 lebten, arm, bedürfnislos, kühn, raublustig, geneigt zu Tumulten.

Der Vicekönig benannte die Lazzari in seinen Edikten mit dem ehrbaren Namen Volk, empfing ihre Deputationen, hörte ihre Klagen und Wünsche an, gestattete, daß sie jedes Jahr auf dem Platze des Mercato, an einem Festtage, ihr Haupt wählten, und mit diesem Haupte konferierte der Vicekönig, regierte oft mit ihm, indem er durch dasselbe seine Autorität aufrecht erhielt. Tommaso Aniello (Masaniello) war ‚Capo-Lazzaro‘ im Jahre 1647, wo die Stadt sich erhob.“

Was man von dem Charakter des Napolitaners im Allgemeinen sagt, läßt sich auch auf den Lazzarone anwenden. Er ist sensibel im Punkte der Ehre, ohne sehr ehrenhaft, ehrbar, ohne ehrlich zu sein, leicht zum Zorne geneigt, ebenso leicht besänftigt; er lebt mehr dem Heute als dem Morgen oder gar der Zukunft, lacht und weint im Handumkehren; er ist gemacht zum Ertragen schwerer Arbeiten, aber nicht auf die Dauer; mehr geneigt zur Invention als zur Initiative, mehr zu freiem, fliegendem, ambulantem Gewerbe als zu mechanischem; optimistisch im Hoffen, niedergeschlagen und muth- und kopflos in schlimmer Lage, unbeständig. Ferner ist er begierig nach Neuem, beweist der Justiz wenig Respekt und ist stets unzufrieden mit dem eben bestehenden Regiment.

Grausam und wild war der Lazzarone eigentlich nie, er wurde es aber, wenn er provoziert ward, und dann war und ist er zu fürchten, denn er ist stark, trotz seiner schlechten Ernährung. Was seine sonstige geistige Veranlagung betrifft, so ist er geistreich und witzig, ein Epigrammatiker bis zur Über= treibung.

Köstlich schildert W. Waiblinger den Lazzarone von echtem Schrot und Korn:

„Kennet ihr ihn, so gebet mir Recht, und saht ihr ihn nie noch,
Hört mich, ich gebe so gern euch sein vergnügliches Bild.
Arm wie ein Bettler ist er, sein Eigenthum ist ein Korb nur,
Hat er ihn glücklich geleert, labt ihn der Schlummer in ihm.
Wenn der Sommer kommt, läuft er halbnackt in den Straßen,
Winters siehst Du ihn nur in sein Capotto gehüllt.
Wie Diogenes lebt er in philosophischer Ruhe,
Nur daß er, weiser als er, nie mit der Armuth geprahlt.
Heute sucht er zu leben und lebt; für den kommenden Morgen
Sorget er nicht; was er braucht, findet er morgen wie heut.
Will er schlafen, genügt ihm die Treppe, genügt ihm die Straße,
Will er trinken, es steht Eis und Citrone bereit.
Fühlt er Hunger, so dampft in der Bude die köstliche Nudel,
Reicht es heut nicht, so g'nügt Brot und die südliche Frucht.
Alles wird ihm bequem und behaglich; jedes Bedürfnis
Wird, wo er geht, wo er steht, ohne Befremden gestillt.

———————

Lauter Bewegung ist er, er spricht mit tausend Gebärden,
Drückt mit Zeichen so klar, wie mit der Zunge sich aus,
Staunend sehn Nordländer ihn an: ein anderes Wesen,
Regsam, wie ein Polyp, scheint die lebend'ge Figur.
Und in Lumpen und Schmutz gewahrst Du griechische Bildung,
Geistreich lächelt der Kopf unter der Mütze Dich an."

So schaut der deutsche Dichter den Lazzarone an, sein Los erscheint ihm beneidenswert, mit andern Augen sieht ihn der Nationalökonom, der da behauptet:

„Etwas muß der Mensch sein eigen nennen,
Oder er wird morden und brennen."

Und diesem zum Troste kann ich sagen, daß der Lazzarone

(nennen wir ihn einmal noch so), der oft nur durch einen
Überschuß an Leben, mit dem er nicht wußte, was anfangen,
bewegt ward, daß dieser Plebejer heute angefangen hat, seine
Kraft theurer als für den bloßen Bissen Leibesnahrung zu ver=
werthen. Murat wollte die 30000 Lazzaroni vernichten und
erließ eiserne Gesetze gegen Bettelei und Vagabondaggio. Er
vernichtete sie nicht. Die besten Maßnahmen sind der gestei=
gerte Handel und Wandel, unter dem Rasseln der Maschine
schläft auch der Lazzarone nicht mehr.

Und so hat aus dem Lazzaronenthum bereits schon eine neue
Klasse ehrbarer und nützlicher Kräfte sich losgelöst: die Fac=
chini, die Lastträger, die eine respektable und wohlrespektierte
Genossenschaft mit eigenen Gesetzen, mit eigener Kasse und
Fahne bilden. Die vornehmsten sind die Facchini der Dogana,
und mit berechtigtem Stolz sagt das Weib aus dem Volke:
„Maritemo è facchino de Duana" — „Mein Mann ist Fac=
chin der Dogana."

Wem es aber je in den Sinn kommen sollte, die Natur=
geschichte des Lazzarone zu schreiben, der merke sich die Ein=
theilung in Familien nud Arten:

Lazzarone ist der generische Name für die ganze untere
Volksklasse, für die Volkshefe („ist" oder besser „war", denn
heute ist der Name eigentlich nur noch als Schimpfname für
einen „Lümmel" gebraucht).

Mascalzone ist der unkrautähnliche Ableger des Lazzarone,
sein „Peggiorativo", ein Name, den man braucht, um den „Laz=
zarone" zu beschimpfen.

Facchino ist ein Lazzarone, der eine Stufe zur menschlichen
Gesellschaft hinaufgestiegen und anfängt, deren Anforderungen
in Kleidung, Sprache und Arbeit, auch in Bezug auf Seife,
sich zu fügen; er ist thätig und meist ehrlich.

Bastaso, auf Italienisch Bastagio, ist eine niedre Art des
Facchins, ein Lastträger überhaupt, der von dem Facchin der
Dogana über die Achsel angesehen wird.

Wer aber für Lazzarone den Namen „Banchieri" (banquiers)
hört, der hat an jene Zeit zu denken, wo diese noch unter den
Bänken der Kaufleute, Fleischer u. a. ihr Nachtlager auf-
schlugen. „Guaglione" heißt der Lazzarone, so lange er sich
im Alter des Gassenjungen befindet, mit seiner Verheirathung
oder Militärpflichtigkeit hört dieser Titel auf.

Dies wäre denn die Volkshefe der Stadt Neapel, die noch
immer eine kompakte und gefährliche Masse bildet, deren weitere Gärung auf jede Weise unterdrückt werden muß. —

„Es läge", sagt Th. Mundt, bei Gelegenheit Neapel's,
„eine große Genugthuung für das Menschengefühl darin,
wenn man annehmen könnte, daß in einer heitern, paradiesischen
Natur nur glückliche und befriedigte Völker, mit milder, freier
harmonischer Entwickelung wohnen sollten .... Aber die
Schönheit der Natur ist keine Bürgschaft weder für Moralität
noch für Glück der Menschen."

Ein römischer Räuber alten Stils.

Die Briganten, Masnadieri, Banditen, Malandrini, Assassini, oder welche klangvolle Namen man den Beutelschneidern und Schwartenhälsen im schönen Lande der gentilen Illustrissimi sonst noch beilegen mag, die sammetjackigen, spitzhütigen Helden einer verflossenen Fra-Diavolo-Romantik, sind heute leider ausgestorben, wie die tugendhaften skalpsüchtigen Mohikaner lederstrumpfigen Andenkens ausstarben, und haben Platz gemacht den Revolver- und Dynamit-Wechselstubenhelden unserer großen Städte. Das sind keine Galantuomini wie die Briganten des Orangenblüthenlandes waren, die es so wohl verdienten, in Opern und Operetten lyrisch verarbeitet zu werden und in Liedern und Traditionen des Volkes fortzuleben von Ewigkeit zu Ewigkeit.

Diesen ritterlichen Briganten, dem Rinaldo Rinaldini, Fra Diavolo, Pace, Furco, Ninco-Nanco, La Gala, Re Marco, Manzi und endlich, last not least, dem Signor Don Antonio Gasparone, hat selbst Garibaldi in der Figur des „Gaspare" in seinem Roman „Clelia" ein Denkmal gesetzt; er sagt: „Wenn jene Briganten der ehrbaren Unabhängigkeit den muthigen Charakter des Löwen gesellen und sich tapfer schlagen gegen Jeden, der sie überwinden will, dann verdienen sie nicht bloß Sympathie, sondern Bewunderung; denke ich an die vergangene Erniedrigung, die unser militärischer Ruhm erfahren, so erhebe ich mich oft an dem Gedanken, daß wenige Italiener — allerdings von falschen Grundsätzen ausgehend — gegen Polizei, Carabinieri, Nationalgarden, Truppen, gegen eine Welt von Feinden und Waffen sich schlagen, ohne daß es diesen gelinge, ihrer Herr zu werden."

Es ist der „feurige Räuberhauptmann", der hier seine Jungens bewundert, und wir müssen das cum grano salis aufnehmen; dennoch ist der letzte ungewaschene Räubergeselle noch immer ein anständiger Kerl im Vergleich mit dem saubersten Dynamitschurken. Doch — „andere Zeiten, andere Vögel".

Der Brigant aber blieb oft noch Mensch, hatte oft sogar noch menschliche Regungen. Zum Beweise erzähle ich heute die Geschichte eines vornehmen Räubers, dessen Name sogar den Titel einer beliebten Operette bildet: Gasparone.

Antonio Gasparone wurde gegen Ende des vorigen Jahrhunderts im Elend und in Sonnino, in Petri Patrimonio seligen Andenkens, geboren. Seine Eltern und sonstige zwingende Umstände bestimmten ihn schon früh zum Herrscher, indem sie den Jungen zum unumschränkten Gebieter über eine Bande von Kühen machten, bei welchem Amte er, da er recht= lich von Milch, Butter und Käse nichts anrühren durfte, nicht fett wurde und neben der Schalmei Trübsal blasen mußte.

Bei dieser traurigen Beschäftigung machte er die tröstliche Bekanntschaft eines gewissen Massocco, eines in den Registern der Kirchenpolizei auf den Index der verbotenen Individuen gesetzten Räubers, und dieser brachte ihm, ohne daß Lesen und Schreiben dabei nöthig gewesen wäre, die ersten Handgriffe der Räuberkunst bei.

Einem aufkeimenden Rinaldo gebührt aber eine Rosa, und Gasparone verliebte sich in Maria, eine fesche Bauern= dirne, deren Herz aber bereits bis auf den letzten Platz durch einen gewissen Claudio besetzt war.

Dieser Claudio, der keine Lust hatte, die Rolle seines ge=

krönten klassischen Namensvetters zu spielen, bewies dem vor
dem Fenster der Schönen liebeflötenden Kuhhirten, indem er
ihn tüchtig abprügelte, daß er ältere Rechte auf Mariens Herz
habe. Der Beweis half nichts, er mußte ein stichhaltigerer
herausgesucht werden und Claudio greift zum Messer. Gasparone entreißt es dem Rivalen, ringt ihn zu Boden und
stößt ihm ein Loch in die Brust, groß genug, die Seele Claudio's
durchschlüpfen zu lassen.

Das war nichts als ein Unglück, und ein Unglück kommt
selten allein. Wie Gasparone am Abend seine Herde friedlich heimtreibt, muß er erfahren, daß die Seele seiner Mutter
jener Claudio's bei ihrer Himmelfahrt Gesellschaft geleistet.
So war er, da ihn auch die Liebe nicht mehr fesselte, ein freier
Mann geworden, und als er ans Überlegen ging, wie er diese
Freiheit am besten benutze, kamen ihm die Lehren der Weisheit
und Tugend Massocco's wieder zu Sinn.

Eine Luftänderung war zwar wegen jenes Loches in einer
alten Sammetjacke, über welches die Polizei und andere gute
Freunde und getreue Nachbarn beide Augen zudrückten, noch
nicht geboten, bald aber wurde sie ihm von oben her als einziges Mittel gegen seine „angegriffene" Gesundheit empfohlen,
denn Gasparone hatte wieder „Unglück" gehabt.

Ein gewisser Giuseppe, ein Verwandter des Getödteten,
hatte es eines Sonntags vor der Kirche von Sonnino gewagt,
Gasparone jener That zu zeihen. Gasparone, der die neue
Woche nicht mit Ärger anfangen und dem Geschwätz ein Ende
machen wollte, reihte den unvorsichtigen Giuseppe als Zweiten
auf seine Klinge. Bei dieser That war gegenwärtig als ap-
plaudierendes Publikum sein mit dem vielversprechenden Namen
Pietro Rinaldi und einigen guten Pistolen ausgerüsteter Gevatter. Der schwieg, dennoch erfuhr die Polizei und wußte
Jedermann, wer der Thäter gewesen. Ihn zu henken, wäre
zu umständlich gewesen, auch war er dazu noch zu jung, so
schickte man Gasparone zur Luftkur nach der Stadt Cento,

Rinaldi nach) Ferrara. Ferrara war aber leider damals nicht mehr, was es einst gewesen, als noch Ariost und Tasso hier ihre Dummheiten machten und auch ein Räuber seinen Spaß gefunden hätte; Rinaldi langweilte sich, und als er eine Weile dem Wachsthum des Grases in den stillen Straßen zugeschaut, kehrte er dem Neste den Rücken und suchte Gevatter Gasparone in Cento auf. Der hatte hier genau dieselben Erfah= rungen gemacht, ein unerträgliches Leben, und so ward be= schlossen, ein Kompagniegeschäft auf freier Landstraße zu er= richten, wo sie den das Land Bereisenden einige romantische Abenteuer, Taschenspielerstückchen und Schützenkünste zum Besten geben, dafür aber die Sorge für die Weiterbeförderung des Gepäcks übernehmen wollten.

Gasparone aber sah bald ein, daß die Polizei, besonders die berittene, auf der Landstraße schneller vorwärts kommt als im Gebirge, und weil er seine Ehre nicht in den Sieg im Wettlaufen setzen mochte, dieser Weg zum Ruhme auch zu lang gewesen wäre, so zog er den kürzeren vor und ging ins Ge= birge.

Sein Gefährte aber wurde eines schönen Tages bei einem Wettlauf mit den Sbirren eingeholt und mit seinem Genossen Angelo Depaolo, weil leider keine Stelle im Gefängniß frei war, also wegen Mangels an Platz, zu Bologna um einen Kopf kürzer gemacht. Das war im Oktober 1814.

Anfangs 1815 erließ der Papst Pius VII. eine General= Amnestie, an welcher Gasparone spaßeshalber sich betheiligen wollte. Er machte sich auf gen Sonnino, erfuhr aber unter= wegs, daß den dunklen Herren im Vatikan diesmal wie ander= mal nicht zu trauen wäre. Und wenn der Starke, nach dem unpraktischen Schiller, auch am mächtigsten allein sein soll, so zog Gasparone doch vor, als dienendes Glied an ein Ganzes sich anzuschließen und assoziirte und affiliirte sich der Bande Massocco's, seines alten Lehrers von der Kuhhirtenperiode her. Als aber Massocco von den Sbirren erschossen worden, er=

wuchs in seinem muthigen Schüler Antonio der kopflosen Bande ein neuer Kopf.

Zwölf Apostel folgten ihrem Meister, und der sah sich, da er zu Ehren und Brot gekommen, alsbald nach einer Maria um. Und wie denn Jeder zu seiner ersten Liebe zurückgreift, so war dies seine Maria von damals, die alte erste Flamme, die er zur Nachfolge aufforderte. Das Berg-, Wald- und Höhlen-Idyll à la Paul und Virginia würde ganz reizend gewesen sein, wenn es die Milizen nicht gar so oft gestört hätten. Die Störungen gefielen Marien auf die Dauer nicht; sie hielt ihrem Meister Gardinenpredigten und bedrohte ihn einst, wo sie in rücksehnender Wehmuth ihres seligen Claudio gedachte, sogar mit dem Messer. Antonio hatte Römerblut in den Adern, und um die Scheidung ohne weitere Umstände zu vollziehen und Maria zu beruhigen, stieß er seiner Virginia den Dolch durchs Herz.

Die Bande wollte leben, und da ihr Niemand mit freiwilligen Beiträgen unter die Arme griff, sah sie, dem Brauche der Zeit folgend, sich zu Zwangsanleihen genöthigt. Zwei Herren aus der Umgegend von Frosinone wurden aufgegriffen und zur Ausstellung eines Wechsels auf 50000 Lire veranlaßt, der von der Gemeinde auch prompt eingelöst wurde. Da keine Nöthigung vorlag, die empfangenen Gelder am Orte der That zu verzehren, so zog man sich in die stillen Schattengründe des lustigen Waldes von Caserta bei Neapel zurück.

Gasparone war nun ein berühmter Mann geworden; Photographien von seinem Kopf gab es nicht, und so beschloß die Polizei, diesen Kopf selbst dem Album ihrer illustren Herren um die Summe von 2000 Lire einzuverleiben. Der ihn um diesen Preis abnehmen wollte, war ein gewisser Luigi, ein Judas-Freund Antonio's; er setzte die soldatischen Spürhunde auf den Wechsel des Wildes zwischen Cisterna und Terracina und sah der Entwickelung der Dinge aus heilsamer Ferne zu.

Antonio, den das Leben der Wildnis zum Fuchs gemacht

hatte, entwischte der verfolgenden Meute und erholte sich von
den gehabten Anstrengungen den ganzen Winter hindurch auf
dem Monte Cicco bei Gaeta, dicht am Meere. Als dann die
„linden Lüfte" erwachten, stieg er mit dem Lenz „in das fernste,
tiefste Thal" des Forstes von Caserta bei Neapel, wo er zu
seiner Freude erfuhr, daß sein Ruhm bis über den Kanal gedrungen war. Zwei Engländer schickten einen Gesandten an
ihn ab mit der Bitte um eine Audienz für sie. Antonio
gewährte dieselbe. Der Fürst der Wälder empfing die neugierigen Barbaren an seinem Hofe inmitten der Beamten seines
Finanzministeriums und ließ sich fünf Tage lang von ihnen
anstaunen, bewundern und preisen in einer Sprache, die er
nicht verstand. Das halbrohe Hammelfleisch, der saure Wein,
die echten Himmelbetten waren ganz nach dem Geschmack der
Zwei und Antonio konnte sie endlich nur mit Gewalt entfernen.
Beim Abschiede legten sie eine mit englischem Golde wohlgespickte
Börse in die Staatskasse nieder und versprachen, reichlich Lebens-
mittel zu senden. Sie hielten Wort und gestärkt konnte der
Hof wieder nach den heimischen Wäldern aufbrechen, auch einen
Angriff bei Terracina abschlagen.

Das englische Geld war aber bald dahin, denn die Herren
der Wälder müssen ihre Bedürfnisse doppelt und dreifach bezahlen, und der Fürst mußte auf eine neue Steuer denken.

Auf dem Monte Maschio bei Velletri gab es ein Mönchskloster. „Geld? Hm", spekulierte Antonio, „Geld werden sie
nicht haben, ihr Leben aber werden sie theuer verkaufen." So
fing er sich vier der Patres ein und schrieb an den Staats-
sekretär, Kardinal Consalvi von Benevento, die vier Schäflein
seiner Herde ihm um 60 000 Scudi abzukaufen, sonst würde
er sie ihm eingeschlachtet umsonst einliefern. Das Geld kam;
Antonio konnte seine Gläubiger, die unentbehrlichen Hehler
und Spione, auszahlen, die es nunmehr sich angelegen sein
ließen, jede Spur des Schweifenden zu verwischen.

Antonio hatte aber auch andere menschliche Regungen.

So traf er einst einen traurigen Schäfer, der ihm klagte, daß er andern Tags sich zum Militärdienst stellen und ein Liebchen verlassen müßte. Antonio ließ von ihm sich einen Reichen des Ortes nennen, der wohl im Stande wäre, einen Ersatzmann zu bezahlen, und der Hirt nannte ihm einen als Wucherer bekannten Priester, Don Giovanni. Schnurstracks begab der Philanthrop sich nach der Pfarre und lud den Überraschten ein, ihm zum Militär=Kommissär zu folgen. Nolens volens mußte Don Giovanni folgen; aber der Weg ging auf den Berg, und hier eröffnete Don Antonio seinem Begleiter, daß er nothwendig 6000 Scudi brauchte. Dieser wollte lieber sein Leben lassen, und erst als ihm dieser Gefallen gethan werden sollte, ließ er sich erweichen, nach und nach 5000 Scudi herbeizuschaffen, von denen der arme Hirt sein ihn benöthigendes Theil erhielt.

Im Oktober 1817 hatte die Gefangennahme des österreichischen Obersten Kottenhofer (?), ✸ von dem Antonio 6000 Scudi gefordert und erhalten hatte, eine Armee von 10000 Mann gegen die Bande auf die Beine gebracht. Es war der Kampf des Löwen gegen die Mücke. Die Bande entging auch dieser Gefahr und gab sich dem Übermuthe derart hin, daß sie eine Zeitlang nur noch auf Liebesabenteuer auszog. In einem Walde an der Straße von Albano nach Neapel überfiel sie eine Schar Frauen und Mädchen und verbrachte mit diesen ein paar recht angenehme Tage. Dann überwinterten die heiteren Herren in der Nähe von Sonnino. Im folgenden Frühlinge vereinigte Antonio sich mit der Bande seines Freundes Minocci, und als dieser in einem Gefechte fiel, war er Hauptmann von zwanzig Köpfen und damit Nährvater von gleichzeitig zwanzig Mäulern. Für diese die Nahrung zu beschaffen, hielt manchmal schwer, und bei guter Laune wollten die Gesellen auch erhalten werden. Dazu fand sich bald eine passende Gelegenheit.

Bei Prattica liegt ein Berg, der Monte Cacume, wo

vierzehn Quellen springen und viele Hirten mit ihren Herden
hausen. Eine lustige Musik wies der Bande den Weg nach
einem Orte, wo fünf Mädchen, von einer Alten bewacht, gar
lustig tanzten. Gasparone macht sich vor, grüßt die Alte und
diese fragt ihn:

„Wohin willst Du, Jüngling?"

„Ich habe einem Herrn in Velletri einen Brief zu über=
bringen."

Dann nähert er sich der Schönsten und bittet sie um
einen Schluck Wasser; diese bietet ihm ein Glas Wein. Im
Gespräch erfährt er, daß das Mädchen an jenem Tage ihre
Hochzeit gefeiert habe und daß diese kleine fête champêtre
ihr gelte, daß sie jedoch, der Landessitte gemäß, erst nach drei
Tagen mit ihrem Manne sich vereinigen dürfe.

„Jenen Mann sollst Du nicht bekommen, meine Frau
sollst Du werden!" Bei diesen Worten rief er die Genossen
heran. Das Geschrei der erschreckten Dirnen ward bald unter=
drückt, sie führten sie mit Gewalt hinweg und nöthigten auch
die Musikanten, ihnen zu folgen. Eine wilde Orgie ward nun
bis Mitternacht gefeiert, und dann entließen sie die Ärmsten
mit Geschenken, die Braut erhielt von Gasparone dreißig
Scudi.

Die Behörden waren indessen unausgesetzt beschäftigt ge=
wesen, seinen Thaten ein Ziel zu setzen. Im Juni 1818 ver=
sprachen vier Gendarmen dem Monsignore Zacchia, Dele=
gierten von Frosinone, ihm Gasparone lebend oder todt zu
bringen. Sie verkleideten sich als Räuber, überfielen sogar
nach Verabredung eine Kutsche und stellten sich dann dem
Hauptmanne mit der Bitte, in seine Bande einzutreten. Dieser
aber kannte seine Pappenheimer, und nach zwei Tagen brachten
die wahren Briganten die fingierten um. Die acht Ohren der
Letzteren wurden eingepackt und an Monsignore gesendet mit
dem erfreulichen Vermerk, daß sie von den Köpfen Gasparone's
und dreier seiner Gesellen abgeschnitten seien, die Köpfe würden

später nachkommen. Großer Jubel! Nach drei Tagen jedoch erhielt der Delegierte ein Böcklein zum Geschenk, dazu ein Billett, worin er aufgefordert ward, die Kadaver seiner Häscher auf Monte Anagni beizusetzen.

Und nun mußte eine alte Rechnung ausgeglichen werden, die jener Herdenbesitzer Luigi durch seinen Verrath kontrahiert hatte. Seine Wachthunde wurden niedergeschossen, und er selbst fällt unter den Dolchen der Briganten, die auf seine Brust ein Fähnlein befestigen mit der Aufschrift: „Lohn des Verraths". Derselbe Lohn traf einen anderen Verräther, den Meier Domenico. Bei der Nachricht von dem Herannahen der Bande verbarg sich der Geängstigte und ließ sagen, er sei nicht zu Hause. Die Knechte, mit dem Tode bedroht, verriethen jedoch das Versteck, und Domenico ward in Stücke geschnitten, worauf die Knechte gezwungen wurden, das Fleisch ihres Herrn zu essen.

Nun diente der Gran Sasso d'Italia, der als der höchste Berg der Apenninen in der Nähe von Aquila aufsteigt, den Räubern als Asyl, und hier meldeten die Spione, daß ein Wagen mit Geld von Aquila nach Neapel abgehen sollte. Den Wagen eskortierten vier österreichische Soldaten. Sie werden niedergeschossen und die Beute beträgt 10 000 Dukaten. Das aber ist nur ein Tropfen auf einen heißen Stein, und wie sie ihre Augen wieder um- und umgehen lassen, bemerken sie auf der Straße von Venafro einen General (die Geschichte hat seinen Namen nicht aufbewahrt) zu Wagen, begleitet von zwei Dragonern. Die Dragoner fallen, der General wird um einen Beitrag für die Räuberkasse von 7000 Dukaten gebeten, die denn auch nach kurzer Zeit aus Venafro eintreffen. Auch diese 7000 halfen den heruntergekommenen Finanzen nicht auf die Beine, denn die „spese segrete" waren ganz ungeheuer; Hunderte von Hehlern, Vertrauten und Spionen mußten an allen Orten unterhalten und gut bezahlt werden. Weil zufällig keine anderen Quellen flossen, so mußte dem

20*

notorisch „guten Magen" der Kirche wieder einmal ein Vo-
mitiv gegeben werden. Am Monte Duchessa stand ein ein-
sames Mönchskloster. Dorthin führt Gasparone die Seinen.
Er klopft. Drei Brüder und ein Diener öffnen und Gasparone fordert sie auf, sofort einen Brief mit der Bitte um
12 000 Dukaten nach Avezzano (am Lago di Fucino) zu
schreiben. Die Bitte wird umgehend erfüllt; aber nach dem
fetten Bissen der Mönche kommt ihnen der Appetit nach einem
noch fetteren: einem Kardinal. Schon lange hat Gasparone
von einem solchen geträumt. Man war in der Nähe von
Monte Longone, wo es das Kloster-Seminar von S. Salvatore giebt, in welchem der Kardinal Lante zu Besuch anwesend
ist. Hier wirft die Bande ihr Netz aus und fängt den Kardinal, sechs Seminaristen, den Prior und vier Sbirren, welche
die Ehrenwache des Kardinals bildeten. Die zwölf Gefangenen werden auf einen nahen Berg, einen Kalvarienberg für
sie, geführt, wo ihnen eine Steuer von 60 000 Scudi auferlegt wird. Das Entsetzen der Priesterschaft war groß, und
mit Hilfe der Sbirren versuchen sie, zu revoltieren und die
Räuber sogar zu entwaffnen. Gasparone ließ durch vier Mus-
ketensalven gegen die unnützen Sbirren die Ordnung gar rasch
restabilieren und erzwang sich durch andere Drohungen gegen
den Kardinal, der wie ein Kind weinte, den Respekt für sich,
den König des Gebirges. Nach einigen Stunden war die Bande
in Besitz des Verlangten.

Nun aber kamen böse Zeiten; das Geschäft wollte nicht
gehen, und die zwei Winter, welche Gasparone mit den Seinen
in den Klüften des Monte Pontecorvo, bedroht von Wölfen
und den dort zahlreichen Bären, verbringen mußte, waren die
traurigsten seines Lebens. Nur ein Staatsstreich konnte ihm
seinen alten Humor zurückgeben.

Der Gendarmen-Oberst Ruinetti, ein alter erfahrener und
kühner Soldat, wollte dem Gasparone-Skandal ein Ende machen
und sammelte insgeheim seine Kräfte. Der Koch des Hauses

aber, schon längst durch Gasparone gekauft, unterrichtete die Bande von den Absichten Ruinetti's und daß dieser bereits eine Menge „Manutengoli" (Helfershelfer) eingekerkert hätte, von denen drei zum Tode verurtheilt wären. Der Ruf Gasparone's hätte gelitten, wäre das Urtheil vollzogen worden. Gasparone, ein schlauer, diplomatischer Kopf, horcht hierhin und dorthin und hat endlich den Ausweg gefunden.

Ein paar Miglien von Frosinone liegt die Meierei Madbalena. Dorthin führt er die Bande. Ohne Zaudern tritt er ein, empfangen von dem Schreckensgeschrei des Meiers, seiner Frau und ihrer beiden Töchter. Er beruhigt sie über seine Absichten und befiehlt ihnen, sich in die Oberstube zurückzuziehen. Er bleibt mit seinen Leuten in den Parterreräumen und giebt ihnen bekannt, daß sie hier „zwei Herren" erwarten müßten, die, den eingezogenen Informationen nach, als Liebhaber der beiden Mädchen gegen Morgen eintreffen würden.

Der Morgen kommt und mit ihm die zwei liebeglühenden Jünglinge. Sie klopfen an, es wird ihnen aufgethan und zärtliche Räuberarme umfassen die arg Enttäuschten. Der erwachte Tag findet sie Alle auf dem Monte Pontecorvo und hier richtet Gasparone das erste Wort an die Signorini.

„Wer von Euch Beiden ist der Sohn des Obersten Ruinetti?"

Der Bewußte meldet sich.

„Nun wohl! Hier ist Papier und Bleistift. Schreibe Deinem Vater und sage ihm, daß Ihr Zwei in Gasparone's Händen seid und daß, wenn er binnen drei Tagen nicht alle Manutengoli, jene drei bereits zum Tode Verurtheilten einbegriffen, frei giebt, Euer Leben verwirkt ist."

Der Brief ging ab. Den Zustand des Obersten vermag ein Jeder selbst sich vorzustellen. Tausend Pläne gingen durch seinen Kopf, jeder begann mit der Vernichtung der Briganten und endete mit der Sorge für das Leben seines Sohnes . . . .

Ehe die drei Tage verstrichen, waren sämmtliche Gefangene freigelassen. Nun schickte Gasparone die Jünglinge heim, machte eine Sammlung unter seinen Gesellen, die 900 Scudi ergab, welche an jene drei dem Tode Entwischten vertheilt ward.

Solche dramatische Ereignisse bewirkten nur, daß der Kopf Don Antonio's immer höher im Preise stieg: Tausend über Tausend wurden dem ursprünglichen Preis hinzugefügt, und die Nennung der Summe berauschte einen Kohlenbrenner, der mit zehn Scudi zum Ankauf von Brot und Wein ausgeschickt war, dermaßen, daß er anstatt mit der gehofften Labe mit sechzig unerwünschten Sbirren zurückkam. In dem heftig entbrennenden Scharmützel wurde selbst Gasparone am Hals verwundet, aber seine Leute konnte er retten.

Kurze Zeit darauf fand man die Köhlerhütte verbrannt und in der Asche die verkohlten Gebeine eines Menschen, des Verräthers.

Ein wildes unruhiges Wanderleben begann nun, es gab Tag und Nacht keine Ruhe und mitten in diesen haftigen Irrfahrten ward Gasparone vom Heimweh gepackt. Der Frieden seiner ersten Kindheit durchwehte seine Träume, er mußte Sonnino sehen, und kostete es das Leben.

So stand er eines Tages vor der Thür des Antonelli, eines Onkels des nachherigen Kardinals, sprach mit ihm, gab ihm fünfzehn Scudi und bat ihn, für diese Summe ihm Sammt zu einer neuen Jacke zu kaufen. Der Narr, er hätte Jacken haben können, so viel er gewollt hätte, es sollte aber eine aus der Heimat sein. Ein sentimentaler Räuber! Statt des Sammtes erhielt er nach ein paar Tagen den Besuch von 40 Sbirren. Antonelli hatte ihn verrathen. Die Partie wäre sicher verloren gewesen, hätte Antonio nicht unter diesen Vierzig verschiedene „Freunde" gehabt. Antonio entkam und Antonelli wußte nun, daß seine eigene Stunde geschlagen. Kein Verräther entging je der Rache Gasparone's: ein Schuß streckte diesen vor seiner eigenen Hausthüre nieder.

Wir sind im Jahre 1823. Die Räuberbanden haben sich vermehrt, aber nur zwei haben einen gefürchteten Namen: die Gasparone's und die eines gewissen Pasquale. Die beiden Häuptlinge lernten sich zufällig kennen, fanden Gefallen an einander und schlossen eine Allianz. Vierundzwanzig Räuber standen jetzt vereint auf dem Felde und mit diesen vierundzwanzig bombenfesten Kerlen durften die beiden Feldherren wagen, selbst den Teufel aus der Hölle herauszuholen.

Ein kühner Streich, der zu neuen Ehren und Reichthümern verhelfen sollte, ward verabredet. Wieder einmal sollte eine bedeutende Kasse von Aquila nach Neapel transportiert werden, diesmal aber unter starker Eskorte von deutschen Truppen. In einer hohlen Gasse, durch welche der Transport kommen mußte, liegen die Vierundzwanzig auf der Lauer. Die Wagen kommen, man läßt sie und die Soldaten auf Schußweite heran, und dann ... ein Krach und zahlreiche Deutsche fallen. Der Kampf beginnt, er wird grimmig geführt, auf beiden Seiten Todte und Verwundete, aber die Briganten behalten den Sieg und führen die goldschweren Kisten mit sich fort. In einer Osteria soll die Beute getheilt werden, aber dort finden sie außer dem Wirth auch noch fünf Karabinieri. Diese werden geknebelt und müssen der tollen Finanzwirthschaft machtlos zusehen. Jeder Brigant erhält 900 Dukaten. Ein lustiges Bankett beschließt den Tag, worauf die Banden sich trennen. Erst nach Pasquale's Tode stoßen seine Leute wieder zu Gasparone.

Wenn jetzt Gasparone sein Spieglein fragte: „Wer ist der Stärkste im ganzen Land?" — so mußte das Spieglein antworten: „Herr Gasparone, Ihr seid der Stärkste im ganzen Land." Und die Provinzen von Rom und Neapel zitterten bei bloßer Nennung des gefürchteten Namens. Diesen Ruhm neidete ihm der Kardinal Pallotta, der den Tick hatte, ein Caligula in Soutane zu werden. Er wollte sich als Terrorist zeigen und publizierte von Rom aus ein Manifest, daß der

ganzen Welt die Haut schauerte. Damit wollte er den Bri=
gantaggio ausrotten.

Dieses Manifest, en passant sei das erwähnt, wurde durch
die wahnsinnigen Flausen, die es enthielt, bald so berühmt,
daß man ein Exemplar bis 20 Lire bezahlte.

Die fremden Legationen in Rom lehnten im Namen der
Humanität und des gesunden Menschenverstandes sich dagegen
auf, und ihre Proteste waren so stark, daß Leo XII. sich ge=
nöthigt sah, dem Duodez=Caligula den Abschied zu geben.
Der Nachfolger war Pellegrini, der fiel aber in den entgegen=
gesetzten Fehler, indem er rieth, mit den Briganten zu unter-
handeln und sie zu ersuchen, das Land zu verlassen.

So hatte denn die Welt das Vergnügen, auf berühmter
Bühne eine Regierung auftreten zu sehen, die keine moralische
Autorität mehr besaß und die Störenfriede in der Gesellschaft
bald grausam, bald feig, bald mit Gewalt, bald mit Betrug
behandelte; denn betrogen sollten die Helden der Campagne
jetzt werden.

Der Stern Gasparone's neigte sich seinem Untergange
zu; der so lange Jahre Gefürchtete tritt in die letzte Phase
seines Lebens.

Monsignor Pellegrini, Vikar zu Sezze, geht nach Rom
und wußte die Regierung zu überreden, ihn zu einer Unter=
handlung mit Gasparone zu autorisieren. Priester und Räuber
kommen zu einer Unterredung, und das Ende derselben ist,
daß Gasparone und seinen Leuten das Leben und alle Habe
gesichert sei, wenn sie nach fernen Ländern übersiedelten. Das
klang gut und schön und Gasparone versprach, mit den Seinen
darüber zu reden.

Er war, was seine Person betraf, bald mit sich im Reinen,
und hier war wiederum die Liebe, das „ewig Weibliche", aus=
schlaggebend gewesen.

Geltrude, ein Bauernmädchen, zwanzig Jahre alt und
schön von Gesicht und Gestalt, hatte das wilde Herz gewon=

nen und liebte ihren Antonio mit aller Gluth eines römischen Weibes. Mit diesem geliebten Wesen nach Amerika gehen, dort ein neues Leben beginnen, einen eigenen Herd gründen ... ein schöner Traum! Um so bringender suchte er die alten Genossen den Vorschlägen des Kardinals geneigt zu machen. Hier aber stieß er auf Mißtrauen, welches wohl Gasparone theilweise auch hegte; er ward aber durch Gegengründe überstimmt, immer, wenn er von einer Zwiesprache mit Geltrude zurückkam.

Monate waren vergangen, es war viel hinüber und herüber geredet worden. Wieder kam der Herbst. Am 18. September rief Don Antonio seinen „Sekretär" Masi zu sich (den Einzigen, der zu lesen und zu schreiben verstand) und sprach:

„Pietro, nimm Tinte, Feder und Papier und komm mit!"

„Wohin?"

„Zu einer Unterredung mit Monsignore Pellegrini."

Auf Monte Sonnino trafen die beiden Parlamentäre zusammen. Der Priester legte ein Papier vor, vom Papste selbst unterschrieben, das den Generalpardon unter den bekannten Bedingungen enthielt; der Räuber nahm an im Namen seiner Genossen.

Nun wurden die Waffen, von Manchen allerdings wider Willen und bessere Überzeugung, in einer Kirche bei Sonnino niedergelegt, dann ging's im Zuge nach Sonnino hinein, wo die Waffenlosen von fünfzig Soldaten empfangen wurden. Über Piperno und Ariccia gelangte die Bande nach Rom; Geltrude mitten drunter.

In Rom erhielten sie freie Wohnung im Castel Sant' Angelo, es hieß, um sie vor den Insulten der Menge zu schützen. Tage vergingen, Niemand ließ sich sehen; dann hieß es auf einmal, es seien nicht Alle von der Bande gekommen und so könnten sie nicht frei werden. Gasparone bediente sich seiner getreuen Geltrude, die Fehlenden herbeizutrommeln, und bald war die Bande komplet, kein theures Haupt fehlte mehr.

Nun begann das Werk der Priester. Die von Sünden
Infizierten mußten desinfiziert und purgiert werden, und Ge=
bete und Strafpredigten, Fasten und Kasteiungen vertrieben
ihnen die Langeweile des Gefängnisses. Ein solches war es.
Die Reinigungskur war vorüber und Niemand sprach mehr
von Freiheit. Geltrude hatte keinen Zutritt mehr zum Castel.
Jetzt begannen die Verhöre mit Gasparone, mit seinen Ge=
sellen. Endlich wird die Bande auf Karren geladen, die eben
durchaus nicht das Aussehen von Triumphwagen der Freiheit
haben, und die Fesseln und Ketten waren auch unnöthige Artikel
zu einer Reise nach Amerika.

Der Verrath war vollzogen. Die Briganten waren den
Priestern in die Falle gegangen. Sie kamen in die dunkeln
und feuchten Gefängnisse der Festung Civitavecchia, und Gas=
parone als Hauptmann erhielt eine Separatzelle zur Auszeich=
nung. Im Anfang raste er, dann resignierte er sich.

Sechs Jahre blieb der freie Sohn der Wälder in dieser
dumpfen Zelle eingeschlossen, wo er keinen Laut vernahm als
das Branden der Meereswogen gegen die Felsen, dann ward
er mit den alten Genossen in den gesünderen Thurm der Fe=
stung übergeführt. 1849, als die Franzosen nach Rom kamen,
wurden sie nach Spoleto versetzt und zwei Jahre darauf nach
Civitacastellana.

Seine Thaten, sein endliches Geschick waren durch ganz
Europa bekannt geworden, unstreitig war Gasparone ein Ty=
pus, ein Original. Die Fremden, die nach Rom kamen, gingen,
wenn sie den Papst gesehen, auch Gasparone in Civitacastel=
lana zu besuchen. Gasparone empfing sie mit ritterlicher Ar=
tigkeit, erzählte ihnen interessante Geschichtchen und nahm die
Geldgeschenke mit der Würde eines Königs entgegen. Vierzehn
seiner Gesellen starben dahin, er überlebte sie Alle.

So kam das Jahr 1870. Der alte Sekretär der Bande,
Masi, las eines Tages in den Zeitungen, daß die Soldaten
des neuen Königs durch Porta Pia in Rom eingezogen waren,

daß die Priesterherrschaft zu Ende war. Die Briganten begannen zu hoffen. Sie richteten, durch Beihilfe eines Abge-
ordneten des Parlaments, ein Bittschreiben an den König von
Italien, sie wollten die Freiheit haben.

Sie erhielten sie. Nach 46 Jahren Gefangenenlebens
öffnete sich den zu Greisen Gewordenen das Thor der Freiheit. Von zweiundzwanzig waren sieben übrig geblieben.
Zwei gingen heim, die Anderen wanderten gen Rom, wo Gasparone vom gemeinen Volke überall, wo er sich zeigte, mit
dem lebhaftesten „Evviva Gasparone!" empfangen ward. Gasparone erschien dem Volke im Lichte der Neuzeit als ein ver-
dorbenes Produkt einer verdorbenen Gesellschaft und deshalb
war sein Thun ein verzeihliches.

Jetzt ist er seit ein paar Jahren todt. Er starb in einem
Hospiz, wo er seine letzten Jahre auf Regierungskosten gelebt hatte.

Rolandsänger in Neapel.

„Frauen und Ritter, Lieb' und Heldenmuth,
Die Thaten, kühn' und eble, will ich singen,
Die einst geschah'n, als durch die Meeresfluth
Die Mohren Afrika's nach Frankreich gingen . . ."
(Ariost's Rasender Roland, nach Gildemeister.)

Es käme auf einen Versuch an, ich zwar möchte ihn nicht
wagen, den Versuch nämlich, unserem niederen Volke statt Bier
und Schnaps einmal olympischen Nektar zu verzapfen, in der
Weise nämlich, daß ich in Berlin, etwa in einem Winkel
neben dem Berlin=Anhalter Bahnhof, oder in Leipzig hinter
dem Stadttheater, oder in München in einer Ecke des Karls=
platzes, vier lange Bänke im Carré aufstellte, diese Bänke mit
Dienstmännern, Kutschern, Klempnergesellen, Maurern, Stiefel=
wichsern, Essenkehrern und dergleichen dunklen Ehrenmännern
besetzte, in der Mitte Posto faßte und, einen Stab in der
Rechten, ein Manuskript oder Buch in der Linken, mit hoch=
erhobener Stimme anhübe zu deklamieren, ein National=Epos,
das Nibelungenlied etwa, oder den Armen Heinrich, oder
meinetwegen auch die Räuber, Kleist's Hermannsschlacht und
Ähnliches.

Ich möcht's nicht erleben; lange würde der Spaß ja auch
nicht dauern, denn die Diener der Santa Hermandab, die mit
der Poesie und Litteratur von jeher auf gespanntem Fuße
leben, würden den begeisterten Vorleser unter Beschuldigung

der Veranlassung zu öffentlicher Verkehrsstörung oder gar
aufrührerischer Tendenzen unter ihre Flügel nehmen. Aber
auch dann, wenn die Polizei das Auge des Gesetzes schlösse,
würde der Spaß ein rasches Ende nehmen, denn welches
deutsche Volkspublikum hätte die Geduld, im Trocknen sitzend
(natürlich wäre nur das Rauchen erlaubt), solcher Vorlesung
eine ganze Stunde lang andächtig zu lauschen? Auch die Zeit
hat es nicht. Interessiert sich das niedere Volk heute überhaupt noch für ein dichterisches Ideal? Gilt doch selbst für
unser höheres Publikum (das allerhöchste beginnt aller Enden
„seinen Hausbedarf an Liedern" sich selbst zu schaffen) mehr
als je die alte Klage Ovid's:

„Jetzt liegt ungeehret der Epheu, und was die Musen
Kundig geschaffen des Nachts, heißet ein müßiger Sang."

Auf ein „höheres" Publikum würde ich armer peripateti-
scher Poet für meine vier armseligen Bänke im Stadtwinkel
also durchaus verzichten müssen. Ach, meine Bänke würden
leer stehen. Ein paar vorübergehender Neugieriger kämen
vielleicht den nächsten Tag noch, eine Minute sich zu ver-
weilen, den folgenden aber haftet Alles vorüber. Dann regnet's eine Woche lang, vierzehn Tage, dann schneit's . . . ich
schließe mein Buch, und da ich nichts weiter gelernt habe als
Vorlesen und eine Anstellung als Lektor bei Kaiser und König
nicht erwarten darf, muß ich entweder betteln gehen oder mich
hinlegen und verhungern.

Wie frostig und menschenfeindlich ist doch dieser Norden!
Jenseits der Alpen scheint die Sonne so schön, quillt das
Leben so freudig und je weiter wir in das Land hineinwan-
dern, desto wärmer wird's. Ich werfe meine Pelzkappe weg
und erwerbe mir einen Strohhut, ich hänge meinen dicken
Überzieher an einen goldenen Sonnenstrahl auf, trage Tanz-
schuhe statt der doppelsohligen Rindsledernen, esse Orangen,
wenn ich Durst habe, und wenn mich hungert — ich werde

nicht verhungern, hier nicht, denn ich kann vorlesen, mit Donnerstimme, mit lebhaften Gestikulationen, mit rollenden Augen
und wallender Mähne, mit all dem klassischen furor poeticus.
Hier fehlt mir's auch nicht an einem verständnißinnigen Publikum: meiner Straßenkehrer, Wasserhändler, Facchini, Topf-
stricker und Schuhflicker, Portiers, Fischer und Schiffer, meiner
Zeitungs= und Gassenjungen bin ich sicher, ja sicher. Sie
kommen heute, sie kommen morgen wieder, sie kommen das
ganze Jahr, und wenn ich's nicht satt kriege, sie, die weichen
empfänglichen Seelen, werden nicht satt.

Und auf welcher Bühne darf ich lesen! Man schmelze die
landschaftlichen Schönheiten aller deutschen Städte in Eins zusammen, so bekommt man noch lange keinen Platz, der meiner
Bühne gliche.

Ich lese nämlich in Neapel, am Molo, an der Hafen-
straße, neben dem palmengeschmückten Garten des Giardino
del popolo; da habe ich vor mir das große blaue Meer, das
mit einer Perlenschnur der sonnigsten Städte gegürtet wird:
Portici, Resina, Torre del Greco, Torre dell' Annunziata,
Castellammare, Sorrento, der Insel Capri, und als Smaragd
funkelt darin der alte Vesuv. Schiffe kommen und gehen, Gedanken bringend und mit Gedanken beladen ins Weite segelnd
.... Hinter mir steigt die feurige lebenslustige Stadt leuchtend ins warme Himmelslicht hinein, die rebengrünen Berge
hinan, wo die Orangengärten blühen und die reichen Villen
und Winzerhäuser schimmern. Welch buntes Treiben allüber-
all und zu allen Stunden, welche tönende Fülle der Lebens-
äußerungen und doch wie gesammelt steht man inmitten dieser
Brandung .... ich bin glücklich.

Die Sonne lacht, mein Publikum lächelt und rückt zusammen, dichter und dichter, mit offenem Munde, erwartungs-
vollen Blickes an meinen Lippen hangend. Die Polizei geht
vorüber, die von der allergefährlichsten Sorte, die Carabinieri,
wir fürchten sie nicht, sie kümmert sich nicht um unser Treiben,

sie wirft höchstens einen neidischen Blick auf die vom Glück bevorzugte Versammlung.

Und nun räuspere ich mich, öffne mit hochgezogenen Augenbrauen mein Buch, erhebe meinen Zauberstab .... Ach nein, der Stab lügt: ich bin kein Zauberer, ich bin jener Glückliche nicht. Glücklich, wer von Mund zu Ohr direkt zu einer lauschenden lebendigen Menge sprechen darf! Ich aber sitze in meiner Zelle, gesenkten Kopfes, den Mund geschlossen, in zwei farblosen Farben arbeitend: Schwarz auf Weiß. Und erst durch das prosaische Mittel der Druckerschwärze werden meine Bilder dem Publikum übermittelt, einem Publikum, das mich nicht kennt, das ich nicht kenne.

Ich schreibe, schreibe, stillen Neid in der Seele über den napolitanischen Kitharöden in Lumpen, den „Cantastorie", Geschichtssänger, wie ihn sein Volk mit stolzem Namen nennt.

Aber die „Geschichte", die er singt, ist keine Geschichte, es ist Dichtung, Fabel, Erfindung, die aber dem gläubigen Volke die Bedeutung der einst sich wirklich vollzogenen Geschichte hat. Der „Cantastorie" hat noch einen anderen bedeutsamen Titel, er heißt auch „Cantarolando", Rolandsänger, denn was er vorzugsweise liest, das ist Meister Ludwig's glänzendes Märchen vom „Rasenden Roland", dem Orlando furioso.

„Wenn Homer", schreibt Otto Gildemeister in seiner meisterlichen Roland-Übersetzung (Berlin 1882, Wilhelm Hertz) zur Einleitung, „den Zorn des Peleïden Achilleus singt, braucht er seinen Hörern nicht erst zu sagen, wer Achilleus war oder wo Ilium lag oder weshalb die schön geschienten Achäer die Stadt des Königs Priamos belagerten. Seine Hörer wissen das Alles so gut wie er selbst; sie kennen, ehe der erste Gesang anhebt, alle bedeutenden Personen der Geschichte, Nestor und Agamemnon, Paris und Helena, Ajax und Hektor, und wie die Personen, kennen die Hörer auch den ganzen Zusammenhang der Ereignisse, von deren Verlauf der Inhalt der Ilias nur einen kurzen Abschnitt darstellt. Der

Vortheil, der hierin liegt, ist unberechenbar, wenn schon Homer
ihn ohne Berechnung benutzt, vielmehr als etwas sich von
selbst Ergebendes hingenommen haben; wird. Das Epos gewinnt durch diese Behandlung des Stoffs als eines bekannten
und fest überlieferten etwas von der Dignität der Geschichte;
es löst sich ab von der persönlichen Willkür des Dichters, der
nur als der Verkünder, nicht als Erfinder der denkwürdigen
Begebenheiten erscheint. Die Erzählung, obwohl sie nur eine
Episode des ganzen Weltlaufs giebt, öffnet stete Ausblicke in
den Hintergrund dieses Weltlaufs selbst, und weil die Hörer
mit letzterem vertraut sind, fühlen sie sich fortwährend auf
einer Art festen Bodens mitten im Reiche der Phantasie.

Ariost greift seine Sache ganz ähnlich an, ob mit Berechnung oder einem künstlerischen Instinkte folgend, bleibe
dahingestellt. Gleich wenn er anfängt, werden Roland und
Angelica, Rinald und das Roß Bajard, Ferragu und Sacri-
pant, als die dem Leser ja hinlänglich bekannten Gestalten
vorgeführt. Daß König Agramant den großen Heereszug nach
Paris unternahm, um seines Vaters Tod zu rächen, ist eine
Thatsache, deren Kunde bei Jedermann vorausgesetzt werden
darf. Und so geht es durch das ganze Gedicht; jede An-
spielung auf frühere Begebenheiten, auf künftige Dinge, auf
die Verwandtschaften, die Pferde, die Waffen der Helden wird
in dem Tone vorgetragen, als ob es eigentlich überflüssig
wäre, an dergleichen noch ausdrücklich zu erinnern. Manchmal geschieht dies nun allerdings mit schalkhafter Ironie, aber
in den meisten Fällen setzt der Dichter ganz ernstlich die
Kenntnis seiner Leser voraus, und er befand sich in der vor-
theilhaftesten Lage, dies thun zu dürfen. Sein Zeitalter besaß
noch einen Schatz cyklisch zusammengehörender Sagen und
Romane, der im Gedächtnis des Volkes lebendig geblieben war
und in welchen der Dichter hineingreifen konnte wie Homer
in den trojanischen Sagenkreis."

Diese Traditionen aber sind dem napolitanischen Volke von

heute nicht verloren gegangen, es bewahrt sie wie ein heiliges Kleinod, als einen Familienschmuck, einen Rest aus jener Zeit, da ihm das ganze Leben ein Festtag, der ganze Tag ein Mittagessen, das ganze Land ein Schlaraffenland war, in welchem das Volk die Litteratur nach seiner Weise pflegte, d. h. es ließ sich in den Stunden der Verdauung etwas erzählen, vordeklamieren, vorsingen, und wie die Höfe sich ihre Narren, ihre Troubadours und — Dichter hielten, so hielt das Volk Neapel's sich seine Cantastorie, die im Wesentlichen sich nicht von den Herren Hofdichtern unterschieden, indem auch sie um Brot und „Ehren" sangen.

Das war im 16. Jahrhundert, Dichter und Künstler wurden von den neugebackenen fürstlichen Herren benutzt wie Laub und Blumen: ihre Kronen, ihren Thron zu schmücken und leider gab sich Jeder gar leicht zu dieser niedrigen Dekoration her. Dichter und Künstler, nachdem sie die starke Tugend der Väter verloren, suchten, um Brot und Ehren zu gewinnen, anstatt diese aus eigener Geisteskraft zu erringen, mit Eifer die Höfe, wo sie, wie Tosti sagt, auf einer Stufe mit den Falken und Windhunden, den Geist ihres Herrn zu erheitern hatten. Traurig schon war das Schicksal der Gelehrten an diesen Höfen, noch trauriger das der Dichter, die als Knechte den Launen des Herrn bloßgestellt, der Gefahr ausgesetzt waren, vom Gipfel der Gunst in den Abgrund der Verzweiflung gestürzt zu werden. Auch sie waren — Kitharöden in Lumpen.

Gehörten sie zu den Dutzendpoeten, so welkte ihr Namen schnell mit ihrem Leben dahin und Niemand erfuhr ihr Schicksal, ob es traurig, ob es glücklich. Wenn sie aber besondere Genies, wenn ihre Verse schön und rühmenswerth, leuchtete aus ihren Augen der Glanz einer nach hohen Idealen strebenden Seele, so begannen gar bald die Geschichten ihrer Schmerzen. Der gelbe Neid der anderen Höflinge suchte sie zu vernichten.

So ging es auch Ariost.

Sein Herr, Alfonso d'Este, der Bruder des Kardinals
Ippolito d'Este, dem Ariosto vorher „gedient," hat dem armen
Dichter nie eine Unterstützung angedeihen lassen, nie hat er
seine wirkliche Noth durch noble Gaben zu mildern gesucht.
Er, wie die Großen seiner Zeit, verstand sein Gedicht kaum;
aber das Volk verstand es, das Volk machte sein berühmtes
Epos sich ganz zu eigen, es schwärmte für seinen Canta=
rolando.

Wie? Das beweist am besten folgende kleine Anekdote:

Im Jahre 1522 schickte Alfonso den Dichter nach Gar=
fagnano, einem Ort im Gebirge, wild, einsam, verlassen, mit
der Mission, als Kommissar den durch allerlei Raubgesindel
daselbst erzeugten Unordnungen ein Ende zu machen. Eine ge=
fährliche Mission! Wirklich wurde Ariost auf seiner Hinreise
von den Briganten gefangen und seiner wenigen Habselig=
keiten beraubt. Kaum aber erfuhren diese Gesetzlosen, wen sie
hielten, daß es der Dichter des beim Volke und auch bei ihnen
wohlbekannten und geschätzten Rolando sei, so erwiesen sie
ihm königliche Ehren, baten ihn um Verzeihung wegen ihrer
That, erstatteten ihm das Seine, wollten ihm womöglich noch
von dem Ihrigen dazuthun, entließen ihn und geleiteten ihn
wie einen Fürsten den besten Pfad.

Dies rechnete Ariost für die höchste ihm im Leben wider=
fahrene Ehre und mit Recht durfte er stolz darauf sein.

Ebenso stolz aber würde er sein, wenn er sähe, wie sein
Andenken noch heute unter dem gemeinen Volke des Südens
weiterlebt. Wie könnte das aber auch anders sein. Ariost hat
seinen Roland dem napolitanischen Volk geradezu auf den
Leib geschrieben. Schon die Lust zu fabulieren und am Fabu=
lieren ist bei diesem Volke groß. Geht es aber in diesen
„Favole" so recht drunter und drüber, so recht bunt zu,
werden die wilden Phantastereien den glühenden Lichtern und
glühenden Tinten des südlichen Himmels angepaßt — um so
besser. Das eben ist in Meister Lodovico's rasendem Roland

der Fall: der ist rechte Nahrung für wolfshungerige Phan=
tasie. Den Roland will das Volk hören, den Roland! Dieser
abenteuernde, prunkende, leidenschaftliche Ritter ist aus seinem
Blut geboren, ist ein Verwandter des ganzen Volkes. So
liebt der Napolitaner, so haßt er, so rast er in Liebestollheit,
so schlägt er darein, so prunkt, prahlt und — schwindelt er,
so unbekümmert geht er planlos der Zukunft entgegen.

Welch phantastische Welt, die uns in dieser Dichtung um=
giebt! Erfüllt von unbezwinglicher Heldensucht, diktieren jene
Ritter, selbst frei wie die Falken, dieser Welt ihre Gesetze. Für
sie giebt es keine Grenzen, kein Ziel. Wie Eichendorff's
liebenswürdiger „Taugenichts" ziehen diese adeligen kosmo=
politischen Taugenichtse zu Fuß und zu Roß im glänzenden
Waffenschmucke auf Abenteuer aus, so Christen wie Heiden;
hier von Liebe getrieben, dort vom Haß. Dieser einen Schatz
zu heben, Jener wegen einer Waffe, eines Pferdes wegen:
hier wie zum Vergnügen, wie in einem wilden Traume oder
in schlechter Laune, Leute tobtschlagend, dort schöne Jung=
frauen durch Minnegesang gewinnend.

Die poetischen Typen des Ariost'schen Kriegers sind zu=
meist leichtsinnige, vagabondierende, hier gentile, dort ziemlich
grobe Kosmopolitiker, bewegt von Lust am Abenteuer. Sie
stehen außerhalb des Gesetzes, oder besser über ihm, sollen für
Ehre und Religion kämpfen, vergessen diese Aufgabe gar zu
oft, wo sie mit ihrem gehätschelten Ich beschäftigt sind. Ohne
Ziel, ohne Zweck, fast wie lose Blumen auf einem bewegten
Wasser, tänzeln oder springen und reiten sie auf den wohl=
gesattelten goldbeschlagenen Rossen, Rhythmen und Reimen
dahin, finden und fliehen sich, scherzen und klagen, aber nichts
im Ernste, alle durchdrungen von dem Humor eines mit den
besten Gaben der Ceres und des Bacchus gefüllten Magens.

So konnte der Roland nirgends als in Neapel auf einen
fruchtbaren Boden fallen und Urgroßväter, Großväter und
Väter heimsten die Ernte ein, und heute kultivieren spätge=

borene Kinder dasselbe Feld mit derselben Freude, wie es in
Zukunftsjahren die Enkel dieser kultivieren werden. Ariost
modert nicht in irgend einer dumpfigen Bibliothek, er ist nicht,
wie Dante, vornehmes Eigenthum einer exklusiven Klasse, er
lebt, lebt in und mit einem nach Millionen zählenden Volke,
wird verstanden ohne Glossar und Kommentar, und geliebt,
so daß auch der Ärmste seinen Manen noch immer gern seinen
letzten Soldo=Obolus opfert.

Diese Ärmsten, ein Parterre von Königen in Lumpen,
sind meist bettelarm, ihr Eigenthum ist oft nur ein Korb, in
dem sie wie einst Diogenes in seiner noch immer anständigen
Tonne philosophischer Ruhe pflegen, aber sie sind unabhängig,
ohne anarchistisch angehaucht zu sein, und es trifft bei Vielen
zu, was der Dichter von ihnen sagt:

> „Sieh, in Lumpen und Schmutz gewahrst Du griechische Bildung,
> Geistreich lächelt der Kopf unter der Mütze Dich an."

Schon manchen Dichter zog das Schauspiel eines Can=
tastorie mit seinem Publikum gar mächtig an und mit Neid
betrachtete er die nachweltliche Verehrung des seligen Ariost's.
Waiblinger schreibt:

> „Müßig gesell' ich mich gern zu dem Schwarm, der sich auf dem Molo
> Täglich versammelt und dort, Roland, Dein Heldengedicht
> Gierig vernimmt und die Lumpengestalt angafft mit Entzücken,
> Die mit Begeisterung Dich, schwärmender Dichter, erklärt.
> Alles lauscht, es naht aus dem Schiff der ermüdete Seemann,
> Halbnackt setzt man im Kreis sich um den Leser herum.
> Nieder zur Erde stellt der Lazzarone die Körbe,
> Wasser bringt auch das Weib, Traub' und Citrone herbei.
> So vernimmt man die Thaten des Helden, die Wunder der Dichtung,
> Und des Himmels Azur lächelt auf Alle herab.
> Meer und Stadt und den schönen Vesuv, und den Golf und die Insel
> Immer vor Augen, verweilt gerne der Dichter sich hier.
> Und der Vorzeit gedenkt er, da unter glücklichem Himmel
> Einst vom Achill und Uliß Griechen der Sänger erzählt."

Und da fängt der Erzähler sein Lied an:

> „Le donne, i cavalier, l'arme, gli amori,
> Le cortesie, l'audaci imprese io canto . . .“

Der Erzähler! Eine „Lumpengestalt“, wie ihn der Dichter genannt, und an der ist nicht viel zu sehen. Diese Roland=sänger sind fast immer reife Männer in den Fünfzigern, die an Kleid und Gesicht nichts Auffälliges haben. Das Gesicht ist derb, von der Sonne gebräunt, hat trotz ausgesprochener Pfiffigkeit einen gutmüthigen Zug, vermag aber außerdem sich in allen möglichen Falten, je nach der Stimmung des Gedichtes zu legen. Der Rolandsänger hat nie einen Schnurr=bart, sorgfältig ist auch das Kinn herausrasiert, der übrige Bart umgiebt Wange und Kehle in Form einer Krause. Eine abgegriffene Mütze oder ein verbogener Strohhut deckt die nie gekämmten Haare, ein abgeschabter Rock, das der Wäsche sehr bedürftige Hemd, diesem Hemd und diesem Rocke ent=spricht die oft geflickte Hose: der Rolandsänger ist arm, wie es der Rolanddichter war. Aber die Armuth drückt ihn nicht und er vergißt sie ganz und gar, wenn er vor seinem Publi=kum, inmitten des Bank=Carrés steht und seinen Stab wie einen Scepter erhebt, Stillschweigen und Achtung gebietend. Was bei Äneas geschah, da er, von Dido ermuntert, vortrat, seine Abenteuer zu erzählen, es geschieht auch hier:

> „Alle verstummen, erwartungsvoll hinrichtend ihr Antlitz.“

Tief erregt sitzen sie da, öfter und öfter verlöschen die kurzen Schilfpfeifen, die Cigarren, sie müssen jedesmal in den Pausen des Liedes angezündet werden, während der Erzähler diese Pausen benutzt, um die in gehobenem Italienisch vor=getragenen Stanzen mit prahlerischem Wortschwall zu erläutern, in welchem er sein Licht der Gelehrsamkeit leuchten läßt, wo=bei er zu dem Volke herabsteigend, sich des ausdrucksvollen Dialektes bedient. Da kann es ihm denn wie einem Univer=

sitätsprofessor passieren, daß er von seinem Auditorium aus korrigiert wird.

Er erläutert den Kampf zwischen sieben christlichen Rittern, geführt von Rolando, und sieben Ungläubigen. Die Ungläubigen sind alle beritten, von den christlichen fünf zu Fuß. Die Christen verlangen Gleichheit im Kampf, so müssen fünf der Ungläubigen absteigen. Der Cantastorie nennt die Namen derjenigen, welche zu Fuß, und derer, welche zu Pferd kämpfen.

„He! Samuel ist zu Pferd und nicht zu Fuß!" schreit ihm ein Bursche zu, und der ertappte Cantastorie bestätigt die Berechtigung der Korrektur aus seinem Manuskript.

Aber auch an derben Späßen fehlt es nicht, das beweist das olympische Gelächter, und manches kräftige Wörtlein fällt von Seiten der Zuhörer, die erst durch den erhobenen Stab des Meisters wieder zur Sammlung kommen. Dieser Stab vertritt hier das Schwert des Helden, dort das Scepter der Könige, manchmal den Zauberstab, den Wegweiser, Zeichenstift und Pinsel des Malers, dann den Prügel des Büttels, einen ungebührlichen Buben zurechtzuklopfen. Das Manuskript — wie gesagt, nur von Stümpern wird eine Buchausgabe benutzt — ist wie Gretchen's Gebetbuch sehr „abgegriffen", und, da es vom Vater auf den Sohn forterbte, von jener historischen Farbe angebräunt, die wir an Faust's Büchersammlung oberhalb der schmauchenden Lampe bewundern können. Wie oft mag der Kitharöde darauf gefrühstückt haben! Auf allen Seiten, wenn man sie gegen die Sonne sieht, leuchten wie romantische Monde große Fettringe und Flecke. Dann ist der Ariost'sche Text auch sonst noch durch geschickte Hand hier und da ausgeschmückt, „verbessert" und volksthümlicher gemacht worden: denn Stellen, wie die folgende, so drastisch wie sie, würden wir im Original von 1516 vergebens suchen:

> Dann giebt Orlando sich ans Säbelschwingen,
> Dem Saracenen seinen Kopf zu spalten;

Man sieht sein Schwert durch Haupt und Körper bringen,
Der fällt zertheilt, doch ist's nicht aufzuhalten,
Das Pferd auch spaltet's ohne viel Beschwerde
Und bringt noch sieben Fuß tief in die Erde.

Das ist einem Anderen wieder viel zu wenig, der Hieb muß fester sitzen, statt der sieben Fuß oder „Palmen" müssen es zum wenigsten hundert sein, und so lautet die berühmte Stelle bei ihm:

Den Paladin Orlando sieht man hauen
Durch Kopf und Körper zu den Füßen nieder,
Wie's beim Melonenspalten ist zu schauen;
Man sieht, man fühlt, man zweifelt, man sieht wieder:
Doch mögt dem Zauberschwert ihr wohl vertrauen:
Es hält nicht an, es dringt noch tiefer nieder,
Es schneidet durch die Sporen, wie durch Halmen,
Und bringt noch in den Boden hundert Palmen.

Alles schweigt, schweigend bewundert man oder schaut sich mit zustimmendem Kopfnicken an; Zweifel kommen nicht auf, würden auch nicht geduldet werden. Wehe dem, der dem gewaltigen Roland mit einem Zweifel zu nahe träte, die Verehrer Roland's nennen nicht umsonst sich die „Appassionati": die Leidenschaftlichen, die Begeisterten, oder „Patiti", was sich am besten mit „Rolandsnarren" (aber nur unter uns) übersetzen ließe. Es wird erzählt, daß einst über einen Zweifler, der im trunkenen Zustande sich öffentlich erkühnt hatte, die Thaten Roland's herabzusetzen, ihn mit Citationen aus dem Gedichte selbst für einen rechten Schelm zu erklären, von einer Versammlung solcher „Patiti" nach kurzer Rathssitzung das Todesurtheil verhängt wurde. Das mag uns mit der Milch der frommen Denkart aufgezogenen Nordlandsmenschen unglaublich scheinen, und doch geschah Ähnliches schon wegen geringerer Dinge. Und dann muß man die entfesselten Leidenschaften unter den Erzählern selbst gesehen haben, um Alles zu glauben. Der schwingt sich auf seinem Sitze hin und her,

Jener krampft die Hände zusammen und stützt sie vor sich
hin, ein Anderer knirscht mit den Zähnen, ein Vierter springt
begeistert vom Sitze empor: Alle geben sie Zeichen höchster
Erregung, und nur wenn der Strom der Erzählung ruhiger
oder zwischen liebesblumigen Ufern dahinfließt, hat man Zeit,
nach dem beliebten „spassatiempo" (Zeitvertreib) zu verlangen,
nach den rund um die „Bühne" her zum Verkauf ausge-
botenen gesalzenen Lupinenkernen, gerösteten Erbsen- und Me-
lonen- oder Kürbissamen. Die Schalen dieser zeigen dann
noch nach Stunden an, daß hier ein Cantastorie sein Wesen
getrieben.

Der sitzt indessen in irgend einer Cantina oder Taverna
am Meer und verzehrt, was er „am Tag mit der Leier verdient": die in Soldo- und Zwei-Centesimi-Stücke umgesetzte
Volksbewunderung. Hat er nämlich sein Publikum auf den
höchsten Punkt gebracht, glaubt er die Herzen erweicht, so
bricht er an der spannendsten Stelle ab und improvisiert
jetzt, den Blick auf die Taschen gerichtet, mit menschlicher
Stimme:

> Gefall' es einem Jeden jetzt, zu öffnen
> Ten Beutel mir, des Lohns bin ich gewärtig,
> Denn schon ward mit Gesange acht ich fertig.

Hat er empfangen (er nimmt die Gaben entgegen, wie
andere Poeten den Lorbeer), so überläßt er sein Publikum
dessen eigenen Betrachtungen und diese werden denn auch in
ernsthafter Weise angestellt. Jeder bewegt das Gehörte im
Herzen und oft läßt es ihn nicht zur Ruhe kommen.

Davon, und bis zu welchem Grade die Theilnahme jener
„Patiti" sich steigern kann, zum Schlusse noch ein Beispiel.
Ich erzähle es im Auszuge und in gedrängter Kürze dem
feinen Beobachter napolitanischen Lebens, einem Kinde des
Landes, De Giacomo, nach, und bin gewiß, daß es für Jeder-
mann von hohem Interesse ist, das Volk dieser Stadt, das sich

„Kinder Masaniello's" nennt, auch einmal in seinen ästheti=
schen Anschauungen kennen zu lernen.

Es handelt sich um eine Vorlesung bei Tore (Salvatore),
dem berühmtesten Kitharöden des alten Molo, und um einen
„Rolandsnarren", der noch immer die Vorlesung gerade dieses
Gesanges versäumt hatte. Schon die einleitenden Worte des
Vorlesers verkünden nichts Gutes. Er hat begonnen:

> Fortuna, eine Göttin ohne Sinn,
> Sieht jeden Tag Thorheiten man begehen;
> Den hier erhebt sie, Jenen stürzt sie hin —
> Stets wird den Schlecht'sten man begünstigt sehen.

Und siehe! Roland ist in schlechtes Fahrwasser gerathen.
Eine Saracenenbande lauert ihm in einem Walde auf. Die
Lage ist bös. Die Zuhörer wagen kaum zu athmen: voller
Angst sperren sie den Mund auf. Wird jetzt von Vorüber=
gehenden eine Stimme zu laut, so zischt Alles, ein vorüber=
rollender Wagen wird mit Verwünschungen begleitet. Roland,
der geschworen hat, die Geliebte zu befreien, betritt traurig
und in sich versunken den Wald .... es ist Nacht ... eine
Nacht ohne Mond und ohne Sterne. Zwanzig Saracenen
stürzen aus dem Hinterhalt, werfen sich auf ihn.

> „O Saracenenhunde, o Verräther!"
> Schreit Roland einen mächt'gen Stein ergreifend ...

aber — er tödtet nur Einen, die Anderen umfassen ihn von
hinten, werfen ihn zu Boden, treten ihn mit Füßen und nehmen
ihm das Schwert ...

> Sie binden ihm mit Seilen Arm und Bein,
> Rolando, weh! gefangen mußt Du sein! ...

Tiefes Schweigen folgt. Der Cantastorie senkt den Stab,
legt ein Zeichen in sein Heft und schließt es. Die erste Vor=
lesung ist zu Ende. Das Auditorium ist durch die Niederlage

ihres Helden arg betroffen. Wie, Roland besiegt? Roland
gefangen? Roland? Das war ein Unglück, an das man nicht
glauben mochte.

„Das hätt' ich mir nimmermehr erwartet", murmelt ein
Alter. Andere schauen zur Erde.

„Ja, aber durch Verrath haben sie ihn gekriegt", sagt
endlich Einer, wie um sich zu trösten.

Don Peppe, ein guter Kleinbürger, aber einer der ausge-
sprochensten „Patiti", ist ganz niedergeschmettert. Er bleibt
sitzen, die Hände über die Kniee gebreitet, den Mund halboffen,
ins Leere starrend, schweigend. Er wartet. Es scheint ihm,
es müsse noch etwas gesagt werden, auf diese Weise kann es
unmöglich aufhören. In diesem Zweifel überraschen ihn die
Bänke, die sich zu leeren beginnen . . . . Er hebt den Kopf:
die Letzten gehen eben langsam fort; in ihren Gesichtern, in
ihren Bewegungen verrathen sie die Unzufriedenheit, das große
Leid, das sie betroffen. Die Trauer über die Niederlage ist
allgemein.

Don Peppe war allein noch übrig. Ihm gegenüber hatte
ein Alter, auf seinen Stock gestützt, mit Mühe sich erhoben:
der wäre beinahe auf einer Melonenschale ausgeglitten und
riß eine Bank um. Ein neues Unglückszeichen das! Nun stand
auch Peppe auf, die Seele voll Gram. Er stieg auf das
Trottoir und suchte den Cantastorie. Dort stand er, als ob
nichts geschehen, bei einem Apfelverkäufer, der ihm für einen
Soldo abwog. Sie zankten sich wegen eines Apfels, den der
Händler nicht auch auf die Wage geben wollte. Don Peppe
näherte sich und zupfte Tore am Rockärmel.

„Was giebt's, Don Peppe?" sagte er, indem er sich den
Schweiß mit dem Taschentuche abwischte.

„Wird's heute eine zweite Vorlesung geben?" fragte Don
Peppe sehr ernst.

„Ja, in einer halben Stunde . . . . Läßt Du ihn liegen?

Ei, verdammt!" schrie er dazwischen den Händler an, der ihm den Apfel noch immer streitig machte.

„Und .... wird Er aus der Gefangenschaft loskom=men?" wagte Peppe schüchtern weiter zu fragen.

Tore achtete nicht auf ihn, er hatte sich gebückt, seine Äpfel einzustecken.

„Was?" fragte er endlich, der Frage sich erinnernd.

„Wird Er loskommen?"

„Wer denn?"

„Roland."

„Was weiß ich", antwortete Tore kurzangebunden, einen Apfel am Rockärmel abwischend, „kann sein."

Er drehte ihm den Rücken und rief seinem Jungen.

Verwirrt und gekränkt schaute ihm Don Peppe nach, als er sich entfernte. Er ging ihm nicht nach, denn er schämte sich halb, dennoch stand er wie auf Kohlen. Er fragte einen Herrn, wie spät es sei. Es fehlten wenig Minuten an Drei.

„Gehen wir nach Hause", dachte er, „morgen werd' ich ja erfahren, wie die Sache gegangen."

In kleinen Schritten ging er davon. Ein starker Wind vom Meer her hatte sich erhoben, der trieb ihm den Kohlen=staub von der nahen Verladungsbrücke in Auge und Nase; er mußte stehen bleiben, sie zu reiben. Da nahm der Wind ihm die Mütze ....

„Zum Teufel auch", knurrte er, denn nun verlor er die Geduld.

Mit zusammengepreßten Lippen sah er der Mütze nach, die auf dem Pflaster dahinrollte, um erst unter dem Rade eines Karrens liegen zu bleiben. Ohne Hast näherte er sich ihr, dann, als er sie erreicht, gab er ihr in Begleitung eines Fluches einen heftigen Fußtritt. So viele Widerwärtigkeiten hinter einander versetzten ihn in die übelste Laune. Und nun kam auch die Erinnerung an das Unglück Roland's wieder, hart=näckig, eindringlich, schwarz. Er begann zu grübeln: als Sieger

würde er in der Phantasie, in dem Herzen seiner Zuhörer
immer das Urbild eines übernatürlichen, erhabenen, wunder=
baren Wesens geblieben sein — besiegt, hm! würde er ein Mensch
wie alle andern auch, gemein, niedrig, die Überlegenheit schwand
dahin. Ei zum Teufel auch!

„Und wie wird er die Jungfrau befreien können", fragte
Don Peppe, indem er dahinschritt, die Hände auf dem Rücken,
den Kopf gesenkt. „Wenn er wenigstens ausrisse. Aber er
wird nicht loskommen. Sie würden ihn tödten! He! wird
er stillhalten? Mit Stricken haben sie ihn gebunden! Gebun=
den? Was will das sagen? Er zerreißt sie doch. Aber recht
ist ihm geschehen, er hat's so gewollt. Was für ein Unsinn
ist das, so allein und noch dazu zur Nacht in einen Wald sich
zu wagen. Ei verdammt! Diese Saracenen, diese Eisenfresser!
Wie werden sie sich jetzt freuen, die — die . . . Den Roland
habt Ihr gefangen, habt ihn eingekerkert? Ja, schön guten
Morgen, durch Verrath habt Ihr ihn bekommen, sonst hätte
er Euch wie eine Pille verschluckt: Pfui Teufel! . . . ."

Er spuckte heftig aus.

„Was für ein Esel", murmelte er, den Respekt ver=
gessend.

In ganz ungewöhnlicher Erregung kommt er nach Haus,
als es eben Drei schlägt. Frau und Tochter haben ihn er=
wartet. Zu Hause ist eine Festtafel gedeckt, es ist der Namens=
tag der Tochter. Er geht in die Kammer, zieht die Jacke
aus, seine Alte reicht ihm ein frisches Hemd und fragt ihn
besorgt:

„Was hat's denn gegeben, Pè? Fühlst Du Dich un=
wohl?"

Er macht diese Voraussetzung sich zu Nutze und brummt:

„Ach, ich habe keinen Appetit, mein Magen verlangt gar
nichts . . . . Thue mir den Gefallen und warte noch eine
halbe Stunde, wenn Ihr nun einmal bis jetzt gewartet habt.

Ich will ein wenig schlafen, vielleicht kommt mir der Appetit im Schlaf."

Verwundert blieb sie vor ihm stehen, ihn mit prüfendem Blick von Kopf bis zu Füßen beschauend. Er wagte nicht, die Augen zu erheben, und wartete, daß sie ginge.

„Hast Du verstanden?" sagte er nach einer Pause — „es ist nichts. Sage Nannina, daß sie noch ein bischen Geduld habe."

Nunzia zuckte die Achseln und ging murmelnd hinaus. Das war ganz gewiß eine Jettatura: gestern drei Teller zerbrochen, die Katze verschwunden, heute zum Namenstag Nannina's ein neues Unglück. Nun gut, man wartet noch ein Weilchen.

Er war allein, im Halbdunkel, denn die Persianen vor dem Fenster waren herabgelassen. Er legte sich seufzend aufs Bett und versuchte die Augen zu schließen. Zwei, drei Minuten lag er so, mit ausgestreckten Armen, offenem Munde, vor Hitze schnaufend. Er gähnte — aber hartnäckig und eindringlich kam ihm die Erinnerung an Roland's Unglück zurück; so barbarischer Weise war er den Ungläubigen in die Hände gefallen. Er konnte diesen Gedanken nicht loswerden, immer mächtiger drang er auf ihn ein.

„Wird er frei kommen?" dachte er und setzte sich halb im Bette auf, die Hände über die Kniee gefaltet, große Schweißtropfen auf der Stirn.

Eine Stimme flüsterte ihm zu: er ist frei! Eine andere: noch nicht! Beide quälten ihn. Er wußte nicht, was thun. Endlich sprang er auf, er konnte nicht mehr; er zog die Schuhe, die Jacke an, setzte den Hut auf und schlich auf den Zehen hinaus. Er lauschte im Gange, und da er Niemand hörte, öffnete er die Hausthür und huschte hinaus wie ein Spitzbube und lief den Vico entlang. Die von der Sonnenhitze erfüllten Straßen waren fast leer, es war die Stunde der Siesta.

Tore, der Cantastorie, bewohnte ein uraltes Haus in der

Nähe des Fruchtmarktes. Alte wurmstichige Läden schlossen die Fenster, ein zerbrochener Blumentopf stand vor dem einen. Keuchend blieb Don Peppe vor dem Hause stehen, hob den Kopf und rief zwei-, dreimal: „Tore! Tore!"

Keine Antwort. Da nahm er einen Stein auf und machte einen Teufelslärm mit Klopfen. Das half. Das Fenster ging auf. Tore, im Hemde, steckte den Kopf heraus und fragte halb zornig mit rauher Stimme:

„Wer ist da?"

„Tore, ich bin's", antwortete der draußen in begütigendem Tone.

„Don Peppe? Ja, in drei Teufels Namen, was giebt's denn?"

„Sage mir, Tore ...."

„Ja, was denn nun schon wieder?"

„Sage mir, Tore, kam Er wieder los?"

„Wer denn?"

„Nun Rolando!"

„Ei, daß Dich und Deinen Rolando doch ....," hier folgte eine böse Verwünschung, und dann: „ja, ja, neunmillionenmal ja, er und sein Großvater und seine Großmutter und die ganze Familie sind losgekommen! Hast Du nun genug? Und nun geh' in die Hölle!"

„Grazie, Tore, mille Grazie!" rief Don Peppe seine Mütze schwenkend hinauf. Seine Seele war stille geworden, jetzt durfte er sich das Festessen gönnen.

Nun, das ist doch Passion, und der Name der „Appassionati" für Rolandverehrer ist gewiß kein leerer Name.

Noch zählt man in Neapel siebzig Prozent der Bewohner, die nicht lesen und schreiben können, das ist das Publikum der Cantastorie. Jedes Jahr tilgt die Volksschule ein Prozent, sind sie Alle dahin, so müssen auch die Kitharöden in Lumpen sterben. Das hat aber noch gute Weile.

Theatralische Volksbelustigungen in Süd-Italien.

In dichten Scharen drängt sich das Volk vor einem Hause zusammen, aus den Seitengassen läuft es herbei, man streckt den Hals und starrt zur Höhe . . . Was ist geschehen? Ein Mord? Ach ja, die Hitze der letzten Tage war auch zu groß, das Blut kocht. Also was? Ein Kanarienvogel ist seinem Bauer entflohen! Ein Kanarienvogel? Das ist ja interessanter als ein Mord. Wo ist er? Da — dort auf dem Balkon, wo die Rosen blühen, seht nur, eben hat er sich den Schnabel gewetzt. Jetzt flog er auf den gegenüber. Wird man ihn kriegen? Diese Frage ist gar zu wichtig, und die Antwort muß abge- wartet werden, wir haben Zeit. Ja, Alle haben sie Zeit: der Padulano hält seinen mit Grünwaren belasteten Esel an, der Carrettiere seinen Karren, die Limonenverkäuferin setzt ihren Korb ab, der ambulante Wasserverkäufer lehnt sich geduldig an die Wand, die Schulkinder vergessen die Schulzeit, aber auch Herren und Damen finden die Sache des Anschauens werth und bleiben gern stehen; Konjunkturen werden in Menge gemacht, — was ist Afrika, was die täglich sich wiederholende Ministerkrisis gegen ein solches Ereignis! Da — der Vogel fliegt über die Dächer davon — ah! Addio! Man athmet auf, und wie im Dornröschen, da die Entzauberung ge- schehen, nimmt Jeder seine Beschäftigung genau da wieder auf,

wo er sie gelassen, und kräftiger als vorher werden die hun=
dert Kleinwaren ausgerufen. Die Nachbarn vor den Thüren
aber, die Schuhmacher und die Schneiderinnen, noch lange
unterhalten sie sich über den „ucciello scappato".

Unter den Fenstern geht ein Händler mit Kirschen vor=
über. Mit mächtiger Stimme ruft er sein „So senza passagiere ste cerase, doje morza ll'una!!!" — 's sind ohne Passa=
giere diese Kirschen, zwei Bissen jede! — Das klingt wie die
Stimme des Rufers im Streit und hallt hinauf bis in das
fünfte, sechste Stock und bringt den Schönheitsnerv des Näh=
mädchens in Schwingung. Kirschen waren in dem heutigen
halben=Lire=Budget zwar nicht vorgesehen, aber der „schönen
Stimme" muß unbedingt etwas abgekauft werden, also:
„Bell' uomo, pst!" und das Körbchen tanzt am schwanken
Seilchen auf die Straße hinab und eine Unterhaltung ent=
spinnt sich. Auch die Magd im Herrschaftshause hat „la bella
voce" gehört, und bittend tritt sie zur Herrin: „Der Mann
mit der schönen Stimme ist unten, nehmen wir heute keine
Kirschen?"

Was das soll? Es soll zeigen, daß der Sinn für dra=
matische Handlung und Schönes in diesem kindlichen, wenn
auch durchaus nicht kindischen Volke Neapel's lebhafter ist als
in irgend einem anderen, daß ihm also seine Theater, theatra=
lischen Handlungen, Deklamationen und Verwandtes recht sehr
am Herzen liegen müssen, ein Bedürfnis sind. Wie die Ga=
lantuomini und die Frauen, „che vestano cappello", welche
Hüte tragen, das unbedingte Abzeichen des besseren Standes,
wie Signori und Signore dies Bedürfnis stillen, soll uns
heute nicht kümmern, es ist ja fast so wie in Paris, Wien
oder Berlin, nur ein bischen napolitanischer; uns sollen vor=
erst einmal die theatralischen Belustigungen des Volkes, das
sein Brot unter dem Arme heimträgt, beschäftigen. Wo stillt
dieses seine Schau= und Hörlust?

Zunächst einmal in den Kirchen. Kein Theater ist so

bunt, so prächtig beleuchtet, so weihrauchduftig, so wohlbesucht
und nutzenbringend, kein Schauspieler auch, und wäre es der,
welcher am Abend an der Marinella den „Orlando furioso"
darzustellen hat, besitzt ein so mächtiges, das Trommelfell des
Gewissens erschütterndes Organ wie der Pater Cölestin da;
die Sache kostet auch nichts, und Abends giebt es für die,
welche die Kontremarke des Glaubens nicht verloren, noch ein
Gratis-Feuerwerk auf dem Platze. In den Kirchen geht es
so ziemlich anständig zu, denn ein Standal, wie er vor ganz
Kurzem in dem nahen Sarno geschah, wo sie sich während
des Gottesdienstes eine bewegliche Marionette Christus, deren
Arme der Sakristan gar zu unanständig bewegt, einander an
die Köpfe warfen, so daß durch diesen „Stein des Anstoßes"
mehrere beträchtliche Verwundungen geschahen, ist glücklicherweise selten. Ein Standal an sich sind aber verschiedene gar
zu wunderliche Prozessionen zu Ehren der Heiligen, hier, in
der Basilikata, in Apulien, Calabrien und auf Sicilien, die
man noch zahlreich an Orten findet, wo kein Theater ist und
der großen Schaulust doch Genüge gethan werden muß. Hier
ist das Volk gleichzeitig Schauspieler und Publikum, und diese
Doppelrolle wird glücklich durchgeführt, glücklich, aber nach
unseren Begriffen skandalös. Oder ist es das nicht, wenn sie,
wie in Modica, dem antiken Motuca in der Provinz Siracusa, ihren Heiligen wie einen unglücklichen Pulcinella be-
handeln?

Da feiert man nämlich an einem Julisonntage das Fest
des S. Paolino di Nola. S. Paolino ist der Protektor der
Gemüsegärtner; zu dieser Ehre kam er dadurch, daß er, um
einen christlichen Sklaven aus den Händen der Ungläubigen
zu befreien, Gärtner für diesen ward. Welch schlechter Dank
wird ihm für seinen Schutz! Schon die Art seiner Aus-
schmückung ist arg barbarisch. Um den Hals trägt er eine Kette
von Gurken, auf dem Kopfe eine Kappe von Pomidoro, in die
Hände giebt man ihm großmächtige Rosenkränze von Pfeffer-

schoten, — so wird der heilige Harlekin von der Kirche aus nach den Gemüsefeldern getragen. Hier setzt man ihn in einem der Bewässerungsgräben nieder, zu beiden Seiten vertheilen sich seine Verehrer in zwei Heerlager und fangen an sich mit Steinen, mit Koth und Dünger zu bombardieren. In kurzer Zeit sind sie über und über mit Schmutz bedeckt, Gesicht und Kleider kaum mehr zu erkennen, am schlechtesten aber geht es dem armen Paolino, der die Rolle des Pulcinella getreulich übernommen, d. h. geprügelt zu werden, wo er keinen Streit begonnen; auch er ist durch dicken Schmutz unkenntlich geworden. Auf kurze Zeit ruht der Streit, aber nur, damit die Kämpfer sich durch tüchtige Libationen zu neuen Thaten stärken können, worauf die Kothschlacht an einem anderen Orte von Neuem beginnt. So geht's fort, bis Alle schwer berauscht sind, worauf sie heulend, pfeifend und tosend den auf hoher Bahre bedenklich schwankenden Heiligen, dem meist ein Bein, ein Arm, fast immer die Nase fehlt, der auch sonst arg verstümmelt ward, wieder nach seiner Kirche zurücktragen. Das ist Fest und Theater zugleich.

Ein Überrest der mittelalterlichen Mysterien ist die Feier des S. Josefstags in Scicli, Sicilien, zu welcher man einen armen Alten preßt. Gewaltsam wird er auf einen Esel gesetzt, wo man ihm eine große Puppe, den Bambino, in die Arme giebt, dann geht die wilde Jagd los. Straßauf, straßab, begleitet von allerlei Volk, jung und alt, zu Fuß und zu Esel, Alle mit Fackeln in den Händen, heulend, pfeifend, wird der unglückliche Josef durch den Ort getrieben. Alle Thüren öffnen sich, alle Fenster, Lichter erscheinen von allen Seiten, lautes Geschrei ertönt von unten, von oben, in allen Straßen brennen mächtig lohende Freudenfeuer, und mitten durch sie braust der bacchische Zug. Der Heilige schreit vor Angst, sein Kind hat er schon einigemal verloren, man drückt's ihm immer wieder in die Arme und weiter! weiter! An harten Püffen für ihn und seinen Esel fehlt es nicht, als einzige Entschädigung

dafür wird ihm der ewig donnernde Ruf: „Hoch der heilige
Josef! Es lebe der Bräutigam der Jungfrau Maria! Evviva
die Säule der heiligen Kirche!" Das Ende vom Liede ist, daß
nach seinem Marterritt der unglückliche Bräutigam auf ein
paar Tage das Bett hüten muß.

Ein anderer Überrest jener Mysterien waren die Bühnen,
die man in Chiaramonte am Schlusse eines Madonnenfestes
noch bis 1850 errichtete. Eine derselben stellte ein Prätorium
vor, wo der Prokonsul, umgeben von seinen Schreibern und
Trabanten zu Gericht saß. Erschien die Prozession vor dieser
Bühne, so drang ein Kriegsknecht in ihre Reihen und holte
sich den San Bartolommeo am Kragen heraus, knebelte ihn
und führte ihn vor den gar grimmig dreinschauenden Prokonsul.
Die Verhandlung begann und wurde geführt halb im Dialekt,
halb in schlechtem Italienisch, auch lateinische Brocken waren
dareingemischt. Wacker stand der Heilige Rede und verrichtete
dazwischen mancherlei Wunder: trieb den bösen Geist aus Be-
sessenen, heilte Krüppel und Lahme, ließ Blitze und Rosen vom
Himmel fallen u. a. Das machte auf den hartgesottenen Prokonsul aber nicht den geringsten Eindruck; er gerät schließlich
in Wut und läßt den Heiligen unter dem lauten Geheul des
Volkes in kunstgerechter Weise schinden. Weiterhin, auf einer
anderen Bühne, briet man San Lorenzo auf dem Roste; noch
weiter wurde San Vito in den Feuerofen geworfen, wurde
Petrus mit dem Kopfe nach unten gekreuzigt. Am wirksamsten
soll, wie Serafino Guastalla erzählt (Canti popolari del Cir-
condario di Modica), die Enthauptung des Täufers gewesen
sein. Seine Vorwürfe ob des bösen Lebens des Königs, die
Rache der beleidigten Herodias, die blutige Bitte der Tochter,
der Henker, die Enthauptung, das vor dem starrenden Volke
hocherhobene, in Wirklichkeit bluttriefende Haupt, das Blut,
das auf der Bühne in Kreuzesform zusammenfließen mußte:
Alles spielte sich auf das Allerlebhafteste vor den Augen des
Volkes ab und verfehlte nicht, gewaltigen Eindruck zu machen.

22*

Viele solcher mittelalterlichen Reminiszenzen finden sich noch im ganzen Süden. In dem bereits erwähnten Scicli geht eine Sage von einem hier stattgehabten großen Kampfe zwischen Christen und Türken. Jene, geführt vom Grafen Ruggiero, diese von Belcane, Emir des Tales von Noto. Belcane schlägt den Ruggiero, die Christen fliehen; aber im verhängnisvollen Augenblick erscheint ihnen die Madonna hoch zu Roß, eine christliche Minerva, und wendet die Flucht zum Sieg. Diese Geschichte wird zu einem Bühnenspiel, in welchem sich der Wortwechsel zwischen den zwei Führern, der endliche Streit, mit unzähligen Flintenschüssen, der Triumph der Madonna aufs Lebhafteste abgespielt werden. Seeleute übernehmen dabei die Rolle der Türken, Handwerker die der Christen. Im Triumph wird schließlich die Hohe Frau zu einem Schwebebaum geführt, von dem herab sie an Stricken hängende Englein begrüßen, während eins derselben am Fuße des Baumes ihr einen Lobgesang anstimmt und einen Blumenstrauß überreicht. Die Engel des Schwebebaumes sind jetzt Puppen, früher waren es wirkliche lebendige Kinder, die man zu diesem Zwecke und zu direkter Beförderung im Paradies dem Findelhaus entnommen hatte, denn sie überlebten die entsetzliche Wippung fast nie.

Auch in den Abruzzen, wo noch ganz sonderliche Bräuche herrschen, giebt es solche Bühnen. Man errichtet sie am Feste Corpusdomini, und da kann man sehen: das Opfer Abraham's, wo der Knabe Isaak nackt auf einem wohlgerüsteten Scheiterhaufen liegt, während der Alte mit einem mächtigen Fleischermesser in der Hand zum Stiche bereit steht: ein lebendes Bild des Todes, das nur durch den darüberschwebenden papiergeflügelten Engel der Beruhigung gemildert wird. Die Prozession naht, der Priester ertheilt den Segen, Abraham will durchaus opfern, aber zur rechten Zeit wird der Engel, der ihm in die Arme zu fallen hat, herabgelassen. Auf einer anderen Bühne feiert man die Hochzeit der Madonna. Ein Mann als Weib

gekleidet vertritt die Jungfrau, ein Alter mit einem Blumen=
stabe ist Josef, ein Priester, Simeon, segnet das sonderbare
Elternpaar des zukünftigen Bambino. Das Beste an der Sache
ist jedenfalls der zur Seite stehende wohlbereitete Tisch, und
kaum ist die Prozession vorüber, kaum hat Josef seiner Braut
den Ring an den Finger gesteckt, so stürzt er sich auch schon
auf die Salami= und Schinkenbrote, und auch die Neuver=
mählte vergißt ihre weibliche Sprödigkeit und stellt „ihren
Mann" beim Hochzeitsschmause.

Das Volk findet in diesen Dingen, die doch so urkomisch
sind, durchaus nichts Anstößiges, und wenn wir an dem Se=
polcro zu Pescocostanzo in der heiligen Woche beim Anblick
der in mittelalterliche Kürasse und Helme gekleideten, mit
Schwert und Lanze bewaffneten „Ebrei" uns des Lachens
nicht erwehren können, besonders wenn sie in dem Augenblicke,
wo das Sakrament der Gruft entnommen wird, auf ein ge=
gebenes Zeichen stehenden Fußes mit Gerassel auf den Boden
zu fallen und tobt liegen zu bleiben haben, wenn wir an solchen
Dingen nur die humoristische Seite heraussehen, so sind sie
diesem mit überreicher Phantasie begabten Volke nichts als
aus Legendenbüchern geschnittene alte Holzschnitte, figurierte
Dogmen, im vollen Sinne heilige Schauspiele.

Auf das Wo dieser Darstellungen kommt es dabei gar
nicht an: Straße, Kirche, Theater, Ballsaal, Alles eins; der
Geist weiht den Ort, und stelle ich die heiligen Personen noch
so lustig dar, von ihrer Würde kann ich ihnen ja doch nichts
nehmen, die steht unerschütterlich fest seit achtzehnhundert Jahren,
und zwei Stunden profansten Schauspiels können ihr davon
nicht ein Jota rauben.

Davon hatte ich vor Jahren noch Gelegenheit, mich zu
überzeugen. Damals existierte noch die kleine Volksbühne der
sogenannten Donna Peppa in der Nähe des napolitanischen
Molo, wo sich bekanntlich das geistige und leibliche Eden der
Plebs aufthut. Für zwei Soldi erhielt man in diesem Theater

einen Parterre-Sitzplatz der vordersten Reihen, weiter zurück
zahlte man nur einen. Ich habe das Theater der Donna
Peppa zweimal besucht: das erstemal lockte mich „Il Conte di
Monte Cristo" hinein, das auf zwei Abende, erster Abend „Il
prigione", zweiter „La vendetta", vertheilt ward, das andere=
mal wollte ich mir das „Mysterium" „La nascita del verbo
umanato" oder die Geburt Christi anschauen. Ich hatte ein
doppeltes Schauspiel: das auf der Bühne und das um mich
her, mein Mitpublikum. Das war „hembärmelige Hefe" der
letzten Klasse, zusammengesetzt aus sonnenverbrannten Strand=
lungerern, Muschelfischern, Cigarrenendchenhändlern, Straßen=
kehrern: mit ihren zweifelhaften Frauen und Töchtern, die
noch zweifelhaftere Kinder an den Brüsten hängen hatten,
waren sie gekommen und saßen hier, eine kompakte Masse von
Lumpen und Gestank bildend. Wie gut, daß man mit einer
Cigarre über die wüsten Anfechtungen der Nase hinauskommen
konnte. Aber so armselig, so verkommen, ja wild dieses Volk
aussah, Unanständiges oder Gemeinheiten, Zoten und Flege=
leien, oder Witze über das eingedrungene fremde Element
wurden nicht laut; man knabberte sein „Spassatiempo", seine
Kürbiskerne und Lupinen, die Weiber säugten ihre Kinder, und
dabei erging man sich in ruhiger Unterhaltung. Die Musik,
bestehend aus einem Kontrabaß an der linken Prosceniumsseite
und einer Trompete auf der rechten schien den Kampf zweier
feindlicher Dämonen darzustellen, die sich, so sehr sie über ein=
ander hinstürzten, nie einholen konnten; so kam es, daß die
Trompete, nachdem der Baß schon am Ziele angekommen war,
noch ein Weilchen bei eröffnetem Vorhange vor sich hinjubelte
und erst durch Pulcinella mit einem schlechten Witze zum
Schweigen gebracht wurde.

Ja, Pulcinella, in carne e in ossa, stand auf der Bühne,
auf der das „Verbo" geboren werden sollte: die Filzmütze
auf, die schwarze Halbmaske auf der Nase, in sein weißes
schlottriges Gewand gekleidet. Er war Padrone der Locanda

zu den drei Königen und schimpfte als solcher auf die schlechten
Zeiten, auf die stets sich steigernden Regierungs- und Muni-
cipalauflagen, auf den Mangel an Gästen, Alles natürlich im
dicksten Jargon des Quartiers Pendino. Zuletzt prügelt er die
Hirten und schickt sie zu ihren Schafen aufs Feld hinaus.
Nun tritt Josef mit Maria auf, Beide so müde, daß sie sich
nur mühselig noch fortschleppen können; Maria um so weniger,
als sie recht augenscheinlich dem Momente entgegengeht, wo
„die Zeit erfüllet" war und Christus nach dem Timotheusbriefe
„im Fleische sollte geoffenbaret werden". Diese „Erfüllung"
verbarg sie bei Leibe nicht, ihr Streben war ersichtlich, sie dem
andächtig schweigenden Publikum recht deutlich zur Anschauung
zu bringen. Dabei jammerte sie laut, weinte und klagte, und
ihre Leidensworte fanden ein Echo in den Herzen der Hörer:
mehrere Stimmen beklagten, andere trösteten sie, und so konnte
man vernehmen: „Povera Madonna! Poverella! Non chiagnere!
Weine nicht! Gott wird dich trösten! O du Freude der Menschen
du!" Über die ganz und gar unkirchliche Kleidung (es war
dieselbe, die sie als Gräfin Monte Cristo getragen): ein kurzer
geblümter Rock, eine grüne Schürze mit rothem Passepoil,
eine enge Kattunjacke mit gelbem Halstuch darüber, ein paar
gemachte Blumen im Haar, einen Soldo-Holzfächer in der
Hand, über die Kleidung wie über den „mezzo dialetto" kam
das Volk leicht hinaus, die in Wirklichkeit spannende Situation
war die Hauptsache. Das war sie auch für den jetzt plötzlich
wieder erscheinenden Herbergsvater, der, wie Thomas sich von
den Wunden Jesu, sich von der nahe bevorstehenden Heilung
des Menschengeschlechtes handgreiflich zu überzeugen hatte und
nicht verfehlte, die allerderbsten Witze über ein reichlich ge-
nossenes Quantum Maccheroni u. s. w. zu machen. Josef
aber belehrt ihn, belehrt ihn auch über seinen und seiner Gefährtin Hunger, und nun wird ihnen ein reichlicher Tisch im
Innern gedeckt, wobei ein Streit über die betreffenden Lieb-
lingsspeisen zwischen den Gatten entsteht. . . .

Die Scene verändert sich ein wenig, die Lampen werden eingedreht, es wird Nacht. Der feierlichste Moment naht: „Es waren Hirten auf dem Felde, die hüteten des Nachts ihre Herden!" Da liegen sie, ein Dutzend etwa, lang ausgestreckt, einer dicht neben dem anderen, denn die Bühne ist gar schmal; aber der Herden haben sie vergessen, in ihre Schaffelle eingehüllt, schlafen sie einen gesunden Schlaf, das beweist wenigstens das realistische Schnarchen, das zu unterbrechen unser Trompeter Anstalt trifft. Einen höchst interessanten Zug konnte ich jedoch noch beobachten. Einer der Hirten war ein Frauenzimmer, das Personal mußte jedenfalls zu Rathe gehalten werden, und dieses streckte, um etwas bequemer zu liegen, seine Hand über die Rampe ins „Orchester" hinein, so daß sie eine davorsitzende Frau fast berührte; an dieser Hand nun saß ein armer Glasring, und diesen Ring küßte die Frau unter zärtlichem Streicheln der mageren Hand dreimal ganz andächtig. Die saß doch gewiß mit ihrer Phantasie in der achtzehnhundert Jahr alten Erinnerung oder besser in dem Geschehenen selbst mitten drin und mußte auf diese Weise einen überschüssigen Theil ihrer Gefühle loswerden, „sfogare", wie man auf Italienisch sagt. Die Trompete also ertönte, der Engel der Verkündigung erscheint, die Hirten springen auf, reiben sich verschlafen die Augen, gähnen so natürlich, daß das ganze „Haus" mitgähnen muß, hören die Predigt des Engels, in Versen natürlich, an und gehen dann, „zu sehen die Geschichte, die da geschehen ist". Ein Vorhang hängt jetzt vor der Grotte, hinter diesem Vorhang hört man jämmerliches Ächzen und Stöhnen. Eine obstetrix oder jede andere sage-femme wußte jetzt, daß die arme Reisende da drinnen ein paar böse Augenblicke zu passieren hatte. Ein lauter Schrei zeigt endlich die Erlösung an, Baß und Trompete beginnen einen feurigen Hymnus, der Vorhang geht auf und — da sitzt die Heilige auf einem hohen Stuhle und hält triumphierend einen tüchtigen Jungen aus Cartapesta, Papiermaché, auf der grünen Schürze.

Die Hirten stürzen herein, Pulcinella, der Padrone, desgleichen, und das Publikum hält sich nun nicht länger, schon lange hatte es in all den dunkeln Augen gezuckt und geglänzt, nun bricht der Beifallsjubel los, und donnerndes Händeklatschen erschallt, vor dem die Madonna sich lächelnd neigt, Pulcinella die Filzmütze zieht, und die Hirten sich verlegen in den schwarzen Haaren kratzen. Ich übergehe das Weitere, die Anbetung der drei Könige, die Geschenke, zu denen der Herbergsvater ein Körbchen mit Pomidoro für die Mutter, ein Horn für den alten Josef und ein Stühlchen — nun, man weiß ja, daß manche so kleine Stühlchen mit Umgehung des Sitzcentrums geflochten sind, für das Kind. Schlechte Witze fehlten nicht, sie wurden kräftig belacht, aber der „hehren" Stimmung that das keinen Eintrag. Das Schauspiel endete mit dem Kampf des Bösen gegen das Gute, verkörpert durch Engel und Schlange, wobei es Gelegenheit zu einigen netten feuerwerklichen Sprüh-teufeleien im Munde der Schlange gab, die sie gegen den Engel, der ihr nach der ältesten Weissagung den Kopf zu zertreten hatte, spie. Das Publikum ging anständig aus einander, und ein paar Dutzend kleiner mit hierher geschleppter Weltbürger hatten mit der Muttermilch hier gleichzeitig das Dogma von der Menschwerdung Christi eingesaugt, — kein Wunder, daß es später zu Fleisch und Blut wird.

Diese heiligen Dramen sind alt, wenn auch nicht so alt wie in Deutschland und anderwärts. Von Sicilien berichtet Pitrè, daß ein gewisser Cherubino Selli um 1650 „Il nascimento del Bambino Gesù", Sebastiano Cumbo um 1661 das „Dramma pastorale sopra la nascita del Bambino Giesù" und den „Viaggio de' tre Re Maggi" schrieb. Vincenzo Pandolfo schrieb 1667 die „Sacra rappresentanza della natività di N. S. G. C." u. s. w., wie in Neapel bis Reggio hinab sind diese Sacre rappresentazioni (vid. Pitrè, Nuove effemeridi siciliani — Serie III^a V. III.) auch auf Sicilien noch beliebt. Pitrè erzählt, wie vor sechs oder sieben Jahren eine

Schauspielergesellschaft in Castelnuovo mit weltlichen Schau=
spielen Schiffbruch gelitten, auf den Rath eines Einwohners
endlich zögernd an die Aufführung eines alten „Mortorio“,
Leiden und Tod Christi, gegangen war und ungeheure Erfolge
damit erzielt hatte, denn auch von den entferntesten Ortschaften
strömte die Bevölkerung herbei, das beliebte Schauspiel zu
sehen. Die biblischen Heiligen sind die Haupthelden des Volkes,
in zweitem Range stehen Stücke wie die Storia dei Paladini,
der Guerino detto il Meschino, die Reali di Franzia und
Genoveffa. Ich erinnere mich noch eines Abends, wo mein
Diener aufgeregt, mit glänzenden Augen nach Hause kam: er
hatte die Genovefa gesehen; er erzählte mir lebhaft den ganzen
Vorgang, und beim Erzählen liefen ihm die hellen Thränen
über die Wangen, und er begann zu schluchzen. Wie beneidete
ich den dramatischen Dichter! Später kaufte ich ihm bei einem
Librajo ambulante das Büchlein „Genoveffa, Storia degli
antichi tempi. Recentemente esposta per le madri e pei
fanciulli dal Canonico Schmid“; Napoli 1873; nun wurde
Freude und Schmerz löffelweise jeden Abend eingenommen,
wohl zwei Monate lang, denn er mußte sich die Silben etwas
mühselig zusammenlesen. Ich freute mich, unseren Ostereier=
Schmid, der den deutschen Knaben einst erquickt, im italienischen
Gewande wieder zu begegnen.

Doch wie gesagt, das ist Alles nichts gegen die heiligen
Darstellungen. Die Kreuzabnahme — Deposizione della croce
— kann man noch überall im Süden sehen, ebenso die Cena,
das Abendmahl. Die Personen der Kreuzesabnahme sind ge=
wöhnlich: Maria, Magdalena, Johannes, die vier Juden,
Misandro, Nizech, der Centurio und Longinus, und zwei
Fromme, Josef und Nicodemus. Ähnlich ist die „Agonia“
und „Le tre ore di agonia“. Die „Cene“ sind Cene parlanti,
wobei gesprochen wird, und Cene mute. Sie werden am
Gründonnerstag aufgeführt, und Pitrè sagt, daß er sie in dem
Stadtviertel Borgo von Palermo aufführen und viel besucht

sah. Mit heiliger Inbrunst wohnte auch hier das niedrigste
Volk der Fischer und Schiffer dem Schauspiel bei und ver-
fehlte nicht, seinem Haß gegen Judas Ischarioth, der durch
Augenverdrehen, Zusammenpressen der Lippen, abgerissene
Worte den nachfolgenden Verrath durchblicken ließ, lebhaften
Ausdruck zu geben. Die „Cena" in der Engelskirche, gegenüber dem Monte di San Rosalia wird von den „Fratelli"
der Kongregation, Salzfleischhändlern und Fettkrämern, ohne
Frauen natürlich, Alle als Juden gekleidet, aufgeführt. Der
Abendmahlstisch ist gar fein und echt gedeckt, die Meininger
brauchten sich seiner nicht zu schämen. Da gab es schwere,
echt silberne Bestecke, feinste Porzellanteller, feinste Damast-
tücher, da lag das ungesäuerte Brot, Azymoth, und in Silber-
schalen Salat und Orangen. An diese Darstellung schließt
sich die „Richiesta" des Körpers Christi und der „Riscatto".
Aus ersterem citiert Pitrè einige Verse, die Pontius Pilatus
deklamiert, und die man nicht ohne Heiterkeit lesen kann.
Pontius ist verzweifelt, Unrecht gethan zu haben, er deliriert,
während der Centurio sich mit den Soldaten und dem gebundenen Christus nach Golgatha aufmacht:

> „Tiberius ruft mich nach Rom? Verbannt
> Wird Pontius also sein, und nach Vienna
> In Gallien hinten ruft ihn sein Geschick."

Worauf der Centurio:

> „Nicht weiter, Pontius, Du beginnst zu faseln,
> Was da Verbannung, Gallien und Vienna! —"

Eine schöne Sammlung von „Sacre Rappresentazioni"
giebt der treffliche Alessandro d'Ancona in drei Bänden, Fi-
renze, Successori Le Monnier 1872. Ein Lieblingsstoff des
Volkes scheint die bereits oben angedeutete Opferung des
Isaak gewesen zu sein. In einer der ältesten Ausgaben dieses
Dramas, das sich schon gegen Ende des fünfzehnten Jahr-

hunderts gedruckt findet, leitet ein Engel das Tagewerk ein,
indem er in sieben Stanzen die Exposition des Stückes giebt;
darauf weckt ein anderer Engel den Abraham, der mit seinem
Sohne Isaak auf einem Bette schlafend liegt, und thut ihm
den Willen Gottes kund. Abraham ruft darauf Isaak und
befiehlt ihm, Alles zu einem Opfer herzurichten, aber still, daß
Sarah nichts merke. Isaak kniet vor seinem Vater nieder,
dann ziehen sie mit Knechten, welche auf Eseln Brot und
Wasser für sechs Tage und ein großes Messer mitzunehmen
haben, hinaus zum Berge. Am Fuße des Berges wird ge=
frühstückt; Vater und Sohn steigen allein hinauf.

Inzwischen ist Sarah erwacht, weinend durchläuft sie das
Haus und fragt die Knechte, die sie zu trösten suchen, nach
ihren Lieben und weint.

> Wie kann ich, ach, der Thränen mich erwehren,
> Weiß nicht, ob Mann und Sohn mir wiederkehren.

Die Rührung wird jetzt allgemein; wir kehren auf den Berg
zurück, wo Abraham seinem Sohne weinend verkündet, was er
mit ihm vorhabe, und Isaak, ebenfalls weinend, sein junges
Leben und seine arme Mutter beklagt:

> Kannst Du befriedigen den Herren Dein,
> Laß mich nicht sterben, süßer Vater mein!

Da es aber sein muß, so giebt er sich ins Unvermeidliche, der
Vater küßt ihn auf den Mund, kleidet ihn aus und bindet ihn
rückwärts auf das Holz. Isaak bittet noch:

> Doch eh' ich diesen Leiden geh' entgegen,
> Bitt' ich Dich, Vater, noch um Deinen Segen.

Der erfleht diesen von Gott, faßt den Sohn bei den Haaren
und will zustoßen, da erscheint der Engel und erfaßt seinen
Arm. Abraham, für seinen Gehorsam von dem himmlischen

Boten gepriesen, bindet voller Freude das Kind los, das jetzt
auf dem Holzstoß knieend Gott mit lauter Stimme dankt,
darauf herabsteigt, sich ankleidet, wo ihm Abraham Hilfe leistet;
sofort wird auch im nahen Gebüsch ein schöner Widder ent=
deckt, der geopfert wird. Voller Jubel steigen sie den Berg
hinab, Isaak trägt das Messer und singt und jubelt, daß es
durch die Berge klingt:

> Wärst Du nicht, Gott, der Himmel wäre Hölle,
> Und was mit Dir nicht lebt, muß immer sterben.
> Du bist das höchste Gut, das wahre, größte,
> Und ohne Dich wär' Jammer auch das Beste.

Am Fuße des Berges kommen ihnen die Diener entgegen und
einer derselben spricht:

> Ihr kommt so wohl zurück, Ihr uns're Herren,
> Wie freut uns, Isaak, Dein schönes Singen.
> Noch gestern schienen Euer Beider Herzen
> Von Angst erfüllt, von Jammer und von Schmerzen;
> Mit That und Worten aber zeigt Ihr heute,
> Daß Euch beseele eine heil'ge Freude,
> Und ist's erlaubt, so bitt ich uns zu sagen,
> Was doch in Freud' verkehrte Euer Zagen.

Sie erfahren es und kehren dann mit den Herren nach Hause
zurück. Sarah empfängt sie weinend, küßt erst den Sohn,
dann den Gatten und fragt sie über den Grund ihrer langen
Abwesenheit. Abraham setzt sich, Sarah ihm zur Seite und
Isaak erzählt in fünf Stanzen, was geschehen. Die Mutter
sieht jetzt ein, daß sie Recht hatte mit ihrer Trauer, ist aber
jetzt zufrieden und ladet Alle zu Spiel und Tanz ein:

> Ein Wunder war's, aus dem Du mir geboren,
> Ein größ'res Wunder bringt Dich mir zurücke,
> Mit wie viel Schmerzen hätt' ich Dich verloren,
> So sei gelobt jetzt Gott ob meinem Glücke.

> Jetzt, da sich schloß des großen Schmerzes Pforte,
> Soll singen man und tanzen hier am Orte,
> Daß Jeder Gottes mit den Engeln denke,
> Der uns verhalf zum herrlichsten Geschenke!

Sarah und Alle im Hause, mit Ausnahme Abraham's und der
beiden Engel, des der Verkündigung und dessen, der ihm auf
dem Berge erschien, beginnen einen Tanz und singen ein Loblied, eine Lauda. Nach dem Tanze nimmt der Engel der Verkündigung noch einmal das Wort, indem er das Volk mit
reichen Ermahnungen entläßt, er schließt:

> Und ganz beseelt von Lieb' und heil'gem Glauben
> Geht jetzt nach Haus, so wie wir Euch erlauben! —

Es gelang mir, da ich in Altneapel eine Antiquarbude
durchstöberte, zwei dieser Dramen aufzufinden. Der Titel des
einen heißt: „Die Passion unseres Herrn Jesus Christus. Tragödie von Lorenzo Brunassi. In Neapel 1745. Bei Johann
von Simone. Mit Erlaubnis der Oberen." Das Personen-
verzeichnis weist auf: „Christus, Maria, welche nicht sprechen.
Chor der Engel. Johannes. Petrus. Judas Ischarioth und
andere Apostel, welche nicht sprechen. Nicodemus. Josef
von Arimathia. Maria, Frau des Kleophas. Maria Magdalena. Kaiphas, Hoherpriester. Hagag, Ozo, Priester. Pontius Pilatus. Centurio. Diener des Hauses Pilatus. Magd
des Kaiphas. Hausmeister der Familie des Hohenpriesters.
Eine Menge Priester, Älteste und Rabbiner. Die Musik der
Chöre ist von Herrn Jakob Sellitti, napolitanischem Kapell-
meister." Diese Passion ist in Prosa geschrieben. —

Der Titel der anderen lautet: „Die Darstellung der Lei-
densgeschichte unseres Herrn Jesus Christus. Durch Bemühungen
Morone's, Dia's und anderer Autoren. In diesem letzten Drucke
ist die Ordnung der Scenen in etwas verändert, wie man auch

die Länge gekürzt, um einige musikalische Kompositionen zu allen Erscheinungen der heiligen Mysterien hinzuzufügen. In Neapel 1771. Auf Kosten des Nunzio Rossi und bei demselben zu verkaufen in seinem Buchladen mit zwei Thüren, unter dem Palaste des Herrn Herzogs von Monteleone."

Die „Interlocutori" dieses Stückes sind: „Christus unser Herr, Jungfrau Maria seine Mutter, Maria Kleophas, welche nicht sprechen. Veronica. Engel I. und Engel II., die bei jeder Erscheinung des Mysteriums auftreten. Der Engel Tröster, Der weinende Engel. Die Barmherzigkeit. Petrus, Johannes. Judas, Apostel Christi. Markus, Schüler Christi. Andere Apostel, die nicht sprechen, beim Abendmahl und im Garten. Kaiphas, Pontifex von Judäa. Alexandros, Abiud, Priester. Ephraim, Nicodemus, Samuel, Eleazar, Josef von Arimathia, Misandros: im Rath auftretend. Pontius Pilatus, Präsident in Jerusalem. Nizech, vom Hause des Pontifex. Centurionen-Hauptmann, Magd und Page des Pilatus. Knecht Josef's. Longinus, Lanzknecht. Zeuge I, Zeuge II. Ein Soldat, der spricht. Trompeter. Ausrufer. Zwei Tyrannen. Erscheinungen, als Soldaten gekleidet. Zwei Soldaten mit Eisenstäben. — Erscheinungen, welche in dem Tagewerk vorkommen: I. Das Abendmahl des Herrn, mit Aposteln. II. Anbetung im Garten, mit Aposteln. III. Der Herr gebunden. IV. Die Geißelung an der Säule. V. Ecce Homo. VI. Zweites Ecce Homo. VII. Erscheinung des allerheiligsten Gekreuzigten. VIII. Zweite Erscheinung des Gekreuzigten, mit der Lanze verwundet. IX. Die Kreuzesabnahme (so sage ich für „Schiodazione", denn „Losnagelung" ist ein mit sich selbst im Widerspruch stehendes Wort). —

Wandlungen der Scene: Wald. Stadt. Prätorium. Zimmer des Kaiphas, des Pilatus, des Markus."

Das Verzeichnis schließt oder besser das Nachfolgende leitet ein eine feierliche Ansprache an den

„Freund Leser!

„Was immer Du in diesem Tagewerke als abweichend von katholischer Gesinnung siehst, sei Dir bedeutet als Personen in den Mund gelegt, die unserem Herrn Jesus feindlich gesinnt waren. Was diejenigen betrifft, die solche Personen schreiben und darstellen, so erklären sie, daß ihre Überzeugung von der christlichen Religion so fest ist, so beständig, daß sie dieselbe jederzeit mit ihrem Blute (das glauben wir ihnen aufs Wort!) besiegeln würden. Lebe wohl!"

Dies Stück ist in Versen geschrieben.

Eine Wohnung zu vermiethen.

Nein, länger geht's nicht! Unmöglich! Diese acht oder zehn Weihnachtsfeiertage da haben meinen armen, durch anhaltenden Scirocco schon genug zermarterten Nerven den Rest gegeben. Das Schießen Tag für Tag und Nacht für Nacht! Dazu die in grausen Dissonanzen arbeitenden Dudelsackbläser im Dienste des Gesù Bambino —— — drei verstimmte Klapperkasten im Hause, drei der Stimmung im höchsten Grad bedürftige gegenüber, inzwischen ein täglich sechs Stunden auf seiner Brotwinsel kratzender Schüler des Konservatoriums; ein Haus weiter die Bottega eines nicht einmal des Sonntags feiernden Kesselschmiedes; neben dieser eine Kapelle, deren im dreigestrichenen C gestimmte Glocke beständig Sturm auf die Gemüther der Gläubigen läutet —— — ein Hühnerstall mit einem halben Dutzend junger Hähne, die Stimmen wie Gift haben und sie unausgesetzt im Chor zum Preise vor zwei riesengroßen, ihrer Liebe unerreichbaren Cochinchina-Hennen erklingen lassen und die, aus Grund ihrer unglücklichen Liebe, meiner liebenswürdigen Nachbarin zu Weihnacht noch nicht fett genug waren, so daß sie erst die Ostertafel zieren sollen —— — dann zwei Papageien, die Töne von sich geben, als wenn ein Dutzend Schulkinder mit steil gehaltenem Griffel über ihre Schiefertafel hinkreischen —— — dann — ja, wenn

ich Alles aufzählen wollte, was mir diese Wohnung hier zur
Hölle gemacht, ich würde nicht enden können; aber nun bin
ich entschlossen: länger trag ich's nicht, also fort, fort in die
Einsamkeit, in die Stille, in die Wüste, zum Einsiedler auf
den Vesuv, nach Assab meinetwegen, aber nicht länger mehr in
diesem Hause und in der Qual gelebt!

Der napolitanische Himmel billigte meinen Entschluß, er
lächelte mir zu, und es kam wie Ruhe über mich. Die Ausführung des Fluchtplanes lag aber vorläufig noch in weiter
Ferne. In Neapel hat die Tücke der Menschen allmählich
das Gesetz herausgebildet, daß man die Wohnungen am
4. Januar kündigen muß, aber erst am 4. Mai umzieht. Man
miethet auf ein Jahr.

Am 3. Januar kam dann der Bote des Hauspatrons mit
unterwürfiger Verbeugung und redete:

„Tanti saluti vom Signor Tagliagola und ob Sie geneigt
wären, den Kontrakt für Ihre Miethe einer Erneuerung zu
unterziehen."

In diesem Augenblicke begann das höllische Orchester ein
Fortissimo und ich mußte meine Stimme zu bedrohlicher Höhe
schrauben.

„Sage Deinem Herrn die tiefgefühltesten Grüße und ich
hätte keinen Wunsch, als daß ihn und sein Haus die Erde so
bald wie möglich verschlingen möge. Verstanden?" Ich, der
so höfliche Mensch, wie anders war ich in diesen acht Monaten
geworden!

„Grazie, sarete servito. Die Madonna schütze bei dieser
Katastrophe nur Ew. Excellenz köstliches Leben!"

Natürlich sollte die Katastrophe erst am 4. Mai eintreten.

Der Mensch war fort, aber dieser kurze Besuch schon
hatte mich furchtbar aufgeregt, ich raste durch meine Zimmer
wie ein Tiger im Käfig. Dann aber segnete ich meinen
energischen Entschluß, und ruhiger geworden, verlor ich mich

bald in nirwanischen Träumen vollständiger Stille und sogar
mein Neid, mit dem ich die schweigenden Bewohner der Taub=
stummenanstalten bedacht hatte, fing an zu verfliegen.

Nun galt es, der nächsten Zeit mit Fassung in das Ge=
sicht zu sehen, ein böses Gesicht. ¬ Noch ganze vier Monate
der alten Qualen hatte ich auszuhalten, diesen aber gesellten
sich neue, noch schwerere. Mit der Kündigung des Kontraktes
am 4. Januar erscheint über der Hausthür die „Si loca", die
Miethsanzeige, und diese „Si loca" giebt jedem Vorübergehen=
den, Mann wie Weib, dem verlottertsten Hallunken, der ärgsten
Schelmin, Leuten, denen ich den Zutritt in mein Heiligthum
nun und nimmer gestatten würde, das unbestreitbare Recht,
in meine intimsten Gemächer ohne Umstände einzudringen, mit
prüfenden Augen viertel= und halbestundenlang bei mir sich
herumzutreiben, ein Examen mit mir anzustellen und, wenn
sie wollen, nächsten Tag und übernächsten wiederzukommen...

Diesem Schicksal war nicht zu entfliehen, also Geduld!
Ich blätterte in meinem Schopenhauer und fand in seinen
„Parerga und Paralipomena" manches für meine Stimmung
Brauchbare; ich nahm mir vor, mein Wesen in die goldenen
Fesseln der Liebenswürdigkeit zu legen; komme, was da wolle.

Und es kam. Nach drei Tagen kam es. Der Diener
hatte mir eben das Frühstück aufgetragen, rosige Schweins=
rippchen mit jungen Artischoken, meine Nase hatte just das
Vorspiel vollendet — da klingelt's. Der Diener öffnet —
ich lausche, vernehme ein Zwiegespräch . . . . Aha! Da ist
der Erste.

„Herr Advokat Pappalardo", meldete der Diener, „wünscht
die Wohnung zu sehen."

Ich schiebe das Frühstück zurück und ziehe das Register
der Geduld, aber etwas gepreßt kam es hervor:

„Es soll mir ein außerordentliches Vergnügen sein, den
Herrn Pappalardo zu empfangen.

Aber da stand er auch schon im Zimmer, und den Hut

auf dem Kopfe sprach er, mein noch dampfendes Frühstück mit
gabelspitzen Augen verschlingend:

„Sie verzeihen, wenn ich den Hut aufbehalte, aber die
vier Treppen haben mich warm gemacht; dürfte ich Sie bitten,
das Fenster zu schließen?“

„Bitte, genieren Sie sich gar nicht. Giovanni, schließe das
Fenster.“

„Aber ich störe Sie doch nicht? Ich sehe, daß Sie eben
beim Frühstücken waren.“

„Ganz und gar nicht. Darf ich Sie einladen, theilzu-
nehmen?“

„Zu höflich, aber ich esse um Drei und würde mir meinen
Appetit verderben. Sind Sie ein Freund von Schweinefleisch?
Ich für mein Theil ziehe ein Stück Rindfleisch vor und zwar
einfach auf dem Rost gebraten. Sind Sie zufrieden mit
Ihrem Wein? Ich habe dieses Jahr noch keinen guten auf-
treiben können; die Trauben sollen nirgends recht ausgereift sein.“

„Ja, es ist eine Kalamität, aber . . .“

„Wie theuer zahlen Sie das Barile? Auch die Weinpreise
sind so bedeutend höher geworden. Das danken wir der
jetzigen Regierung. Unter der früheren zahlte man den Liter
besten Weines mit drei Soldi, und heute . . .“

„Ja, man hat mir das erzählt. Auch die Häusermiether sind
entsetzlich hinaufgegangen. Ich zahle für diese Wohnung hier,
sechs Zimmer mit Zubehör . . . Sie wollen sie, wie ich ver-
muthe, miethen? Darf ich Ihnen die Räume zeigen?“

„O bitte, das hat keine Eile. Erlauben Sie, daß ich mich
ein wenig setze. Uff!“

Meine schönen Schweinsrippen und die goldenen Artischoken dampften nur noch ganz schwach. Ich kniff mich in
den Schenkel und sagte zu mir: „Geduld!“

Mein Advokat hatte das deutsch gesprochene Wort auf-
geschnappt und begann:

„Sie sind ein Fremder, nicht wahr? Ein Franzose, nicht wahr?"

„Nein."

„Ein Engländer?"

„Ich bitte, nein."

„Also sind Sie ein Schweizer?"

„Nein, ich bin ein Deutscher, ein Teutone, ein Germane, ein . . ."

„Ah, ein Deutscher. Aus Wien vielleicht?"

„Nein, Wien gehört zu Österreich. Und Sie sind Napolitaner?"

„Gott soll mich behüten. Meine Familie ist eingewandert."

„Aus Oberitalien? Aus Sicilien?"

„O nein, aus Portici, ich bin Porticese."

Portici ist eine halbe Stunde von Neapel gelegen; er sprach sein „Porticese" jedoch, als wenn er Portugiese gesagt hätte.

„Mein Vater war Hausbesitzer in Portici, verheirathete sich dort mit einer Tochter der Familie Mastrojanni und kam dann . . ."

„Sie sind also in Neapel geboren?"

„So halb und halb. Meine Mutter kam nach Neapel, als sie mich unterm Herzen trug. Ich bin das dritte Kind, die anderen . . ."

„Sie sind auch verheirathet? Haben Sie zahlreiche Familie? Wird Ihnen diese Wohnung hier genügen?"

„Verheirathet, mein Herr, verheirathet. Habe fünf Kinder am Leben; sieben sind (die Madonna schütze unser Leben!) bereits wieder im Paradiese; eins ist aber auf dem Wege. Außerdem leben mit mir mein Bruder, ein Priester des Herrn, die Mutter und die Schwester meiner Frau. Sie sehen, die Familie ist nicht klein: zehn Personen zu Tisch, zehn Personen! Und Sie? Sie sind allein?"

„Ihnen zu dienen, allein. Eine einzige Person zu Tisch."

Ein Blick auf meinen Teller belehrte mich, daß das Fett bereits geronnen war. Ich stand auf und sprach:

„Wollen Sie sich gefälligst überzeugen, daß Sie Ihre Familie hier nicht unterbringen können?"

„O, unsere Ansprüche sind bescheiden, geduldige Schafe gehen viele in einen Stall — mit pflichtschuldigem Respekt —, damit will ich Ihrer Wohnung nicht zu nahe treten. Was wir suchen, ist gute Luft und gutes Wasser. Haben Sie hier gutes Wasser?"

„Das läßt Manches zu wünschen übrig."

„Ist es Carmignano=Wasser oder das von Caserta?"

„Nein, es ist Cisternen=Regenwasser."

„Das bedauere ich, in meiner jetzigen Wohnung habe ich Casertawasser. Ich sage Ihnen, frisch, klar, genügend; jeden Morgen trinke ich ein großes Glas davon, das erhält die Ge=sundheit."

„Ja, Sie scheinen ein ganz gesunder Mann zu sein."

„So, so! Man sieht es nicht jedem Apfel an, wo ihn der Wurm sticht. Mit dem Magen will es nicht mehr so recht fort."

„Das ist leider auch mein Fall."

„So? Ach, da kann ich Ihnen ein treffliches Mittel empfehlen, das mir immer geholfen. Nehmen Sie die Monte=Santo=Pillen, Sie bekommen sie in der „Internationalen Apotheke", die Schachtel eine Lire. Leiden Sie an Appetit=losigkeit?"

„O nein, eher am Gegentheil. Der Arzt hat mir empfohlen, kräftig zu essen, und ich war eben daran, seiner Vorschrift nachzukommen."

„Sehen Sie, da habe ich Sie am Ende doch gestört. Er=lauben Sie mir, daß ich morgen zu gelegenerer Stunde wieder=komme."

Schon griff er nach Hut und Stock, voll Entsetzen warf ich mich dazwischen:

„Nein, bitte. Ich bin ganz zu Ihrer Verfügung. Fragen
Sie nur weiter."

„Ist Ihr Brunnen tief?"

„Das weiß ich nicht, da müßten Sie schon meinen Diener
fragen."

„Ach, wollen Sie die Güte haben, ihn herein zu rufen?"

Giovanni kam und das Examen über Wasser, Brunnen,
Länge des beim Ziehen verwendeten Seiles (33⅓ Meter)
dauerte wenigstens fünf Minuten, während welcher Zeit ich
meinem betrübten Magen einen Bissen Brot vorwarf. Dann
kam die Reihe wiederum an mich:

„Haben die Zimmer Sonnenlage?"

„Einige, ja."

„Liegen die Schlafzimmer gegen Morgen?"

„Nein, gegen Abend."

„Das ist bös! Gegen Abend? Da wird mein Bruder zunächst Einwendungen machen. Wir haben bis jetzt immer nach
Morgen geschlafen."

„Und ich in den Morgen."

„Ah sehr gut, der Herr sind ja recht witzig. Sehr gut.
Aber sagen Sie, ist der Gesellschaftssaal groß?"

„Bitte, überzeugen Sie sich selbst. Hier! Mir genügt er."

„O weh, das ist ja nur ein Käfig. Ich bitte Sie, be-
denken Sie doch: Zehn Personen wir, zu gewissen Zeiten zehn,
zwanzig zu Besuch! Ich bitte Sie, wo sollen wir unsere Möbel
unterbringen?"

„Dafür müßten Sie freilich den Architekten verantwort-
lich machen."

„Ja wohl! Wenn aber getanzt wird (man hat Pflichten
gegen seine Töchter), wie soll sich dann die Quadrille formieren?
Sie tanzen doch?"

„Nein."

„In meinem Hause wird fast alle vierzehn Tage getanzt."

„Das freut mich."

„Nun, als Zuschauer darf ich Sie doch wohl einmal bei
mir sehen? Der Fleck da an der Decke rührt vom Regenwasser
her. Ist die Wohnung nicht überdacht?"

„Nur in zwei Zimmern, der Rest ist freier Estrich."

„Das ist schlimm. Haben Sie nicht oft am Reißen ge=
litten?"

„Danke für Nachfrage, bis jetzt bin ich glücklich davon=
gekommen."

„Na, da nehmen Sie sich nur in Acht, wenn Sie noch
länger hier bleiben sollten."

„Aber Sie sind ja im Begriffe, das Haus zu miethen!"

„Denke gar nicht daran. Aber sagen Sie, giebt es hinter
dem letzten Schlafzimmer noch einen Alkoven zum Aufbewahren
der Kleider?"

„Einen winzig kleinen."

„Der unsrige ist sehr geräumig, die sämmtlichen Kleider
der Damen können darin untergebracht werden."

„Das freut mich."

„Und wenn ich zu Tische sitze, sehe ich ins Meer bis Ca=
pri hinüber, den Vesuv . . . ah, bei dem letzten Ausbruch 1872;
waren Sie 1872 schon in Neapel?"

„Ihnen zu dienen, ja!"

„Sie erinnern sich jenes entsetzlichen Freitags, wo . . . ."

„Und was sehen Sie noch von Ihrer Wohnung aus?"

„Die ganze Stadt vom Posilipo an bis nach Portici
hinüber."

„Da werden Sie Ihre Blicke hier etwas mäßigen müssen,
von diesem Fenster aus erblicken Sie nichts als die graue
Klostermauer, von jenem eine graue Häusermasse wie ein
Kehrrichthaufen, in dem als Besenstiel ein Kirchthurm steckt."

„Das thut mir sehr leid. Und ist die Küche hell?"

„An trüben Tagen müssen Sie von früh bis Abends Licht
brennen."

„Das thut mir sehr leid. Hat sie aber eine Maschine zum Backen?"

„So viel ich weiß, nein."

„Das thut mir sehr leid. Meine Lebensgefährtin besitzt neben anderen vortrefflichen Tugenden die, gar köstliche Kuchen backen zu können."

„Ich wünsche Ihnen Glück."

„Danke verbindlichst! O, sie ist das Muster einer Hausfrau! Sie sollten einmal ihren Lammsbraten versuchen . . ."

„Wäre mir sehr angenehm."

„Und ihre Vermicelli mit Pomidorosauce . . . ah!"

„Wollen Sie das Haus jetzt näher ansehen?"

„Sogleich. Lieben Sie Vermicelli mit Pomidorosauce?"

„Ich esse Alles, selbst meinen Großvater, wenn er weich gekocht ist."

Ich fühlte, daß der alte Ingrimm in mir aufstieg, die Nerven begannen zu zucken . . . ich stürzte ein Glas Wasser hinunter.

„Das ist ein Scherz", fuhr lächelnd mein Peiniger fort. „Aber ist es wahr, daß die Deutschen Talglichter essen?"

„Essen? Sie fressen sie, sie streichen sie auf Ziegelsteine, sie füllen Menschenhirn in Schafsbärme, in Ochsenbärme, in Schweinsbärme und trinken Blut aus Stiefeln dazu."

Ich hatte das im ärgsten Grimm herausgestoßen, ich war also nicht ruhiger geworden. Mein Advokat war erschrocken einen Schritt zurückgetreten und schielte mich mit verdächtigen Augen an. Er versuchte zu lächeln, ich legte mein Gesicht in die unheimlichsten Falten . . . es fehlten nur noch Sekunden und der Kerl flog die Treppe hinunter. Ich faßte mich, ich besiegte mich noch ein letztes Mal, ich lächelte. . . .

Mein Quälgeist faßte wieder Muth:

„Sie sind ein spaßiger Herr. Aber wissen Sie, was Sie thun sollten? Sie sollten sich verheirathen. Sie haben, wie es scheint, Ihr genügendes Auskommen; eine Tochter des

Landes, hm! das wäre das Gescheiteste. Wenn Sie eine
Perle fänden wie meine Lauretta eine ist, meine älteste Tochter,
ganz in der trefflichen Schule meiner biederen Gattin aufge=
wachsen."

„O, ich würde glücklich sein . . . ."

„Sie entschuldigen, ich kenne noch nicht einmal Ihren
ehrenwerthen Namen."

„Zwetzschke, Ihnen zu dienen."

„Bitte sehr, mich zu begünstigen. Aber wie sagten Sie?"

„Zwetzschke."

„Z . . . Zw . . . sch . . hm, ein schöner Name; in deutscher
Sprache, nicht wahr? O, die deutsche Sprache ist für unsere
arme Zunge recht schwer. Nun, Herr Z . . . . (es folgte ein
unverständliches Zischen), ich bin von Ihrer Liebenswürdigkeit
entzückt und ich werde mir ein besonderes Vergnügen daraus
machen, Ihnen morgen meine Familie vorzustellen. Ich darf
in Betreff der Wohnung keinen Beschluß fassen, meine Gat=
tin, die Schwiegermutter und der Bruder haben die entscheidende
Stimme, und bei dieser Gelegenheit lernen Sie auch meine
braven Töchter kennen. Lauretta ist sehr musikalisch, sie spielt
mit höchstem Gefühl ein paar Stücke aus Norma, der Tra=
viata und dem Barbier. Sind Sie musikalisch?"

„Ich hasse die Musik."

„Die deutsche, wollen Sie sagen, aber die italienische? Na,
das wird sich finden. Um welche Uhr können wir morgen das
Vergnügen haben, Sie zu besuchen?"

„Morgen? Leider bin ich morgen von früh bis Abends
spät in Geschäften abwesend."

„Ah, sind der Herr also ein Kaufmann? Und übermorgen?"

„Übermorgen verreise ich auf acht Tage nach Rom."

„Auf acht Tage? Am 14. würden Sie also wieder
hier sein."

„Es können auch zehn, zwölf, fünfzehn Tage daraus
werden."

„Thun Sie sich ja keinen Zwang an, ich bitte. Wir fragen später wieder nach.“

„Es soll mir eine große Freude sein.“ Dabei griff ich eilfertig nach meinem Hut.

„Ach, ich sehe, Sie wollen ausgehen.“

„Gewiß.“

„Und nach welcher Richtung?“

„Gegen das Museum.“

„Sie gehen zu Fuß?“

„Nein, ich werde einen Wagen nehmen. Ich habe große Eile.“

„Das trifft sich prächtig. Ich muß nach der Foria, wenn es Ihnen nicht unbequem ist, benutze ich die Gelegenheit, mit Ihnen zu kommen.“

„In aller Heiligen Namen, kommen Sie mit, aber ich bitte, nur rasch.“

Der Diener räumte eben mein unberührtes Frühstück ab. Wir setzten uns in Bewegung. An der Thür ein fünf Minuten währender Kampf der Höflichkeit wegen des Vortritts. Ich unterlag auch hier. Auf der Straße ein fünf Minuten dauerndes Gefecht wegen des Einsteigens in den Wagen — auch hier blieb er Sieger.

Als ich am Museum, bis zum Tode matt, den Fiaker verließ, mußte ich die ganze Familiengeschichte seines Hauses von A bis Z und beim Scheiden schnappte er bereits nach meiner Wange, sie zu küssen . . . .

Ich flüchtete mich wie ein Verbrecher in das nächste Wirthshaus, auf Umwegen, verstohlen, scheu, sonst wäre er mir auch hierhin nachgefolgt.

Fast vier Wochen vermochte ich der drohenden Invasion zu entgehen. Eines Tages, im Februar, hatte meine Wachsamkeit nachgelassen, und Punkt ein Uhr rückte die gesammte

Familie, es fehlte kein theures Haupt, die Frauen im höchsten
Putz, ins Quartier ... Ich schweige.

Dies ist ein photographisch treues Bild aus der napolitanischen Gesellschaft. Ich habe nichts hinzugethan, nichts weg-
gelassen (vielleicht aus Anstand, daß mir der Herr meine
ganze Stube vollspuckte), nichts verschönt, die Gelegenheit zu
humoristischen Bemerkungen absichtlich versäumt. So ist
dieses Stück ein Beitrag zur Charakteristik dieses Volkes.
Große Kinder! Nicht wahr?

Ein napolitanisches Bacchanal.

Der gelbe Sommer-Sonntag-Nachmittag ging zur Rüste.
Schräg schienen die letzten Strahlen der Sonne in die Straßen
unserer kleinen deutschen Stadt hinein und gingen gar ver-
schwenderisch mit ihrem bischen illusorischen Golde um, das
sie als Flitter den schwarzen Schornsteinen auf die Stirne
klebten, die aus Freude darob ersichtlich länger wurden.
Ihre Pracht bewunderten ganze Scharen berußter Sperlinge,
die schwatzend und flatternd um sie herumhüpften, bewunderte
selbst die alte Katze am Bodenfenster mit blöden blinzelnden
Augen.

Lange jedoch dauerte diese Herrlichkeit nicht. Die Sonne
war hinabgegangen, und die Schornsteine wurden, ihres Flitters
entkleidet, wieder, was sie waren: ganz gemeines schwarzes
Mauerwerk, die Sperlinge ließen in ihrer Bewunderung nach
und krochen unter die Dachrinne, nur ein ganz junger Enthu-
siast konnte sich nicht zufriedengeben, daß so schöne Illusionen
so rasch schwinden. Die Katze zog sich kopfschüttelnd zurück
und ging ihrer nächtlichen Praxis nach . . .

Stiller als die anderen Straßen, über deren plumpes
Pflaster noch manchmal ein Wagen oder ein heimkehrender
Spießbürger daherkam, lag die sogenannte „Gartenstraße".
Sie bildete die Grenze zwischen deutscher Kultur und germa-
nischer Natur, zwischen hartnäckigem Straßenpflaster und weich-
herzigen Feldwegen, und Gras und Unkraut der Felder und

Wiesen streckte seine grünen, neugierigen Finger bis zwischen
die Pflastersteine herein, die hier zum Glück weniger dicht stan=
den als im Innern der Stadt. Hier befand sich auch die letzte
Straßenlaterne, jenseits welcher die düstere Gelegenheit zu Hals=
und Beinbruch begann. Eben wurde sie angezündet, der Lampen=
wärter trabte davon und überließ die Einsame ihrem Schicksal.
Sie leuchtete aus Langeweile in einen Garten hinein, eine
grüne Rumpelkammer ohne Luft und Pflege, von einem lieder=
lichen Pflanzenpöbel erfüllt. An der Wand lehnte ein gebor=
stenes Faß, zwischen den Dauben desselben wuchsen, wie „neues
Leben aus den Ruinen", die Nesseln und der Löwenzahn her=
vor. Aus der blechernen, ganz und gar verrosteten Gießkanne,
die vielleicht nur hier stand, „weil sie der Vater brauchte",
rankte die goldene Kapuzinerkresse und war bis zum Garten=
zaun hinübergelaufen. Der Rest war hohes Gras und Unkraut,
eine Wüstenei, und nur da, wo ein großes Stück losgebröckelten
Kalkes oder ein vom Wind gelöster Dachziegel hingefallen, war
eine Oase entstanden. Gegenüber war ein anderer Garten; da
sah es etwas freundlicher aus, da waren schon Winden an
Stäben gezogen, und auf wohlgeordneten Beeten wucherte
die nützliche Gurke, ihrer einstigen Säure entgegenschwellend.
Dort rankte auch eine Weinrebe am Fenster empor und blickte
hinein in die Stube, aus der freundlicher Lampenschimmer
hervorbrach.

Dieses Häuschen bewohnte mutterseelenallein der Herr
Gymnasial=Professor Eckhart, und wenn wir's wie die Wein=
rebe wagen und, auf den Fußspitzen stehend, zum Fenster hinein=
schauen, so sehen wir sein Gesicht, ein junges, bleiches, etwas
hageres, aber schönes Philologengesicht, umrahmt von langen
blonden Haaren, denen sechs, acht Centimeter Verkürzung viel=
leicht nichts schaden würden. Seit zwei Stunden korrigiert er
Hefte und hat diese Arbeit nur für einen Augenblick unter=
brochen, als die Strahlen der untergehenden Sonne gar so
golden durch die paar dürftigen Weinblätter geflirrt hatten.

Da war er aufgestanden, hatte den Kopf zum Fenster hinaus=
gesteckt und dann mit freundlichem Lächeln den vier armseligen
Träubchen geschmeichelt, die zur Reife zu bringen des Sommers
Sonne gar wackere Mühe kostete. Dieser Sonnenblick aber
war von kurzer Dauer, und auch das Lächeln verschwand und
machte den leidensvollsten Falten Platz, als er in eines
Schlingels Hefte zum zweiten Mal in diesem Jahre ut mit dem
Indikativ fand. Seine Feder ergoß einen Strom rothen Blutes,
und was folgte, war ein Schlachten, nicht eine Schlacht zu
nennen.

Endlich war sie geschlagen, und mit einem Seufzer der
Erleichterung legte er die Hefte auf seine Kommode, den Hut
darauf, damit sie morgen nicht vergessen würden. Dann ent=
korkte er bedächtig eine Flasche leichten Bieres und setzte sich
zu seinem geliebten Studium zurecht. Es dauerte nicht lange,
so saß er tief im tiefsten Alterthum drin: lesend, blätternd,
Notizen machend — glücklich, glücklich: sein Manuskript zu
den Bacchanalien wuchs zu ansehnlicher Dicke heran und ward
nächstens druckreif.

Er lächelte vor sich hin und merkte es nicht, daß er träumte,
weit hinein träumte in jene Zeit, da der fröhliche Bacchus=
Kultus in ursprünglicher Schöne noch blühte, ehe das Senatus=
consultum De Bacchanalibus es für nöthig befand, seinem
Dasein ein Ende zu machen. Unwillkürlich zogen ihm die
Schiller'schen Verse durch den Sinn:

> „Da Ihr noch die schöne Welt regieret,
> An der Freude leichtem Gängelband,
> Selige Geschlechter noch geführet,
> Schöne Wesen aus dem Fabelland!
> Ach, da Euer Wonnedienst noch glänzte,
> Wie ganz anders, anders war es da!
> Da man Deine Tempel noch bekränzte,
> Venus Amathusia!

Und dann kam die schöne Strophe, ja das war sein Fall,
seine Augen leuchteten noch einmal so helle:

> „Das Evoe munt'rer Thyrsusschwinger
> Und der Panther prächtiges Gespann
> Meldeten den großen Freudenbringer,
> Faun und Satyr taumeln ihm voran;
> Um ihn springen rasende Mänaden,
> Ihre Tänze loben seinen Wein
> Und des Wirthes braune Wangen laden
> Lustig zu dem Becher ein!"

Jetzt trat ihm Alles, was er je über die Feier des Gottes
und besonders über die großen Dionysien zu Athen gelesen,
zu einem gewaltigen Bilde zusammen. Aus allen umliegenden
Landen her, von allen Inseln strömte es nach Athen, auf allen
Straßen eine Völkerwanderung, und tolle Lust auf jedem
Antlitz. Wie glänzte die Stadt in Blumen= und Festespracht;
wie beeiferte sich Alles, bis zum letzten Bäuerlein hinunter,
dem Feste die rechte Weihe zu geben. Von kyklischen Knaben=
Chören hallten die Straßen wider, und dann begann der Festzug,
ihm voran, hoch zu Roß die Ritter der Stadt, dann Dionysos
selbst, der epheubekränzte Gott, den Thyrsus in der Rechten,
umtanzt von Mänaden, von Faunen und Satyrn, umtönt von
den Schlägen des Tamburos, von den Klängen der Pfeifen
und Cymbeln, und brausend erschallt der Dithyrambos, wobei
die besten Dichter mit Versen und musikalischen Kompositionen
wetteifern: Evoe! Evoe!

Beglückt, wer solches mit Augen schauen konnte! Da war
noch Freude, da war noch Leben! Und wir? Der Träumer
blickte auf: da stand das Glas mit dem schalgewordenen Bier,
dort lagen die traurigen Schülerhefte... eine Wolke von Schul=
staub überschüttete seine Träume. Er trat ans Fenster: das
einzig Tröstliche war die grüne Rebe. Drüben blinzelte die
einsame Laterne so verschlafen in die öde Straße hinein, und

die Stille der Nacht unterbrach nur der Schlag der Uhr auf der alten Stadtkirche. Der Professor schüttelte den Kopf, gähnte, schloß das Fenster und ging zu Bette.

Was die Alten in schöner Wirklichkeit durchlebten, zeigt uns modernen Menschen nur manchmal ein freundliches Traum-bild . . . .

Das aber war kein Traum! Ein Jahr war vergangen: es hatte dem heimlich Sehnenden Erfüllung alter Wünsche gebracht. Da dehnte es sich vor seinen entzückten Blicken, in würziger Luft und Sonnenschein, unter einem tiefblauen Himmel, das schöne Land Italien, im glänzenden Festschmucke des Som-mers, gegürtet von den silbernen Wogen des lachenden Meeres. Wie grünt es, blühet und duftet und reift in Trauben und tausend anderen Früchten der üppigen Sonne des Herbstes entgegen. Welch ein buntes, bacchisches Leben in dieser zum Licht drängenden und treibenden Pflanzenwelt! Welch ein buntes, bacchisch-fröhliches Treiben unter den Menschen, dem in griechischer Erinnerung lebenden Volke! Das singt und klingt vom Morgen bis zum Abend und will auch dann nicht schweigen. Die Sorge um den nächsten Tag kümmert Niemand, Niemand wird bewegt durch die welterschütternden Fragen der Zeit — göttlicher Leichtsinn beherrscht die Geister, dieser Leichtsinn ist zur Charaktersache geworden.

Und der Mann aus dem Norden steht mitten drin, er-schreckt fast wie Faust, da ihm plötzlich die Jugend wiederge-kehrt, und fragt sich: „Darfst auch du dich freuen?" Ja, freue auch du dich! Stehe nicht, ein thörichter, stummer Knabe, bei-seite. Die gute Mutter, die reiche, große Mutter nimmt dich liebend bei der Hand, und mit sanfter Gewalt führt sie dich in der Freuden goldenen Kreis.

Und heute nun gar scheint der guten Mutter Geburtstag oder sonst ein Fest zu sein. Natur und Menschen schmücken sich heute mit ganz besonderem Glanze. In freudigen Guir-landen, dicht behängt mit dunkelblauen und goldenen Trauben,

ziehen die Reben sich von Baum zu Baum, ziehen über das
Land hin ein dichtes grünes Netz, mit dem sie die übrigen
Früchte fangen wollen, wie sie der September noch überall
auf Baum und Strauch prangen läßt. Da schimmert die
schwere, purpurrothe Granate, der goldene Apfel, die wachs=
farbene Birne, die honiggelbe Feige, die saftige Frucht des
Opuntienkaktus, die Citrone, der schuppige Pinienapfel, und
tausend Hände sind heute bereit, mit der gewandten Hand des
Fischers sie aus dem grünen Rebennetz zu lösen und sie zu
ordnen, zierlich zusammengestellt in schilfbachüberdeckten Körben.
Kleine Fruchtpaläste, mit buntem Papier und Flittergold, mit
Fähnchen, Blumen und Heiligenbildern geschmückt, stellt der
Schönheitssinn des Napolitaners in Gärten und Weinbergen
zusammen, und von allen Höhen springen die Träger dieser
Schaustücke herab nach der Stadt, angestaunt auf ihrem Wege
von der alle Straßen füllenden Jugend. Dieser Weg aber
führt das reiche Quartier der Riviera entlang, an der schönen
Villa Nazionale vorüber und sein Ziel ist die Strecke vom
Ende dieser Villa bis zum Beginn des antiken Tunnels, die
Grotte des Posilipo, bis zu der kleinen, in den Felsen ge=
hauenen Kapelle, die einst ein Heiligthum des Priap war,
dieses zweifelhaften Gottes, der aber von jeher eine beliebte
Figur des Volkstheaters und Volkswitzes gewesen. Weiter
drinnen, links im Felsen, in der Nacht, die nur durch ein
dürftiges Madonnen=Lämpchen erhellt wird, ist eine andere
Kapelle: hier war zu den Zeiten der Kaiser das geheimnißvolle
Heiligthum des persischen Lichtgottes Mithras, hier fand man
sein Bild: einen schönen Jüngling im persischen Gewande, der
einen Opferstier tödtet. Hoch auf dem Felsen, mitten im Reben=
grün, mit einem großen Blick über den freudenschimmernden
Golf, zeigt man das Grabmal Virgil's.
    Den Namen des Mithras, des Priapus kennt Niemand
mehr in Volke, aber der Bacchus ist ihm noch lebendig, beim
Bacchus wird noch heute geschworen, das „Per Bacco" ist

dem kleinsten Lazzarone geläufig, und dem Bacchus gilt das
heutige, am 7. (der Vigilia) und 8. September gefeierte hochberühmte Piedigrotta-Fest.

Zwar giebt es eine Menge Leute, die sich ihres alten
Heidenthums schämen und den Priestern glauben, daß das
Fest zu Ehren der Madonna di Piedigrotta gefeiert werde;
sie vergessen aber, daß die Hauptsache eigentlich die Vigilia
ist: die ganze lange, bei Spiel, Sang und Tanz, bei Wein
und Früchten verbrachte schwärmerische Nacht, daß man am
andern Tage müde und gähnend der Madonna nur so nebenbei
eine Art Konvenienz-Reverenz macht. Es hat ja seine Richtig-
keit, daß Basilikaner-Mönche über dem heidnischen Heiligthum
eine christliche Kapelle errichteten, daß Benediktiner dieselbe im
Jahre 1486 übernahmen, während Karl III. nach dem Siege
seiner Truppen bei Velletri — 1745 — sie prächtig neubaute
und von nun an die Bourbonen jedes Jahr am 8. September
mit königlicher Pracht unter der Entfaltung ihrer gesammten
Heeresmacht sich der Madonna di Piedigrotta dankend zu
Füßen warfen; und doch tritt die Kirche für das sonst so kirch-
liche Volk diesmal in den Hintergrund, ihm wird (wie am
ersten Samstag des Mai und am 19. September das Blut
seines San Gennaro sich in den Ampullen zu regen beginnt)
in dieser Nacht der alte Bacchus lebendig, und dessen Blut
fließt aus hundert Fässern als freudespendender Wein.

Schon am Morgen, welches Leben in der Stadt: vom
Gebirge, aus den Thälern, aus allen Provinzen kommen sie,
von allen Inseln; früher zu Fuß und im Wagen, jetzt mit der
Eisenbahn, in Segelbarken, auf Dampfschiffen, auf Eseln und
Maulthieren. Wie sie kommen, ist ganz gleichgültig, aber sie
kommen; einzeln und in Gruppen, familienweise, von dem
Dorfpriester angeführt. Wer Kostüme studieren will, hier hat
er Gelegenheit wie bei einem Theaterschneider. Die Frauen
mit den feingeschnittenen Gesichtern, in braunen, kurzen Jäckchen,
das buntseidene Tuch, leicht in einen koketten Zipfel ausflat-

ternd, um den Hinterkopf geschlungen, kommen von den Inseln
Procida und Ischia; diese, an deren Leibe außer dem blüthen=
weißen Hemd nichts Genähtes sich findet, indem sie ein Stück
selbstgewebten und grell gefärbten Tuches von hinten nach vorn
um den Unterkörper, ein anderfarbiges in Weise einer Schürze
von vorn nach hinten binden, während auch die Ärmelstücke
durch Bänder mit einander verbunden sind, kommen aus
der Provinz Molise; ihre Tracht besteht aus den Resten
samnitischer Bekleidung. Durch reiche Goldstickereien auf
den kurzen Jäckchen, durch die charakteristische, die bronzenen
scharfgeschnittenen Gesichter beschattende Magnusa ausge=
zeichnet sind die Frauen der Basilicata und Calabriens
wo die von der Küste des Jonischen Meeres das Blau, die
vom Gebirge das Roth vorziehen. Wie viele Jahrhunderte
wirkten und webten an diesen Kostümen, viele gleichen Ruinen
griechischer Architektur, mit Rococo verbrämt, viele hat die
allgemeine europäische Mode in die Schere genommen.
Die Schönsten und Elegantesten in ihrer Kleidung sind die
Frauen von Sora, die von Atina (in dem weiten Thale hinter
Monte Cassino), die von Scanno in den Abruzzen, von Gioja
Aquilina, Valle Lunga, die sich durch die schmalen, buntfarbigen
Magnusen auf den feingeflochtenen Haaren und ihre groben,
aber malerisch schönen Sandalen (Cioccia) auszeichnen, die
von Rocca Spinadesco, Teramo und Andere. Der Schmuck,
den sie gar reich zur Schau tragen, die Perlen, das Gold,
sind kein Flitter, das ist Alles echt, denn es ist der Stolz der
Bäuerin. Einfacher gekleidet sind die Männer; bei ihnen
herrschen die dunklen Farben vor: dunkle Kniehosen, dunkle
Jacken, nur die Weste ist immer roth oder grün. Auf den
Gesichtern der Männer liegt sehr oft etwas Unzufriedenheit,
sie haben meist die Kastanienernte oder Weinlese unterbrechen
müssen, aber zweifellos kommt auch ihnen die Festesfreude,
wenn nur der erste Klang bacchischer Musik ihr Ohr getroffen.
Das wäre aber ein schöner Mann, ein schöner Vater, der seine

Frau, seine Tochter nicht wenigstens einmal im Leben nach
Neapel zum Piedigrotta=Fest begleitete! In den Ehekontrakten
wurde es von der Frau ausdrücklich bedungen, wenigstens ein=
mal im Laufe der Ehe zu dem Feste geführt zu werden, und
das Wort „Portamene marito mio, portamene a Piedigrotta"
ist in Neapel sprichwörtlich geworden. Für den Fremden heißt
es: „Veder Napoli e poi morir", für den Bewohner des alten
Königreiches: „Veder la festa e poi morir".

Über all dem grellbunten Treiben der Menge leuchtet
eine noch immer mächtige Herbstsonne, strahlt ein von den
weißlichen Dünsten des Sommers reingefegter Himmel, und
es ist wahr: die alte Stadt am Golf hat heute ein ander
Gesicht, lebendiger pulst das Blut durch ihre Adern. Das
macht auch die frische duftige Luft, die man mit weit geöffneten
Lungen einsaugt, und mit ihr saugt man etwas von bacchischem
Geiste ein, den die üppigen Trauben in den Vignen rings um
die Stadt her ausathmeten, und dieser Geist rumort im Innern
und muß heraus, ja, heute muß überhaupt all der Sprüh=
teufelgeist heraus, den Jung und Alt einen rosenreichen Früh=
ling, einen feuerglühenden Sommer hindurch eingesogen haben,
und er offenbarte sich als Schrei, als Lied, als Pfiff, als
Trompetenstoß und Trommelwirbel schon gestern, schon vor=
gestern und heute wieder beim Tagesgrauen. Das ist aber
nur die Stimmprobe, das Stimmen der Instrumente vor einer
großen Spektakel=Oper, das sind nur schüchterne Versuche für
den himmelstürmenden Cancan=Päan, der nun in Kurzem
über die Stadt hinbrausen wird.

Wie zu einer Völkerschlacht rüsten sich indessen die wohl=
genährten Wirthe der zahlreichen „Trattorie di Campagna",
der Landkneipen in der Nähe und außerhalb der Pozzuolaner
Grotte, und die Schar der ambulanten Schlacht=Marketender
ist Legion. Was für das Fest an buntem Schmuck, an lär=
menden Instrumenten sich nöthig macht, es ist in ungezählten
Exemplaren in flüchtigster Arbeit, welche die Taumelnacht

kaum überdauert, für wenige Pfennige zu haben, und die liebe
Jugend, Mädchen= und Weibervölker erwerben sich hier ihre
Festaussteuer. Dazu gehört für die Buben die Klapper, das
Horn, die Trompete, die Schnarre, die Tricche=Balacche, die
Scetevajassa, der Butebù, barbarische Instrumente, die nur
auf tolles Toben berechnet sind wie auf den Lärm: für die
Mädchen das echt bacchische, schellenblechbehängte Tamburo:
für Alle ein bunter Federbusch auf den Hut oder ins Haar,
eine Kette von gerösteten Haselnüssen um den Hals — dann
kann's losgehen.

Die Sonne ist hinter Ischia ins Meer gesunken, in dem
bleichen Dämmerscheine werden die Gaslaternen in den Straßen
der Stadt und rings um den Golf her über Portici, Resina,
Torre del Greco, Torre Annunziata hinweg bis Castellammare
hinüber angesteckt. Wer von Pompeji kommt, sieht diesen
Lichterschein wie eine Aureola, wie einen Flammenkranz um
den Golf her liegen: ein bezaubernder Anblick glänzendsten
Lebens. Die Fremden beugen sich aus dem Abendzuge und
werden nicht müde, in diese Lichterpracht zu schauen; dann
aber blicken sie rechts hinüber nach dem Vesuv, auf dessen
Gipfel der Opferaltar der Venus entzündet ist, hinauf nach
dem Monde, der mit hellem Lichte, wie es der Norden nicht
kennt, das große Bild einheitlich zusammenfaßt.

Auch der deutsche Professor befand sich auf dem Zuge,
er war in Pompeji gewesen und hatte Herz und Kopf voll
antiker Reminiscenzen. Der starre, jähe Tod war ihm in den
Gipsleichen des dortigen Museums, das blühende freudige
Leben in hundert Wandgemälden vor die Augen getreten,
beides verschmolz sich ihm zu einer gegenwärtigen wehmüthigen
Freudigkeit. Auf dem Bahnhofe erwartete ihn der Freund.

„Du feierst doch die Bacchanalien mit?"

Er erwachte wie aus einem Traum, und doch verfiel er
in einen neuen: „Die Bacchanalien? Was? Wo? Wie? Wir

schreiben 1885! Jene Zeit ist lange begraben! Schöne Zeit, wo bist du? Kehre wieder!" recitierte er sehnsüchtig.

„Sie ist da, komm' nur! Wenn deine ‚schöne Zeit‘ überall exiliert wurde, so hat sie hier an diesem Sirenengestade ein Asyl gefunden, und diesen Abend werden wir die echten und gerechten Bacchanalien feiern. Hörst du? . . . Man hat begonnen!"

„Aber . . . ."

„Kein bedenkliches, nordländisches Aber! Wir stürzen uns in den Strom, ob wir schwimmen können oder nicht. Hörst du sein Brausen?"

Ein dumpfes Rauschen wie Donnern entfesselter Wogen, wie fernes Sturmesgeheul, wie ein Geschrei Derer, die obsiegen und die unterliegen, jetzt hoch anschwellend, jetzt abnehmend, aus der Nähe jetzt, dann wie von den Höhen über der Stadt kommend, wilde Tonwellen schlugen an das Ohr des erstaunt Lauschenden.

„Vorwärts, Freund! Willst du Nymphen, Najaden und Dryaden, Satyrn, Faune, Silene, Pans, Centauren und alle Arten Thyrsusschwinger, so komm'! Du sollst Alles finden . . ."

Und da kam schon ein Zug um die Straßenecke herum: wildes, schwarzhaariges Volk, Knaben und Männer, springend, heulend, pfeifend, große Fackeln schwingend . . . . die bacchischen Schläge des Tamburos begleiteten den Taktschritt, und ein ganzes Orchester der barbarischsten Instrumente erfüllte die Luft mit seinem Jubelgetön. Wie blitzten die schwarzen Augen in den sonnenverbrannten Gesichtern, wie wild herausfordernd tanzte das dahin! Der Professor stand und staunte, er traute seinen Augen nicht . . . er starrte noch lange, als der Zug schon in die nächste Straße eingebogen war. Aber da nahte sich auch schon ein anderer: ebenso toll, ebenso tosend . . . eine neue Welle in dem hochgehenden Meere der Lust, und nun packte es auch den fremden Mann mit Allgewalt und

riß ihn mit fort in den tobenden Strudel mitten hinein.
Schon mußte er schreien, wollte er sich dem Freunde am Arme
verständlich machen, und bald klang es wie jubelnde Festesfreude aus seinem Geschrei. Es dauerte nicht lange, so hatte
der Eine eine Handpauke erworben, der Andere ein dröhnen-
des Horn, und auf dem Hute prangte der purpurfarbene
Federschmuck.

Wie denn die letzte Eisrinde, die ihm der Norden mit
seiner Konvenienz um die Brust geschmiedet, weggeschmolzen
war, so waren auch die Mänaden nicht weit. In einer stilleren
Seitenstraße, wo er wohnte, blieb der Freund stehen, stieß
in sein Horn und rief einen Namen laut zum letzten Stock
hinan.

„Luisella!!"

„Was willst du machen? Wer ist diese Luisella?"

„'s ist meine Nachbarin. Ein Mädchen, das die Woche
über die Köpfe der Damen mit Hutschmuck versieht, an Festtagen aber Bänder und Blumen zu ihrem Vergnügen flattern
läßt . . . Da ist sie schon!"

Und da hüpfte es wie eine lustige Elster trällernd die
Treppe herab, stülpte sich noch im Nahen den leichtsinnigen
Hut auf den noch leichtsinnigeren Kopf und hing sich heiter
und laut lachend an den Arm des Freundes. Fast neidisch
blickte der Herr Professor drein und rasselte mit den Schellen
seiner Handpauke; aber da war auch schon Rath geschaffen.

„Und Laurella?" fragte der Freund das Mädchen. „Wo
ist Laurella?"

„O, ich meinte, Ihr wäret allein. Soll sie kommen?"
Aber die Antwort ward gar nicht abgewartet, im lauten Singe-
ton rief es zum geöffneten Fenster hinan. Und Laurella kam,
ebenso hüpfend, ebenso trällernd und hing sich ebenso munter
an den Arm des deutschen Professors.

„Herr Gott!" dachte der, „wenn mich einer meiner Gym-
nasiasten in dieser zweifelhaften Situation sähe . . ." Und er

thürmte im Geiste einen ganzen Stoß grauer Hefte wie eine
Schutzmauer vor sein erröthendes Gesicht.

Auch Luisella und Laurella wollten ihr Bacchus=Instru=
ment und ihren Federschmuck haben, und jubelnd tauchten die
Vier in dem allgemeinen Freudenmeer unter. Die Straße
nach der Grotte war in eine Pergola von Feuer verwandelt,
weite Bogen überspannten sie von Haus zu Haus, und aus
diesen Bogen schlugen zu Hunderten die zitternden, blitzenden
Gasflammen heraus und formten sich an den beiden Seiten
zu Säulen, Kronen, Kränzen Sternen und Blumen von so
leuchtender Kraft, daß der Mond wie ein Nebelfleck erschien und
die qualmenden Fackeln, die darunter durchzogen, ihren Schein
ganz verloren. In diesem Meere von Licht schwamm das
Volk dahin oder, besser: ließ es sich treiben von den wogenden
brandenden Wellen. Diese stauten sich hier, schleuderten dort
eine Gruppe in die Seitenstraße, stießen weiterhin verwirrend
auf einander. Aber überall Frohsinn, Gelächter und lachende
Gesichter, Singen, Tosen, Toben, ausgelassene Lust, nicht im
Rausche des Weines, sondern im Rausche der tollen, nerven=
erregenden Musik. Musik? Nein, das ist keine Musik mehr;
Musik war es auch nicht, was in jenen alten Bacchuszügen
laut wurde; das ist Getös, und betäubt, erdrückt wird, wer
nicht mittost . . . . .

In der Grotte dicker Qualm der Fackeln, der entzündeten
Feuer, um welche eine wilde Teufelei springt: Männer und
Weiber, mänadenhaft. Welch unheimlich mysteriöse Bilder
hier: Gruppen im Dunkel, im Halbdunkel, Gruppen, wild an=
geglüht vom rothen Schein, darunter faunische Gesichter,
meckernd, gröhlend, ein Hexensabbath! Und dies ist die Hexen=
küche, die graue, zerklüftete Wölbung des spinnenverwebten
Tuffsteins, die oft quetschende Enge, der Staub, der Moderduft,
die am Rande kauernden grauen Gestalten, dazu das Toben
und Brausen der Unterwelt . . . ja, die verdammten Seelen
der Unterwelt sind heute losgekettet und haben sich, um sich

zu erwärmen, unter das heißblütige Volk gemischt, und durch
die Lüfte zieht es daher, nicht der nebelgraue nordisch=wilde
Jäger, sondern der antik=wilde Bacchus mit seinem Gefolge
Mitten durch das schreiende Singen und Jauchzen der italischen
Menge hört man den griechischen Jauchzlaut: „Evoë! Evoë!“

„Evoë!“ Der Professor hat es schon mehr als einmal
ausgerufen: „Evoë! Evoë!“ Es ist ihm also gegeben, ein
echtes Bacchanal mitzufeiern . . . Das soll ihm durchs Leben
nachklingen. Und nun, gedrängt, geschoben, getrieben von
eigener Lust und fremden Körpern, landet die kleine Gesell=
schaft in einem Weingarten vor der Grotte. In großen blumen=
und rankengeschmückten Körben stehen die purpurnen und goldenen
Trauben einladend vor dem Thor; drinnen unter breitästigen
Feigenbäumen Lichterglanz, Gläserklang, fröhliches, zechendes
Volk. Scharen Tanzender. Überall beginnt jetzt der Tanz,
die sprühende, üppige Tarantella, begleitet von den Schlägen
des Tamburos, dem Klappern der Naccere, dem schnarrenden
Brummeisen und dem in Worten und Tönen übersprudelnden
Tarantella=Liedchen, Alles toll, leidenschaftlich, bacchantisch
angeregt. Hier und da reizt der Wein schon die Füße der
Tänzer zu höheren Sprüngen, der Wein glänzt auch aus den
Augen mancher Mädchen, vielen derselben hängen und fliegen
die schwarzen Haarsträhne wie ringelnde Schlangen um Gesicht
und Nacken . . . Die Angesichter glühen, der Mund mit den
korallenrothen Lippen ist weit geöffnet zum Kuß oder zum
Schrei, der Oberleib zurückgebogen, hoch nach oben halten die
ausgestreckten, halbentblößten Arme das rasselnde Tympanon.
Wen reißt der Anblick nicht mit fort?

Luisella und Laurella haben die bunten Hütchen gelöst
und in die Zweige des Baumes geworfen, und jetzt springen
sie mit gleichen Füßen in den Taumel hinein, und ganz hin=
gegeben, leben sie nur noch der wilden Musik, in ihr und
durch sie. Der Professor hat einen großen Krug Weines
hinuntergestürzt, und jetzt hat ihn der Gott. Mit einem lauten

Evoë ist er den Mädchen zur Seite, dreht er und schwingt er sich, mit lautem Gelächter von den Umstehenden und mit schallendem Händeklatschen empfangen; es sollte dem Festtanze an dem steifbeinigen Satyr nicht fehlen ... und von den Tischen herüber harft es, geigt und flötet, klimpern die Guitarren und Mandolinen und ertönen die diesjährigen, vom Volke erwählten und somit preisgekrönten „fascennini versus“, die Strophen des neuen Piedigrotta-Liedes im Dialekt:

> „Nanni, so doje, tre notte,
> Ca me te sto sunnanno ...“

Bis zum Monde hinauf stieg der Sang, bis zu den Sternen die Lust, und als der berauschte Satyr mit dem Kopfe taumelnd gegen die Venus stieß, da hängte sich ihm diese an den Hals, glühend, zitternd, und küßte ihn mit Allgewalt.... Evoë!

———

Als der Professor anderen Morgens erwachte, es war spät, sehr spät, so meinte er, Alles sei ein Traum gewesen, aber das breite, rothe Band, das er noch um die Stirn geschlungen trug, und der rothe Bädeker auf dem Tische erinnerten ihn an die Wirklichkeit, der Kopf schmerzte ihn, und leise seufzte er ein sehr fragliches Evoë! ...

Der 2. November in Neapel.

Ein grauer, nebelfeuchter Novembertag. Wie Säume an Trauergewändern schleppen die langsam wallenden Wolken über das Meer, über die Stadt dahin . . . Nein, so kann die Geschichte nicht losgehen, wir sind in Süditalien; der 2. November hat ein ander Gesicht!

Ein blauer, ganz mailich angehauchter Himmel, ein blaues, leuchtendes Meer, Frühlingslüfte im immergrünen Laube, blühende Rosen, schöne bunte Toiletten, untermischt hier und da mit schwarzen, höchst eleganten Trauerkleidern, schnellfahrende Droschken und Fiaker, Karrossen und Kutschen jeder Art, Rufen Schreien, Singen, bunte Blumen, Immortellenkränze, ein prater=ähnlicher Camposanto, überfüllt wie ein Theater bei einer Gratis=Vorstellung, Weihrauchdüfte und Potchouli, blinzende Todtenkerzen in glänzend herausgeputzten Kapellen, zechendes Volk in den Kneipen rings um die Kirchhofsmauern her, hier und da auch ein verschämter Schmerz, eine einsame Thräne — ecco! der 2. November in Neapel: la Festa del Camposanto.

Siamo allegri! Wie sollte beim Wehen dieser belebenden Lüfte, beim Blick auf diese sonnenleuchtende Landschaft von diesem Poggioreale aus, inmitten der animiertesten Gesellschaft, der lustigsten Grabmonumente der Welt eine Trauer auf=kommen? Lieber Freund, glaube mir, wäre den Todten zu reden, zu singen gegeben, sie würden singen: „Freut Euch des Lebens!“

Auf einem deutschen Kirchhof, besonders einem nord=deutschen, ist Alles weiche melancholische Stimmung; die Blumen, die da sprießen, sind aus den Thränen herausgewachsen; die Luft, die hier weht, ist schwer von Seufzern und Klagen, es ist echte Kirchhofsluft und dem Dichter, der sie athmet, kommen die Weltschmerzlieder von selbst.

Ich habe einmal die Luft auf dem Camposanto von Neapel geathmet und wie sie mich zum Dichter anregte, ent=stand ein Liebeslied — denn an einem zierlichen Grabe, auf dem ein kleiner marmorner Amorino oder Todesengel unter der Last der ihm aufgebürdeten Kränze fast zusammenbrach, kniete eine schöne Signora, ganz in Schwarz gekleidet, eine flammende Rose an der Brust, zwei flammende Augen über einem glühenden, lebeseligen Munde.... Mit dem Anker ihrer Blicke suchte sie eifrig Ankergrund; mein Herz war kein harter Fels, der Anker hielt und ich schrieb in mein geduldiges Notizbuch ein Lied, welches etwa anhub:

> Auf der Brücke, die vom Leben
> Zu dem Tod hinüberleitet,
> Auf dem grünen Grabeshügel
> Traf, Untröstliche, ich Dich ....

Damals reimte sich das, das Notizbuch ging aber ver=loren; ich weiß nur noch, daß wir nach einer halben Stunde in heiterem Gespräch, gleich den Tausenden anderer heiterer Menschen, durch die duftigen Parkwege des Camposanto schritten, von dessen Gräbern uns nimmermehr der eisige Hauch des Todes, sondern ein warmer Lebensodem entgegenwehte.

Fremdling aus Norden, der Du erfahren willst, daß der Tod Chimäre ist, o komm' in dieses Eden. In Mailand oder Pisa findest Du das nicht, auch in Rom noch nicht. Siehst Du in dem steifhistorischen Rom einen Schmetterling über die

Gräber flattern, so ist dieser Dir das ernste Symbol der Auferstehung. Hier in Neapel ... ja das sagt der Dichter weit besser:

„Wenn in Rom das Schicksal Dir nur und die Parze begegnet,
Mahnt Dich der Schmetterling hier nur an das Glück des Moments.“

Und wie viele Schmetterlinge flattern hier am 2. November
herum! Diese wonnigen Lüfte haben die ganze Klasse der
Lepidoptera in Aufruhr gebracht. Und die Trauermäntel mit
ihren bleichen Gesichtern, dunklen Haaren und Schleiern sind
die allerverlockendsten, und wenn sie unter „Thränen“ lächeln,
wer wünschte da nicht als unglücklich Liebender etwa, der diesen
Augen zu Liebe an gebrochenem Herzen gestorben, von ihnen
betrauert zu werden? Nein, wer wünschte da nicht, diese Augen
als feurig Lebender zu küssen?

Wie reizend ist das Duftgemisch, das diesen Kleidern an-
haftet! Dem Geruch der Blumen, die sie aus der Stadt
herausgebracht, mischt sich das Parfum des Ylang-Ylang oder
Jasmin so sinnbethörend. Nur die steinernen Engelchen ringsum scheinen die modernen Genre-Näschen zu rümpfen und die
armen hageren Heiligen in den Nischen vermögen heute mit
dem alten Geruche ihrer Heiligkeit nicht durchzudringen.

„O Königin, das Leben ist doch schön!“ — „Und hol'
die Pest Kummer und Seufzen, es bläht einen Menschen auf
wie 'nen Schlauch!“ rufen wir mit Falstaff.

Wer hierher kommt, lernt das Leben lieben und erfährt
besten Trost. —

Bei manchem biedern Bauernstamm germanischer Berge
herrscht die Sitte, alljährlich einmal das böse Blut, das in
zwölf Monden sich angesammelt, abzuzapfen und dann mit
voller Berechtigung, das verlorene zu ergänzen, ein paar
Schöpplein zu genehmigen. So sollte das Menschenherz einmal im Jahr, wie an einem Bußtag mit seinen Sünden, mit
seinen Sorgen, seinem Kummer, seiner Trauer gründlich auf-

räumen und dieses schwarze Blut, in Gemeinschaft mit den Anderen, zu einem Strome vereint hinabfließen lassen in den Lethe, um dann wieder der Lebeluft anzugehören.

Das napolitanische Volk erkauft sich durch seinen offiziellen Trauertag die Berechtigung, heiteres Blut nachzufüllen, wozu die zahlreichen Trosthäuser, welche die Zugänge zum Camposanto säumen, ihre Thüren so gern öffnen. Tiefe Trauer soll ja hungrig und durstig machen.

Doch darum geht man so eigentlich nicht nach dem Camposanto, man geht, weil Alle gehen; und diese „Alle" gehen, weil es nöthig ist, von Freunden und Verwandten als „Inconsolabile", als Untröstlicher, gesehen zu werden. Man geht auf den Camposanto, wie man ins Theater geht, ein Trauerspiel zu sehen, wo bestaunt und beklatscht wird, wer seine Rolle am besten spielt, d. h. eben sich am schönsten verstellt. Auf diesem „Theater des Schmerzes", wo das Publikum mitwirkt, giebt man aber auch Lustspiele. Was hier auf der Straße von Neapel nach Poggioreale zieht, will sich amüsieren. Wie das lebt, lacht und liebt, wie zu einem Hochzeitszuge ist Alles gepaart und man siehts den Beinen an, sie würden lieber tanzen als wandern. Die kleine schlanke, kokette Sartina mit dem Handlungscommis in bunter Kravatte wiederholt sich in ungezählten Exemplaren, der jüngere Bruder als Ehrenpage trägt die Guitarre; denn wenn nachträglich die homerische „Begier der Speis und des Trankes gestillt ist", werden sie die weingetauchten Stimmen zum heiteren napolitanischen Sange erheben; Putzmacherinnen folgen in dem flatternden Schmucke des Bänderabfalles ihres Geschäftes, dicke Fleischersfrauen und Maccaronihändlers-Gattinnen in seidenen bauschigen Kleidern, zwanzig Ringe an den Fingern und schwere Perlengehänge in den pomadeglänzenden Ohren; ihre ruppigen Kinder an großen Kringeln knabbernd, im Staube verloren; hinterdrein die Männer, die Väter, die Hausfreunde, den Hut in den Nacken gerückt, italienische Infektionscigarren zwischen den

breiten Lippen; Studenten mit hageren Beinen auf schiefge=
tretenen Stiefelabsätzen und lustigen Bleichgesichtern im Rah=
men fettiger Rock= und nicht ganz sauberer Halskragen, Ar=
beiter im großkarrirten Sonntagsrock, Geistliche, den unver=
meidlichen grünen Regenschirm in der Hand, gravitätisch wie
Raben unter dem bunten, gackernden und kollernden Hühner=
und Taubenvolk dahinschreitend, schnupftabakbraune Mönche.
Rollende Wagen, Wettfahrten zwischen camorristisch ange=
hauchten Kutschern, Fluchen und Peitschenknallen, wenn der
Troß sich festgefahren, Trompeten der Pferdebahn, Staub —
Staub — Staub!

Nichts aber von todtenfestlicher Trauer! Die Kränze da
könnten ebenso gut zu einem Symposion getragen werden,
ebenso die versilberten Lorbeerzweige und alles andere phan=
tastische goldene und blecherne Laubwerk. Ihre Bestimmung
verrathen nur die steifwurstigen Immortellenkränze mit der
Aufschrift: „Dem theuern Vater“ — „Der geliebten Tante“
— „Meiner unvergeßlichen Gattin“ — und wie die schönen,
für zwei bis zehn Lire zu erwerbenden Widmungen alle lauten.
Kein Verlust, kein Schmerz, dem nicht um weniges Geld ein
sichtbarer Ausdruck gegeben werden könnte. Aber diese Todten=
kränze gehören auch in das Lebensbild, sie dienen ihm als
Folie, von der die frischen Farben des Lebens sich doppelt
freudig abheben. Der 2. November ist das Symbol des Lebens,
wo der Liebeskuß mit der Schmerzensthräne gemengt ist.

Diese Schmerzensthräne aber nimmt nicht den Schleier
vor, sie sucht nicht das Dunkel, sie will im Sonnenstrahl
blitzen, wie der Diamant im Ohre der schönen Frau. Der
wahre Schmerz sucht das Dunkel, er verhüllt sein Gesicht, er
stopft sich die Ohren zu; seine Thräne fällt auf die Kirchhofs=
blumen wie der Thau: in Nacht und Stille. Der wahre
Schmerz — o warum sollte es ihn in der Stadt am Vesuv
nicht geben? — bleibt am 2. November zu Hause; er bindet
sich nicht an die Zeit, oder schickt, weil es die Gesellschaft, die

schnöde Konvenienz verlangt, seine Leute hinaus, für ihn zu
beten, die Gräber zu schmücken, die Kerzen anzubrennen, auch
zu weinen, denn die Klageweiber hat man aus der griechisch=
römischen Vorzeit mit herübergenommen.

Und da steht das schaulustige Volk vor den „schönen“
Grabmonumenten, den halbgebrochenen Fleischbank=Aren und
Stangenkuchen oder Spargelsäulen, den Nudeltopf=Urnen und
Zuckerhut=Pyramiden, vor den hagern halbnackten Genien und
bausbackigen ganz nackten Amorinen mit Fackeln, Schiefer=
tafeln und anderem symbolischen Spielzeug in den Händen
und bewundert, kraft seiner Geschmacklosigkeit, die geschmacklosen
Lügen, die der moderne Dutzendbildhauer auf Bestellung nach
Maßgabe einer größeren oder geringeren Erbschaft fabriziert hat.

Aus den heitern Festtempeln, aus dem Lichtermeer der
Brüderschaftskapellen klingen die messelesenden Stimmen be=
zahlter Priester murmelnd oder näselnd hervor. Auch lustige
Musik wird gemacht — das konnte doch unmöglich eine Marcia
Funebre sein?

Nur die Gräber der Armuth, weit drüben an einsamer
Mauer, könnten Dich rühren, wenn heute eine Rührung auf=
kommen könnte.

Dort kniet eine arme, abgehärmte, in ein schwarzes, dürf=
tiges Fähnchen gekleidete Frau aus der Arbeiterklasse mit drei
Kindern vor einem niedrigen Holzkreuzchen. Das älteste
Mädchen wickelt aus einem Stück Zeitungspapier eine kurze,
schmächtige Kerze; sie pflanzt sie vor dem Kreuzchen auf und
legt das Papier darum her, die Wachsthränen aufzufangen.
Die jüngeren Geschwister, ein Knabe und ein Mädchen, kramen
eine Masse armes Blumenzeug aus einem Körbchen und legen
Blatt für Blatt, Blume für Blume in Form eines Kreuzes
auf den staubigen Hügel; und wie das Werk vollendet, zünden
sie die Kerze an und sprechen die Todtengebete. Das dauerte
wohl lange, die Kleinen hatten Hunger und die weinende
Mutter nahm ein Stück Brot aus der Tasche, brach es und

gab es den Kindern und sprach . . . was sie sprach, konnte ich nicht verstehen, aber in ihrem Worte war keine Lüge.

Hier aber steigt eben die schöne Lüge aus einer eleganten Carrozza, die ein bekanntes Wappen ziert: die Frau Contessa, gefolgt von ihrem reichgalonnierten Diener, der ein Bündel armdicker Kerzen trägt. Die Schar ihrer blasierten Freunde, alle mit glänzenden Cylindern auf den wohlfrisierten Köpfen, begrüßt sie am Eingang zur Kapelle, wo die interessante Dame ihre Trauer „verrichten" will. Die weiße Trauer= schminke steht ihren Wangen gar gut, aber die Wangen lügen. Die karminrothen Lippen reden verschwiegene Wahrheit. Der ganze Schmerz ist gemalt, ein paar echte Thränen würden ihn allsobald abwaschen, aber dieser Brunnen liegt trocken, denn in ihrem Herzen herrscht glühendheißer Sommer.

Ach diese Untröstlichen!

Man erzählt hier die Geschichte eines Grabmonuments. Eine trauernde Gattin ließ es eines schönen Tages dem todten Gemahl errichten. Auf der einen Seite der Base mußte der Künstler in Medaillonform sein, des Gatten, auf der andern ihr, der Witwe, Bild anbringen, darüber sodann zwei Hände, welche sich wie in ewiger Vereinigung halten. Auf einer Fläche war zu lesen, daß die Hinterbliebene untröstlich sei und hoffe, den angebeteten Gemahl recht bald im Himmel wieder= zusehen. Das Monument ist jetzt korrigiert worden: ihr Bild und die treuen Hände sind verschwunden; die „Untröstliche" hat ein Jahr nach Errichtung des Liebesmals sich getröstet in den Armen eines andern Angebeteten und Anbeters.

Ach wie ist es so wahr: wer lebt — lebt; wer todt ist — ist todt, und nur der Lebende hat Recht.

Und der muntere Pöbel genießt dieser Rechte und feiert, in antiken Traditionen lebend, die Silicernia oder Viscerationes, die Leichenmahle der Römer, die nichts Anstößiges in dieser den Todten erwiesenen Tafelehre fanden.

SüdItalienische Weihnacht.

Noch ist es Sommer.

Das stille, weltferne lucanische Gebirgsland kleidet der jungfräuliche Schmuck der Blumen. Zwischen dem goldblumigen Ginster blüht der Purpurklee und die rosigen Anemonen leuchten zusammen mit den Lieblingen der Berge, den freundlichen Cyflamen, in Menge aus dem dunkellaubigen Myrtengebüsch. Dichtes Gras füllt die stillen schattigen Winkel, während der rothe Mohn keck auf die Felsenhänge heraustritt. Übermüthige Vögel zwitschern durch das Grün und von der Weide herüber ertönt das Geblöke weidender Schafe, der Klang einer melancholischen Hirtenflöte.

Gehen wir dem Klange nach, streifend durch die kurzen, kräftigen Kräuter, umhaucht von ganzen Wolken Wohlgeruches, die der Mittagswind von den Gipfeln der Berge zu Thal weht, so finden wir den Hirten, einen schwarzbraunen, ungewaschenen, halb in Schafsfelle gekleideten schlanken Jungen. Unter einem schattenden Felsvorsprunge liegt er, blickt wie im Traum über die Lande hin, sieht im fernen Meer die weißen Segel, und Menschen und Wagen wie Ameisen auf den staubwirbelnden Landstraßen drunten dahinziehen. Neben ihm liegt die blitzende Axt und die Cornamusa, der bockslederne Dudelsack, beide bestimmt, den kleinen, hagern Campagnawolf, der in den Bergen der Basilicata, die ein Jäger nur selten durch-

25*

streift, noch zahlreich haust, abzuhalten, dann aber die irren=
den Thiere unter die schrillen Klänge dieses Pansinstrumentes
zu sammeln. Doch spielt er sich dieses auch zur Lust.

Es schrillt und schwirrt, brummt und jubelt in befremden=
den Rhythmen in die Welt hinein: das Echo in den Quellen=
thälern erwacht und giebt schäkernd Antwort . . . .

Wie einsam ist es hier oben. Nur die Bienen, die an den
rosigen Lippen des Bergthymians hangen, umsummen ihn;
nur dann und wann schwingt sich eine blauglänzende Stein=
drossel auf den von Winden zerzausten Lentiscusstrauch, stößt
neugierig verwundert, das Köpfchen schief haltend, ihren hellen
Pfiff aus und fliegt in ihre Felsen zurück.

Dann sinkt die Sonne; im vollen Glanz der Abendröthe
sammelt er die Herde und treibt sie auf das Feldstück zurück,
das geschützt gegen die rauhe Nachtluft zwischen den Bergen
liegt. Mit spitzen Pfählen steckt er die Hürden für die Nacht
ab, verbindet jene mit weitmaschigen Netzen, und hinter diesen
verbringen die Thiere eng zusammengedrängt die Zeit bis zur
Morgenröthe. Andere, Männer und Knaben, kommen hinzu;
jeder trägt ein Bündel Holz und Reisig auf der Schulter.
Zu gemeinsamem Trost und Schutze wird in der Dunkelheit
ein mächtiges Feuer angezündet, das die Gipfel weitaus an=
strahlt. Um dieses Feuer lagern die dunkeln Gestalten, rauchend,
kauend, plaudernd, leise singend, das beliebte Brummeisen oder
den Dudelsack spielend. Durch den über ihre Häupter hinziehenden
Rauch blitzen die Sterne . . . . weit drüben fällt ein Schuß . . .
rastlos umkreisen die großen weißzottigen Abruzzenhunde die
Hürden, knurren, bleiben einen Moment mit erhobenen Ohren
stehen und lauschen in die von tausend unbestimmbaren Ge=
räuschen erfüllte Nacht hinein . . . .

Das ist das Bild, welches das Evangelium vor unsere
Seele stellt, wenn es die lieblichste aller Geschichten erzählt:

„Es waren Hirten auf dem Felde bei den Hürden, die
hüteten des Nachts ihre Herde. Und siehe, des Herrn Engel

trat zu ihnen, und die Klarheit des Herrn leuchtete um sie; und sie fürchteten sich sehr ...."

Ein neuer Engel der Verkündigung des Glückes, er möchte nur kommen, die Freude dieses armen Volkes sollte groß sein. Jetzt erscheint er ihnen nur im Traum. Der Traum ist Freund und Erlöser des Armen ....

Er führt die Schläfer in die ersehnte Heimat, unter das geliebte Dach. Über dem breiten Thale drüben und dann noch eine Stunde weit über einen Berg hinweg, am dürren, jähabfallenden Hange eines unbewaldeten Hügels liegt das Dorf, oder besser die Hüttengruppe, „Casale", der die meisten dieser hier vereinigten Hirten angehören, in deren Räumen, so unfreundlich dieselben auch sein mögen, sie so gern wieder einmal eine Nacht verbrächten. Noch lange aber werden sie unter dem offenen Himmel schlafen, erst im Spätherbst, erst mit dem neuen Schnee werden sie heimziehen und die ihrigen wiedersehen, die unterdessen zwischen den harten, trostlosen Steinen drin ein armseliges Hungerleben führen: die Frauen und Mädchen, Mütter und Schwestern, denn die Männer sind alle fort; die man hier und da noch auf der Hausschwelle sitzen sieht, sind untaugliche Alte, die am harten Gnadenbrot nagen.

Über diesen Hütten raucht kein Schornstein, hier wird nicht gebraten und gekocht. Die reiche Mutter Natur wohnt da drunten in der kornreichen, wasserdurchkreuzten Ebene; hier oben wohnen die Stiefkinder, eines todten Bettlers Erben. Blickt man hinein in die Kochtöpfe, die da armselig, kalt und zerbrochen auf dem zerbröckelnden Kochherde stehen, so versteht man, warum die Gesichter dieser Frauen so unendlich hager warum die schönen, schwarzen Augen so tief liegen, so ängstlich und scheu in den Tag blicken, von so düsterem Schatten, wie Wolken um Sonnen, umsäumt sind. Darum auch sind diese Gestalten so schlank und biegsam wie eine Weidengerte, darum auch, und noch mehr, wenn man sie auf rauhesten Bergpfaden übermenschliche Lasten von Steinen oder Holz

schleppen sieht, versteht man, warum sie nach einem kurzen
Frühling und lange vor der Zeit altern.

Die Jung-Gealterten sitzen in den freudelosen Hütten und
weben Bänder und Teppiche, während die bleiche Noth auf
dürren Sohlen durch die engen Gassen und an den offenen
Thüren vorüberschleicht und mit trocknen Augen in die Vorhalle der Hütten schaut. Dort sitzt sie in Person, die
magere Armuth, ein Weib mit großen tiefliegenden Augen und
wirrem Haar im Kreise der im Staube herumkriechenden, ab-
gezehrten Kinder und webt armselige Teppiche aus Lappen
alten Tuches. Man weint nicht, man klagt nicht, nur der
Webstuhl klappert oder die große stumpfgewordene Schere,
mit welcher Großmutter im langen weißen Haar, wie eine
Parze, schweigend die Tuchstücke in fingerbreite Streifen schneidet.
Man webt den Morgen in den Mittag hinein, den Mittag in
den Abend, und erst unter des Lämpchens verlöschendem Schein
ruhen die magern, hungerzitternden Finger . . . .

Auch hier würde der Engel der Verkündigung eines neuen
Glückes mit bebender Freude empfangen werden . . . .

In der letzten Hütte, sie lehnt, damit der Wind sie nicht
etwa einmal umblase, gegen einen Felsen, von dem ein Ebereschenbaum schräg über sie hereinhängt, sitzt ein junges, bleiches
Weib und näht mit zarten, ungelenken Fingern an kleinen
Wäschstücken, die sie aus grober Leinwand sich zurechtgeschnitten.
Das Nähen hat sie einst bei der Nonne gelernt, die jedes
Jahr im Frühling hier heraufstieg, um die kleinen, wildfrohen
Waldvögel von Mädchen Handarbeit und Christenthum zu
lehren. Auch Maria war ein solches kulturscheues Ding gewesen, und es hatte die alte Frau viel Mühe gekostet, die
großen schwarzen Falkenaugen des Mädchens, in denen die
Sommersonne Italiens glühte, auf den langweiligen Weg der
Nadel und des Fadens durch die Falten der rauhen Leinwand
zu fesseln. Heute that sie es ungeheißen. Die Mutter, die
früher nachgeholfen, war todt und sie selbst war nahe daran,

Mutter zu werden. Ihr Mann aber, der rüstige Cola, war
fern, seit Monaten schon . . . .

Sie dachte an ihn, eine Thräne trat ihr in die Augen,
und wie sie sich dabei in den Finger stach und das rothe Blut
ins Linnen floß, erschrak sie und dachte, ob er wohl gesund
zurückkommen, ob er überhaupt zurückkommen werde?

Nicht Alle kommen sie zurück, jene Erntearbeiter, die Anfang Sommers von den ewig ruhenden Bergen hinabziehen
in die Maremmen, in die ferne römische und toskanische Campagna, um das Korn der reichen Barone einzuheimsen. In
den Maremmen wohnt der Tod; den ganzen Sommer hindurch
schwingt er seine bleiernen, fieberfächelnden Vampyrflügel um
die Armen, und viele von ihnen steigen zum stillen Schatten-
lande hinab, ohne Sang und Klang, oft ohne daß man ihre
Namen kennt. Wer davonkommt, bringt eine Handvoll arm-
seliger Groschen in sein Halstuch gebunden Ende Sommers
mit nach Hause, die Zehrung bis wieder zum nächsten Lenze.

Truppweise treten sie die Heimreise an, unter den Klängen
der beliebten Cornamusa. Es braucht dieser Klänge, die fieber-
matten Beine würden sonst nicht gehorchen.

Maria strich mit der Hand die Falten des kleinen Hemd-
chens glatt, es war wie ein Liebkosen; dann stand sie auf,
trat zum Herde und entzündete mit einer Handvoll Maisstroh
das Feuer. Als ein versengtes Blatt der Steineiche ihr knisternd
auf den nackten Arm sprang, lachte sie: das war des Mädchens
Liebesprobe gewesen, auch jetzt galt es ihr als gutes Zeichen
Sie kauerte nieder und blies in die Flamme und streckte beide
Arme aus, sie wollte noch mehr solcher Zeichen vom Himmel
erzwingen . . .

Da verdunkelte die Thüröffnung sich für einen Augenblick
. . . . zwei starke Arme umfaßten sie plötzlich. Sie that einen
Schrei, aber schon schaute ihr das Gesicht des Erwarteten
über die Schultern: Cola war endlich heimgekommen. Küsse
des Wiedersehens giebt es hier nicht, das ist städtische Sitte;

die Freude des Wiedersehens aber ist so groß wie sonstwo, und die lesen sie sich aus den Augen.

Maria erschrak jedoch, wie sie in die ihres Cola blickte: das Weiße derselben war gelb, die Pupille glühte in unheim= lichem Feuer und auf die fahlen Wangen hatte das Malaria= fieber seine Furchen gezogen.

„Armer Cola, hat es Dich?"

„Der Madonna von Carmine dank' ich's, daß ich noch am Leben bin. Mein Grab war schon gegraben."

„Aber einen bösen Winter giebt's, denn was Du mitbringst, ist wenig genug, den Rest wird Doktor und Apotheker schlucken. Und dann? .... Ach, Cola, bald giebt es ein neues Mäul= chen ...."

„Und dann .... Und dann? .... Weißt Du, Maria, ich habe in meinem Kopfe da einen Gedanken mitgebracht, der seine fünfzig Piaster werth ist." Er ging in die Zimmerecke, wo neben verrostetem Ackergeräth, unter alten Kleiderstücken die mächtige Cornamusa hing, ein Staatsexemplar, wie es in der ganzen Gegend kein zweites gab, noch einmal so groß, wie die der andern, und Cola war ein Meister darauf; er wußte ihr Töne zu entlocken, die man bei ruhigem Wetter zwei, drei Stunden weit hörte. Er streichelte sein Instrument wie ein geliebtes Wesen und fuhr zu der jungen Frau gewendet fort: „Dies Jahr soll mir die Madonna die Taschen füllen; ich gehe mit den Andern zu ihrem Weihnachtsdienste hinab nach Neapel ... nun?"

Maria erschrak, er wollte wiederum fort, und doch blitzte sofort ihr die Hoffnung durch die Seele; im halben Zweifel fragte sie: „Wie willst Du die neue Wanderung aushalten, Du hast ja kaum so viel Athem in der Lunge, den harten Schlauch aufzublasen?"

„Was?" rief er, „eine ganze Ochsenhaut blas' ich Dir noch auf!" Er klatschte kräftig in die derben Hände und langte den ledernen Tröster von der Mauer. Dicker Staub lag darauf und Maria half ihm denselben mit ihrer Schürze absegen. Und nun nahm er ihn getrost unter den linken Arm, leckte die Lippen und hauchte hinein, so stark er konnte, aber der Schlauch schwoll nicht .... Erschöpft und verstimmt ließ er ihn zu Boden sinken.

„Muth, Cola, Muth", tröstete Maria, ihm die Wangen streichelnd. „Du hast noch keinen Sterbensbissen im Leibe, bist halb todt und willst Todte erwecken. Iß und trink und ver= schnaufe Dich, und dann versuch's noch einmal. Aber wen wirst Du zum Duett mitnehmen?"

„Wen? Ich denke, Du kannst's errathen."

„Deinen Bruder Pasqualino?"

„Meinen Bruder Pasqualino. Und meinst Du, der werde sich's zweimal sagen lassen? Freuen wird er sich, denn wer möchte das große Neapel nicht einmal sehen?"

Pasqualino über den Bergen drüben auf der Höhe, unter dem Felsblock liegend und die Schafe hütend, ahnte nichts von dem Glücke, das ihn erwartete. Die Post lief nicht in diese Welteinsamkeit. Zwei Monate noch mußten vergehen, ehe er es erfuhr, denn erst nach dieser Frist ging sein Hirtenamt zu Ende. Und wenn hier oben auf den Bergen die Nächte schon bedenklich kalt wurden, so daß die dürftig gekleideten Wächter die Schafe um ihr dickes Vließ beneideten und trotz des Feuers schauernd dem ersten Sonnenstrahl entgegenharrten, schwamm die Stadt an dem schönen Golfe noch in einem Meere sommer= licher Wonnen.

Da liegt sie, die alte und doch ewig junge, ewig reizvolle Neapolis, umhaucht vom würzigen Seewinde, der sich dem Dufte der Blumen und Sträucher mischt, umflattert von bunten Schmetterlingen, durchschwärmt von leichtlebigen Menschen. Wie Sirenenlied klingt das Rauschen des nahen Meeres durch die Gärten und Weinberge; heitere Stimmen geschwätziger Fischer schlagen an unser Ohr; träumend sieht das von Gold= strahlen geblendete Auge da ein griechisches Tempelchen, eine

bunte Mauer, dort die weißen Marmorbilder des Apoll, des
Bacchus und seines ortskundigen Gefolges, des Herkules, sieht
Götter und Halbgötter durch das Grün nie welkender Bäume
schimmern. In lebhafter Sprache unterhalten sich schöne,
lebensfrohe Menschen: rauschende Musik ertönt: seidene Kleider
schleppen zwischen blumigen Beeten. Der Stutzer in franzö=
sischer Modekleidung schwingt sein zierliches Spazierstöckchen
in sein behandschuhten Händen: funkelnde Blicke wie Pfeile
und schlangenglatte Worte fliegen aus flüchtig dahinrollenden
Wagen mit duftenden Sträußchen herüber und hinüber.

Alles strahlt, Alles lacht; Meer und Land und Himmel
leuchten und möchten sich erschöpfen in Gaben, in Lust und
Glanz. Und Abends, wenn die Sonne am Gipfel des Vesuvs
und des St. Angelo verglühte, beim Schimmer der Kerzen,
winkt der üppige Tisch, wo schwere Gedanken mit Messer und
Gabel bekämpft werden, leichtsinnige wie Rosenblätter auf
Strömen Champagners dahinschwimmen. Hier kennt man den
Mangel nicht, hier wohnt die Fülle; um den Winter sorgt sich
Niemand; er hat keine Schrecknisse. In seine trüben Tage
und regnerischen Abende fallen die Feste der Üppigkeit, bei
seinem Beginn werden die glänzenden Theater eröffnet. Ruhig
sieht man seinem Anfang entgegen, den nur der Kalender kennt.

Endlich ist er da. Auf dem Gebirge im Land drinnen hat
es geschneit. An hellen Tagen sieht man auf den Abruzzen,
die hinter Capua und Caserta wegziehen, und weiter hinab
auf dem lucanischen Apennin den weißen Schein. Ein naß=
kalter Wind haucht seufzend durch die Straßen Neapels, die
Rosen auf den Mauern lassen die Köpfe hangen. Den Vesuv
umhüllt bis zum Fuß hinab ein grauer Nebelmantel, und
graue Wolken auch ziehen über die Stadt dahin. Sie senken
sich immer tiefer und tiefer, ihr Saum berührt die Dächer,
die Steine der Straßen werden feucht, wie Pilze schießen an
allen Enden die Regenschirme hervor. Frühe kommt die Nacht,
und nun schlägt es gegen die Fenster, heftiger und heftiger:

es regnet in Strömen. Große Wäsche: die Stadt wird für das Weihnachtsfest gescheuert.

Und nun sieht man sie, nun hört man sie: beim Schein der flackernden Gasflammen des Abends und in erster Morgenfrühe, paarweise, die in kurze kaffeebraune Mäntel gehüllten Männer, eilig von Haus zu Haus huschend.

Die Zampognari, die Pifferari, das wichtigste Ereignis der Weihnachtszeit!

Der Ältere davon trägt die Cornamusa, der Jüngere die Schalmei. Nur ein kurzer greller Ton, wie der Pfiff eines eben anlangenden Zugvogels wird vor den Thüren und unter den Fenstern laut, aber die alljährliche Kundschaft versteht ihn. Eine Schwalbe macht keinen Sommer, nein, aber zwei Zampognari machen Weihnacht!

Wer ein Bild der „Immacolata", der „Beatissima Vergine Madre" in seinem Hause hat (und wer in der allerkatholischsten Stadt hätte es nicht!), der läßt dies Bild durch die Hirten von den Bergen feiern, wie sie vor mehr als achtzehn Jahrhunderten im Morgenlande die Originale feierten.

Diese Feier heißt die „Novena dell' Immacolata", denn sie dauert neun Tage: vom 29. November bis 7. Dezember.

Der erste Ton ist laut geworden, er elektrisirt die Kinder der Stadt. Er verkündet ihnen ja das gesegnetste Fest des Jahres, die genußreiche Weihnacht. Jubelnd erinnern sie sich des vorjährigen „Präsepe", der Geschenke, des weihnachtlichen Backwerks, der Schlösser und Tempel aus gerösteten Haselnußkernen, des Feuerwerks und der krachenden Schüsse, welche die ganze Nacht durch währen . . . . .

Aber auch die Erwachsenen, wenn sie am Morgen des 29. durch die wunderlichen Klänge aus ihrem Schlummer geweckt werden, nehmen sie nicht unwillig auf. Auch ihnen beleben sie halberstarrte Erinnerungen, und freudig-wehmüthig gedenken sie der Jugendjahre, die im Rückwärtsschauen doppelt golden glänzen.

Inzwischen fängt es an auch in den Nachbarhäusern, auf dem Platze, an den Straßenecken, auf den Treppen, in den Botteghen, überall, zu schwirren und zu brummen, zu quieken, zu quirilieren, zu flöten und zu trillern. Wie Orgelton erklingt der Dudelsack, ernst und tief, mahnend und tröstend, wie Rede der Alten; wie übermüthiger Kinderjubel im Rhythmus des Pastorale hüpfen jauchzend und schmetternd die Töne der Ciaramella, der Schalmei, darüber hinweg.

Eine übermüthige Kinderschar, schwarzköpfig alle, mit dunkeln strahlenden Augen, umdrängt die beiden Spieler, die heute zum ersten Mal ihre Kunst nach Brote gehen lassen: den Cola und den Pasqualino. Solch gewaltiger Dudelsack hat noch nie in den Straßen Neapels sich hören lassen; so leicht und melodisch wurde die Ciaramella noch nicht geblasen.

Die größten Jungen wollen das Hauptwunder betasten, sie nehmen den Hauptschnabel des Paninstrumentes in den Mund, und der gutmüthige Cola freut sich des Interesses, das dies erweckt, und ist stolz darauf. Er lächelt stillvergnügt über das Treiben der Jugend, der jüngere Bruder aber schaut ganz erstaunt und verwirrt darein: die große Stadt mit ihrem bunten brausenden Leben zwischen den himmelhohen Häusern verblüfft ihn und die ersten Tage wäre er lieber wieder um=gekehrt zu seinen stillen Schafen auf den stillen Bergen. Cola lächelt, er ist wieder vollständig gesund, seine gebräunten Wangen zeigen eine gewisse Fülle und färben sich, wenn er sein Instrument bläst, durch frisches reines Blut. Pasqualino lächelt, wenn er die buntgeputzten Ammen der Vornehmen oben vor den Balkonfenstern stehen sieht, niedliche „Bambini" im Arm, die ihre rosigen Gesichtchen bei den schnurrenden Klängen vor Schreck in den Busen ihrer Trägerinnen bergen; sie Alle sind so schön und schöner als die Madonna mit dem Kinde in der heimischen Dorfkirche.

Cola aber stellt sich im Geiste sein Kind vor, das in kurzer Zeit das Licht der Welt erblicken wird, und dann bläst

er, roth bis unter die Haare, die Backen gewaltig auf und
bläst so stark, als ob er alle Tage, die ihn noch von der Heim=
kehr trennen, über den Haufen blasen wollte. Vor den Augen
flirrt es ihm, und die große Madonnenfigur im blauen Kleide
unter der weitbauchigen Glasglocke scheint ihm seine Maria
zu sein . . . ja, so ein Kleid wird er seiner Maria kaufen, er
hat es in einem Schaufenster auf Toledo schon liegen sehen;
Geld wird's geben die Hülle und Fülle.

Er ist guten Muthes, denn wenn er auch keine Kund=
schaft, wie alle Anderen, in der Stadt hatte, sie kommt ihm
jetzt auf allen Straßen, vor jeder Thür entgegen. Jeder will
den „Orgel=Cola" haben, und um Alle zu befriedigen, muß er
von einer Straße zur andern laufen, fliegen, so daß es aus=
sieht, als habe er seinen Dudelsack gestohlen und wäre damit
auf der Flucht. Todmüde erreichen die Zwei am Abende ihre
Locanda in der Vorstadt, wo ihnen für zwei Soldi die Nacht
ein Strohsack gegeben wird.

Am Ende der Novena, den 7. Dezember, athmen sie auf,
denn jetzt giebt es neun Tage Pause, erst am 16. Dezember
beginnt der Cyklus der zweiten Novena, der des Jesus Bam=
bino, der mit dem 24. abschließt. In dieser Zwischenzeit rüstet
sich die Stadt zur Feier des größten Schmaus=Festes und
Festschmauses, den die Welt je sehen kann — Alles, was in
dieser Zeit gedacht, geträumt, gesprochen, gethan, Gutes geübt
und Böses verbrochen wird: Alles, Alles bezieht sich auf
Gaumen und Magen, denen in Bälde Unmenschliches zuge=
muthet werden soll.

Eine Ausnahme bildet nur das Aufbauen des Präsepe,
an dem noch heute Groß und Klein, Vornehm und Gering
ihre Freude haben. Das ist eine alte Sitte, durch Puppen
aus Wachs, Holz oder Thon die Bewohner des Städtchens
Bethlehem und die Geburt des Christkindleins, mit Allem,
was diese wunderbar und schön machte, darzustellen. Die
Hütte, in der es geboren ward, die Hügel und Berge umher,

die Wohnungen der Hirten, Alles wird fein säuberlich aus
Kork geschnitzt und zusammengesetzt. Die Personen, die auf
dieser Scene figurieren, die sogenannten „Pastori" oder „Pa-
storelli", sind oft aufs Feinste von wirklichen Künstlern ausgeführt. Aber den Sitten und Kostümen jener alten Zeit
und jenes fremden Landes wird hierbei keine Rechnung getragen, die Naivetät, mit der über die historische Treue hin-
weggesetzt wird, ist groß, so groß wie die der venetianischen
Maler des Cinque- und Sei-Cento, aber willkommen. Dem
Napolitaner ist sein Christus irgendwo in der Umgegend geboren, und alte Bekannte müssen es sein, die bei der Geburt
sich zusammenfinden, und diese kleiden sich in landesübliche
Tracht und essen und trinken, wie es in Neapels Campagna
Sitte.

Ja, auch hier, im Bilde, spielt des Leibes Nahrung und
Nothdurft eine große Rolle. Dicht bei der geweihten Grotte,
in der Maria sitzt, erhebt sich eine echte Taverna, mit statt-
licher Ausrüstung an Geschirren, Flaschen und Wurstwaren.
Hier sitzen an rauhen Holztischen lustige procidanische und sor-
rentiner Bauern bei Wein und — „goldlockigen Maccheroni".
Die Hügelhänge herab schreiten alte und junge Landleute,
Männer, Weiber, Bursche und Mädchen, in der Tracht der
verschiedenen Provinzen, mit Geschenken von Käsen, Eiern,
Liebesäpfeln, Früchten, Fischen und Würsten; all diese Sachen
außerordentlich zierlich gearbeitet. Und mitten unter den
„Pastori" erscheint, er darf ja nicht fehlen, auch für ihn ist
Christus geboren, Pulcinella, der napolitanische Hanswurst.

In der mit vielen Lichtern und grünen Reisern umsteckten
Grotte erblickt man in grell gefärbten Gewändern die Jungfrau
Mutter, den Patriarchen Josef, das Christkindlein, dahinter
Ochs und Eselein, die, über das Kind gebeugt, dasselbe mit
ihrem Athem zu erwärmen scheinen, davor der Mann mit dem
Dudelsack und seinen Gefährten mit der Schalmei, die tradi-
tionellen allbeliebten Zampognari. Über dem Ganzen schweben,

wie von dem Dufte der zahlreichen Festbraten angelockt, eine
Menge sehr dickwangiger napolitanischer Maccheroni-Engelein,
deren himmelblaue Augen mehr auf die Herrlichkeiten in Körben,
Schüsseln und Flaschen als auf das Kind in der Krippe ge=
richtet sind.

Das Präsepe in der vornehmen Wohnung des Marchese
Benvenuto ist überaus prächtig, gegen fünfhundert Figuren,
Menschen und Thiere aller Art schmücken es, und die Marmor=
treppen, die zum ersten Stockwerk des Palastes auf die Chiaja
führen, werden bis spät in die Nacht hinein nicht leer von dem
drängenden Volke, das diese Pracht sehen will.

Einer solchen Menschenwelle schloß sich am vorletzten
Tage der Novena des Bambino auch Cola und Pasqualino
an. Schon auf der untersten Stufe nahmen sie voll Ehrfurcht
ihre groben Hütlein ab und stiegen schüchtern zum Saal
hinauf. Bescheiden aus einem Winkel des Saales lauschten
sie, auf den Zehen stehend, in den glänzenden Mikrokosmos
hinein, ihre Augen strahlten vor Glück und Seligkeit, und
Cola flüsterte dem Bruder zu: „Ach, wenn das Maria sehen
könnte!"

Wie sie so standen, regungslos, und nicht satt wurden,
schauend zu genießen, schritt ein vornehmer, hochgewachsener
Herr auf sie zu, klopfte Cola auf die Schultern und sagte
mit heiterem Ton und humorvollem Lächeln: „Blase, Mann,
blase, was Du weißt und kannst, auch mir ist eben ein Söhn=
lein geboren worden." Und Cola und Pasqualino, freudig
erschrocken, traten vor, das Volk ringsum machte Platz und
nun begannen sie zu spielen, daß die Fenster zitterten. Der
Marchese mit den Seinen lauschte von der innern Thüre aus:
es klang wie Orgelton, dazwischen jubelte die Ciaramella und
es schien, als ob die Figuren da alle lebendig geworden wären
und zu tanzen anhüben. Am Schlusse kniete Pasqualino, der
schöne Hirtenjunge nieder, und sang mit klarer Stimme das
uralte Weihnachtslied:

O Jungfrau rein, Du Tochter der Sant' Anna,
Die unterm Herzen 's Jesuskind getragen,
Und ihn geboren in dem Hüttchen klein,
In einer Kripp' bei Ochs und Eselein!
Es riefen alle Engelein mit Schalle:
Christ ist geboren! Kommt Ihr Heil'gen Alle!
Und San Giuseppe, Sant' Anastasia,
Sie waren in der Nacht dort bei Maria.
Ihr Hirten sollt jetzt von den Bergen steigen,
Denn Euch auch will sich unser Herre zeigen.
Die Weihnacht, sie ist eine heil'ge Zeit,
Dem Vater, Sohn und heil'gen Geist geweiht.
Und das Gebet, das wir gesungen haben,
Ihr Christen, gilt dem heil'gen Jesusknaben!

Als er sich·von den Knieen erhoben, trat ein alter weiß=
haariger Diener auf Cola zu und sagte: „Du hast Deine
Sache gut gemacht. Der Herr Marchese läßt Dir sagen, daß
Du morgen zur Vigilia, zum Umzug mit dem Bambino wieder=
kommen sollst." Cola nickte ein freudiges Ja, er war noch
außer Athem von seinem kräftigen Spiel. Der Diener hob
das Bambino=Figürchen aus der Krippe, legte es sein säuber=
lich auf ein rosenroth Kissen und Frauen und Kinder drängten
sich jetzt herzu, das niedliche Figürchen zu küssen. . . . Das
war ein gar liebliches Bild. Auf Märkten und Gassen war
der Weihnachtsmarkt aufgebaut. Wer aber soll ihn beschreiben?
Wer ihn nicht gesehen, der kann sich keine Vorstellung davon
machen, und wer ihn gesehen, dem verwirren die Vorstellungen
sich zu einem Knäuel.

Nehmen wir hunderttausende von Hühnern, Kapaunen,
Truthühnern, Lämmern, Kälbern, Ochsen, Fischen und Früchten
des Meeres, legen dazu Riesenhügel von Äpfeln, Birnen,
Feigen, Mandeln, Nüssen, Trauben, Melonen und Orangen,
andere Riesenhügel von Kraut und Kohl, dem allbeliebten
Weihnachtsgemüse, werfen ganze Gärten von grünen Lorbeer=
blättern und Blumen darüber und Streifen bunten Papieres
und Goldflittern, füllen damit ein Füllhorn so groß wie der

Mond und schütten das nun bunt und wirr über die Straßen und Plätze der Stadt aus, so haben wir ungefähr ein Bild des napolitanischen Weihnachtsmarktes der Verkäufer, aber ein lebloses. Den Raum zwischen diesen Hügeln von Eßwaren bevölkern wir mit Tausenden von Verkaufstischchen, der buntesten Kreuzerware und mit einer halben Million kauflustiger Menschen aller Stände und Altersklassen, fügen dazu das anpreisende Geschrei der Tausende von Händlern, den Klang der Dudelsäcke, Schalmeien, der Militärmusiken, der Glocken und Glöckchen, die von Früh bis Abends weihnachtsselig in die Welt hineinbimmeln, und bekommen so eine Idee von dem brausenden Treiben dieser Vorbereitungstage . . . .

Jeder hofft etwas von Weihnachten, Alle sind in Erwartung. Die Beamten und Kommis bekommen ihre langersehnte Gratifikation, die Ärzte und Advokaten ihre traditionellen Kapaunen, Käse und Weine; die Schulmeister schließen die Thüre der Schule und öffnen sie nur, wenn ein mageres Geschenkshuhn schreiend Einlaß begehrt; die Liebenden erwarten die süßen Zuckerspenden. Aber auch die Diener und Mägde die Thürhüter und Straßenkehrer, die im Hause verkehrenden Handwerker, Waschweiber, Briefträger, Depeschenjünglinge, Facchini und fünfzig Andere erwarten auf ihren dringlichen und oft wiederholten Gruß des „Cento di questi giorni" (hundert dieser Tage) einen silbernen oder wenigstens kupfernen Händedruck. Klingel und Börse kommen in diesen Tagen nicht zur Ruhe und unzählige Seufzer werden laut.

Am Morgen des 24. Dezembers gleicht ganz Neapel nur noch einer großen Küche, denn am Abend wird es ein großer Bankettsaal sein. Kaum ist den armen „Tronari" an den Straßenecken ein Plätzchen vergönnt, ihre Waren auszulegen, eine so große Rolle diese auch nach dem Essen spielen wird. Diese „Tronari" sind nämlich die Händler mit Kleinfeuerwerk und bengalischen Kerzen; ersteres von der lautdonnernden himmelstürmenden Bomba oder Botte an bis zum ge-

meinen im Straßenschlamm zischenden „Frosch“, letzterer oft
von Armeslänge und Dicke. Vor diesen Feueraltären opfert
die lärmfrohe Jugend den Inhalt ihrer Sparbüchsen so gern,
und wer es hat, spendet oft mehrere hundert Lire, um am
Abende seine Sprühteufellust zu büßen.

Je mehr der Tag vorrückt, desto toller wird das Treiben
und am Nachmittag glaubt man in einem Tollhause zu sein,
oder der Plünderung einer Stadt beizuwohnen. Wer noch
Nerven hat oder gar nervös ist, verschließt sich im abgelegensten
Kämmerlein, denn nur kräftige Naturen vertragen das Tosen
der letzten Stunden, das Kommen, Gehen, Schleppen, Rollen,
Stoßen und Schieben, Wirren und Entwirren, Schreien und
Brüllen: eine Weltenkonfusion!

Kaum schlägt es vierundzwanzig Uhr, Abends um sechs,
so werden die Hunderttausende von Tischen gedeckt und das
rituale Mahl der Vigilia wird aufgetragen. Dieses besteht aber
aus „Vermicelli“ (feinen Maccheroni), Blumenkohl, Fischen
jeder Art, aber hauptsächlich dem „Capitone“, einem großen
fetten Aal, der auf keinem Tische fehlen darf, den „Struffoli“,
einem kleinen flintenkugelartigen, zu Haufen aufgeschichteten
Gebäck, das mit Honig übergossen, mit bunten Zuckerrosen
überstreut wird, den „Mostaccioli“, einer Art Pfefferkuchen,
fingerlang in S-Form, und „Susamielli“, einer anderen Leckerei.
— Das Alles ist noch Fastenspeise, sogenanntes Magro;
morgen, als zum ersten Feiertage, müssen Mund und Fuß-
tapfen der Hausgenossen und des Festgastes von Fette triefen,
da tritt das Fleisch in seine Rechte.

Cola und Pasqualino hatten zu rechter Zeit sich im
Palaste des Marchese eingestellt; sie waren in freundlicher
Weise gespeist und getränkt worden und nach aufgehobener
Tafel, während auf allen Straßen schon die Schüsse krachten,
hatte sich die Prozession geordnet, welche das Jesuskind wieder
in den Schoß seiner Mutter legen sollte. Ein Kind in fest-
lichem Kleide, einen Rosenkranz im Haar, trug dieses, ihm

zur Seite schritten der Marchese und eine Verwandte des
Hauses mit angezündeten Wachskerzen, solche trugen auch die
Gäste des Hauses und die gesammte Dienerschaft. Der Zug
ging unter Absingung des Ambrosianischen Lobgesanges durch
alle Zimmer des Hauses, auch durch das der Wöchnerin, die
mit gefalteten Händen, lächelnd auf ihr Söhnlein blickte, das
so reizend wie ein Jesuskind in einer schöngeschmückten Wiege
neben ihr lag. Als Cola an ihr vorüber war, wischte er sich
mit dem Jackenärmel eine Thräne von seiner braunen Wange:
er hatte an sein Weib daheim auf rauhem Lager gedacht, aber
seine Gedanken erheiterten sich, als ihm die Geschenke in Sinn
kamen, die er in seinem Querjack ihr mitzubringen hatte und
mit frommer, warmer Hingebung kniete er vor dem Präsepe
nieder, dem Jesus=Bambino sein Weihnachtslied darzubringen.

Darauf nahm ihn der Marchese auf die Seite, sprach
freundlich mit ihm und erkundigte sich nach seinem Dorfe,
seinen Verhältnissen daheim, und als er erfahren, was ihn
daheim erwarte, ging er, mit seiner Gemahlin zu sprechen.
Gleich darauf wurde der argbefangene Cola in das Zimmer
der Dame gerufen . . . . und da lag es auf einem Seiten
tische, blüthenweiß und schmuck mit rothen Bändern geziert,
ein ganzes Bündelchen feiner Kinderwäsche und dazu drei
prächtige Seidentücher, bunt, nach dem Geschmacke des Berg=
volkes: das sollte er mit heimnehmen. Cola ward roth und
blaß und stammelte Worte des Dankes, aber der Marchese
trieb ihn zur Eile: um elf Uhr gehe der Zug nach Eboli und
weiter, den solle er benutzen, so werde er sich in der Morgen=
frühe ein gut Stück gefördert sehen und den Rest des Weges
bis Abend zurücklegen können. Er drückte ihm ein Goldstück
in die Hand, hieß ihn das nächste Jahr wiederkommen und
verschwand.

Cola war selig. Er flog mit Pasqualino die Treppe
hinab, die Straße hinunter, unbekümmert um den Donner
und das Geknatter, den Feuerregen der tausend und tausend

„Botte", „Risposte", „Tuoni", „Fiaschelle", „Folgori", „Tric-
tac" und „Fit=fit" und wie die Feuerwerkskörper für die Fein=
schmecker des Knalls alle heißen; denn jetzt war das Feuer
auf der ganzen Linie eröffnet, die Schlacht hatte begonnen,
eine Schlacht, in der sicher mehr Pulver verbraucht wird als
in der von Waterloo. Als sie das Bahnhofsgebäude erreicht
hatten, ertönten gerade von allen Thürmen, auf allen Kirchen
der Stadt die Weihnachtsglocken, die das Volk zur Christmette
in die festlich erleuchteten Kirchen riefen. Cola blieb stehen,
lauschte andächtig in die Nacht hinein, zog seinen Hut und
sprach ein inbrünstiges Gebet ....

Der Winter hatte keinen Schrecken mehr für ihn, die
bange Noth sollte aus der Hütte weichen. Er fühlte tastend
nach dem schweren Päckchen auf seiner Brust und überzählte
noch einmal in Gedanken sein Glück. Aus dem halben Lire,
den ihm die Armen am Ende der Novena gegeben, aus den
Piastern, die er von Wohlhabenden empfangen, war, wenn er
das Goldstück des Marchese dazulegte, eine Summe geworden,
wie er solche nie in seinem Leben beisammen gesehen: fast
zweihundert Lire hatte er bei einander; das machte viertausend
Soldi oder zwanzigtausend Centesimi ... Himmel! Die mußten
ja für ein ganzes Menschenleben ausreichen können! Er konnte
kaum erwarten, nach Hause zu kommen ....

Der Nachtzug war fast nur von Zampognari, seinen Ge=
fährten vom Handwerk, besetzt; nicht Alle aber waren so glück=
lich gewesen wie er. Er erzählte jedoch sein Glück keiner
Seele, nur die seine drehte und bewegte es nach allen Seiten
und da war's, als wenn er in ein Kaleidoskop schaute.

Als er im Morgengrauen den Zug verließ, hatte er noch
zehn Stunden mühseligster Wanderung vor sich und die Berge
lagen im Schnee und der Nordwind pfiff eisigkalt von den
schroffen Kämmen des lucanischen Apennins herab, aber er
schritt dahin, als ob er sommerliche Rosenpfade wandle, so
daß der jüngere, so gewandte Bruder ihm kaum zu folgen

vermochte. Gesprochen ward nichts, die Leute des Gebirges
sind nicht redselig, aber die Gedanken flogen wie wilde Tauben
.... was wird Maria machen .... was wird Maria zu all
den Herrlichkeiten sagen? ... das blaue Kleid .... die schneeweiße Kinderwäsche .... ob das Kind schon da ist .... ein
Mädel, ein Bube? die goldene Haarnadel ... das napolitanische Zuckergebäck .... Nach kurzer Mittagsrast vor einem
Stück Schafbraten wanderten sie weiter. Der Nachmittag hing
trüb über den Bergen und jetzt erblickten sie auch den gewaltigen Monte Pollino, mit Schnee bedeckt von oben bis
unten, links von ihm lag ihr Heimatsdorf. Bald traten sie
allbekannte Pfade und dann gings die Höhe hinan. Am Fuße
derselben blieb Cola stehen und bedeutete den Bruder, indem
er seinen Dudelsack hervorzog, das Instrument zur Hand zu
nehmen, sie wollten Maria ihre Ankunft vor der Hütte mit
der Weihnachtsmusik verkünden.

Schon war die Nacht herabgesunken, in den Häusern des
Dorfes brannten helle Herdfeuer und Lichter, denn überall saß
man beim kleinen Festmahl. Keinen Blick warf Cola hinein,
er eilte die Straße hinan, von Kötern angebellt, nach der letzten
Hütte, die an dem Felsen lehnt, über die der Ebereschenbaum,
jetzt blätterlos, hereinhängt. Heller Lichterschein auch in ihr
.... er sieht deutlich zwei Kerzen brennen ...

Und nun blasen die Zwei los, begeistert, kräftig, heimat-
und weihnachtsfroh, daß es durch alle Thäler widerhallt. Die
Thür der Hütte öffnet sich, sie springen die wenigen Stufen
hinan und bleiben freudig erstaunt stehen: da sitzt die schöne,
bleiche Maria mit freudeglänzendem Gesicht auf dem Bett, in
den Armen einen kleinen bausbäckigen, etwas braun ange-
hauchten Menschensohn.

„Wann ist er angekommen?"

„Gestern Abend in der Vigilia!"

Der alte weißhaarige Großvater, der auf seinen Stab gelehnt zu Häupten des Bettes steht, reicht Cola und Pasqua-

lino die Hand und Cola kniet vor dem Bett nieder und fängt an seine Geschenke auszukramen, die er der jungen Mutter aufs Kissen legt. Da war die Freude groß und so laut, daß der Hahn im Stalle daneben erwachte und seinen Gefährten den Esel weckte, der weckte des Nachbars Ochsen und Schafe und nun beginnen auch sie ihre Huldigung.

Der Hahn kräht: „Christus ist hie! . . ."

Der Ochse brummt: „Und wo?"

Das Schaf meckert: „In Bethlehem drin . . . . in Bethlehem drin."

Und der Esel schreit: „Geh'n wir da—hin, da—hin, da—hin!"

Sie waren aber Alle am richtigen Platze, denn über der Hütte stand ein großer Stern.

Neu-Pompeji.

Mein alter Freund Don Nicola, der unsern deutschen Künstlern wohlbekannte biedere Sonnenwirth, dem Amphitheater
von Alt-Pompeji gegenüber, brachte mir den Wein und fragte
mich: „Haben Sie Neu-Pompeji sich schon einmal angesehen?"

„Neu-Pompeji?"

„Ja wohl, Neu-Pompeji. Der aufwachsende Ort, den die
Regierung bereits mit einer Eisenbahnstation, mit Post und
Telegraph und einem Gendarmerie-Wachtposten, dem ganzen
Apparat eines modernen Kulturortes beschenkt hat, die Zu-
kunftsstadt Neu-Pompeji."

„Und wo liegt das?"

„Ein paar hundert Schritt nur hinter dem Amphitheater
an der Straße nach Scafati." Er führte mich auf das Dach
seines Hinterhauses.

„Da sehen Sie die Hauptsache davon, den Kern des zu-
sammenschießenden Krystalls, die Kirche."

Eine mächtige Kuppel stieg im Glanz ihrer buntglasierten
Ziegel stolz und hochmüthig, die ganze Landschaft beherrschend,
in den klaren Herbsthimmel hinein; ihr zu Füßen verschiedene
neue Baulichkeiten, viele erst halb vollendet, Häuser und Hütten-
gruppen, dazwischen vieles Volk, auf der Landstraße eine Menge
Karren, Kutschen und Droschken.

Eine Städte-Neugründung auf unserem alten Erdtheil,

der bereits so dicht besetzt ist, daß die Geographie gar keine
Neuerungen zuläßt, hat gewiß etwas Befremdendes. Im Alter=
thum, nun ja, da war das etwas Leichtes; da kam irgend
eine Gottheit, ein Völkervater oder Heros, ein Aneas, Evander,
Herkules, beschaute das Land, und wenn er sah, daß es gut
war, wurden die Ringmauern zu einer Art, im cyklopenhaften
Stile, aufgeführt und das Übrige fand sich; auch im Mittel=
alter machte die Sache sich ziemlich bequem; irgend ein strup=
piger Herr Baron, der sich mit seinem Herrn überworfen und
ein eigenes Geschäft gründen wollte, baute sich mit Hilfe von
allerhand vogelfreiem Gesindel ein Zwinguri auf geeignetem
Platze, und an Schutzbefohlenen, die sich im Schatten der
Burg ansiedelten, fehlte es nicht. Ihm gleich thaten es
die Mönche, die immer die besten Plätze auszulesen wußten,
und um deren Hirtenhaus sich bald die Schafe in Dörfern
Flecken und Städten niederließen. In der neuesten Zeit aber
hört man von Städtegründungen nur noch aus Amerika, wo
sie wie die Champignons gedeihen, und aus Afrika, wo man
viel vorzuhaben scheint.

Und nun hier!

Ich mache mich auf den Weg. Neu=Pompeji liegt in der
sogenannten „Valle di Pompeji“, einer Art von breitem Flach=
thal, das vom Fuße des Vesuv ausgehend und zur Rechten
und Linken von einem Flusse, dem Sarno und dem Sarno=
kanal, gesäumt, gegen das Meeresufer in der Nähe von
Castellammare ausläuft. Die Gegend ist fruchtbar, Wein, Mais
und allerlei Gartengemüse wird in Massen erzeugt; und ge=
sund, eine Menge Casini, unter den Bauernhäusern verstreut,
dient der napolitanischen Villeggiatur. Trotzdem ist gerade
dieser Strich etwas dünn bevölkert, während seine äußersten
Ränder verschiedene ziemlich bedeutende Ortschaften berühren.

Der junge Ort macht den Eindruck des Unfertigen, und
doch muß er bereits stark besucht werden, das bewiesen die
Bettlerscharen und Mengen von Lahmen, Blinden und Krüp=

peln, die sich auf die hier Landenden wie Fliegen auf einen
Kuchen stürzten; das bezeugten ferner die Buden, in denen
neben landesüblichen Zuckerwaren auch allerhand heiliger
Trödel feilgeboten ward. Mir ward sofort klar, daß es hier
sich nicht um die Gründung einer Industriestadt, sondern um
eine neue „feste Burg des Glaubens", um ein Geschäftshaus
à la Lourdes handelte, und meine Seele ward verstimmt.

An der Thür des Tempels, nachdem ich die lungernden
Bettlerlumpen zur Seite geschoben, empfing mich in artigster
Weise ein Herr, unscheinbar in seinem Äußern, in seiner Klei=
dung, der mich einer ebenso unscheinbaren Dame vorstellte.
Ich hatte die Gründer Neu=Pompejis vor mir: keine Gott=
heiten, keine Heroen, keine weltflüchtigen Kriegsmänner; er war
ein simpler Advokat, Bertolo Longo, sie eine Contessa Mariana
de Fusco; der Dritte im Bunde, ein Gewaltiger vor dem
Herrn ist der Pater Alberto Radente, ein Predigermönch,
Direktor des dritten Ordens der Dominikaner und Rektor der
neuen „Kirche des Allerheiligsten Rosenkranzes in Pompeji".
So erfuhr ich denn den Namen der Kirche und mit ihm ihre
Bedeutung, und welche andere Belehrung erfuhr ich nicht noch
aus dem Munde des zelotisch=fanatischen Advokaten, der an
mir alsbald den Ketzer herauswitterte und nicht versäumte,
das Werk als ein Wunder des Glaubens darum ins rechte
Licht zu stellen.

Ich rüstete mich mit der christlichsten aller Tugenden, der
Geduld, spannte im Übrigen den Regenschirm meines Un=
glaubens über mir aus und ließ den Platzregen seines Ge=
schwätzes sich auf denselben ergießen. So folgte ich wie ein
Lamm dem frommen Bädeker durch manche Winkelwege zu
den neuentdeckten Aussichtspunkten der alleinseligmachenden
Kirche im Allgemeinen, der pompejanischen Kirche im Besonde=
ren, für gutgläubige Augen gewiß höchst erfreulich.

Mein Führer, seine Freundin, die Contessa und noch viele
andere napolitanische adelige Herren und Damen gehören dem

dritten Orden der Dominikaner, den Tertiariern, an. Die Tertiarier brauchen keinerlei Gelübde abzulegen, können ihre bürgerliche und häusliche Stellung ungestört beibehalten und verpflichten sich, außer Beiträgen zum Besten der Kirche, nur zu gewissen Fasten und Gebeten, wofür ihnen große geistliche Vortheile bewilligt werden.

Von diesen Herren und Damen waren vor zehn Jahren einige zur Villeggiatur in die Valle di Pompeji gekommen, hatten aus Langeweile hier und da Unterhaltungen mit dem Volke angefangen und dabei entdeckt, daß dieses in größter Unwissenheit in kirchlichen Dingen heranwuchs.

„Denken Sie nur", erzählte mein Führer, „wir fragten einen Bauer: ‚Weißt Du, daß es einen Gott giebt‘, und seine Antwort war: ‚Wie Ew. Excellenz befiehlt.‘ Einen andern: ‚Wer hat dich erschaffen?‘ ‚Meine Mutter‘, gab der Unglückliche zur Antwort. Ein Weib, das wir den Rosenkranz beten lassen wollten, sagte: ‚Solche Dinge verstehen wir nicht.‘ Wir fragten sie, ob sie nicht wisse, daß es eine Madonna gebe, die Mutter Gottes, der zu Ehren man den Rosenkranz bete. Und sie: ‚Ja, Herr, aber wir in Valle haben keine.‘ Wo sie denn meine, daß die heilige Jungfrau sei. ‚Ich kenne nur sieben Madonnen, das sind sieben Schwestern: die Madonna dei Bagni in Scafati, die Madonna bei Muroli, die Modonna dell' Annunziata in Torre Annunziata u. s. w.‘ Den heiligen Josef hielt dies Volk für den ewigen Vater; von den Gottheiten hatten sie in ihrer Jugend gehört, daß es drei sein sollten, jetzt wußten sie nicht, ob es mehr oder weniger geworden. Und für dieses arme Volk, aus 2500 Köpfen bestehend, gab es nur eine einzige ganz und gar verfallene Kirche hier an dieser Stelle, die nicht hundert Personen fassen konnte."

Im nächsten Jahre nun wurden Rosenkränze und Medaillen unter dies „arme Volk" ausgetheilt und die Einschreibungen desselben in das Buch des Rosenkranzes der Dominikanermönche in der Kirche des Rosenkranzes zu Neapel begonnen.

Da geschah ein Wunder. In der Kirche von Flocco, Diözese von Nola, eine Stunde von Pompeji, hatte am 10. Mai 1875 das alte Bild der Madonna vom Rosenkranz sich bewegt und Blut und Thränen geschwitzt. Das galt den Tertiariern als Zeichen, mit neuem Eifer an das heilige Werk in Valle zu gehen.

Aus der alten Feldkirche werden die Spinnen, Fleder-mäuse und Eidechsen verjagt, sie wird frisch getüncht und am 10. Oktober des genannten Jahres wird das erste Madonnen-fest in Valle di Pompeji gefeiert. Im November kommen drei Missionare und bewegen das irrende Volk, sich zu der Kon-fraternität der Maria zu vereinigen. Der Bischof von Nola legt zweitausend Franken an zu einem Altar des Rosenkranzes. Es fehlt nur noch ein wunderthätiges Madonnenbild. . .

Das Bild war sofort bei der Hand und steht heute be-reits in höchsten Ehren. Es hat seine Geschichte. Auch diese mußte ich anhören.

In Neapel, auf der Straße „della Sapienza", wo Anti-quare ihr Wesen treiben, war vor etwa zwanzig Jahren ein Bild der Rosenkranzmythe, von einem unbekannten Maler her-stammend, zum Verkauf ausgestellt. Ein für das Auge eines Dominikaners befremdliches, ungewöhnliches Bild. Die auf einem Stuhle ohne das übliche Diadem sitzende Jungfrau überreicht den Rosenkranz nicht, wie es die Sage will, dem heiligen Dominikus, sondern der heiligen Katharina von Siena, während der Gründer des Ordens denselben aus des Bambino Hand empfängt. Das war neu — ganz abgesehen von dem Ana-chronismus des Malers, der Dominikus von Guzman, aus dem 13., und Katharina von Siena aus dem 14. Jahr-hundert gleichzeitig auftreten läßt.

Der Pater Radente, derselbe, welcher heute der Kirche in Pompeji vorsteht, kaufte das Bild um vier armselige Lire. „Und wer", so schwärmte mein Führer, „hätte damals geahnt, daß dieses Bild in den Plänen der Vorsehung bestimmt war,

ein Instrument der Rettung und des Heils für unzählige
Seelen auf dem alten Boden der Heiden zu werden?"

Der Pater hing das Bild ahnungslos in seiner Zelle auf,
und als er zusammen mit den anderen Klosterbrüdern im Jahr
1865 das fromme Asyl verlassen mußte, übergab er es einer
Betschwester vom Orden der Tertiarier zum Aufheben, die bis
zum Oktober 1875 dessen Hüterin war, worauf die fromme
Spekulation mit demselben in Pompeji begann.

„Auch in unserer glaubensarmen Zeit, o Herr", belehrte
mich mein in der Kirchengeschichte ganz besonders bewanderter
Advokat, „geschehen noch Zeichen und Wunder. Wenn Alles
verzweifelt, so ist der einzige Trost, die einzige Zuflucht die
Liebe und der Busen einer Mutter. Heute, wo die Heiligen
schweigen, erscheint die Mutter der Sünder, sie selbst die Königin
der Heiligen, den letzten Anker der Rettung, den Rosenkranz
auszuwerfen. Zuerst erschien sie in unserem Jahrhundert auf
dem Berge ‚della Salette‘ geschmückt mit ihren mystischen
Rosen. Auf dem Haupte trug sie eine Krone von Rosen, um
den Hals ein Tuch ganz mit Rosen übersät, auf der Brust
ein Kreuz an einer Rosenkette hängend, und auch ihre weißen
Schuhe hatten Rosen als Ornament. Das ‚Pater noster‘
und ‚Ave Maria‘ waren die beiden Gebete, die sie jenen beiden
französischen Hirtenknaben empfahl. In Lourdes erschien die
unbefleckte Jungfrau, wie Sie ja auch wissen müssen, mit dem
Rosenkranz in den Händen, und forderte die Bernadette auf,
ihn fleißiger zu recitieren. Und mit dem Rosenkranz zeigte sie
ganz zuletzt sich den Kindern von Marpingen in Deutschland …"

„Da aber, entschuldigen Sie, endete ihr himmlisches Debut,
wie sie ja auch wissen müssen, mit einem großen Fiasko."

„Wohl, aber nur, damit sie um so glänzender bei uns hier
auftreten konnte, ihre Macht, ihre Wunder zu bethätigen in
einem weltfernen Orte, dem antiken Sitz des teuflischen Kultus,
um hier für die untergehende Welt die heilbringende himmlische
Pflanze ihres Rosenkranzes wieder einzupflanzen in jener

ursprünglichen Form, wie sie solche dem heiligen Dominikus anwies."

Und hier spielte mein zungengewandter Advocatus Mariä den Diskurs auf politisches Gebiet hinüber und begann von den unseligen Tendenzen unseres Jahrhunderts und von den internationalen Verbindungen des Unglaubens und der Rebellion zu sprechen, die sich auflehnen gegen jede Autorität, der Politik sowohl, wie der Religion und Familie. „Der Heerführer dieser Verbindung ist der Satan, ihre Fahne trägt die Inschrift: ‚Rebellion, Blut und Feuer‘, ihre einzige Autorität ist das Volk. Maria dagegen, die Mutter des guten Rathes, hat bestimmt, daß in Pompeji eine Verbindung des Friedens, der Liebe, der Ordnung, daß die ‚universale Sozietät des Rosenkranzes‘, dies ist der Name unseres neuen Ordens, entstehe, eine Gesellschaft, an der Männer wie Frauen jeden Landes und jeder Klasse, Alte wie Junge, Knaben und Mädchen, Lebende und Todte theilnehmen können."

„Die Todten auch, und wie so diese?"

„Daß ein Anderer für sie einschreibt, für sie den Rosenkranz betet, für sie den monatlichen Soldo zahlt."

„Und der Gewinn für den Todten?"

„Besteht darin, daß ihn die Reihe treffen kann, aus dem Purgatorium befreit zu werden, denn der Altar des Rosenkranzes hat das hohe Privileg, daß durch jede an ihm celebrierte Messe einer, der unserem Orden angehört, auch als Todter, aus dem Fegefeuer hervorgeht. Aber auch den Lebenden können wir höhere Begünstigungen gewähren. Wer ein aus zwanzig Seiten bestehendes Büchlein nimmt und zwanzig Soldi den Monat sammelt, bekommt den Titel eines ‚Eiferers‘ (Zelatore) der Kirche von Pompeji. Wer zwölf Lire jährlich zahlt, wird als ‚besonderer Wohlthäter‘ (Benefattore speciale) aufgeführt, und sein Name, wie der der ‚Eiferer‘, wird auf Marmortafeln geschrieben, die zu ewigem Gedächtnis im neuen Tempel aufgehängt werden. Im Jahre 1881 haben

wir dem Bischof von Nola das erste fünfjährige Generalkonto
abgelegt, aus dem zu ersehen, daß in diesen Jahren zur Vertheilung kamen mehr als 6000 Eifererbüchlein, 50,000 Pro-
gramme, 70000 Novene, 80000 Bilder der Jungfrau von
Pompeji, 30000 Medaillen mit dem Bild dieser Madonna,
30000 Ablaßzettel des Rosenkranzes und vieles Andere."

„Aber die Büchlein, Bilder und Gebete kosten Geld, bringen
sie auch wieder etwas ein?"

„Sie sind in allen Welttheilen, sogar in China, in Indien,
in Afrika zur Vertheilung gekommen, massenhaft auch in
Deutschland und England, und von überall her flossen uns
die Mittel zum Kirchenbau, und Sie mögen selbst sehen, wie
weit dieselbe gediehen. Das alte Pompeji, das die Fremden
aller Länder als Wunder der alten Kunst anstaunen, hatte
keinen Tempel, kein Gebäude, das sich an Schönheit mit unserem
Bau messen kann, denn wir wollten der Welt gleichzeitig zeigen,
wie sehr die echte christliche Kunst der altheidnischen überlegen
ist, und weil wir neben die alte Heidenstadt bauten, war es
unsere Pflicht, die unseren Kirchen erlaubte Pracht zu glänzen-
dem Ausdruck zu bringen. Soeben ward die Kuppel auch im
Innern vollendet, und verbaut haben wir bereits nahe an
200000 Lire, aber viel bleibt noch zu thun; denn die Kirche ist
auf zweitausend Menschen berechnet, wird sieben Altäre und
einen Glockenthurm haben, und ihr zur Seite werden sich die
Wohnungen für die Priester, die Brüder und eine Foresteria
erheben. Doch sehen Sie selbst."

In der Vorhalle der Kirche drängte sich das Landvolk
und saß an einem breiten Ladentische der Heiligen-Krämer,
Geld wechselnd und einstreichend. Wem wäre bei diesem An-
blicke nicht das Evangelium von Christo, dem Tempelreiniger,
zu Sinn gekommen? Der schwere Ledervorhang hob sich, und
mit Erstaunen sah ich das ganz und gar unfertige weite Schiff
der Kirche, in dem Kalk und Mörtel und Steinwerk verstreut
und wüst umherlag, von einer Menge Bauernweiber und

Mädchen von zwanzig bis drei Jahre hinab angefüllt. Ärm=
liche Kleider, arme verkommene gelbe Gesichter, hagere Ge=
stalten, um einen Priester geschart, der eben die Präsenzliste
vorlas und die Abwesenden mit einem Rothkreuz notierte.
Mein Führer drängte sich mit mir durch die offenbar gelang=
weilten Frauenzimmer, mir eine Gruppe von Mädchen, denen
die Armuth aus den tiefliegenden Augen schaute, als seine
„Drucker" bezeichnend.

„Heute haben sie Festtag und den verbringen sie im Tempel,
in der Woche giebt's aber zwölf Stunden harte Arbeit in der
Setzerei, Druckerei, Buchbinderei und im Verpackungsbureau.
Arme Dinger, nicht wahr, letzte Woche habe ich Euch nicht
einmal den Lohn auszahlen können, aber die Madonna wird
uns schon wieder Geld schicken. Denkt inzwischen an Euer großes
Vorbild da drüben, an die heilige Katharina von Siena, die
nur von Brot und Kräutern und in den letzten Jahren ihres
Lebens nur vom Abendmahl lebte. Sehen Sie, Herr, dieses
Bild der heiligen Katharina, welcher die Erscheinung des
Heilands wird, ist ein Geschenk unseres berühmten Meisters
Federico Maldarelli, der für seinen Sohn eine Gnadengabe
der Madonna erhalten. Eine ebensolche erhielt der Ihnen
rühmlichst bekannte Cavalier Mancini und malte dafür die
Fresken der beiden großen Kapellen. Und nun sehen Sie die
Kuppel!"

In wahrhaft erdrückender Gold= und Farbenpracht strahlte
diese auf die misera plebs herab, augenerfreuend wohl, aber
betrübend, wenn man bedenkt, daß sie aus dem Scherflein der
Armen entstanden. Dazu kam, daß mir mein Führer die
Namen der Fresken=Figuren nannte, die mit fanatischen Ge=
sichtern vom Gewölbe herabdrohten. Lauter Ketzerverfolger
und Ketzervertilger: Papst Lucius III. aus dem zwölften Jahr=
hundert, der den großen Bann über die Waldenser aussprach,
Gregor IX., der den unbarmherzigen Dominikanern die Inqui=
sition übertrug, Innocenz III., der ihren Orden bestätigte, dann

Thomas von Aquino, der Normal=Theolog dieses Ordens. Ich schloß die Augen und sah im Geiste die Schatten der vertriebenen Familien an mir vorüber ins Elend ziehen, ich sah Scheiterhaufen flammen, sah Jungfrauen und rüstige Männer, umgrinst von Gestalten in weißer Kleidung mit schwarzem Mantel und schwarzer Kapuze, in den Flammen zucken, ich hörte ihr Jammergeschrei, hörte das Wimmern von Kindern, die durch die „Eiferer" zu Waisen geworden, und hörte die Stimme Gregors: „Laßt sie brennen!" Die Luft erstickte mich, ich fürchtete den Einsturz der Kuppel und drängte zum Ausgang.

„Halt, Herr, Sie müssen noch die Ausstattung der Madonna sehen, gar manches Meisterwerk italienischen Kunstgewerbes ist darunter."

Ich ließ mich noch zu den Schränken schleppen. Frauen öffneten Läden und Kästen, und eine unbeschreibliche Pracht an Meßgewändern, Altarbekleidungen und was sonst noch zur Ausrüstung einer vornehmen katholischen Kirche gehört, kam zum Vorschein. Welche Verschwendung von Gold und Silber und edelsten Stoffen, Seide, Sammet und kostbaren Spitzen. Ganz Italien und das fernste Ausland hat seine vornehmsten Produkte geschickt, der Werth dieser Dinge ist gar nicht abzuschätzen.

„Ja", rief mein Advokat neben mir händereibend und lächelnd aus, „die Madonna hat Großes an uns gethan."

Und draußen saßen die armen Weiber und Mädchen, in armselige Lumpen gekleidet, barfuß die meisten, Sklavinnen . . . . Da ging eine Thür neben mir auf und heraus trat der Rektor der Kirche, Pater Don Alberto Radente, ein großer, wohlgenährter Mönch mit schmutzig weißer, schlotternder Kutte, mit einem rohen, unrasierten, brutalen Gesichte, dessen stechende Augen mich mit einem rohen Inquisitionsblicke trafen. Herrisch und polternd rief er einen Frauennamen, und als er nicht gleich Antwort erhielt, trat er, breitspurig einherschreitend, in den Korridor hinaus . . . .

Mich jammerte des Volkes!

Ich eilte, ins Freie zu kommen, in die Einsamkeit. Ich setzte mich auf die Mauern des Amphitheaters, blickte in das schweigende Pompeji hinein und sah in herbstlichtrüber Stimmung dem Sinken der Sonne zu.

Beim Nachhausefahren auf Station Pompeji (Alt-Pompeji) traf ich mit einem Freunde, einem vernünftigen und feingebildeten Manne, zusammen. Wir kamen auf Neu-Pompeji, auf den Madonnenkultus zu reden, und er erläuterte mir den letzteren auf seine Weise.

Unter allen Kulten scheint der Madonnenkultus der anziehendste zu sein. Die reine sanfte Huld, die wundervolle, ehrbare, liebreiche Mütterlichkeit finden in diesem Ritus ein erhabenes Symbol, das den Geist über die Naturtriebe der Materie erhebt und die edlen Bestrebungen des Menschen vergöttlicht. Die Anbetung der Madonna bedeutet die Erhebung des Mädchens, des Weibes im Allgemeinen, und ein Volk, das sich selbst achtet, ehrt die Familie und das Vaterland. Was die Völker des Alterthums durch Verehrung der Mutter der Grazien nicht erreichten, Milderung der Sitten, wird durch die Anbetung der Jungfrau erreicht. Und gewaltig, nicht zu leugnen, war der Einfluß dieses Kultus auf die Sitten im Mittelalter, ebenso wie auf die Kunst. Bildhauer und Maler fanden in diesem deutungsreichen christlichen Symbol eine unerschöpfliche Quelle ihres Schaffens. Höher stehenden Menschen genügt die materielle Schönheit allein nicht; diese erzeugt nimmer jene dauernde Begeisterung, wenn man ihr nicht die geistige gesellt: auch in der Kunst ist das Christlich-Weibliche dem Heidnischen weit überlegen. Die mediceische Venus ist eine kalte, stolze, fast männliche Schönheit; die kapitolinische spricht nur zu den Sinnen: jene von Milo ist gleichgültig, grausam, gefühllos; alle diese Frauenbilder gefallen, aber rühren, bewegen nicht; wenn man an ihnen die Vollendung der Kunst bewundert hat, ist man fertig. Die Madonnen

Raffael's dagegen, jene Correggio's, Bellini's, Dolce's u. A. be=
wegen das Herz zu lieblichen und erhabenen Gedanken, sie
zwingen es, auf edle Weise zu lieben und anzubeten.

Nicht ist die Rede von der Anbetung des Katholiken, des
Protestanten, irgendwelcher Sekte, in irgendwelcher Kirche;
nicht von der maulwurfsartigen armen kleinen Verehrung
handwerksbeflissener Betschwestern, Scheinheiliger, Heuchlerin=
nen, Frömmler und Andächtler, sondern von einer Anbetung
(Neu=Pompeji liegt schon weit hinter uns) im Geist und in
der Wahrheit. Wir dürfen wohl noch an das Gebet eines
edlen Mädchens, eines sinnigen Weibes, auch vor dem Bilde
der Madonna glauben; dieser Glaube aber wird uns schwer,
wenn wir einen vom Geschäft, mit handelsschlauem Bottega=
gesicht, das mit beiden Augen nach der Welt schielt, zum
Gebet hingestreckt sehen. Durch diese Leute ist dem armen
blinden Volk Italiens die ursprünglich große schöne Idee von
der göttlichen Allmutter total verschoben worden, so daß ihm
die Madonna heute nichts ist als eine nach Capricen handelnde
Zauberin, eine Fee, eine Göttin Fortuna, die ihre Gna=
den nicht einmal blind austheilt, sondern der Bestechung
durch goldene und silberne Geschenke, durch seidene Kleider,
Wachskerzen und pomphafte Votivtafeln zugänglich ist. Das
dürfte freilich in einem Lande, wo durch lange Jahrhunderte
Alles käuflich war, selbst die Gerechtigkeit, nicht Wunder nehmen.
Die Achtung des Weibes ist in diesem Lande, trotz allem Ma=
donnenkultus, auch so ziemlich abhanden gekommen: in den
großen Städten wird das Weib als Genossin der Lust, auf
dem Lande als Lastthier angesehen.

Dieses Neu=Pompeji hat seinem Nachbarorte Alt=Pompeji
nichts vorzuwerfen!

Druck von August Pries in Leipzig.